Für Richie!

Viel Spaß beim

Lesen !

Babsi & Hansi

D1734629

Über die Autorin:

Barbara Hainacher wurde 1972 in Salzburg geboren.

Nach ihrer Ausbildung zur Bürokauffrau arbeitete sie mehrere Jahre im Büro und im Verkauf.

Ihre Leidenschaft gilt fremden Ländern, Abenteuern, Pflanzen, Tieren, Fotografieren und Filmen.

Heute lebt sie mit ihrem Ehemann in Kuchl.

Über das Buch:

Das Palmölsyndikat ist ein spannender, höchst brisanter Umweltthriller, der in der Zukunft spielt und sich mit der Umweltproblematik befasst.

Eine schwedische CIA-Agentin verfolgt ein weltweitverzweigtes Palmölsyndikat, das für Profit nicht nur die letzten Urwälder vernichtet, sondern auch Tiere und Menschen abschlachten lässt. Uta Fedderson kommt dem Syndikat immer näher und begibt sich bald in große Gefahr.

Ihr Lebensgefährte Trever Mac Shirley, ein Amerikaner, soll das Syndikat ebenfalls bekämpfen, aber mit ganz anderen Mitteln. Es beginnt eine spannende Verfolgungsjagd auf mehreren Kontinenten. Steckt etwa eine noch größere Macht hinter all dem? Und was hat es mit dem äußerst gefährlichen Virus auf sich?

Barbara Hainacher

Das Palmöl-
syndikat

Impressum

Texte: © Copyright by

Barbara Hainacher

5431 Kuchl / Österreich

Alle Rechte vorbehalten.

Tag der Veröffentlichung: 20.07.2015

Herstellung und Verlag:

BoD – Books on Demand, Norderstedt

ISBN 978-3-7386-1547-0

Für meine Familie!

Inhalt

1. Kapitel

Sumatra, 17. April 2014 ....

Ungeachtet des dichten Urwaldes wuchtete sich das gelbe Fahrzeug mit seinen riesigen Scheren schwer durch die wundervolle Landschaft. Es walzte alles nieder! Es hatte keine Augen, kein Herz und keine Seele, ...

Furchtbare Schreie durchdrangen das Dickicht des indonesischen Regenwaldes. Eine Kakophonie verdammter Seelen, die zum Tode verurteilt waren. Dann herrschte eine unheimliche Ruhe. Die Zeit schien für einen Moment stillzustehen. Ein kurzer Friede, der so weit weg war wie Schnee. In der Ferne loderte das Feuer, das aus dem dichten Dschungel qualmend emporstieg. Dunkle Kaskaden bäumten sich auf, während schrille Tierlaute die Hitze erschütterten. Beißende Rauchschwaden zogen über die zerstörten Hütten der Waldbewohner hinweg. Das Feuer peitschte und züngelte sich mit aller Macht durch den Urwald.

Comang Surabana schürzte behände seine Armbrust und Pfeil und Bogen und machte sich bereit. Sein Clan stand hinter ihm und sah ihm nach. Schnell drehte er sich um und winkte ihnen zum Abschied. Doch er sah nur ihre entsetzten Blicke und hörte ihr Wehklagen. Dann lief er, so schnell er konnte, in den Dschungel. Er war nackt bis auf seinen Penisköcher. Die Holzfäller hatten wieder zugeschlagen. Comangs Herz war so sehr von

Trauer erfüllt, dass es ihn zu erdrücken drohte. Doch er konnte nicht aufgeben! Er wollte kämpfen!

Flink rannte er über Stock und Stein. In der Ferne leuchtete das hässliche, schmutzige Gelb der großen Drachen. Sie kämpften sich mit viel Lärm durch den Wald. Er hörte das Wehklagen der Bäume, die gefällt wurden und die verzweifelten Schreie der großen roten Waldaffen, die sich hoch oben in den Bäumen mit letzter Kraft festhielten.

Trotz des Loderns der brennenden Baumstümpfe, nahm er die Geräusche der Motorsägen deutlich wahr und wusste, in welche Richtung er gehen musste. Nach einer Weile ging er auf allen Vieren, geduckt wie ein Tier. Nach weiteren fünf Minuten war er den Holzfällern nun sehr nahe. Die Hitze war gewaltig. Seine Haut schien zu brennen. Bäume lagen überall auf der Erde. Die gelben Maschinen bewegten sich unerschütterlich weiter in die Richtung, wo ihre zerstörten Hütten auf der Erde lagen.

Er dachte an die Zeit, als er alleine nach Hamburg gefahren war. Die Reise dauerte über drei Wochen. Er schlich sich heimlich als blinder Passagier auf ein Schiff, das nach Hamburg fuhr. Und dann hatte er sich nackt, bis auf seinen Penisköcher vor den riesigen Konzern, der direkt am Hafen lag, gestellt, um zu demonstrieren. Ganz alleine! Um die Rechte seines Clans zu schützen, um ihren Wald zu erhalten. Und die Tiere, die ihre Lebensgrundlage waren.

Obwohl er ein Waldmensch war, wusste er doch, wer für die Abholzung des Regenwaldes verantwortlich zeichnete. Dieser Konzern mit Namen Lamir, ein deutsch französisches Unternehmen, das weltweit einer der größten Hersteller von Verbrauchsgütern war und bei dem Konzern Weidemar, einem der größten Palmölkonzerne, einkaufte. Dieser Konzern hatte seinen Standort in Deutschland, Hamburg.

Lamir kaufte von Weidemar Palmöl in großen Mengen. Der Palmölkonzern hatte seine Plantagen in ihrem Wald, nach Abholzung der Tropenbäume, im großen Stil gepflanzt. Man hatte schon so viele Palmen angebaut, dass der ursprüngliche Wald nur mehr aus einseitigen Plantagen bestand. Und jetzt wollten sie auch das Stück Land bepflanzen, wo sie wohnten.

Wieder dachte er an Hamburg. Nach einer langen Fahrt stand er in einer mit riesigen Häusern bedeckten Stadt und staunte, als er zum Haus des Konzerns blickte. Er war nackt und es war sehr kalt! Viele Menschen hatten sich um ihn versammelt und sahen ihn seltsam an. Dann hatte man ihn ins Haus geholt und ihm versprochen, dass der Konzern nicht mehr bei Weidemar einkaufen würde und dass ihre Dörfer wieder aufgebaut werden würden. Dazu hatten sie eine Frist vereinbart.

Doch der Konzern Lamir hatte sein Versprechen gebrochen. Die Frist war verstrichen, ohne dass auch nur ein Dorf wieder aufgebaut worden war. Für Surabanas Sippe, die ihr Land verloren hatten und jetzt obdachlos waren, spitzte sich die Lage zu.

Als er genug von der weiteren Zerstörung des Waldes gesehen hatte, schlich er zurück zu seinem Clan. Hinter ihm hörte er plötzlich Schritte. Er drehte sich um und sah weiße Männer in Anzügen, die Polizei im Schlepptau.

Comang Surabana wusste, was das zu bedeuten hatte. Er lief wie ein Hase durch den Wald. Geschickt hüpfte er über Stock und Stein. Er musste seinen Clan warnen. Die Polizei war ihm dicht auf den Fersen. Comang lief, so schnell er konnte. Er war klein und wendig. Es verschaffte ihm einen gewissen Vorsprung gegenüber der Polizei, aber er konnte sie gut hören. Sie schienen ebenfalls schnell zu sein. In der Ferne sah er seinen Clan. Seine Frau sah erschrocken zu ihm. Er deutete ihr, sich zu verstecken. Er sah seine Frau, die die anderen Mitglieder des Clans anwies, fortzulaufen. Alle sprangen wild durcheinander. Gehetzt wie Hasen schlugen sie Haken und liefen in alle Himmelsrichtungen. Doch als er ganz nahe bei ihnen war, hatte ihn die Polizei eingeholt und umzingelte auch die anderen Flüchtenden. Dann umstellten sie die provisorisch aufgestellten Zelte von Surabanas Familienclan, setzten ihn fest und verhörten ihn. Abseits von den anderen Familienmitgliedern musste er sich auf einen Stein legen. Sie banden ihm die Hände auf dem Rücken zusammen und stellten ihm Fragen, warum er ihre Palmölplantagen zerstört hatte. Comang Surabana antwortete. <Wir haben nichts zerstört. Ihr habt den Wald getötet, unser zu Hause, unsere Hütten! Ihr habt uns alles genommen! Alles!>

Daraufhin murmelte einer der Herren in seinem feinen Anzug einem gleich Aussehenden ins Ohr. <Wir haben versucht, ihnen Geld anzubieten, damit sie freiwillig ihre Hütten verlassen, als das nichts nützte, haben wir versucht, sie einzuschüchtern, indem wir ihre Hütten niederbrannten. Aber sie sind sehr stur. Sie wollen kein Geld und sie wollen sich nicht vertreiben lassen. Viele Palmen

wurden zerstört! Wir müssen diese Wilden anders zähmen!> <Tötet sie!> schloss der andere Mann. <Das wird nicht so einfach sein, denn mittlerweile haben sich schon zu viele Demonstranten zusammengeschlossen. Der Widerstand der Bevölkerung wächst von Tag zu Tag. Letzte Woche besetzten tausende Aktivisten aus ganz Sumatra die Plantage unserer Weidemar-Tochter „Weidemar Poseidon".> <Ja, ich weiß, aber die Wilden müssen verschwinden! Überlegen Sie sich etwas!> sagte der Mann streng und drehte seinem Gesprächspartner den Rücken zu. Er musste Ulmhoff anrufen, dass es Probleme gab!

Der Mann im Anzug blickte seinem Gesprächspartner hinterher. Er musste die Wilden bei einer Nacht und Nebelaktion verschwinden lassen. <Lasst sie gehen!> befahl er den Polizisten.

Comang Surabana stapfte wütend mit seinem nackten Fuß auf die Erde. Er würde weiterkämpfen für sein Volk, wenn es sein musste, noch einmal auf so einem fremden, kalten, fernen Kontinent wie Europa.

Zwei Tage darauf versammelten sich viele Menschen zu einer Demonstration in einer Provinz nahe der des Clans von Comang Surabanas Sippe, um mit blutverschmierten Transparenten gegen die Gewalt und Vertreibung durch Weidemar und die Polizei zu protestieren. <Wir fordern Lamir auf, sofort die Verträge mit Weidemar zu kündigen. Lasst unseren Wald stehen!>, rief Comang Surabana. Die anderen Demonstranten schlossen sich mit Sprechchören an.

Doch am nächsten Tag waren sie wieder da! Die gelben Drachen, die alles niederwalzten. Die Straßen in den Urwald schlugen. Todesschwadronen, die Männer, Frauen und Kinder seines Clans niedermetzelten! Blut, das überall klebte. Tod und Verwesung. Kahles, ödes Land, Rauchschwaden, die über die schwarze Erde hinwegzogen. Tote Tiere, darunter die großen roten Waldaffen. Sie lagen blutend auf der verwüsteten Erde genau wie seine Frau und seine Kinder! Comang schrie herzzerreißend und schlug um sich. Sie waren immer ein friedliches Volk. Genauso friedlich wie die Orang-Utans. Sie waren zufrieden und ernährten sich nur vom Wald. Sie benötigten nicht viel von der Natur. Sie lebten in Harmonie mit dem Wald und den Tieren. Aber was nun? Es war nicht mehr viel Wald übrig! Und sein Volk blutete!

2. Kapitel

New Haven, Connecticut - 22. April 2014

Es war kalt. Die Zelle war kahl und dreckig. Man hatte sie eingesperrt. Sie wusste, dass sie nicht lange hierbleiben musste, doch die Schmach, hier zu sitzen, machte sie wütend. Es würde sich auf ihre berufliche Laufbahn nicht gerade gut auswirken. Sie verstand die Welt nicht mehr! Warum sie? Sie hatte für etwas demonstriert, das gut war! Doch anscheinend war sie jemandem auf die Füße getreten! Doch wem? Wer war dagegen, dass sie eine Demonstration gegen Umweltzerstörung veranstaltete? Konzerne, die durch die Vernichtung von Regenwäldern und durch die Pflanzung von Ölpalmen großen Profit erwirtschafteten? Oder ...

<Uta Fedderson! Sie sind frei! Es wurde Kaution für sie hinterlegt>. Uta Fedderson hüpfte von der dreckigen Bank auf und ging schnurstracks aus der Zelle. Andere Häftlinge riefen ihr Obszönitäten hinterher. <Wer hat die Kaution hinterlegt?> fragte Uta den Gefängniswärter. <Es war ein Mann, doch er wollte anonym bleiben.> antwortete der Wärter.

Vor dem Gefängnis blieb sie stehen und steckte ihren Wappenring, auf dem ein Wiedehopf mit einer Krone zu sehen war, ein Familienerbstück, wieder sorgfältig an ihren Ringfinger. Sie rieb sich ihr linkes Auge und blinzelte. Die Sonne schien wärmend auf sie herab.

Ihre langen blonden Wimpern und ihr schwedisches Aussehen hatten ihr wieder einmal geholfen. Irgendein netter Mann, dem sie gefiel, hatte Kaution bezahlt. Es konnte nur so sein, denn sie kannte noch nicht viele Menschen hier in New Haven. Ihr schwedisches Aussehen hatte ihr bei der Männerwelt immer wieder Vorteile verschafft. Auch bei den Tutoren und Studenten der Yale Universität, in die sie sich vor kurzem erst inskribiert hatte, war sie schon bekannt.

Ihr Intelligenzquotient war überdurchschnittlich. Sie würde ihren Abschluss mit magna cum laude absolvieren, ohne auf fremde Hilfe angewiesen zu sein. Manchmal verfluchte sie aber ihr Aussehen. Denn sie war auch sehr groß und fiel dadurch noch mehr auf. Doch einige Male war dies auch nützlich. Denn sie organisierte, wie gerade eben Demonstrationen, die sich gegen die Umweltzerstörung und den Schutz der Arten richteten. Sie hatte immer immensen Zustrom, wobei sie nicht ganz sicher war, ob es ihretwegen oder wegen der Umwelt und den Tieren war.

Zwischen ihren Semesterarbeiten an der Albert-Ludwigs-Universität in Freiburg, wo sie zwei Jahre zuvor studiert hatte und davor ein Jahr auf der Stockholm University, verbrachte sie mehrere Jahre in Ländern wie Indonesien, dem Amazonas und Afrika.

Sie machte sich selbst ein Bild über die Zerstörung der Umwelt und es wurde jedes Jahr schlimmer. Was ihr auffiel war, dass die Palmölplantagen immer mehr zunahmen. Sie hatte dies heute bei der Demonstration zur Sprache gebracht. Möglicherweise war ein Palmölkonzern empört von ihrer Demo. Der musste aber gute Beziehungen zu einigen Regierungsmitgliedern haben, denn ihre Demonstration war friedlich. Der Grund, den sie für ihre Verhaftung nannten, war für sie nicht in Ordnung. Unruhestiftung! Was sollte das? Sie hatte nicht Unruhe gestiftet! In keinster Weise. Sie hatte die Demonstration eine Woche zuvor angekündigt und diese war genehmigt worden! Alles war im grünen Bereich! Schließlich kannte sie sich bei den Gesetzen aus!

Uta dachte wieder an ihren Auslandsaufenthalt In Australien. Hier verstand sie den Zusammenstoß und die Drohungen der Holzfäller, aber hier in Amerika? Uta zuckte mit den Schultern.

Letztes Jahr war sie nach Tasmanien gereist, um den tasmanischen Teufeln zu helfen. Dort waren sie auf illegale Holzfäller gestoßen. Diese hatten ihnen gedroht, dass sie nicht lange fackeln werden, wenn sie ihnen noch mal in die Quere kommen würden.

20

Auf der südaustralischen Insel Tasmanien fielen immer mehr tasmanische Teufel einem mysteriösen Gesichtskrebs zum Opfer. Sie und andere Freiwillige hatten junge gesunde Exemplare der Beuteltiere von den Kranken abgesondert, um das Überleben der Art zu garantieren. Mindestens die Hälfte des Bestands von vor zehn Jahren war der Krankheit zum Opfer gefallen. Anstatt sechs bis sieben Jahre lebten die befallenen Teufel nur zwei Jahre und produzierten somit auch weniger Nachwuchs.

Uta musste grinsen. Sie hatten nicht nur gute Arbeit geleistet. Bei dieser Arbeit in Australien lernte sie einen Amerikaner kennen. Er hatte einen Bart, blaue Augen und braune Haare. Sein Name war Trever Mac Shirley und sein Lächeln war extrem verführerisch. Er strahlte Ruhe, Intelligenz und Leidenschaft aus, die sie noch nie zuvor bei einem anderen Mann erlebt hatte. Er konnte von Herzen lachen und war sehr tierlieb. Er hatte Chemie und Medizin studiert. Man musste sich einfach in ihn verlieben! Doch er wohnte in Genf. Er war um einiges älter als sie, aber er war nicht verheiratet. Er erzählte ihr von seinen vielen Tieren, die er in seinem Zuhause in Genf pflegte. Leider riss der Kontakt ab, wie es so üblich war, wenn man so weit voneinander entfernt wohnte. Doch Uta musste immer wieder an ihn denken.

Als man ihr vor ein paar Monaten als Austauschstudentin die Partner-Universität Yale angeboten hatte, hatte sie keinen Augenblick gezögert und war nach Connecticut, New Haven übersiedelt. Trever hatte sie gefragt, ob sie zu ihm nach Genf kommen würde. Doch die Chance in Yale zu studieren, konnte sie nicht ablehnen. Sie wollte erst ihr Studium beenden und danach nach Genf übersiedeln. Das hatte sie sich vorgenommen.

Vor noch nicht allzu langer Zeit hatte sie sich in Yale immatrikuliert. In den Studienrichtungen, die sie gewählt hatte, waren einige attraktive Jus Studenten. Manche waren sehr direkt und wollten mit ihr ins Bett, doch sie sträubte sich innerlich. Trever Mac Shirley, der Amerikaner mit dem süßen Grinsen ging ihr einfach nicht aus dem Sinn. Aber es war sehr schön hier in New Haven und sie genoss es, diese fremde Stadt zu erforschen. New Haven hatte viel zu bieten. Yale mit ihren neugotischen Bauten war nicht nur außen eine Attraktion. Zur Universität gehörten auch die Yale University Art Gallery, das älteste Kunstmuseum einer Universität der westlichen Hemisphäre und eine ganze Ansammlung von alten Papyrusrollen.

Die Yale-Universität war nach der Harvard University in Cambridge, Massachusetts und dem College of William and Mary in Williamsburg, Virginia die drittälteste amerikanische Hochschuleinrichtung. 1716 zog die Collegiate School nach New Haven um und wurde 1718 aufgrund einer umfangreichen Spende von Elihu Yale in Yale College umbenannt. 1887, nachdem man das College um eine Reihe weiterführender Institutionen erweitert hatte, wurde der Gesamtkomplex dieser Institutionen in Yale University umbenannt.

Dann gab es noch bedeutende andere Museen und großzügige Alleen, die das Stadtzentrum prägten. Uta liebte diese Stadt! Und nun hatte sie auch schon das Gefängnis von innen kennengelernt. Naja, nicht die tollste Erfahrung, aber als Umweltaktivistin würde sie sich noch an so etwas gewöhnen müssen!

Sie war ganz in Gedanken versunken, als ihr plötzlich jemand von hinten auf die Schulter klopfte und „Skull and Bones" sagte. <Akzeptierst Du?> Uta blickte ihn an. Das musste einer der Senioren sein, einer der fünfzehn Studenten, die im Jahr zuvor zu Knochenmännern wurden. Uta wusste, was das zu bedeuten hatte. Sie wurde getappt, das war der erste Schritt auf dem Weg zum Bonesman.

Uta war verwirrt. Wie sollte sie sich entscheiden? Sie hatte natürlich von der Studentenverbindung, die sich die Bonesmen, die Knochenmänner nannten, gehört, und auch von den anderen Vereinigungen, zu denen die Scroll and Key, Wolf's Head, Book and Snake und Berzelius zählten. Doch sie wusste nicht so viel, dass sie sich ein genaues Bild über diese Vereinigungen machen konnte.

Hatte er wirklich sie gemeint? Sie war erstens eine Frau. Frauen waren bis jetzt nicht in diesem Kreis aufgenommen worden. Und dann war sie nicht mal aus einem dieser guten Häuser, deren Eltern auch schon zu den Bonesmen gehörten. Sie war Schwedin. Ihre Eltern hatten weder studiert, noch waren sie Mitglieder der Bonesmen!

Aber nachdem nur fünfzehn Studenten in jedem Jahr ausgewählt wurden und diese nur aus den besten Familien stammten, stimmte sie zu. <Ja, ich akzeptiere.> sagte sie mit fester Stimme. Dann überreichte ihr der Senior eine Papierrolle, die mit einer schwarzen Schnur und mit dem Wachssiegel der Skull & Bones versehen war. <Halte Dich am 30. April bereit und trage kein Metall am Körper!> Er grinste, dann schlich er von dannen. Was für eine Wandlung. Gerade noch im Gefängnis und im nächsten Moment Mitglied einer der mächtigsten Vereinigungen der Welt! Uta musste grinsen. Ihre Stirnfransen hingen ihr in die Augen. Sie blies sie durch ihre Zahnlücke auf die Seite. Was für ein Tag!

Ulmhoffs Handy klingelte leise. <Wird sie Mitglied?> fragte der Großmeister der Illuminati in den Hörer. <Ja, Meister!> erklang die Stimme am anderen Ende der Welt. <Gut. Dann bereite alles für das Zeremoniell vor. Ich komme am 30. April mit dem Flieger von Kapstadt. Bis dahin rekrutiert die anderen vierzehn Mitglieder, die wir besprochen haben!> <Verstanden, Sir.>

Der Diplomat legte den Hörer auf die Gabel. Er hatte mit Ulmhoff vierzehn weitere Mitglieder auserwählt. Es war eine hohe Ehre für ihn. Er musste nur noch den Seniors Bescheid geben, damit diese, wie es bei den Bonesmen so üblich war, die gerade Inskribierten mittels Schulterklopfen einluden.

Ihre Organisation war geheim. Offiziell hießen sie die „Freelance Foundation". Nach außen hin wusste keiner, dass es sich hierbei um die berüchtigten Illuminati handelte. Die Bonesmen waren eine Zentrale der Illuminati in Amerika. Aber sie wurden nie mit den Illuminati in Verbindung gebracht. Sie wurden als die Loge mit dem zweiten Rang bezeichnet. Die Illuminati waren die Ranghöchsten.

Außer ihm wusste auch keiner von den anderen Mitgliedern, wer der Großmeister war. Nur der engste Kreis, die sogenannte Eliteeinheit, kannte Ulmhoff. Und er war das wichtigste Verbindungsglied zu den Mitgliedern der Illuminati und dem Großmeister.

Max Ulmhoff war für ihn ein Genie. Er hatte einen industriellen Hintergrund. Sein Vater hatte sich einen kleinen Möbelkonzern in Hamburg aufgebaut, aber Ulmhoff hatte diesen Konzern weltweit ausgebaut. Das Unternehmen hatte seinen Beginn in Hamburg, aber vor langer Zeit war Ulmhoff nach Kapstadt ausgewandert, nachdem er in Los Angeles, Brasilien und in anderen Ländern gewohnt hatte, und leitete von dort seine Geschäfte. Vor ein paar Jahren hatte er weitere Möbelriesen in Österreich, Frankreich und Italien aufgekauft und diese in seinen Konzern integriert.

Dr. Max Ulmhoff war ein sehr kluger und gewitzter Geschäftsmann. Er hatte in Yale studiert, wie auch sein Vater und Großvater. Er fiel durch seine große Statur und seine blonden Haaren überall auf. Sein Auftreten war nobel und elegant. Er strahlte eine Autorität aus, die manche frösteln ließ. Sein Alter, er war nun 70 Jahre und seine aufrechte Statur wirkten noch autoritärer als früher.

Neben seiner Doktorarbeit in den Bereichen Wissenschaft und Wirtschaft war er auch mit einer sehr guten Nase fürs Geschäft auf die Welt gekommen und so war er immer zur richtigen Zeit am richtigen Ort.

1964 gründete Max Ulmhoff kurz nach seiner Doktorarbeit zusammen mit einem Partner eine kleine Erdölraffinerie nördlich von Los Angeles. Das Unternehmen stieß nach ein paar Probebohrungen auf sehr viel Öl und war sehr erfolgreich. Es wuchs immer weiter, bis Ulmhoff es 1988 reorganisierte und den Namen Ozeanus pacificus Oil Corporation gab. Den Partner zahlte er aus und war fortan alleiniger Besitzer der Erdölraffinerie.

Das war der älteste Vorgänger der Ulmhoff Oil Corporation, die mittlerweile ihren Sitz in Genf hatte.

1971 gründete Ulmhoff, die Morelia Oil Company, ein Unternehmen das sich in Yukatan, Mexiko befand. 1982 erhielt die Ozeanus pacificus Oil Corporation von Saudi-Arabien die Konzession zur Ölsuche, wobei sie zu Beginn des 20. Jahrhunderts fündig wurden.

Schon 1993 kaufte sich die Regierung von Saudi-Arabien bei ihnen ein und um 2001 wurde eine Firma mit dem Namen Fuel & Oil SAU in Saudi Arabien gegründet.

2002 kam es zur bis dahin größten Fusion zwischen Ozeanus pacificus Oil Corporation und Morelia oil company. 2007 erschloss die Ozeanus pacificus Oil Corporation das weltweit größte Ölfeld in Saudi-Arabien.

Um den Ansprüchen von Kartellbehörden gerecht zu werden, wurden diverse Ölstationen im Golf und eine Raffinerie an der Ostküste der USA verkauft. Als Teil der Fusion änderte Ulmhoff den Namen in Ulmhoff Oil Corporation.

Ulmhoff war stolz auf die Ulmhoff Oil Corporation. Der Möbelkonzern lief nebenher. Die Ulmhoff Oil Corporation wuchs zu einem weltweit operierenden Energiekonzern heran. Er gehörte zu den weltgrößten Ölkonzernen und war der größte Produzent von geothermischer Energie. Nebenbei beschäftigte er sich auch noch mit chemischer Fertigung und dem Verkauf sowie der Erschließung und Gewinnung von Rohöl, mit Marketing, Transport als auch mit der Energiegewinnung. Auch die Methode des weltweiten Schiefergasabbaus in Form von Fracking ließ er sich nicht entgehen.

Der Hauptsitz seines Ölimperiums lag in Genf, wo sich auch die Hauptzentrale der Illuminati befand.

Jetzt war er offiziell immer noch mit dem Erd- und Rohölabbau beschäftigt. Das Hauptquartier lag früher in Kalifornien, wo er nach seinem Studium wohnte. Doch Genf hatte sich als optimaler Ort herauskristallisiert, weil hier auch noch das letzte Erdöl gehandelt werden würde und er dort zwischen den anderen Ölmagnaten nicht auffallen würde. Außerdem war sein Konzern noch in mehr als 180 Ländern aktiv.

Durch seine Ölförderungen weltweit konnte sich Ulmhoff schon früh einen Überblick darüber verschaffen, wie viel Öl tatsächlich noch vorhanden war. Seinen damaligen wissenschaftlichen Expertisen zufolge würde das Erdöl und Erdgas vielleicht schon in zehn, spätestens aber in zwanzig Jahren verebben.

Deshalb beschäftigte er sich schon früh mit Alternativenergien. Ölpalmen würden die nächste Generation der Energiegewinnung nach Erdöl darstellen. Dazu hatte er einige Konzerne gegründet, die unter anderen Namen liefen wie Weidemar oder PT Saluga Alam. Zusätzlich hatte er sämtliche Palmölkonzerne mittels Strohmännern gekauft, die weiterhin auf ihren alten Namen liefen. Diese waren für den Aufbau und Export des Palmöls verantwortlich. Und das im großen Stil. Das war die Zukunft und er hatte Recht.

Dass er wegen Menschenrechtsverletzungen und Umweltverschmutzungen sämtliche Gerichtsverfahren am Hals hatte, störte ihn nicht. Ein paar Menschen mussten sterben. Aber das waren Waldmenschen, vergleichbar mit Tieren und die hatten keinen Stellenwert für ihn! Und wenn ein bisschen Erdöl in den Regenwald floss und Menschen und Tiere vergiftet wurden, was zu Krankheiten und Todesfällen unter den Ureinwohnern führte. Na und? Wen kümmerte das schon?

Außerdem verklagten 30.000 Anwohner seinen Konzern Weidemar. Doch er weigerte sich, für die Folgen der Zerstörung des Regenwaldes aufzukommen. Zum Glück wusste keiner darüber Bescheid, dass ihm der Konzern gehörte. So musste er sich vor niemandem rechtfertigen.

Im September 2010 schlug er, besser gesagt die Konzernleitung zurück. Er initiierte mit der Konzernleitung ein Gerichtsverfahren in New York, um diese Umweltaktivisten, Journalisten und Anwälte als kriminelle Vereinigung zu deklarieren. Er wollte einfach ein Zeichen setzen!

Wo gearbeitet wurde, fielen Späne! Es musste Opfer geben! In diesem Spiel war er der König und die Bauern hatten das Feld zu räumen!

Am 7. November 2012 traten bei Bohrungen vor dem brasilianischen Bundesstaat Rio de Janeiro mehrere tausend Barrel Öl aus und verschmutzen das Campos-Becken. Sein Pressesprecher erklärte der Presse, dass es falsche Druckberechnungen für die Probebohrungen gegeben habe. Nach dreizehn Tagen konnte das Leck geschlossen werden. Brasilien forderte daraufhin 20 Milliarden Dollar Schadensersatz. Alle wollten sie Geld von ihm! Diese Idioten!

Der Konzern bekam eine Strafe von zunächst 20 Milliarden US-Dollar wegen angeblichen Umweltschäden, aber das war ein Klax! Das waren Peanuts. Das konnte er sich schon leisten! Zusätzlich sollte sich der Konzern in Zeitungsanzeigen in Brasilien und den Vereinigten Staaten binnen 15 Tagen öffentlich entschuldigen, ansonsten drohte die Strafe verdoppelt zu werden. Die kannten ihn nicht! Er würde sich nie bei irgendjemandem für irgendetwas entschuldigen! Nicht er! Nicht der Großmeister der Illuminati! Nicht der reichste und bald mächtigste Mann der Welt!

Auch beim Schiefergasabbau in Form von Fracking gab es immer wieder Probleme, so unter anderem in einigen osteuropäischen Staaten. Im November 2013 schloss er mit der Ukraine einen Vertrag zur Schiefergasproduktion über 15 Milliarden US-Dollar.

Und wieder warfen ihm diese Umweltaktivisten vor, sich nicht oder zu wenig um die Auswirkungen des Gasabbaus auf die Umwelt und das Trinkwasser zu kümmern. Die großflächigen Wasserentnahmen aus zu kleinen Flüssen, der als Stützmittel eingesetzte, sehr feine, karzinogene, Staublunge-auslösende Quarzsand und die nach Jahrzehnten - manchmal auch nach Jahren wieder an die Oberfläche kommenden eingesetzten Wassermassen mit Schwermetallen und Kohlenwasserstoffverbindungen versetzt, das waren einige ihrer Kritikpunkte. Lauter Schwachsinn! Ulmhoff ärgerte sich sehr, aber niemand konnte ihm was anhaben. Dann zahlte er, besser gesagt seine Konzerne Geldstrafen, kein Problem. Er hatte genug davon.

Was beschwerten sich denn diese dummen Umweltaktivisten wegen der kleinen Mengen Erdöl, die aus den alten Förderstätten in den Boden versickerten und den Regenwald anscheinend verseuchten? Sie mussten sich ja nicht gerade dort aufhalten! Es gab noch andere Regenwälder! Doch mittlerweile waren schon sehr viele Wälder in seinem Besitz. Ulmhoff grinste vor sich hin. Es gab nur mehr wenig Regenwald und bald würde alles ihm gehören!

Dann bekamen mehrere seiner Konzerne auch noch für das jahrelange Ablehnen jeglicher Verantwortung für Umweltschäden den Lifetime Award des Public Eye on Davos verliehen!

Das war ihm so was von egal. Lustig hingegen fand er den Kampf von Syrien, dem Irak, USA, Russland und Libyen, die sich für die wichtigsten Ölförderländer hielten. Die sollten sich ruhig die Köpfe einschlagen. Die waren alle so kurzsichtig! Aber schön langsam kamen auch sie auf den Geschmack von Palmöl. Doch es war zu spät. Er hatte alles im Griff. Auch die letzten Urwälder würden in ein paar Jahren ihm gehören! Seine Schachfiguren waren sehr gut aufgestellt. In der Zukunft würde es „Schach Matt" heißen und er wäre der König des Schachbretts!

In seinen Reihen hatte er ebenso einen Berater des WWF. Mangold war ein hochrangiges Mitglied der Illuminati.

Er verschaffte seinem Konzern Ulmhoff Oil Corporation immer wieder positive Berichte in Zeitungen. Das Kataman-Ölfeld erwähnte er geradezu löblich und verschaffte Ulmhoff Oil Corporation dadurch einen einwandfreien Bericht über seine umweltfreundlichen Bohrungen. „Eigentlich ist das Kataman-Ölfeld, in dem Ulmhoff Oil Corporation seine Bohrungen schon seit längerem durchführt, der bei weitem größte und am strengsten kontrollierte Nationalpark in Papua-Neuguinea, dass sogar Tiere, die kurz vor dem Aussterben waren, sich dort wieder angesiedelt haben." Dass Ulmhoff Oil Corporation auch die Ausschreibung Norwegens zur Entwicklung eines Öl- und Gasfeldes in der Nordsee gewonnen habe, führte Mangold auf ihren guten Ruf in Sachen Umweltschutz zurück.

Dann hatte er noch die Außenministerin der USA und andere wichtige Leute auf seiner Seite. Sogar im Weißen Haus tummelte es nur so von den Bonesmen. Der Präsident war kein Knochenmann. Es war schwierig für ihn, Forderungen zu stellen oder Gesetze durchzubringen, da er nicht die richtigen Leute hinter sich hatte.

Aber Ulmhoff hatte die richtigen, mächtigsten Männer und Frauen weltweit hinter sich.

Mit seinem guten Riecher hatte er sich nach und nach an der Börse ein enormes Vermögen erworben und es in den Ausbau seiner Unternehmen investiert. Er war der reichste Großindustrielle der Welt, mächtiger als in früheren Zeiten Rockefeller. Und der mächtigste Mann der Illuminati.

Doch das mit dem Palmöl, das war eine Zukunftsvision, der letzte Meilenstein in seinem Puzzle, das durfte ihm niemand vereiteln. Deshalb hatte er diese Uta Fedderson zu den Bonesmen eingeladen und ihre Kaution bezahlt. Wenn sie erst Mitglied war, wäre sie auf seiner Seite und würde nicht mehr gegen ihn arbeiten. Demonstrationen gegen seine Palmölplantagen! Puhl! Solche Leute konnten ihm gefährlich werden. Aber das Leben bestand aus Schachzügen und er war der beste Schachspieler!

3. Kapitel

Uganda – 23. April 2014

Der Urwald glitzerte im Sonnenlicht, das zerstreut durch die dichten Bäume des Kibale Forest schien. Die zwanzigjährige Anna Mikal und ihr achtzehnjähriger Bruder Swen fotografierten einen Baby Schimpansen, der etwa zehn Meter über ihnen in den riesigen Bäumen hing und hin und her schaukelte. Der kleine Affe hüpfte fortwährend von einem Ast zum anderen und kreischte dabei laut. Dann hielt er inne. Er lauschte einige Sekunden, dann purzelte er rücklinks über das Gehölz und reckte seinen Kopf nach unten. Geschickt umklammerten seine linke Hand und sein linker Fuß die Liane. Die andere Hand und den zweiten Fuß streckte er so weit wie möglich von sich. Sein Gesicht wirkte wie eine Maske. Er blickte neugierig auf die Menschen hinab. Es schien, als würde er sie genauso beobachten wie sie ihn. <Wundervoll!> staunte Anna und sah ihren Bruder und ihren Vater liebevoll an. Annas rote lange Haare hingen in dichten Wellen von ihrem Kopf bis zu ihrer Taille hinab. Sie hatte ein Teleobjektiv der Marke Canon bei sich und wusste damit umzugehen. Anna sah ihrem Bruder liebevoll zu. Swen Mikal sah einen Moment auf und strahlte seine Schwester an. Ihr Vater hingegen war so vertieft in seine Kamera, mit der er den Schimpansen fotografierte, dass er seine Tochter gar nicht hörte. Sein ganzer Körper war angespannt. Mit vollster Konzentration versuchte er, das Köpfchen des Babyaffen mit seiner Spiegelreflexkamera ganz nahe heranzuzoomen. Er war ein Perfektionist. Die Kamera hatte eine Brennweite von 800, sodass er jedes Detail des Affenauges präzise erkennen konnte. Als das Auge immer größer auf das Display traf, sah Peter Mikal die Iris des einjährigen Schimpansen, die dunkel funkelte. Dann hielt er die Kamera plötzlich noch weiter nach oben, denn hinter dem kleinen Äffchen stach ihm etwas ins Auge. Etwas, das seine ganze Aufmerksamkeit beanspruchte. Er zoomte noch näher. <Was zum Teufel …!> stieß er leise aus.

Hinter dem kleinen quirligen Geschöpf stach Peter Mikal ein Baum ins Auge, den er auch von tausenden Tropenbäumen heraus erkennen würde. Dieser Baum war wie ein Volltreffer im Lotto. Ein Mpingo Baum. Ein Baum, der so selten und kostbar war wie ein großer Diamant. Die Euphorie von Mikal war groß, die Wertschätzung für das Leben des Baumes klein. Vergessen waren die Schimpansen. Er musste diesen Baum unbedingt haben, egal was es kostete. Eine Idee manifestierte sich in seinem Kopf.

Große Schmetterlinge in leuchtenden Farben flogen ihnen immer wieder um die Nase, Anna und Swen fotografierten sie mit Freude. Doch der Vater nahm sie nicht mehr wahr. Er war in Gedanken versunken. Plötzlich kreischte es sehr laut in der Höhe. Alle drehten ihren Kopf in die Richtung, aus der das Geräusch kam. Die mit saftigen grünen Blättern berankten Äste der Urwaldbäume wirbelten herum. <Anna, Swen,> flüsterte Peter Mikal aufgeregt. <Seht nur, der dunkle Fleck in den Bäumen. Da ist ein riesiges Männchen!> Anna blickte angestrengt nach oben. Das Gesicht des großen Schimpansen war nur schwer in dem dunklen Grün des Blätterwaldes auszumachen.

Doch nur kurz traf den Vater ein Anflug von Begeisterung. Dann nahm er seinen Feldstecher und richtete das Fernglas auf den Tropenbaum. Mit dem Zoom suchte er nach weiteren Bäumen derselben Art, doch dieser Baum schien der Einzige in der ganzen Umgebung zu sein. <Now we have to go back.> sagte ihr schwarzer Führer in gutem Englisch. <Just one minute!> sagte Peter Mikal in strengem Ton und nahm seine Kamera wieder zur Hand. Der Guide blieb stehen und sah nach oben. Er wartete geduldig, bis der Mann seine Fotos geschossen hatte. Mikal knipste den Baum aus der Nähe und aus der Ferne. Dann nickte Mikal und die Gruppe machte sich auf den Weg.

Peter Mikal hatte von Schweden aus einen Guide, einen ortsansässigen Ugander angeheuert, der ihn und seine Tochter und seinen Sohn zu den Schimpansen und den Gorillas führen sollte. Die Mutter war in Schweden geblieben. Sie war früher oft nach Afrika mitgefahren. Aber mittlerweile ekelte sie sich einfach vor diesem schmutzigen Land.

Auf dem Weg nach Bwindi zu den Berggorillas fuhren sie an einigen Dörfern vorbei. Peter Mikal

blickte konzentriert aus dem Fenster des Allrad-
fahrzeuges. Am Straßenrand fielen ihm immer
wieder sehr dunkle Schüsseln und andere Gefäße
aus Holz auf, die auf bunten Decken auf dem Boden lose herumlagen. <Halt! Stopp!> schrie er laut.
Der Guide legte eine Vollbremsung mitten auf der
sandigen roten Straße ein. Der Jeep kam abrupt
zum Stehen. Roter Sand wirbelte auf und hüllte
das Dorf in roten Nebel. Einige Frauen wickelten
sich schnell ihre bunten Stoffbahnen als Schutz
gegen den Staub um Haare und Gesicht, sodass
nur mehr die Augen herausschauten. Andere wiederum balancierten große, aus Bananenblatt ge-
flochtene Körbe auf dem Kopf, von denen Ananas
oder Mangos hervorquirrlten. Sie gingen ganz ruhig weiter. Manche der Kinder trugen dicke Reisig-
stöcke auf ihrem Haupt, die sie mit der Hand zusätzlich festhielten. Einige nur mit Lendenschurz
bekleidete Männer standen in kleinen Gruppen
zusammen und schauten zu dem Allradfahrzeug.

Als der Jeep hielt, versammelten sich alle Dorfbewohner in Windeseile um das gelbe Automobil,
und als sich der rote Sand wieder gelegt hatte,
sahen sich die Mikals von lauter dunkelhäutigen
Menschen umringt, die sie neugierig musterten.
Nackte Kinder kamen von allen Ecken des Dorfes
angelaufen und schrien schrill „Hello, hau ju!". Peter Mikal öffnete die Türe des Jeeps und stieg aus.
Die Einheimischen wichen einige Schritte zurück.
Mikal sagte zu dem Guide auf Englisch, dass er
wissen möchte, woher die Menschen dieses Holz
hätten, aus denen die Schüsseln und Trommeln
gefertigt waren. Er war sich hundert prozentig sicher, dass dieses Holz von demselben Baum
stammte, den er in Kibale Forest gesehen hatte.

Der Guide übersetzte die Frage. Die Dorfbewohner sprachen wild durcheinander und deuteten Richtung Kibale. Der Guide übersetzte und berichtete der Familie von einem Wald, der in der Nähe von Kibale lag, von wo sie gerade gekommen waren. Dieser gehörte noch zum Nationalpark Kibale. Dort gab es diese einzigartigen Bäume. Doch den Namen konnte der Guide nicht übersetzten. Doch Peter Mikal wusste, um was für eine Art Baum es sich handelte. Er hatte sich sein ganzes Leben lang mit Tropenhölzern beschäftigt. Er hatte immer schon ein Faible für Außergewöhnliches und Schönes. Swen war ebenfalls ausgestiegen und betrachtete die Schüsseln.

Plötzlich lief ein Dorfbewohner von seinem Haus, das auf einer Anhöhe lag, schreiend auf Anna zu, die noch im Jeep saß und sich im letzten Moment umdrehte. Erschrocken und mit weit aufgerissenen Augen sah sie aus dem Fenster des Jeeps und wich vom Fenster zurück.

Der Schwarze hatte einen Stein in der Hand und schrie furchterregend. Anna Mikal war vor Schreck ganz bleich geworden. Peter und Swen Mikal waren wie erstarrt. Der Guide reagierte sofort und ging ruhig, aber mit schnellen Schritten um den Jeep herum. Er redete mit fester, ernster, geradezu fordernder Stimme auf den Mann ein. <Come on, what's wrong?> Dann diskutierten die beiden Männer in einer sehr fremd klingenden Sprache miteinander. Die Mikals verstanden kein einziges Wort. Der Fremde wirkte eingeschüchtert, doch im nächsten Moment holte der Schwarze aus und schlug dem Guide ins Gesicht. Der Guide taumelte nach hinten, dann hielt er sich das rechte Auge.

Nach einem kurzen Augenblick hatte er sich wieder gefasst, holte aus und versetzte dem Angreifer einen Schlag in die Rippen, sodass dieser auf die rote Erde stürzte und liegenblieb. Nachdem sich der Angreifer wieder aufgerappelt hatte, hob er als Friedensangebot die Hände und verzog sich in sein strohgedecktes Haus, das neben einer Anzahl von weiteren Häusern auf einer Anhöhe einen Meter vom Straßenrand entfernt stand. Zwischen und hinter den Häusern wuchsen Bananen und Maispflanzen.

Peter Mikal nickte dem Guide zu. Anna Mikal hatte noch immer Herzklopfen. Ihr Magen rebellierte. Mit schnellem Griff öffnete sie die Türe und erbrach sich in die Latrine am grünen Straßenrand. Die Dorfbewohner wichen sofort zurück. Peter Mikal war im nächsten Moment bei seiner Tochter und reichte ihr ein Taschentuch. Auch der Guide und Swen boten ihre Hilfe an. Nach einigen Minuten ging es Anna wieder besser. Sie lächelte ihren Vater und Swen zaghaft an. Peter Mikal schüttelte dem Guide die Hand. Normalerweise mochte er die Schwarzen nicht sonderlich, aber er musste eingestehen, dass dieser Mann etwas Besonderes war. Ein Beschützer in einem fremden Land. Ein Verbündeter, ein Freund.

Auf der langen Fahrt nach Bwindi überlegte Peter Mikal angestrengt. „Hm, so könnte es funktionieren". Anna Mikal beobachtete ihren Vater von der Seite. Sie kannte diesen Gesichtsausdruck. Diesen Ausdruck hatte er immer, wenn er Geschäfte machte, doch hier in ihrem Urlaub schien ihr der Ausdruck fehl am Platz. <Vater, Du siehst aus, als würdest Du über ein Geschäft nachdenken.> <Hm,

Du hast Recht. Ich habe da so eine Idee.> <Ach Daddy, das ist der erste Urlaub seit zehn Monaten. Den solltest Du genießen!> sagte Anna Mikal und sah ihren Vater mitfühlend an. <Natürlich genieße ich meinen Urlaub! Anna, genieße einfach Deinen Urlaub! Ich bin da auf etwas gestoßen.> <Na gut, aber Du kannst mir Dein Geheimnis ruhig anvertrauen!> lächelte Anna sanft. <Na, wenn Du es unbedingt wissen willst. Ich habe vor, auch aus dieser Gegend Tropenholz nach Wien zu importieren. Ich kenne dieses Holz, aus dem die Schüsseln am Straßenrand geschnitzt wurden.

Das Holz heißt Mpingo, African Blackwood, ein blühender Tropenbaum aus der Familie Fabaceae. Ein edles, äußerst seltenes Holz, das nur hier und in Ruanda wächst. Es ist so selten, dass es kostbarer als ein großer Diamant ist. Es ist wasserabweisend, resistent gegen sämtliche Pilze und hat einen Härtegrad, den noch vielleicht zwei weitere Baumarten auf der Welt aufweisen.> <Vater, genügt es Dir denn nicht, dass Du schon von Indonesien und Indien Tropenholz importierst? Warum nimmst Du nicht einfach unsere heimischen Hölzer? Ich verstehe Dich nicht, dass Du nicht auf die Umwelt schaust!> rief Anna entsetzt, die Stirn in Falten gezogen. <Ganz einfach! Die Kunden wollen nun mal Tropenhölzer! Wir müssen ja im Geschäft bleiben. Es ist schließlich einmal Eure Firma. Ich habe nicht alles umsonst aufgebaut und Du musst umdenken, um zu überleben! Sieh Dir nur Swen an, der ist nicht so wie Du! Er ist ein Geschäftsmann wie ich! Wir werden diese Tropenhölzer importieren und wir brauchen Strohmänner, die für uns die Arbeit erledigen! Studiere Du ruhig Psychologie und lass Deinen Bruder das Geschäft

übernehmen! Dann musst Du Dich nicht mehr aufregen!>, damit wendete er sich von seiner verär-
gerten Tochter ab und blickte augenzwinkernd zu
seinem Sohn. Mit einem Grinsen im Gesicht deutete er mit dem Kopf zu dem Guide, der nichtsah-
nend den Jeep lenkte. Swen grinste zurück.

4. Kapitel

New Haven, Connecticut – 30. April 2014

Der Senior neben ihr klopfte an die schwere Eisen-
tür. Mit einem Seufzer öffnete sich das Tor einen
Spalt und dann ging alles sehr schnell. Uta wurde
von einer Hand ins Innere des Hauses gezogen.
Sie kniff die Augen zusammen. Im Inneren des
Tempels, der sogenannten Gruft, war es bis auf
ein paar Fackeln an der Wand dunkel. Die Flam-
men projizierten ein sehr sanftes Licht an die
Wände. Schädel lagen überall verstreut am Boden.
Menschenschädel und -knochen!

Aus der Dunkelheit traten plötzlich Männer mit
schwarzen Masken ins Licht, Uta wollte schreien.
Zuerst hatte sie sie gar nicht wahrgenommen. Nun
sah sie die zwanzig Männer oder Frauen, die hinter schwarzen Teufelsmasken ihre Gesichter ver-
bargen. Die Situation wirkte unwirklich, geradezu
schockierend. Uta fühlte sich unwohl in ihrer Haut.
Hatte sie einen Fehler gemacht? Dies hier fühlte
sich wie eine Sekte an. Wozu die Verkleidung?
Was geschah hier?

An der Wand gegenüber von ihr sah sie ein Wappen, einen Schädel mit gekreuztem Knochen, da-

runter stand die Zahl 322. Über dem Wappen stand in deutscher Sprache „Wer war der Tor, wer Weiser, Bettler oder Kaiser? Ob arm, ob reich, im Tode gleich". Unter dem Wappen fiel ihr ein sehr großer maskierter Mann auf. War das der Großmeister?

Uta hatte den Gedanken noch nicht zu Ende gedacht, da packte sie jemand an der Schulter und schüttelte und schubste sie hin und her. Sie versuchte, sich aus dem Griff ihres Angreifers zu wehren. <Was soll das?> fragte sie gereizt. Im selben Moment ertönte verschwörerisch eine andere Stimme <schwörst Du Verschwiegenheit, Uta Fedderson?> Uta wollte am liebsten davonlaufen, doch irgendetwas an dem Szenario faszinierte sie. Deshalb spielte sie mit <Ja, ich schwöre!> sagte sie mit bebender Stimme. Das Ganze musste ein Scherz sein. Sie würde einfach mitspielen und dann mit den anderen zusammen über diese gruselige Situation lachen. Da war sie sich sicher! Nachdem viele reiche und einflussreiche Menschen bei dieser Vereinigung dabei waren, konnte das hier nur ein Scherz sein! <Ja, ich schwöre!> sagte Uta ein zweites Mal. <Wenn Dich jemand auf das Thema „Skull and Bones" anspricht, dann musst Du den Raum verlassen und nichts dazu sagen! Schwöre es!> sagte die tiefe Stimme des großen Vermummten, der unter dem Wappen stand. Er klang irgendwie nicht wie ein Amerikaner. Bei diesem Mann spürte sie Macht. Er strahlte etwas aus, das sie frösteln ließ. Sogar unter dieser Maskerade. Wahrscheinlich war es seine Stimme und die Haltung oder der Körperbau! <Ja, ich schwöre!> sagte Uta wieder. Von der Seite trat ein weiterer Maskierter auf sie zu und schlug ihr mit dem Teufelsschwanz ins Gesicht. <Küss den linken weißen Schuh des Papstes!> forderte die Stimme des Mannes, der vor ihr stand, Uta auf. Was? Was für ein Papst? Dann trat ein Mann aus der Dunkelheit, er war als Papst verkleidet und hatte einen weißen Schuh an seinem linken Fuß. Uta schüttelte den Kopf! Das war nun nicht mehr lustig! Was sollte sie tun? Am liebsten würde sie allen die Masken vom Kopf reißen und die Gesichter entlarven. Hatten die anderen Mitglieder etwa ähnliche Erfahrungen gemacht? Sie hatte gehört, dass auch berühmte Persönlichkeiten, sogar Präsidenten bei den Bonesmen waren. Beim besten Willen konnte sie sich nicht vorstellen, dass diese sich so demütigen ließen! Sie würde den Schuh küssen oder es andeuten, aber dann war Schluss!

Uta ging auf den, als Papst verkleideten zu, kniete sich neben seinen linken Schuh und deutete einen Kuss an. Von hinten ertönten leise Gesänge, die an Volumen langsam zunahmen. Es war ein Lied, das Uta bekannt vorkam, eine Melodie. Aber keine Amerikanische. Nein, deutsch vielleicht, aber die Texte wurden in Englisch gesungen. Da packte sie wieder eine Hand und zerrte sie zu einer Wanne, die im hinteren Bereich stand. Es war ziemlich dunkel, deshalb konnte sie nicht sehen, ob die Wanne mit Wasser gefüllt war. Mehrere Knochenmänner drängten sich um Uta und hoben sie in die Wanne. Sie wehrte sich noch mit Händen und Füßen, aber es war zu spät. Uta hievte ihre im Schlamm steckende Hand heraus und dann ihre Zweite. Sie versuchte, sich aus der Wanne zu befreien. Doch einige der Knochenmänner hielten sie fest, andere krakeelten obszöne Sprüche, die sie immer und immer wieder wiederholten. Als Uta nach fünf Minuten in der Wanne freigelassen wurde, strampelte sie sich nach oben. Ihre Kleidung war matschig. Sie hasste das, was man ihr antat. Was nun? Sie wollte aus dieser matschigen Kleidung schlüpfen. Alles klebte an ihrem Körper. Die Jeans hatte sich vollgesaugt. Wild schüttelte Uta den Dreck ab. <Zieh Dich aus!> sagte die tiefe Stimme des großen Knochenmannes, den Uta für den Großmeister hielt. Er stand neben ihr und seine Anwesenheit ließ sie frösteln. Langsam zog sie das T-Shirt und die Jeans aus. Sie hatte nur noch ihre seidene Unterwäsche an, die ebenfalls nass war. Jemand überreichte ihr eine schwarze Kutte. Uta nickte. Sie zog sie über und streifte ihre Unterwäsche ab. Gemischte Gefühle schienen sie zu übermannen. Einerseits fühlte sie eine immense Wut. Eine Wut, die sie noch nie zuvor gefühlt hatte. Andererseits spürte sie eine Scham. Nackt, nur mit einem Umhang bekleidet, stand sie vor den Vermummten, sie fühlte sich ausgeliefert. Von hinten kam einer der Knochenmänner und packte sie am Genick. Dann drehte er sie zu sich und stieß ihr ein Messer an die Kehle. Uta hielt den Atem an. Mit dem Leben hatte sie noch nie jemand bedroht. Die Klinge des Messers tat weh. Sie hatte Angst. Sie wusste nicht, wie weit die Knochenmänner gehen würden. Im fahlen Schein der Flammen sah Uta aus den Augenwinkeln, wie die anderen Knochenmänner mit den Totenschädeln und Menschenknochen hantierten. Der Augenblick war gespenstisch. Langsam ließ sie der Knochenmann wieder los. Uta sprang so weit wie möglich von dem Knochenmann fort. Sie drückte sich gegen die steinerne Wand und atmete erleichtert auf. Mit einer Hand fasste sie sich an die Kehle. Sie spürte eine kleine Fleischwunde. Dann führte sie die Hand vor ihre Augen. Im gespenstischen Licht der Fackeln sah sie, dass Blut an ihrem Finger klebte. Da wurde ihr bewusst, wie ernst die Lage war. Sie musste tun, was die sagten, sonst wäre ihr Leben in Gefahr. Sie hatte panische Angst. Wo war sie da nur hineingeraten? Sogleich kam wieder einer der maskierten Männer. Wieder packte er sie mit festem Griff und zog sie noch weiter hinein in die dunkle Gruft. Die anderen Knochenmänner beleuchteten den hinteren Raum mit ihren Fackeln. War das etwa ein Sarg da hinten? Was sollte das nun? Uta wurde panisch. Sie verkrampfte sich, hielt den Atem an. Wie krank waren diese Leute nur? Wenn ihr das vorher jemand erzählt hätte, hätte sie es nicht für möglich gehalten, dass im 21. Jahrhundert noch solche geheimen Sitzungen abgehalten wurden! Sie versuchte, sich gegen den Knochenmann zu wehren. Doch er war kräftig. Sie hatte keine Chance. Er ging mit ihr geradewegs auf den Sarg zu. Uta wollte schreien! Pure nackte Angst packte sie. Sie versuchte, sich an der Wand festzukrallen. Es half nichts, außer dass sie sich die Nägel abbrach. Beim Sarg angekommen, kamen weitere Knochenmänner hinzu und packten sie an Armen und Beinen. Sie wurde gegen ihren Willen in den Sarg gelegt. Den Umhang hatten sie ihr vorher noch vom Körper gestreift. Nun lag sie nackt im Sarg. Sie fühlte sich so ausgeliefert, als wäre sie ein Kleinkind, das gleich misshandelt würde. Niemand konnte sich diese Qualen vorstellen, die sie in diesem Moment durchlitt. Gedemütigt, erniedrigt, bis auf die Knochen blamiert. In ihrer Persönlichkeit demontiert. Sie würde nie wieder ihr Spiegelbild ansehen können, ohne an diese

Schmach denken zu müssen. Sie fühlte sich in ihrer Persönlichkeit verletzt. Langsam drang die Stimme des großen Bonesman an ihr Ohr. <Nun musst Du ein Geständnis ablegen. Du musst uns alles über Dein Sexualleben berichten, bis ins kleinste Detail. Dann erst bist Du eine richtige Knochenfrau! Los!>

5. Kapitel

Schweden – Anfang Mai 2014

Endlich war sie in Schweden angekommen. Der Aufenthalt in Uganda war sehr schön, aber sie freute sich auch wieder auf ihre alte Heimat und die Oma! Nach langer Zeit einmal Pause vom Studium! Anna streckte ihre Glieder von sich. Es war einfach himmlisch. Endlich war sie wieder hier in ihrer alten Heimat. Sie war mit ihrem Vater und ihrem Bruder gestern aus Uganda angereist. Ihre Mutter Swenja war bereits hier. In einer halben Stunde würde sie ihre beste Freundin Uta Fedderson wiedersehen. Sie war schon gespannt, wie Uta nun aussah. Sie hatten sich seit über zehn Jahren nicht mehr gesehen, nur ab und zu Briefe geschrieben. Aber sie war keine Briefschreiberin. Auch Uta schrieb nur selten. Sie wusste nur, dass Uta in Amerika studierte und auch in diesen Ferien nach Schweden kam.

Der alte Fiat glänzte frisch geputzt vor dem Haus ihrer Großmutter, bei der sie nun die ganzen Ferien verbrachte. Ihre Eltern und ihr Bruder würden nur eine Woche bleiben. Sie mussten wieder zurück zu ihrem Möbelgeschäft. Annas Großmutter war für Anna wie eine Mutter. Ihre eigene Mutter hatte wenig Zeit für sie wegen dem Möbelgeschäft. Anna fühlte sich von ihrer Großmutter sehr geliebt. Sie hatten ein sehr inniges Verhältnis und Anna konnte ihr alles erzählen. Die Großmutter hatte ein sehr großes Haus, es lag in Värmland. Ein großer Garten mit Schafen umrundete das Anwesen.

In frühen Zeiten hatte ihr Vater mit der Familie ein Holzfloß gebaut und damit ließen sie sich an einigen wenigen Wochenenden auf dem ruhigen Fluss treiben. Unter der fachkundigen Anleitung ihres Vaters errichteten sie ein stabiles Floß mit Seilen und Rundhölzern. Doch sie, ihre Mutter und ihr Bruder durften nur die ganz leichten Aufgaben übernehmen, wie dem Vater das Werkzeug reichen. Ihr Vater war immer schon ein Perfektionist. Deshalb sah das Floß perfekt und besser aus, als jedes gekaufte. Alle Nachbarn wollten dann auch so eines haben und hatten bei ihrem Vater massenweise Flöße in Auftrag gegeben. Dann kamen Leute von anderen Städten, die auch welche kaufen wollten. Und so entstand neben dem Möbelgeschäft ein neuer Geschäftszweig, den ihr Vater ausbaute und sogar bis nach Amerika exportierte. Er war immer schon ein Geschäftsmann aus Leidenschaft. Leider blieb immer weniger Zeit für sie und ihren Bruder. Anna schüttelte bei dem Gedanken den Kopf und rief Colli. Colli war ein Welpe, ein Mischlingshund mit cognacfarbenem Fell. Er war Annas Liebling. Sie hatte ihn seit drei Monaten.

Colli hüpfte auf den Beifahrersitz des alten Fiats. Das frischpolierte Auto sah zwar alt aus, aber es

ging noch gut. Anna öffnete die Türe des Fahrer-
sitzes. Innen war er auch alt, grinste Anna. Sie
schmiss die Tasche auf den Beifahrersitz. Alles
war einfach himmlisch. Ihre Großmutter war noch
so spritzig. Anna war begeistert, die Oma, die alte
Heimat und die Umgebung zu sehen. Uta würde
sie beim Klarälven treffen.

Der Klarälven war im Oberlauf ein Wildfluss, der
durch einsame Wald-, Berg- und Hügellandschaf-
ten floss. Im Unterlauf war er ein zahmer Fluss,
nur der letzte Abschnitt floss durch dichter bebaute
Gegenden.

Der Klarälven war der letzte schwedische Fluss,
auf dem noch Flößerei betrieben wurde. Als Erinnerung an diese Zeit gab es zwischen den Orten
Branäs und Edebäck noch immer Floßfahrten für
Touristen.

Bis in die 1990er Jahre wurde der Fluss im unteren
Bereich zum Transport von Holz benutzt. Dabei
wurden die Baumstämme einfach ins Wasser geworfen und bei Karlstad wieder herausgenommen
und zu Papier weiterverarbeitet.

Die Großmutter stand an der Türe und winkte Anna zu. <Anna!> ertönte plötzlich die Stimme ihrer
Mutter laut. <Ja,..> sagte Anna leise. Sie befürch-
tete, dass ihre Mutter wieder etwas benötigte. Am
liebsten wollte sie so tun, als hörte sie sie nicht.
Doch in dem Augenblick kam sie zur Türe heraus.
<Anna, kannst Du bitte noch für Oma einkaufen
gehen und den Müll rausbringen!> Die Großmutter
winkte ab. <Nein, das kann ich doch erledigen!
Lass Anna doch ihre Freundin treffen! Sie freut
sich doch schon so!> <Oh, Ma! Ich treffe mich
doch mit Uta in einer halben Stunde. Ich muss jetzt

losfahren, sonst komme ich nicht mehr rechtzeitig zum Klarälven! Kann das Einkaufen nicht Swen übernehmen?> <Anna, Du weißt doch, dass Swen heute noch mit Vater Tennis spielen geht! Er hat keine Zeit.> <Ich kann ja später für Großmutter einkaufen gehen!> damit startete sie den Motor. <Anna, wir benötigen aber jetzt ein paar Lebensmittel, damit wir das Essen zubereiten können!> <Ok, ich rufe Uta an. Hoffentlich ist sie nicht schon losgefahren!> schnaubte Anna wütend. Immer musste sie herhalten. Ihr lieber Bruder wurde wieder verschont! Anna knurrte. Colli stimmte sofort mit ein. Da musste Anna von Herzen lachen. Die Großmutter lachte auch und schüttelte den Kopf. Anna winkte ihr zu, dann wandte sie sich an Colli <Ja, mein Lieber, mit Dir ist die Welt viel schöner!> damit streichelte sie Colli den Kopf. Dieser japste vor sich hin und drückte den Kopf an Annas Hand. Anna gab dem Welpen einen Kuss und holte ihr Handy hervor. <Hallo Uta, ja, Du ich muss noch einkaufen! Meine Mutter, Du weißt schon! Ich komme ein paar Minuten später!> <Ok, alles klar. Treffen wir uns um 12.00 Uhr beim Parkplatz?> <Ja, super, bis dann!> Anna war froh, dass Uta so verständnisvoll war.

Am Parkplatz in der Nähe des Klarälven stieg Uta aus ihrem Auto aus und betrachtete die Färbung des Blätterwaldes. Alles war so schön in ihrer alten Heimat! Der Parkplatz lag mitten in einem sehr einsamen Waldstück, das nur die wenigsten kannten.

Endlich war sie wieder in Schweden. Das Geständnis über ihr Sexualleben lag noch nicht so lange zurück. Sie wäre jetzt eine Knochenfrau.

Doch diese Vereinigung war ihr zuwider! Sie hatte es geschafft, sich von ihnen zu trennen. Sie hatte Angst vor ihnen, Angst, dass diese noch etwas Schlimmeres von ihr verlangten, das sie später bereuen würde. Kurz nach der Abdankung bei den Bonesmen, wurde sie vom Präsidenten höchstpersönlich zu einem Gespräch gerufen. War der etwa auch ein Bonesman? Sie hoffte nicht! Doch im Gegenteil. Er hatte von ihrer Umweltdemonstration gehört und dass sie gegen die Palmölplantagen war und deshalb unterbreitete er ihr ein Angebot, dass sie nicht ablehnen konnte. Eine Anstellung nach ihrem Studium bei der CITES in Genf! Genf, wo Trever wohnte!

Doch der eigentliche Hintergrund dieser Anstellung war, dass er sie als CIA Agentin ausbilden wollte. Eine Agentin, die, alibimäßig für die CITES arbeitete. Diese Organisation war für den Artenschutz verantwortlich. Doch im Geheimen würde sie im Kampf gegen das weltweite Palmölsyndikat arbeiten, um diese zur Strecke zu bringen. Eine gute Tarnung, fand Uta. Somit konnte sie zwei Fliegen mit einer Klappe schlagen. Die Ereignisse in Amerika überschlugen sich geradezu. Vor ihrer Ausbildung als CIA-Agentin neben ihrem Studium, wollte sie noch eine kurze Auszeit. Deshalb besuchte sie jetzt in den Ferien ihre alte Heimat Schweden. Anna hatte ihr geschrieben, dass auch sie nach ihrem Ugandaurlaub nach Schweden kommen würde und so hatten sie für heute ein Treffen vereinbart.

Da wurde sie plötzlich von einem lauten Motorengeräusch aus ihren Gedanken gerissen, in der Ferne sah sie ein Fahrzeug, das sich allmählich näherte. Sekunden später konnte Uta Anna erkennen, die in einem spritzigen blauen alten Fiat saß und knatternd in den Parkplatz einbog. <Uta!> rief Anna laut und mit vollem Mund, als sie die Türe mit einem Quietschen aufstieß und raushüpfte. Hinter ihr sprang ein kleiner, flauschiger Hund aus dem Auto. <Hallo! Hey, gut siehst Du aus! Oh, das hier ist Colli. Ich hab ihn erst seit einem halben Jahr. Hey, es ist so schön, dass wir uns endlich wiedersehen!> Die beiden lagen sich stürmisch in den Armen. Uta hielt Anna eine Armlänge von sich fern. <Na, lass Dich mal ansehen! Du siehst auch sehr gut aus, Mädel! Wie geht's Dir denn so? Du musst mir alles erzählen!> Uta kraulte Colli den Kopf. Dann drückten sich die beiden Mädchen wieder ganz fest.

<Komm, lass uns den Fluss entlang spazieren!> sagte Uta nach einer Weile. Dann holte Anna einen Muffin und ein paar Kekse für Colli aus ihrer Umhängetasche. <Colli, komm her! Nicht in den Wald!> rief Anna. <Nun erzähl mal Anna, wie geht's Dir so? Wie ist es in Österreich, in Wien?> fragte Uta voller Enthusiasmus. Anna gab nicht sofort eine Antwort. Doch als Colli endlich kam, wurde sie ernst.

<In Österreich ist es toll, ja wirklich. Mir geht's auch sehr gut! Ich werde sehr von meinen Eltern verwöhnt. Mit meinem Psychologiestudium geht es gut voran. Aber ich vermisse die Heimat und Dich! Wir haben in Wien ein schönes Haus mit Garten, da kann Colli herumtollen. Du musst uns endlich besuchen!> rief Anna enthusiastisch und warf Colli ein Stöckchen hin. Colli brauste davon und wirbelte Staub auf. Es schien ihm sichtlich Spaß zu ma-

chen. <Ja, ich habe es mir schon oft vorgenommen, aber nun da ich in Amerika studiere... Übrigens, wie geht es Deinen Eltern und Deiner Großmutter? Wohnt Ihr jetzt bei ihr in den Ferien?> <Ja, der Großmutter geht es gut. Sie ist immer noch rüstig für ihr Alter! Und meine Eltern! Hm, immer dasselbe! Du kennst sie ja. Voll im Geschäft, für alles andere haben sie keine Zeit. In ein paar Tagen reisen sie schon wieder nach Wien. Dann hab ich wenigsten die Omi für mich! Aber, da rede ich immer nur von mir. Du musst mir unbedingt alles von Dir erzählen!> <Mir geht's gut! Ich bin die beste unseres Studiengangs. Stell Dir vor, bei einer Demonstration, die ich organisiert habe, wurde ich verhaftet!> <Wie bitte?> fragte Anna entsetzt. <Ich war einen halben Tag im Gefängnis von New Haven und dass kurz nach meiner Inskription!> <Sag mal, gegen wen hast Du denn demonstriert? Etwa gegen die Waffenlobby oder etwas Ähnliches?> <Nein, gegen Umweltzerstörung! Gegen die Pflanzung von Palmöl!

Ich hab mir selbst ein Bild davon gemacht, was die Brandrodung und Abholzung in Ländern wie Afrika, Indonesien und am Amazonas für einen Schaden anrichtet. Ganze Landstriche, riesige Flächen sind kahl und verwüstet. Es existiert kein Leben mehr! Egal, ob in Afrika oder Indonesien. Es ist überall dasselbe. Und viele Gebiete wurden abgeholzt, um die wertvollen Bäume an reiche Industriestaaten zu verkaufen und die abgeholzten Flächen wurden dann in Palmölplantagen umgewidmet, wie in Indonesien und Brasilien. Auch Thailand, Malaysia und viele andere Länder werden für den Palmölanbau von den Syndikaten missbraucht. Nach einer kurzen Reifezeit wird dann das Palmöl aus

diesen Palmen gewonnen und unter dem Deck-
namen „Bioheizmittel" nach Europa exportiert.
Rapsöl wäre genauso effizient, aber es ist wesentlich teurer als Palmöl. Aber auch große Lebensmittelkonzerne wie Nogi und so weiter verwenden
Palmöl für ihre Produkte. Du musst mal die Inhaltsstoffe bei den Schokoriegeln, Schokocremen,
fertigen Suppen, Kosmetikprodukten, Waschmit-
teln, et cetera durchlesen!> <Ach, das wusste ich
gar nicht! Da muss ich mal bei uns in Wien nachsehen, ob da auch Palmöl verwendet wird!> sagte
Anna entsetzt.

<Aber ich weiß, was Du meinst, Uta. Das mit dem
Tropenholz ist auch furchtbar! Ich hab meinem
Vater gesagt, dass ich gegen die Verwendung von
Tropenhölzern bin. Und ich werde niemals welche
importieren, falls ich mal die Firma eines Tages
übernehme, das sag ich Dir!> sagte Anna wütend
und schüttelte ihre roten langen Haare nach hinten. <Es ist einfach schrecklich! In unserer Werk-
statt kann jedes Holz verarbeitet werden. Kannst
Du Dich noch an die Holzschüssel erinnern? Die
aus Hartholz, die dunkle?> fragte Anna traurig.
<Ja, die habe ich nie vergessen. Die war so schön!
Einzigartig! Die stand in eurem Möbelgeschäft
gleich neben dem Eingang.> <Genau die! Aber
das ist Holz, das in Urwäldern wächst. Ich war gerade mit meinem Vater und Swen in Uganda. Unser Vater hat uns sehr viel gezeigt. Auch schon in
früheren Jahren lernten wir alles über Tropenhölzer und ihre Eigenschaften, die Namen, den Härtegrad. Alles was man so wissen muss.

Mein Vater will jetzt auch noch mit Uganda einen
Tropenholzhandel aufbauen! Wir haben uns wie-

der gestritten!> <Furchtbar Anna! Und Du und Swen, streitet Ihr auch noch immer wie früher? Oder hat er sich Dir schon unterworfen?> <Du bist gemein!> lächelte Anna ihre Freundin liebevoll an und zog eine Grimasse. <Du bist noch genau wie früher! Nein, wir streiten nur mehr wenig. Er geht seine Wege, ich meine! Irgendwie ist er auch vom Geld besessen, wie meine Eltern. Er arbeitet schon seit zwei Jahren in der Firma!> <Wirklich Anna, wie alt ist er denn?> <Er ist jetzt achtzehn. Er wollte nicht mehr in die Schule gehen. Jetzt macht er eine Lehre bei uns in der Firma.> sagte Anna und gab ihrer Freundin ein Stück von dem Muffin.

<Aber diese Palmölplantagen sind wirklich schlimm, Uta. Als ich mit Martin letzten Sommer in Sumatra auf Urlaub war, wollte mir die Reiseleiterin doch tatsächlich diese Palmölplantagen als Touristenattraktion verkaufen!> Uta hob die Augenbrauen. <Du warst mit Martin auf Urlaub? Wer ist denn das und wie alt ist er? Und wie war es? Erzähl mal! Du hast mir gar nichts darüber geschrieben!> beschwerte sich Uta. <Ja, ich wollte ja, aber nun kann ich es Dir ja erzählen. Es war schon cool, hm! Aber er ist sechs Jahre älter und er wollte ständig Sex.> <Na, das hört sich doch gut an!> grinste Uta breit. <Schon, aber er wollte dann keine Ausflüge mehr machen, sondern nur mehr im Zimmer bleiben, um ständig Sex zu haben. Dann war er noch ziemlich eifersüchtig, wenn ich mich mit den Indonesiern unterhalten habe.> <Ok, das hört sich nicht so gut an. So wahnsinnige, eifersüchtige Typen mag ich gar nicht! Männer, die einen an der Waffel haben, wie furchtbar!> kommentierte Uta. <Wie sieht denn Dein Liebesleben

aus?> fragte Anna schnell. <Da gibt es nicht viel zu berichten. Ich konzentriere mich ganz auf mein Studium. Die Jungs interessieren mich nicht wirklich! Die sind alle so kindisch oder wollen nur das eine! Für so etwas hab ich gar keine Zeit!>

Dann pfiff Uta plötzlich durch ihre Zahnlücke und sagte mit tiefer Stimme. <Stell Dir vor, ich habe ein Angebot von der CITES in Genf bekommen. Nach meinem Studium kann ich dort anfangen.> <Was, Uta, das ist ja großartig! Hast Du Dich dort schon beworben?> fragte Anna erstaunt. <Naja, jemand hat mich empfohlen! Sagen wir es mal so, mehr kann ich Dir leider nicht darüber sagen!>

Anna staunte. <Ich wusste gar nicht, dass Du so gute Beziehungen hast und so eine Kämpferin für die Umwelt geworden bist, Uta! Echt, das finde ich genial! Und was Du alles weißt! Toll! Du studierst das Richtige! Man muss etwas unternehmen! Ich weiß nur, dass die Orang-Utans auch im malaysischen Teil von Borneo sehr bedroht sind. Hier wurde der Regenwald noch mehr abgeholzt und abgebrannt und es wurden Palmölplantagen angebaut, genau wie auf der indonesischen Seite! Das hat mir Martin erzählt, der dort früher einmal auf Urlaub war. Er hat sich die Orang-Utan Aufzuchtstation angesehen! Es ist einfach unmenschlich, Tiere so zu behandeln, als haben sie kein Recht auf dieser Welt zu sein!> <Ja, es ist schlimm! Schrecklich! Was hat die Reiseleiterin dann zu dem Palmöl gesagt? Erzähl weiter!> sagte Uta.

<Also, ich hab ihr gesagt, dass ich diese Plantagen auf keinen Fall besuchen möchte. Schon alleine das Vorbeifahren würde reichen! Dann hab ich sie

gefragt, wie die Bevölkerung dazu steht. Tatsächlich bekommen die Menschen in den Dörfern auch etwas von dem Palmöl ab, das sie zum Kochen und für die Stromerzeugung für ihre Häuser verwenden, für ein paar indonesische Rupien! So macht man der in Dörfern und Städten lebenden Bevölkerung die Vernichtung ihrer Heimat schmackhaft! Doch was sagen ihre Kinder in der Zukunft dazu, dass es keine Wälder, keine Tiere und kein normales Klima, dafür aber viel verschmutze Luft, verschmutztes Wasser und kahle Landschaften ohne Tiere geben wird?> <Und was sagte sie dann?> fragte Uta erstaunt. <Na, da ist sie gar nicht drauf eingegangen. Sie sagte nur, dass wir in Europa das gar nicht verstehen können. Wir verdienen ja alle zirka 4000 Euro im Monat. Das hat ihr ein Schweizer Gast erzählt!> <Was, der geht es wohl nicht gut!> rief Uta erstaunt.

<Leider gibt es immer weniger Gebiete, wo Tiere und die indigenen Völker leben können.> <Hm, ich hab neulich gelesen, dass ein Drittel aller Tierpopulationen von 1970 bis jetzt von unserem Planeten verschwunden ist!>

<Das ist so traurig! Wenigstes gibt es ab und zu mal Gerechtigkeit. Ich hab da etwas über eine Palmölgesellschaft gelesen,> sagte Uta ernst. <Ein Gericht in der Provinz Aceh im Norden von Sumatra, Indonesien hat die Palmölfirma PT Saluga Alam aufgrund der illegalen Brandrodung der Regenwälder zu einer Geldstrafe von mehreren Millionen US Dollar sowie zu einigen Millionen für die Wiederaufforstung des zerstörten Tripa-Torfwaldes verurteilt!

Der Regenwald von Tripa an der Westküste von Aceh, musst Du wissen, ist einzigartig!> sagte Uta. <Er wächst auf einem meterdicken Torfsumpfboden, einem mächtigen Kohlenstoffspeicher. In diesem Wald finden Orang-Utans so viele Früchte wie in keinem anderen. Deshalb leben die Menschenaffen hier sehr dicht zusammen. Sie pflegen, anders als die Bergaffen, soziale Kontakte und benützen Werkzeuge.

Doch ihre Zahl ist innerhalb von 20 Jahren von 3000 auf unter 200 gesunken. Ist das nicht furchtbar! Stell Dir vor, 70 Prozent des einstigen Regenwaldes von Tripa sind zerstört. An seiner Stelle stehen jetzt Ölpalmen. Dabei wäre der Sumpfregenwald mehrfach geschützt. Er gehört zum Ökosystem Leuser, das weite Teile von Aceh umfasst und UNESCO-Weltnaturerbe ist. Es gibt verschiedene nationale Wald- und Tierschutzgesetze, die seine Abholzung verbieten! Aber die halten sich einfach nicht daran! 1,5 Millionen Menschen haben Onlinepetitionen für den Schutz von Acehs Regenwäldern unterschrieben. Ich übrigens auch.> Uta atmete schnell. Die Umwelt lag ihr sehr am Herzen und die Tiere, die sie so sehr liebte.

<Außerdem wohnen ja Menschen in diesen Wäldern! Viele von ihnen werden von den Todesschwadronen der Syndikate getötet, weil sie sich gegen die Regenwaldzerstörung wehren! Stell Dir das vor! Wo sind da die Menschenrechte?> fragte Anna erzürnt. Colli hüpfte glücklich zwischen ihnen hin und her.

Uta grinste und streckte ihr Kinn hervor. <Hey, ich wusste gar nicht, dass Du auch so leidenschaftlich bist wie ich! Aber, jetzt haben wir uns so lange

nicht gesehen und dann sprechen wir nur über solche Probleme! Jetzt erzähl mal, hast Du wieder einen Freund?> fragte Uta grinsend. Dann biss sie bei ihrem Muffin ab.

Die beiden Studentinnen spazierten entlang dem tosenden Fluss. Der Wald war sehr dicht, die Landschaft idyllisch. In Schweden war die Welt wenigstens noch in Ordnung, dachte Uta verträumt. Sie war froh, dass sie und Anna in Schweden aufgewachsen waren.

<Nein, zurzeit habe ich keinen Freund! Es gibt da ein paar nette Jungs, aber so richtig verliebt war ich schon länger nicht mehr! Und Du?>

<Also nein, ich möchte Karriere machen, Jungs interessieren mich wirklich nicht.> Uta sah mit vorgestrecktem Kinn zur Seite. <Ach was, das kann ich mir gar nicht vorstellen! Du bist doch sehr hübsch, da werden sie doch Schlange stehen!> Anna blickte ihre Freundin liebevoll an. Uta war wirklich sehr hübsch mit ihren langen blonden Wimpern, den blonden Haaren, der kleinen Nase, den großen Augen und der Zahnlücke, die irgendwie sexy wirkte, konnte ihr schon in der Volksschule kein Junge wiederstehen. <Hm, ja, aber das interessiert mich nicht! Bis auf einen! Ein Amerikaner, den ich in Australien kennengelernt habe. Aber der lebt in Genf!> <Ja, was hast Du denn in Australien gemacht?> <Oh, wir haben dort die tasmanischen Teufel gerettet! Zumindest einige davon!> <Und dieser Amerikaner? Wie alt ist er und wie sieht er aus?> <Er ist ein bisschen älter und sieht sehr gut aus! Aber jetzt mache ich erst mein Studium fertig! Und wenn ich dann bei der

CITES in Genf arbeite, vielleicht kommen wir dann zusammen!>

<Hey, das wäre ja super!> Anna kannte Uta schon seit Ewigkeiten, aber über Jungs sprach sie nie gerne. Dieser Amerikaner musste etwas Besonderes sein!

Sie marschierten eine Weile schweigend nebeneinander her, beide in Gedanken versunken. Colli tollte um sie herum und schleckte Anna die Hand ab. Anna streichelte ihm liebevoll den Kopf und deutete mit der Hand auf den Wald neben ihnen. <Wie schön dieser Wald doch ist. Sieh mal, dort vorne sind Elche. Die sieht man nicht so oft, oder?> fragte Anna. <Nein, früher gab es noch mehr!> <In Wien sieht man Tiere nur im Zoo.> sagte Anna traurig.

Als sie so spazierten, beäugte Uta Anna von der Seite. Ihre Freundin war rundlicher geworden. Doch das machte nichts. Es passte Anna irgendwie. Sie war um einen Kopf kleiner als sie, doch das glich sie mit engen Hosen und selbst gestrickten Pullis aus. Sie war immer bunt gekleidet und ihre Sommersprossen waren noch immer auf ihrer Nase. Uta war traurig, dass Anna solche Sorgen hatte. Sie vermisste sie oft sehr. Sie kannte ihre Freundin und deren Eltern schon so lange! Die Mutter kümmerte sich früher neben dem Geschäft auch um das große Haus und den Garten. Beziehungsweise hatten sie einen Gärtner und eine Putzfrau angestellt. Annas Mutter war für Uta immer eine gepflegte, feine Dame der gehobenen Gesellschaft. Sie war immer elegant gekleidet und sprach eine sehr feine Sprache. Sie war immer höflich, aber auch sehr distanziert. Im Gegensatz zu ihrer eigenen Mutter, die sehr burschikos sein konnte, umgab Annas Mutter immer eine undurchdringliche Mauer. Frau Mikal fuhr früher immer nach Afrika mit, doch mittlerweile wollte sie diese unfeinen, schmutzigen Länder nicht mehr besuchen. Das wusste sie von Annas Briefen.

Eine gewisse Kälte spürte Uta immer bei Annas Eltern. Doch auch Liebe und Hoffnung. Die Mutter gab Anna immer Dinge auf, die sie zu erledigen hatte und das schon als Kind. Sie musste für die Mutter einkaufen gehen, Verantwortung für ihren Bruder übernehmen, der jünger war, als Anna. Anna hasste ihn dafür, dass sie oft auf ihn aufpassen musste. Als Anna gerade zehn Jahre alt war, kurz bevor sie nach Wien zogen, begann sie Alkohol aus der Hausbar ihrer Eltern zu nehmen. Zuerst nahm sie die Flaschen, die bunt aussahen wie Liköre und Blue Curacao, dann griff sie auch zu Schnäpsen und allem Möglichen. Uta wollte sie immer davon abhalten, aber Anna war sehr stur in diesem Alter und setzte ihren Willen durch. Die Eltern waren immer so in ihre Arbeit vertieft, dass sie die Alkoholprobleme ihrer Tochter gar nicht bemerkten.

<Ach, Uta, das Psychologiestudium ist toll. Ich möchte mal Psychologin werden! Aber meine Eltern, Du weißt ja, unser Geschäft! Ich würde es ja gerne übernehmen, aber nicht unter diesen Voraussetzungen, sondern nur mit heimischen Hölzern!

Was soll ich nur machen? Meine Eltern und ich hatten wieder einen heftigen Streit. Nun, da die großen Konzerne uns die Kunden strittig machen, wäre ich da ziemlich in der Klemme, wenn ich das

Geschäft übernehmen würde. Die Nachfrage nach Tropenholz ist groß und unsere Kunden wollen alle diese edlen Hölzer aus Afrika und Asien. Mein Vater wird immer böse, wenn ich davon anfange, dass wir keine Tropenhölzer hernehmen dürfen. Er schimpft mich dann immer, es wäre schließlich mal meine Firma, er hätte nicht alles umsonst aufgebaut und ich müsse umdenken, um zu überleben. Aber nun will er, dass Swen die Firma übernimmt. Ich soll Psychologie studieren und mich nicht mehr um das Geschäft kümmern! Ach, Uta...> <Ja, ich verstehe Dich!> sagte Uta traurig, doch Anna redete einfach weiter.

In der Zwischenzeit stand die Sonne senkrecht. Es war Mittagszeit. Die Sonnenstrahlen spiegelten sich im Fluss, der mit brausendem Getöse neben ihnen her stob. Anna standen die Schweißperlen auf der Stirn, obwohl es gar nicht warm war. Das Gespräch über ihre Eltern und ihren Bruder regte sie sehr auf. Sie band ihre roten langen Haare mit einem Gummiband zu einem Zopf zusammen.

<Ein bisschen Geld genügt in Ländern wie Afrika oder Indonesien, um die Behörden zu bestechen. Und meine Eltern unterstützen diesen Tropenholzimport im großen Stil! Wir haben schon sehr viel darüber gestritten, aber sie begreifen es einfach nicht! Mein Vater hat in Uganda eine sowohl freundschaftliche wie auch geschäftliche Beziehung zu einem Ugander aufgebaut, der ihnen bei den Geschäften mit Tropenholzimporten hilft.>

Anna schob sich den letzten Bissen des Muffins in den Mund. Sie sah sehr lustig aus mit den Hamsterbacken und den Sommersprossen, die auf ihrer Nase im hellen Sonnenlicht leuchteten, dachte

Uta. Nur die tiefe Stirnfalte passte nicht zu dem rothaarigen Mädchen. <Deine Eltern sind eine andere Generation. Vielleicht denken ältere Generationen einfach nicht mehr weiter. Doch junge Menschen in unserem Alter sollten umdenken!>

<Ja, Du hast Recht! Aber auch Swen macht da mit! Und auch viele junge Leute möchten solche Couchtische aus Ebenholz, Schränke aus Hartholz, Tische aus Mahagoni und so weiter kaufen. Es wird ein großer Betrag für Möbel gezahlt, die edel aussehen. In Österreich ist es besonders schlimm! Ich gebe ja zu, dass mir diese Möbel auch sehr gefallen, aber ich kann genauso gut einen tollen Schrank aus unseren einheimischen Hölzern kaufen! Man muss sich selbst auch bei der Nase nehmen und umdenken! Aber nun lassen wir das!>

Die restlichen Ferien trafen sie sich noch drei Mal, dann musste Uta wieder nach Connecticut. Anna studierte Psychologie in Wien. Sie beneidete Uta um ihre Auslandserfahrung und wünschte sich manchmal auch ein Studium im Ausland, wo sie weit weg von ihren Eltern und dem Möbelgeschäft wäre.

6. Kapitel

Hamburg – Mai 2014

Im obersten Stockwerk des Megatowers herrschte emsiges Treiben. The „Morning Heap" nannte es der Deutschland-Boss Nathan Rosenzweig. Er war der Chief Executive Officer und Präsident der amerikanischen Investmentbank Goldstein & Kuhn, die ihren Sitz im selben Tower, wie der Medienmogul Schwarzschild hatte.

Um 9.55 Uhr läutete Lloyd Smith die Glocke in der 64. Etage des Hamburger Turms.

Der „Morning Heap" hatte begonnen. Es war eine tägliche Konferenz, auf der die aktuelle Lage auf den Finanz- und Rohstoffmärkten besprochen wurde.

Die zwanzig Teilnehmer hörten den Ausführungen der Bankiers zu, die gerade über die Tendenz an der Tokioter Börse und den Handelsverlauf an der Wall Street am Vorabend berichteten. Währenddessen klingelten unaufhörlich die Telefone.

Die Sprache war kurz und knapp, man redete sich mit Vornamen und „du" an. Reines Deutsch sprach hier niemand, vielmehr ein Mischmasch aus Deutsch und Englisch.

Nathan Rosenzweig hatte den begehrten Status eines Partners schon vor sehr langer Zeit erhalten. Er erinnerte sich noch, als ob es gestern gewesen wäre. Er war 45 Jahre und hatte sich zum Chief Executive Officer und Präsidenten der amerikanischen Investmentbank hochgearbeitet. Seine Mitarbeiter waren sehr jung.

Als eine der nobelsten und reichsten Investmentbanken hüllte man sich gerne in Schweigen. Selbst bei Angaben zur Mitarbeiterzahl in Deutschland hielt sich die Bank bedeckt.

Bei der Morgenkonferenz in der Aktienabteilung war auch der Boss, Samuel Goldstein höchstpersönlich anwesend sowie sein vierundzwanzigjähriger Sohn, Jonathan Goldstein. Sein Vater, Samuel, war ein deutsch-jüdischer Auswanderer, der in New York sein Glück machte. Dort gründete er Anfang des 19. Jahrhunderts das Geldhaus Goldstein. Samuel Goldstein hatte einen Sohn und eine Tochter, die als 24-jährige einen sehr intelligenten jungen Mann heiratete. Sein Schwiegersohn, Denny Kuhn, erfand den Aktienhandel. Gemeinsam mit seinem Sohn Jonathan, der von der Familie nur John genannt wurde, spezialisierten sie sich auf den Handel mit Wertpapieren im großen Stil. Das Geldhaus hieß fortan Goldstein & Kuhn.

Ulmhoff blickte nach oben. An der Spitze des eleganten Büroturms konnte er die golden leuchtende Pyramide erkennen, die das Wahrzeichen der Illuminati darstellte und den Abschluss des Turms bildete. Goldstein war ein jahrelanger Freund und neben ihm einer der mächtigsten Illuminati. Seinen Sohn liebte er, wie seinen eigenen. In zehn Minuten würde er mit dem Lift in die oberste Etage des Büroturms fahren und die wenigen Treppen, die zu der Pyramide führten, hinaufsteigen. Hier hatte Goldstein Senior sein Büro. Es war der Inbegriff der Macht.

Als Ulmhoff näher an den Büroturm herankam, musste er grinsen. Nicht einmal ein nüchternes Firmenschild zeugte davon, dass hier eine der nobelsten und umstrittensten Adressen der Großfinanz ihren Deutschlandsitz hatte.

Die Mannschaft hatte Nathan Rosenzweig selbst ausgesucht. Man wurde direkt nach dem Prädikatsexamen von der Universität eingestellt. Neben der fachlichen war auch soziale Kompetenz erwünscht.

Als Aufnahmetests absolvierten die Anfänger gleich zwanzig oder noch mehr schwierige Vorstellungsgespräche auf mehreren Kontinenten in verschiedenen Sprachen. Der Wille, bei den „Goldsteinern", ganz vorne zu sein, stritt niemand ab. Er gehörte zur Unternehmensphilosophie und auch die Aussicht auf Ruhm und viel Geld, wenn der ersehnte Aufstieg zum Partner gelang, war mehr als genug Antrieb auch jederzeit, natürlich auch nachts, erreichbar zu sein.

Um Goldstein & Kuhn rankten sich seit Jahrzehnten viele Geheimnisse. Kein Wunder bei der gewaltigen Erfolgsgeschichte, dachte Ulmhoff bei sich.

Das Bankhaus galt als auserlesen und war von einer sehr speziellen Unternehmenskultur geprägt, die sich Außenstehenden verschloss. So wurde den Journalisten immer wieder diskret bedeutet, dass man lieber auf Artikel verzichtete.

Das Haus war eine Kaderschmiede für junge Aufsteiger, die oft einen Adelstitel trugen oder wie viele von ihnen von Wirtschaftsfamilien stammten.

Ulmhoff musste wieder grinsen, als er an den Leitspruch von Goldstein & Kuhn dachte: „Zwanzig Jahre Knochenarbeit mit Dauerstress". Es war ein versteckter Witz, denn die meisten der jungen Aufsteiger waren Knochenmänner, die Knochenarbeit leisteten! Wie genial er den Bankier Samuel Goldstein und seinen Sohn John fand, konnte er nicht in Worte fassen. Niemand konnte es so leicht mit einem Max Ulmhoff aufnehmen, doch Samuel, sein Freund, hatte es geschafft.

Nachdem er die Spitze des goldenen Turms über die Treppe erreicht hatte, blickte sich Ulmhoff um. Sein Freund Samuel kam mit eleganten Schritten auf ihn zu und begrüßte ihn herzlich. <Hallo Max! Wie geht es Dir?> fragte er mit sanfter Stimme. Die feinen jüdischen Züge seiner Mutter konnte der in Hamburg geborene Samuel Goldstein nicht abstreiten. Trotzt eines beinharten Geschäftsmannes, fühlte sich Ulmhoff immer geborgen bei seinem Freund, der Ruhe und Geborgenheit ausstrahlte. Er war der Einzige, dem er wirklich vertraute und der über seine Geschäfte Bescheid wusste. Goldstein fand ihn ebenso genial wie Ulmhoff ihn. Es war eine Freundschaft basierend auf gegenseitiger Wertschätzung. Goldstein war im Rat der zwanzig höchsten Illuminati und half Ulmhoff bei seinen Geschäften. <Hier, nimm erst eine Tasse von dem besten Kaffee aus Hamburg, mein alter Freund, dann kommen wir zum Geschäft. Ich habe die Unterlagen schon bereitgelegt. Du musst also nur mehr unterzeichnen. Dann gehören Dir die Palmölplantagen in ganz Westpapua und laufen wie immer unter anderen Namen.> <Du bist der Beste! Wie geht es John? Macht er sich gut im Unternehmen?> grinste Ulmhoff und nahm einen Schluck Kaffee. Es war ein Hamburger Ritual, das die beiden immer bei ihren Zusammenkünften vollzogen. <Ja, er ist der Beste! Er sticht mit seinem Geist und Genie aus der Menge weit heraus. Er wird einmal ein guter Nachfolger!> sagte Goldstein mit dem Stolz eines liebenden Vaters.

7. Kapitel

Afrika – März 2025

Die Straße schlängelte sich den Hügel hinunter vorbei an vertrockneten Akazienbäumen und kleinen verdorrten Sträuchern. Ein Paradiesvogel flog erschrocken von seinem Ast hoch und krächzte wild, als wolle er die Eindringlinge beschimpfen. Der grüne Jeep raste unbeirrt auf der holprigen Straße weiter. Zweige prallten an die Seitengestänge und verursachten ein quietschendes Geräusch, das einem die Haare zu Berge stehen ließ.

Die Männer hatten es eilig. Zwei magere Elefanten, die gerade die Straße passieren wollten, sahen erschrocken hoch und trompeteten laut, während sie mit den Ohren heftig schlugen. Nngo lenkte den Jeep, als führe er bei der Rallye Dakar mit. Er ignorierte jegliches Getier ob groß oder klein. Sie hatten keine Bedeutung für ihn. Er hasste Tiere genau wie Menschen.

Nbele, sein Beifahrer war genau das Gegenteil. Er hasste Tiere nicht, er liebte sie auch nicht. Sie waren für ihn, genau wie Menschen, einerlei. Er war ein Eigenbrötler.

Sie bogen gerade in einen kleinen Weg ein, als sich vor ihnen ein riesiges Loch auftat. Nngo legte eine Vollbremsung ein. Ein reißender Fluss verschaffte sich seinen Weg an der Stelle, wo einst eine Brücke gewesen war. <Verdammt! rief Nngo, was jetzt?> <Kehren wir um und suchen uns einen neuen Weg!> sagte Nbele ruhig. <Wir verlieren viel Zeit, wenn wir einen anderen Weg suchen und es

wird schon bald dunkel! Du weißt, was das bedeutet!> belehrte ihn Nngo streng und runzelte die Stirn. Auf seinem Kopf tummelten sich Fliegen, die er mit der Hand wegwischte. Seine Glatze glänzte im Abendlicht. Er strich sich ein paar Mal darüber. Dann befahl er Nbele, auszusteigen und die Lage abzuchecken. Nbele tat wie ihm geheißen. Er stieg, elegant das rotkarierte Massai Tuch, das um seinen Körper gewickelt war, nach oben haltend, die Stufen des Jeeps herab. Nngo sah ihm nach. Er musste zugeben, dass Nbele ein sehr ruhiger und eleganter Mensch war. Aber für ihren Job brauchte er einen kaltblütigen Burschen! Gerade eben traf Nbele wieder die falsche Entscheidung! Er wollte einen anderen Weg suchen. Das würde viel zu lange dauern! Die Nacht brach schon herein. Nngo war sich bei Nbele nicht sehr sicher.

Nbele ärgerte sich, dass Nngo ihn immer belehrte. Er hasste den Busch. Obwohl er dort als Kind von Massai aufgewachsen war, spürte er aber keine Verbindung mehr zu dem Leben, das seine Eltern lebten. Sie waren ein stolzes Volk, sie töteten sogar Löwen, wenn es sein musste und sogar für ihre Rituale kämpften sie mit ihnen.

Er hatte keine schöne Kindheit noch Jugend. Als Kind wurde er von einer schwarzen Mamba gebissen. Seine Eltern töten die Schlange, aber da war das Gift schon auf dem Wege zu seinem Herzen. Er überlebte den Biss nur, weil man ihm den Arm abtrennte. Dies geschah nicht in einem Krankenhaus, denn das konnten sich seine Eltern nicht leisten, sondern man legte bei solchen Unfällen im Dorf selbst Hand an. Sein Vater stand über ihm, die Machete in der einen Hand, ein Massai Tuch in der anderen. Als Nbele wieder aus der Ohnmacht, in die er vor lauter Schmerzen gefallen war, erwachte, fehlte sein linker Arm. Tränen liefen über sein Gesicht. Das Massai Tuch war fachgerecht über den Stummel gebunden, der ihm noch geblieben war. Zuvor hatten seine Eltern und eine Medizinfrau des Dorfes ihm das Gift ausgesaugt und nach der Armamputation eine Salbe gegen Wundbrand aus verschiedenen Kräutern und Rinden, Wurzeln und Beeren zusammengerührt und aufgetragen. Das hatte ihm seine Mutter später einmal erzählt. Die Wunde heilte nur sehr schlecht. Er musste mehrere Jahre dicke Verbände tragen und in der Hütte bleiben, denn im Busch, wo er lebte, war es ein leichtes, dass sich eine Wunde entzündete. Er war erst vier Jahre alt, als sein Arm amputiert wurde und die Kinder lachten in ihrer teils unschuldigen, teils bösartigen Art über ihn. Für ihn war es die Hölle. Er musste immer aufpassen, dass er sich nicht zu viel bewegte und den Stummel ruhig hielt.

Drei Jahre später, als die Wunde endlich verheilt war, ging er ohne Verband nach draußen, um mit den anderen Kindern zu spielen. Erst sahen sie ihn nur zaghaft an, dann überkam sie die Neugier und sie umkreisten ihn, damit sich jeder Einzelne die Abtrennung genau ansehen konnte. Dabei kreischten sie und liefen hin und her. Er war selbst begierig darauf die Naht zu sehen, wo vor wenigen Jahren noch sein Arm war. Doch er konnte den Kopf nicht so weit nach vorne biegen, sodass er die Naht sehen konnte. Panik beschlich ihn.

In Tansania, wo er aufwuchs, lernte er alles durch Sehen und Hören von den Alten, was für ein Leben jenseits von Strom und Wasser notwendig war.

Trotz der vielen Schwierigkeiten, mit denen er im Busch zu kämpfen hatte, hatte er es irgendwie geschafft zu überleben. Nbele war ein neuer Mensch, als er vom „Mann-Werden" zurück in sein Heimatdorf kehrte und man ihn und den anderen Jungen feierte. Eine Woche dauerte die Zeremonie, dann war es soweit, eine Familie zu gründen. Er hatte schon eine Auswahl getroffen und sie gehörte zu einem sehr stolzen Stamm.

Aber der Vater seiner Auserwählten war gegen die Hochzeit. Ein Massai mit nur einer Hand kann nicht gegen Löwen kämpfen und eine Familie ernähren! Er ist kein richtiger Krieger. Er bekommt meine Tochter nicht zur Frau!

Damit war sein Schicksal besiegelt. Jetzt erst merkte Nbele, wie die Menschen über ihn dachten. Er hatte gelernt, sein Leben mit nur einer Hand zu meistern. Er war stolz auf alles, was er getan und vollbracht hatte. Die Erfahrung alleine im Busch zu überleben, brachte ihm sein Selbstvertrauen zurück, das er so lange vermisste. Doch nun half ihm das ganze erlangte Selbstvertrauen nichts mehr. Er war zu einem „Aussätzigen" für sein Volk geworden, unfähig eine Frau zu finden, verließ er sein Volk und seine Eltern für immer.

Doch er war ein Massai! Sie waren ein stolzes Volk. Sie ignorierten sogar die Befehle der Regierung, die ihnen verbot, im Krater zu siedeln! In den letzten Jahren siedelten sie jedoch auch im Ngorongoro Krater, wo sie früher immer schon ihre Tiere weiden ließen. Es war gutes Weideland. Und das Soda, das im See vorhanden war, war sehr wichtig für die Tiere, die sie als Haustiere hielten. Die Kühe und Schafe waren ihr ganzes Vermögen. Ging es den Tieren gut, ging es auch ihnen gut. Deshalb arrangierten sie einen Umzug mittels ihrer Lastesel und erbauten ihre Boomas im Krater. Kurz darauf vertrieb sie die Regierung mit der Androhung auf Strafe, falls sie sich den Gesetzen nochmals entgegen stellen würden.

Der Ngorongoro-Krater war eine Conservation Area. Rund um den Krater war es den Massai von der Behörde aus erlaubt, an den oberen Berghängen zu wohnen. Unten im Krater war es ihnen nicht erlaubt. Die Wildtiere mussten geschützt werden. In der Serengeti durften sie überhaupt nicht wohnen, weil dies ein Nationalpark war und in diesem weder gewohnt, noch etwas von dem, was der Busch zu bieten hatte, verwendet werden durfte.

So wanderten viele von ihnen vom Ende des Nationalparks Serengeti bis zum Krater, denn dort war das Land noch weit und man konnte die roten Stoffbahnen der Massai schon in der Ferne ausmachen. Rot war die Farbe, die Löwen nicht sehen konnten. Dazu fehlten ihnen die Rezeptoren.

Seine Vorfahren, die Massai-Krieger in Ostafrika machten seit jeher Jagd auf Löwen, sowohl um ihre Viehherden zu verteidigen, als auch um in rituellen Zeremonien ihren Mut unter Beweis zu stellen. In Kenia war der Löwenbestand durch die intensive Bejagung auf etwa 2000 Exemplare zusammengeschrumpft – mit Tendenz nach unten.

Um die verbliebenen Tiere zu schützen, hatten sich viele Massai dazu entschlossen, mit jahrhundertealten Traditionen zu brechen und die Löwen unter ihren Schutz zu stellen, statt sie zu töten. Eine drastische Umstellung, die nicht bei allen Massai auf ungeteilte Zustimmung gestoßen war. Für Nbele war der Schutz der Löwen früher wichtig. Schließlich kamen dann Touristen, die die Löwen sehen wollten und dann besuchten diese auch sein Volk und zahlten viel Geld dafür. Das brachte wiederum Reichtum für seine Familie und seinen Stamm. Auf diese Weise konnten sie sich mehr Schafe und Rinder leisten und waren angesehen. Aber nun, da er alleine war, waren ihm die Löwen auch egal.

Nbele war sehr stolz und er konnte sich mit einer Hand genauso gut verteidigen wie andere Menschen seines Dorfes. Doch die Massai konnten nicht mit seiner Verletzung umgehen. Es kam so gut wie nie vor, dass jemand so einen Schlangenbiss im Dorf überlebte, genauso wenig wie jemand eine Amputation überlebte. Deshalb wussten die Menschen im Dorf nicht, wie sie sich ihm gegenüber verhalten sollten.

Aus diesem Grund beschloss er, das Dorf zu verlassen und irgendwo ein neues Leben zu beginnen. In den Städten war es einfacher mit einer Handamputation zurechtzukommen, dachte er bei sich und ging sehr weit weg von seinem Dorf. Er wohnte in verschiedenen Orten in Afrika. Er schlug sich bis nach Ruanda durch. Doch er täuschte sich. Die Menschen waren ihm gegenüber nicht weniger voreingenommen. Er hatte es immer schwer. Die Stadtbewohner hatten sowieso Angst vor ihm, wie es ihm schien. Generell waren Massai für ihre Furchtlosigkeit bekannt und deshalb hielt die normale Bevölkerung Abstand zu ihnen.

So lernte er eines Tages Nngo kennen. Nngo war es egal, wie es schien, dass er ein Massai war und dass er nur eine Hand hatte. Er war ein kalter Bursche und er hasste den Busch genau wie Nbele. Als Nngo ihm ein Geschäft vorschlug, willigte er ein ohne sich darüber Gedanken zu machen. Großwild abschlachten, das konnte er auch mit einer Hand und es brachte sehr viel Geld. Danach konnte er sich für mehrere Jahre zur Ruhe setzen. Er hatte kein Geld. Er benötigte auch nicht viel für sein Leben. Aber nach diesem Job wollte er sich mehrere Jahre am Strand von Mozambique oder anderswo ausrasten.

In der Zwischenzeit war es schon feuchtschwül und dämmrig geworden. Die Abendsonne schien mit immenser Kraft auf sie herab. Was sollte er nur mit Nbele anfangen? ärgerte sich Nngo. Er war ihm eher eine Last als eine Hilfe. Er traf immer die falschen Entscheidungen. Er konnte die Gefahr nicht abschätzen und immer musste er ihm etwas anschaffen, anstatt dass er selbst zupackte. Der Auftrag, den sie vor einer Woche angenommen hatten, bedurfte aber Feingefühl. Tiere aufzuspüren war noch die geringste Schwierigkeit. Es bedeutete, Gefahren vorher zu wittern. Zu wissen, welche Gewohnheiten bestimmte Tiere hatten, war eine Grundvoraussetzung für ihren Job. Er hatte Nbele nur engagiert, weil dieser ein Massai war und - somit im Busch aufgewachsen - sollte er über die Tiere und Gefahren Bescheid wissen. Er sollte ihm zur Seite stehen und die Drecksarbeit für ihn erledigen!

Nngo hatte die Gebiete auf der Landkarte genauestens eingezeichnet, damit sie sich nicht verirrten und den Rangern in die Hände liefen. Das Gebiet war dicht mit Buschwerk besetzt. Einerseits war dies für ihre Deckung gut, andererseits waren die Tiere nur schwer aufzuspüren. Man musste schon wissen, wo sie sich ungefähr aufhielten. Er hatte alles unter Kontrolle. Er machte diesen Job nicht das erste Mal!

Nngo fuhr sich über seine Glatze. Er mochte keine Haare, da sich in seiner Krause bei der Hitze nur Getier ansammeln würde. Außerdem musste er die Glatze nicht waschen. Wasser war sowieso Mangelware.

<Nbele! Schaff endlich Steine in den Fluss, damit wir drüber fahren können!> Nngo saß aufrecht auf dem Jeep, fuhr sich mit der Hand über seine Glatze und gab Nbele weitere Befehle. Er war sicher, dass sie es mit Hilfe der Steine schaffen konnten, diesen Fluss zu überqueren. Er blickte zornig zu Nbele! <Jetzt beeil Dich! Sonst schaffen wir es nicht mehr bis zum Nachtlager! Los!>

Er selbst würde ihm nicht helfen. Er musste schließlich Ausschau nach Wildtieren halten. Sein olivgrünes T-Shirt und die Khakihose waren vom Schweiß schon ganz durchnässt. Für 17.00 Uhr war es noch besonders warm. Es hatte wahrscheinlich noch 37 Grad. Die Luft war dunstig. Regenwolken bedeckten den Himmel. Es war Regenzeit und sie hatten bis jetzt Glück gehabt, denn der Fluss war bisher das einzige Hindernis auf ihrer Fahrt. Afrika konnte in der Regenzeit besonders gefährlich sein, wenn man in Pfützen oder reißenden Flüssen stecken blieb. Dann musste man Hilfe rufen und das war auf ihrer geheimen, gefährlichen Mission nicht drin! Vor ein paar Jahren wären sie wahrscheinlich schon zigmal stecken geblieben, aber nun war das Klima auch zur Regenzeit trockener geworden, was ziemlich verwunderlich war. Auch die Bäume und Sträucher waren verdorrt, obwohl zu dieser Jahreszeit alles grün leuchten müsste.

Nngo blickte erzürnt, die Stirn in Falten gezogen, von dem sicheren Jeep hinunter. Er hatte Nbele für die Drecksarbeit angeheuert! Doch er spürte einen starken Widerwillen, der von Nbele ausging.

Nbele hatte Mühe, größere Steine mit einer Hand zu tragen. Er fing an sich zu ärgern, was gar nicht seinem Naturell entsprach. Es war ein anstrengendes Unternehmen. Seine Gummischlapfen, selbstgebastelt aus alten Reifen, die ein LKW-Fahrer am Straßenrand weggeschmissen hatte, und seine Füße waren schon ganz nass. Vor allem war es schon dunkel und sie mussten rechtzeitig in ihrer Unterkunft sein, sonst konnten sie die Nacht hier im Busch verbringen und das war das, was sie am wenigsten wollten!

Er wollte Nngo am liebsten die Meinung sagen, er möge ihm doch endlich helfen! Doch der saß in seinem Jeep, blickte geringschätzig auf ihn herab und sagte ihm, Nbele, was er zu tun hatte. In Nbele stieg eine Wut auf, die er zu unterdrücken versuchte. So wollte er nicht behandelt werden, so nicht! Er war schließlich ein stolzer Massai! Keiner sollte ihm anschaffen, was er zu tun und lassen hatte! Keiner! Doch er war in eine Situation geraten, in der er nicht mehr ein tapferer Massai-Krieger war, jetzt war auch er ein Unterwürfiger der materiellen Welt geworden! Ein Untertan des Geldes!

Demütigung, Entwürdigung, sich selbst untreu werden und Unterwürfigkeit war eng mit Geldverdienen verbunden! Das war das erste Mal seit langem, dass er das EINFACHE LEBEN im Busch vermisste! Geld war schmutzig! Er fing an, es zu hassen!

Es dämmerte. Die Schleiereule krächzte ihr dumpfes Grrr von einem entfernten Dornbusch. Es dauerte nicht mehr lange und die Frösche würden ihr nächtliches Konzert beginnen! Es war höchste Zeit, um in ihr nächtliches Lager aufzubrechen!

Nngo konnte sich das langsame Arbeiten von Nbele nicht mehr ansehen. Er kochte innerlich vor Wut. So einer hatte ihm wirklich gefehlt! So ein Blödmann!!! Und der wollte wildern! Mit seinen Gummischlapfen stapfte er ganz langsam dahin! Nngo musste sich abwenden! Er fasste sich an seine Glatze! Das beruhigte ihn ein bisschen.

Er musste ihn bei der nächsten Gelegenheit loswerden! Vielleicht eine Kugel, die sich irrtümlich verirrte oder ein Krokodil, das ihn schnappte … Ihm fiel schon etwas ein.

Es war jetzt wirklich schon ziemlich dämmrig, um nicht zu sagen, teuflisch dunkel, nur deshalb stieg Nngo vom Jeep herab und half Nbele, zwei größere Steine auf die anderen Steine zu legen, damit sie endlich den Fluss passieren konnten, um zu ihrem Nachtlager zu gelangen, das nur wenige Meter entfernt war. Die einzige Lichtquelle kam von den Scheinwerfern des Jeeps, denn die Sterne waren hinter den dicken Wolken verdeckt.

Nngo startete den Motor. Er gab Gas. Die Steine hielten und der Jeep glitt durch das Wasser. Nngo gab noch mehr Gas. Er beschleunigte die Fahrt und folgte den Scheinwerfern, die einen Lichtkegel in die Dunkelheit warfen. Der Fahrtwind war kühl. Sie hatten den reißenden Fluss hinter sich gelassen. Insekten flogen ihnen in die Augen. Sie mussten die Augen zusammenkneifen, um noch etwas sehen zu können. Durch das Licht der Scheinwerfer wurden die Insekten immer wieder angezogen. In der Dunkelheit vor ihnen leuchteten die Augen von kleinen Tieren, vielleicht waren es Hyänen.

Als sie das Nachtlager endlich erreichten, herrschte eisiges Schweigen. Jeder hatte auf seine Weise begriffen, dass sie kein gutes Team waren, keine gleichwertigen Partner. Einer musste der Schwächere sein und einer der Überlegene.

Da sie aber beide von ihrem Naturell her Führer waren, konnte diese Konstellation auf Dauer nicht gut gehen. Nbele dachte bei sich, ich darf jetzt nicht aufgeben. Ich mache diesen Job noch zu Ende, dann bekomme ich viel Geld und sehe diesen Nngo nie wieder. Auch wenn das bedeutet, dass ich mich doch unterordnen muss. Ich muss nur irgendwie durchhalten.

Das Nachtlager war ein einfacher Platz, der von einer Booma, Akazienzweige, die im Rondeau aufgestellt waren, umgeben war, um Löwen und andere Karnivore abzuhalten. Der Durchmesser des Platzes maß zehn Meter, also genug Platz, um sich aus dem Weg zu gehen. Nbele sammelte Holzstücke, um damit ein schönes Lagerfeuer zu machen. Er wartete nicht darauf, dass Nngo Holz sammelte. Er blickte Nngo überhaupt nicht mehr an! Er wollte ihm auf jeden Fall aus dem Weg gehen, um Streit zu verhindern!

Nngo sah Nbele aus den Augenwinkeln Feuerholz sammeln. Wenigstens tut er mal was für sein Geld und er musste ihm das nicht auch noch anschaffen. Sie hatten nichts zu essen. Nngo knurrte der Magen. Er aß meistens Wild, das er selbst erlegte. Doch heute war es schon zu spät. Der Gedanke an Löwen und Leoparden, die im Dunkeln jagten, ließ seinen Hunger schnell vergehen. Die Booma im Dunkeln zu verlassen war reiner Selbstmord.

Nngo brauchte Verstärkung. Das war so sicher wie das Amen im Gebet. Er musste Nbele loswerden und sich jemanden, der fähiger war, suchen. Also wartete er, bis es ganz dunkel war und Nbele eingeschlafen war, ging etwas abseits und wählte die Nummer von Juma. Er kannte ihn von einem Kollegen. Er war jung und kräftig. Er würde Nbele gut ersetzen!

Nbele konnte nicht schlafen. In der Nähe schrien Hyänen. Der Schlafplatz rund um das Lagerfeuer war hart und unbequem. Er blickte zu Nngos Schlafplatz, den er im abgebrannten Lagerfeuer noch schwach ausmachen konnte. Doch der war leer. Er stützte sich auf seine gesunde Hand. Wo war Nngo hingegangen? Weit konnte er nicht sein. Nbele hatte sicher nicht länger als eine halbe Stunde gedöst. In der stockdunklen Nacht konnte er nicht weit vom Lagerfeuer weggehen, weil es zu dunkel war. Nbele horchte in die Nacht. Er konnte von weiter weg ein Flüstern hören. Er konzentrierte sich. In der Ferne nahm er Nngos Stimme wahr. Er hörte noch, wie Nngo flüsterte, dass Juma kommen soll. Dann hörte er das Drücken auf eine Handytaste. Was hatte das zu bedeuten?

Nbele verfiel in einen unruhigen Schlaf. Er wusste nicht, was er mit dem Gehörten anfangen soll. Juma soll kommen, hatte Nngo in sein Handy gesagt. Nbele wachte immer wieder auf. Einmal hatte er einen seltsamen Traum. Er träumte von einem Motorengeräusch, dann war es wieder still und er schlief bis zum Sonnenaufgang durch.

Der Tag in Afrika begann wie jeder Tag mit einem Stakkato von Tiergeräuschen, die allen Lebewesen in der Natur „Guten Morgen" sagten. Grillen und Vogelgezwitscher ertönten in einem magischen Konzert. Sie waren alle aufeinander abgestimmt. Es war einfach wunderschön. Ein Konzert, wie es nur die Natur hervorbringen konnte! Und doch konnten die meisten Menschen diese wunderschöne Melodie nicht schätzen.

Nbele konnte die Symphonie auch nicht hören, zu viel belastete ihn im Moment! Nbele stützte sich mit seinem gesunden Arm ab und blickte zu Nngos Schlafplatz. Wo war er? War er schon aufgestanden? Nbele knurrte der Magen. Er hatte seit gestern Mittag nichts mehr gegessen! Er verließ die Booma und spähte nach allen Seiten. Der Wind war heute heftig, der Sand wehte ihm in die Augen, sodass er seine Hand schützend vors Gesicht halten musste. Weit entfernt konnte er den reißenden Fluss ausmachen, den sie gestern überquert hatten. Nbele öffnete das Holztor und trat vor die Booma.

Nein, das konnte doch nicht sein! Der Jeep war weg und von Nngo fehlte jede Spur! Der war doch nicht ohne ihn weitergefahren und hatte ihn ohne Waffe und Proviant hiergelassen? Nicht, dass sie viel Proviant mitgehabt hätten, nur Verbandszeug, falls etwas schief lief bei der Jagd und Karten, damit sie wussten, wo sie waren. Und Waffen, sie hatten jede Menge Waffen im unteren Teil des Jeeps versteckt.

Na, vielleicht kam er doch noch zurück? Aber wahrscheinlich nicht! Damit hätte er nicht gerechnet! Dass ihre Beziehung zueinander nicht gerade ideal war, ok. Aber dass Nngo einfach verschwand! Wie sollte er im Busch überleben? Er hatte weder Waffen, noch ein Messer, mit dem er sich einen Speer oder etwas in der Art zurechtschnitzen konnte. Mit nur einer Hand würde er früher oder später verhungern oder von einem Löwen gefressen werden! Noch dazu war er sehr weit weg von der Zivilisation. Das war sein sicherer Tod! Hakuna Matata! Das bedeutete: Sorge Dich nicht, die Probleme werden sich morgen von selbst in Luft auflösen!

8. Kapitel

Alaska - Gakona – April 2025

Mitten in einem gut versteckten Wäldchen, ein paar Meilen südlich von Gakona, ragten die riesigen Antennen von AHIFREP in den Himmel von Alaska. Die AHIFREP-Anlage wurde mitten in einem Wald in der Wildnis Alaskas südöstlich von Anchorage errichtet. Offiziell wurde AHIFREP von der Universität von Alaska, der US Air Force und der US Navy betrieben genau wie HAARP in früheren Zeiten. Nur war AHIFREP mit den neuesten

Erkenntnissen der Wissenschaft ausgestattet und genauer und spezifischer in seinen Messdaten.

Max Ulmhoff stand vor dem Gebäude und blickte zu den hohen Antennen. Er fühlte einen gewissen Stolz. Zufrieden wanderte er ins Innere der Anlage. Drinnen herrschte reger Betrieb. Mit einem Lächeln sah er sich um. Da kam ein Mitarbeiter mit schnellen Schritten auf ihn zu. <Guten Tag, Dr. Ulmhoff! Hatten Sie einen angenehmen Flug?> fragte der Mann lächelnd. <Tag, James, es war ein guter Flug. Nur das Essen ließ diesmal zu wünschen übrig!> <Oh, das tut mir leid für Sie! Kommen Sie, ich zeige Ihnen unser neues Projekt.> Damit ging James Hollman mit schnellen Schritten in ein am Ende des riesigen Raumes liegendes Labor. <Hier sehen Sie Dr. Ulmhoff!> Ulmhoff sah sich die Testergebnisse am Computer an. <Erstaunlich!> sagte er zu Hollman. <Gute Arbeit! Weiter so! Vielen Dank!>

Die Abgeschiedenheit der Anlage hatte den Vorteil, dass das Projekt in der Bevölkerung kaum Beachtung fand, was ihm nur recht war. Es wurde schon viel zu viel darüber spekuliert und geschrieben.

Mit einer geplanten Gesamtleistung bis zu 300 Milliarden Watt war AHIFREP das modernste, leistungsfähigste und flexibelste elektromagnetische Waffensystem, das je auf diesem Planeten gebaut wurde. Künstliche, lenkbare, aus Plasma geformte atmosphärische Spiegel konnten gezielt auf Gebiete gelenkt werden und das Wetter dort verändern. Wettermanipulation war nun durch zwei Varianten möglich, nämlich die Veränderung von Windmustern in der oberen Atmosphäre oder durch Veränderung von solaren Absorptionsmustern. Sie hatten lange daran geforscht, doch nun war es möglich. Auch die Veränderung einer Region der Erdatmosphäre, Ionosphäre, oder Magnetosphäre war machbar.

Die wissenschaftlichen Grundlagen lieferten das Projekt HAARP und auch Michael Fjörsded, der aber schon bald aus Geldmangel die Kontrolle über seine Patente verlor. Dafür hatte Ulmhoff gesorgt. Den Präsidenten hatte er davon überzeugt, dass man mit AHIFREP die elektrisch leitende Schicht in der Atmosphäre aufspüren und diese zur drahtlosen Energieübertragung nutzen konnte.

Ulmhoff entwickelte das Projekt gemeinsam mit Fjörsded. Es wurde AHIFREP, Auroral High Frequency Research Programm, getauft. Seit Jahren ging es bei diesem Unternehmen darum, gepulste Hochfrequenzwellen in die obersten Schichten der Atmosphäre zu schicken und diese damit aufzuheizen. Genau wie bei HAARP, nur eben noch spezifischer.

Und nun war es sein Projekt. Er hatte das alleinige Patent darauf und er hatte es so entwickelt, dass er das Wetter manipulieren konnte. Jetzt konnte er damit machen, was er wollte. Natürlich wusste der Präsident, das Militär und auch die Öffentlichkeit nichts über seine geheimen Wettermanipulationen. Ulmhoff hatte alles gut eingefädelt. Noch dazu war er der große Geldgeber im Hintergrund.

Ulmhoff hatte sich schon bei seinem Wissenschaftsstudium damit beschäftigt. Dieses Studium war ihm ebenso bei der Entwicklung von Chemtrails sehr hilfreich.

In Europa glaubte man an die Abnahme der Sonnenflecken als mögliche wissenschaftliche Erklärung für die Eiszeit, stattdessen hatte er in riesigen Mengen mit Chemtrails gearbeitet. Chemische Kondensstreifen, die neben kondensierten Flugzeugabgasen noch weitere Chemikalien wie Aluminium, Barium und Polymere enthielten, die den Abgasen zugesetzt und mittels Flugzeugen versprüht wurden. Der Unterschied zu normalen Kondensstreifen war ihre Langlebigkeit und die flächige Ausbreitung. Sah man in den Himmel, der früher strahlend blau leuchtete, war nun nur mehr eine grau-gelbe Suppe über Europa vorhanden.

Die Sonnenstrahlen kamen nicht mehr durch diese Suppe hindurch, was gleichzeitig zu einer Abkühlung in Europa um drei bis achtzehn Grad führte. Sie hatten jahrelang auf der Grundlage von gigantischen Vulkanausbrüchen geforscht, bei dem Schwefeldioxid nach dem Ausbruch wie ein Schirm über der Erde hing und keine Sonnenstrahlen mehr durchließ. Er und weitere Mitglieder der Illuminati, die er gezielt für seine Forschungen einsetzte, richteten ihr Hauptaugenmerk auf den Ausbruch des Toba vor etwa 75.000 Jahren, der zu einem vulkanischen Winter führte und mit geschätzten drei bis achtzehn Grad Abkühlung einherging. Und es funktionierte mittels Chemtrails!

So stoppten sie auch die Erderwärmung in Europa, um die sich alle solche Sorgen machten, und konnten weiter ihre Industrieemissionen ohne Klimaschutzeinschränkungen in die Luft hinauspumpen. Nebenbei wurden der Abbau der CO_2-Konzentration in der Atmosphäre und die Versauerung der Meere reduziert.

Jeder konnte sich also freuen, dachte Ulmhoff grinsend. Die Klimaschutzziele wurden zumindest in Europa erfüllt. Der Kontinent hatte seine Eiszeit und keine Erderwärmung! Und nun benötigten sie Unmengen von Strom für ihre Heizungen, denn die Kälte hielt sich neun Monate und mehr. Er war ein Genie!

Als Folge waren alle Ernten in Europa vernichtet worden. Weder Gemüse noch Obst wuchs mehr und die Kühe, Schweine, Schafe und das Geflügel waren alle erfroren. Die Bauern wurden von den Regierungen gedrängt, ihr Land zu verkaufen. Noch mehr Wohnungen wurden gebaut, die Verstädterung nahm immer mehr zu.

Nun konnte er TATEP oder besser bekannt als Transatlantische Handels- und Energiepartnerschaft, intensiv einsetzen. TATEP war der Nachfolger von TTIP, welches aber nicht den reißenden Absatz in Europa gebracht hatte, wie vom Präsidenten vorhergesehen. Europa sträubte sich mit aller Macht dagegen. Doch nun war es ihnen Recht, dass Amerika sie mit allem belieferte.

Europa war von Amerika abhängig geworden. Nun benötigten sie die Nahrungsmittel aus den USA sehr dringend. So konnten nun Lebensmittel und Fleisch ohne deren hohen Lebensmittelstandards, Zöllen und sonstigen Einschränkungen in riesigen Mengen nach Europa exportiert werden. Vorsorglich hatte Ulmhoff dazu viele große amerikanische Lebensmittelkonzerne gekauft und auch genügend Ranchen mit Massentierhaltungen vor allem im Süden von Amerika in seinen Besitz gebracht. Danach hatte er alle Saatgutgroßkonzerne aufgekauft, die schon präventiv genmanipulierte aluminiumresistente Sorten entwickelt hatten.

Dem Präsidenten konnte die Kleine Eiszeit in Europa nur recht sein. Doch er wusste nichts von der künstlichen Erschaffung, sondern glaubte an ein natürliches Wetterphänomen, das es schon im 16. Jahrhundert in Europa gegeben hatte. Auf diese Weise bekam die amerikanische Wirtschaft eine besondere Machtstellung und wurde zur ersten Wirtschaftsmacht der Welt hinauf katapultiert. Mittels TATEP belieferte Ulmhoff mittlerweile ganz Europa mit Lebensmitteln und Fleisch.

Nun würde er Nord- und Mittelafrika in eine nie dagewesene Dürreperiode führen. Dann würden sie durch die Hilfsaktionen und Spendengelder der europäischen Länder Lebensmittel nach Afrika liefern, sozusagen als großzügige Retter der Welt! Wenn alles mit der Klimaveränderung in Afrika funktionierte und bei ihren Testergebnissen auch vor Ort sah alles danach aus, dann wollte er das Projekt auf Asien und Australien ausbreiten. Schließlich war es auch möglich, Zyklone und andere Stürme mittels AHIFREP zu erzeugen oder Überschwemmungen hervorzurufen. Alles war machbar. Er konnte das Klima auf allen Ebenen beeinflussen. Es fühlte sich an, als wäre er Gott! Ulmhoff grinste breit.

Die Kleine Eiszeit brachte auch noch eine weitere Errungenschaft mit sich. Die Länder hatten ihre Alternativenergien verloren! In Europa hatte er zwei Fliegen mit einer Klappe geschlagen.

Durch die Eiszeit war nicht mehr genügend Strahlungskraft der Sonne vorhanden, sodass der Part der Solarenergie in Europa wegfiel. Auch das

Wasser der Flüsse war zu einem Großteil des Jahres gefroren, wodurch es bei der Wasserenergie zusätzlich zu riesigen Engpässen kam. Die Energiepreise in Europa stiegen ins Unermessliche. Noch dazu konnte er mittels AHIFREP den Wind komplett von Europa wegbewegen. Also fiel für Europa auch die Nutzung der Windenergie flach. Früher kamen die EU-Gasimporte noch aus Russland, Nordafrika oder Norwegen.

TATEP hatte nun den Weg dafür geebnet, dass die Importe diversifiziert wurden. Die gesamten EU-Importe kamen jetzt nur mehr von Amerika! Diese waren viel billiger für Europa als von den anderen Ländern, denen schon das Gas und Erdöl auszugehen drohte. Wieder grinste Ulmhoff.

Die strengen Kontrollen von Europa fielen weg. Ihre harten Bandagen betreffend Lebensmittel- und Umweltstandards schwanden dahin. Doppelte oder überflüssige Test- und Zertifizierungsmaßnahmen wurden reduziert oder fielen ganz weg. Die Zölle gab es nicht mehr. Die Verträge waren noch viel strenger und strategisch besser für ihn, als mit TTIP früher.

Die europäischen Umweltschutz- und Verbraucherschutzstandards stellten für ihn und die USA immer Handelshemmnisse dar. Aber nun mit TATEP hatte sich Vieles verändert. Ulmhoff verkaufte sein Projekt an den Präsidenten und das zu einem hohen Preis. Nicht wirklich, natürlich nur im sprichwörtlichen Sinn. TATEP war sein Produkt und würde es immer bleiben, aber der Präsident musste die Verhandlungen mit Europa führen.

Sie konnten sogar durchsetzen, dass die amerikanischen Konzerne die europäischen Staaten verklagen durften, wenn ihnen ein Gesetz nicht passte. Alle Umweltschutzgesetze konnten so verhindert werden. Der Präsident stimmte dem zu und verhandelte gut mit Europa.

Ein perfider Plan! Er klopfte sich gedanklich auf die Schulter!

Ulmhoffs Gewinn vervielfachte sich innerhalb kürzester Zeit. Er musste wieder grinsen! Wie einfach alles war! Seine Errungenschaften beherrschten bald die ganze Welt!

Nun galten die Spielregeln der Amerikaner. Seine Spielregeln! Es war wiederum Macht, mit der er ganz Europa im Griff hatte. Nun galt es, Dürreperioden in Afrika hervorzurufen und das für eine lange Zeit. Das war der nächste Schritt, Lebensmittel nach Afrika zu exportieren. Niemand wollte schließlich, dass Afrika hungerte.

Auch war es ihm möglich, verheerende Überschwemmungen auszulösen. Früher hatten sie schon damit geforscht. In Österreich und Deutschland hatten sie vor ein paar Jahren noch ein wärmeres Klima geschaffen, sodass die Gletscher geschmolzen waren. Und sie hatten es zusätzlich monatelang regnen lassen. Und das meistens am Wochenende! Die Felder wurden überschwemmt, die Ernte war zerstört. Aber die Kleine Eiszeit war noch besser, dachte Ulmhoff.

Alles war seine Idee: TATEP war ebenso genial wie die Chemtrails. Damit konnte er Europa mit seinem Palmöl beliefern und abhängig machen. Er würde so viel Macht besitzen, dass er wirklich der König auf dem Schachbrett war. Und wenn es zu

Kriegen deswegen kommen würde, hatte er auch schon vorgesorgt.

Die riesigen Flächenantennen von AHIFREP konnten noch mehr als das Wetter beeinflussen. Die Wirkungen reichten bis zur Bewusstseinseinwirkung in ganzen Erdgebieten, da die ELF-Felder nachweislich die elektrischen Gehirnströme des Menschen überlagern und so beeinflussen konnten. Im Kriegsfall konnte man damit die Armee und Bevölkerung eines ganzen Landes bis zur völligen Orientierungs- und Willenlosigkeit ausschalten.

9. Kapitel

Genf – April 2025

Bevor er das Sprechzimmer betrat, um seinen letzten Patienten an diesem Tag zu untersuchen, hielt Dr. Trever Mac Shirley inne und blickte aus dem Fenster seiner Arztpraxis, um die Stimmung dieses Spätvormittags auf sich wirken zu lassen. Zarte Schneeflocken rieselten in weißer Pracht vor seinem Fenster. Für einen Apriltag war es viel zu kühl. Draußen spielten Kinder, eingehüllt in dicke Jacken und Mützen. Sie versuchten, ein Iglu zu bauen. Der Schnee war hart. Es hatte in den letzten Tagen so viel geschneit, dass er dicht gepresst aufeinander lag. Ein schwieriges Unterfangen, fand Mac Shirley. Er grinste und musste an Uta denken. Wollte sie vielleicht ein Kind von ihm? Aber er war zu alt. Er war schließlich fünfzehn Jahre älter als sie. An der Türe klopfte es leise. Eine blonde adrette Frau in weißem Kittel sagte lächelnd: <Der ältere Herr wartet noch immer auf seine Untersuchung, Dr. Mac Shirley. Er scheint etwas in Eile zu sein.> Er drehte sich um und erwiderte ihr Lächeln. <Ja, danke Anja, einen Augenblick noch.> Der Arzt blickte noch einmal aus dem Fenster, dann begab er sich nach draußen ins Vorzimmer. Er blickte zur Uhr, die über dem Empfang hing. Hoffentlich würde die Untersuchung nicht zu lange dauern. Uta wollte um dreizehn Uhr zu ihm kommen, jetzt war es kurz vor zwölf Uhr.

Mac Shirley nahm die Akte des Mannes, die Anja ihm bereits zurechtgelegt hatte. Joseph Kinnley. Der Name sagte ihm nichts. Im Krankenblatt stand nichts, weder sein Alter noch seine Herkunft. Er wollte gerade Anja fragen, doch die schüttelte nur den Kopf. <Er wollte keine Angaben machen. Ich habe ihm gesagt, dass er erst alles ausfüllen muss. Aber er hat mir nur stumm das Formular überreicht und sah mich ganz seltsam an.> Der Arzt schüttelte den Kopf und ging in sein Büro. <Schicken Sie ihn herein!> sagte er seufzend. Anja würde die Formalitäten später mit dem Fremden ausfüllen. Jetzt wollte er ihn zuerst untersuchen. <Herr Kinnley, richtig?> fragte Mac Shirley den fremdländisch aussehenden Mann. <Ja, ich komme gleich zur Sache. Ich leide an keiner Krankheit. Ich arbeite bei Lochley & Lochley. Wie Sie wissen, wurde schon wieder ein großer Teil des brasilianischen Regenwaldes abgeholzt. Wir brauchen Sie. Die Zeit ist gekommen.> Das konnte doch nicht sein! Warum kam er zu ihm? Er war nicht mehr bei der Einheit, überlegte Trever angespannt.

Bevor er sich als Arzt profilierte, arbeitete er bei Lochley & Lochley, einer amerikanischen Firma mit

Sitz in Genf, die sich auf die Herstellung von biologischem Dünger, Pflanzenschutzmittel und biochemischen Waffen spezialisiert hatte. Das Büro umfasste zehn Mitarbeiter. Sie arbeiteten für den Präsidenten der Vereinigten Staaten. Die Firma war nur eine Tarnung, der biologische Dünger und die Pflanzenschutzmittel waren nur zur Täuschung. Diese Firma war eine Spezialeinheit des Präsidenten.

Das Labor lag in Genf, aber sie hatten auch mobile Speziallabors in Afrika und anderen Ländern zur Verfügung. Unter den strengsten Geheimhaltungsvorschriften versteht sich. Die Bedingungen dort waren sehr gut, um die Viren an außergewöhnlichen Umweltsituationen zu testen.

Trever forschte an einem speziellen Virus, das die todbringendste Seuche hervorrief, die die Menschheit je erlebt hatte. Genauer gesagt war dieser biochemische Kampfstoff nur für den Notfall entwickelt worden, für den Krieg gegen das Palmölsyndikat. Es ging um die letzten Urwälder und Rohstoffe der Erde. Verbrechersyndikate hatten es auf die letzten wertvollen Bäume und auf die fruchtbaren Gebiete abgesehen, auf denen Palmöl wie Unkraut wuchs.

Diese Kriege mit biochemischen Waffen dienten nur zur Vernichtung des Syndikats und dem Erhalt der Weltordnung. Die Ressourcen gingen allmählich dem Ende zu und das auf der ganzen Welt. Die Menschheit war gewachsen und benötigte immer mehr. Strom, Nahrung, Wasser und Edelmetalle zur Herstellung von Computer und Handys.

Als Präsident von Amerika fühlte sich Gordon Howard genau wie sein Vorgänger für die gerechte Verteilung der Ressourcen auf der Welt zuständig. Die USA war immer schon die Weltpolizei, also auch für die verbliebenen Ressourcen und die gerechte Aufteilung verantwortlich. Irgendjemand musste sich ja darum kümmern.

Das Wachstum der Weltbevölkerung sowie die zunehmende Industrialisierung der Schwellenländer und deren immer höher werdender Lebensstandard zwangen Wirtschaft und Politik, die Nachfrage nach Erdöl und Edelmetallen zu befriedigen. Ein großer Kreis von einigen Leuten aus der Politik und der Wirtschaft Europas, aber auch der wachsenden Schwellenländer schlossen sich mit den Verbrechersyndikaten zusammen, um die letzten Rohstoffe und Urwälder für sich zu gewinnen. Somit konnten sie am Markt dominieren und hätten so alle Macht der Welt in Händen.

Und da nun bald keine Rohstoffe mehr vorhanden waren, war das nun eingetreten, was schwere Folgen haben würde. Der Kampf um die wenigen fossilen Brennstoffe und die letzten Urwälder, die noch verblieben waren, hatte begonnen. Wasser und Nahrungsmittel würden in den kommenden Jahren ein weiteres Problem darstellen.

Genau aus diesem Grund hatten die USA eine geheime Organisation mit dem Namen „Firungo" zum Schutz der letzten Regenwälder, der fossilen Brennstoffe und der übrigen Ressourcen gegründet, um alles Verbliebene zu schützen und für die gerechte Verteilung zu sorgen. Mit dem Polar Orbit Dichtescanner konnten sie anhand von fünf vernetzten Satelliten geologische Abweichungen, das

Abschmelzen der Polareiskappen, das Auffinden fossiler Brennstoffreserven und den Bestand der letzten Urwälder der Erde genau bestimmen. Und mit diesen Mitteln konnten sie sich einen Überblick über das Weltgeschehen zu jedem Zeitpunkt machen. In den letzten Monaten wurde wieder Urwald in Brasilien abgeholzt, die Verfärbungen konnte man deutlich auf den Monitoren mitverfolgen. Nur mehr einige vereinzelte Bäume waren übrig geblieben.

Vor allem die Urwälder lagen Trever persönlich sehr am Herzen. Deshalb war er auch auf das Angebot des Präsidenten vor Jahren, als er noch jung war, eingegangen und hatte in jahrelanger Arbeit einen Kampfstoff entwickelt, um diese Syndikate zu bekämpfen, deren einziges Ziel es war, auszubeuten und einen möglichst hohen Ertrag zu erzielen, ohne Rücksicht auf Verluste.

Das Virus war nicht gerade die feinste Art der Kriegsführung, aber die wirksamste, wenn es um Verbrechersyndikate wie diese ging. Trever wusste, dass der Präsident nur im äußersten Fall zu solchen Mitteln greifen würde.

Die Menschen, die für diese Syndikate arbeiteten, hatten keine Skrupel. Sie waren Todesschwadronen. Deshalb wollte die Organisation auf alles vorbereitet sein. Zu viele Menschen waren schon durch die Hand der Syndikate gestorben.

Doch Trever war es leid, mit tödlichen Viren zu arbeiten. Dieses Virus hatte den Namen Firungo und war so todbringend, dass mindestens die halbe Weltbevölkerung sterben konnte. Aber sie hatten das Virus so manipuliert, dass sich nur Menschen durch direkten Kontakt mit dem Kranken oder Toten anstecken konnten. Falls ein Verbrechersyndikat Leute ausschickte, um Tropenhölzer in entlegenen Regionen zu schlagen, konnten sie das Virus gezielt bei diesen Leuten einsetzen. Diese Menschen würden sterben. Das Virus war so todbringend, die Inkubationszeit kurz, dass nur die am Abholzen beteiligten Männer sterben würden. Da diese Gebiete so abgelegen waren, würde sonst kein Kontakt mit der restlichen Bevölkerung stattfinden. Die Männer wären in kürzester Zeit tot. Die Organisation würde hinfliegen und die Toten so schnell wie möglich verbrennen, damit sich das Virus nicht ausbreiten konnte. Alles war perfekt organisiert. Somit würde das Virus nur diejenigen dahinraffen, die an der Abholzung beteiligt wären und wenn sie Glück hatten, deren Auftraggeber. Andere Glücksritter, die leicht für solche Arbeiten anzuheuern waren, würde das plötzliche Verschwinden der Männer im Wald abschrecken. Das Syndikat würde niemanden mehr finden, der ihnen die Tropenbäume fällen würde, so hoffte der Präsident.

Trever hatte sich aber gegen dieses Virus entschieden. Er wollte den Menschen lieber helfen, als sie zu vernichten. Deshalb spezialisierte er sich auf TCM, die traditionelle chinesische Medizin. Seine Praxis errichtete er nach den neuesten Standards, so energiesparsam wie möglich. Er war Umweltaktivist. So spendete er immer wieder viel Geld für die Wiederaufforstung verschiedener Tropenbäume in Uganda und anderen afrikanischen Ländern. Auf diese Weise wollte er seinem eigenen CO_2-Ausstoß entgegenwirken. Leider wurden auch diese Bäume vom Syndikat abgeholzt. Und nun kam die Organisation auf ihn zurück.

<Warum ich?> fragte Trever gequält. Er hatte mit dem Präsidenten vor Jahren nach einer langen Aussprache eine Vereinbarung getroffen, dass er nur unter der Voraussetzung strengster Geheimhaltung ein neues Leben beginnen könne und dass er weder für eine andere Gesellschaft noch für ein anderes Land seine Fähigkeiten, ein Virus zu entwickeln, einsetzen dürfe. Der Präsident hatte Trevers neuem Leben nur mit äußerster Skepsis zugestimmt.

<Weil Sie eine Koryphäe auf dem Gebiet sind und das Virus entwickelt haben. Wir brauchen Sie. Der Befehl kommt von ganz oben.> sagte der Mann mit eisernem Gesichtsausdruck. <Sie sind nun mal die erste Wahl des Präsidenten.> <Ich brauche Bedenkzeit.> Der Arzt machte auf dem Absatz kehrt und hielt dem Fremden die Türe auf. <Morgen komme ich wieder!> entgegnete der Mann und ging schnurstracks auf den Ausgang zu. Anja rief ihm nach, er möge das Formular noch ausfüllen, aber der Arzt machte eine beschwichtigende Handbewegung. <Ist schon gut. Ich habe seinen Namen.> Dann ging er zurück in sein Büro und rief Anja noch zu: <Bitte sperren Sie ab. Ich gehe gleich bei der Vordertüre raus.> Anja überlegte noch, wer der seltsame Mann war. Ihr Chef ließ nie jemanden gehen, der das Formular nicht genauestens ausgefüllt hatte. Wie seltsam! Wer war dieser Fremde? Und was hatte ihr Chef mit dem zu schaffen?

Trever verließ seine Praxis durch die Vordertüre. Er hegte den Gedanken, schnurstracks nach Hause zu gehen, doch dann besann er sich eines Besseren. Es war noch Zeit. Er ging zu den Kindern und half ihnen das Iglu zu bauen. Nach einer halben Stunde war er körperlich ausgepowert. Schön langsam beim Heimgehen konnte er seine Gedanken wieder klar formulieren. Durch den Schnee stapfend ging er die Optionen durch. Hatte er überhaupt eine Wahl? Schließlich war es mehr oder weniger ein Befehl des neuen Präsidenten. Der alte Präsident, für den er gearbeitet hatte, hatte dem neuen Präsidenten das Amt übergeben. Nun kümmerte er sich um die letzten Urwälder und die anderen Ressourcen. Andererseits war er nicht mehr bei der Organisation! In diesem Moment wünschte er, er könnte Uta alles erzählen! Sie würde sicher dagegen sein, dass er das Virus freisetzte. Leider durfte er mit niemandem darüber sprechen.

Uta Fedderson betrat das Anwesen von Trever Mac Shirley durch ein schmiedeeisernes Tor. Sie schritt die Allee, die zu dem Anwesen führte, hinauf. Das große Haus mit dem mehrere Hektar umfassenden Garten stand in einem Vorort von Genf auf einem Hügel und gehörte zur nobelsten Villengegend, die die Stadt zu bieten hatte. Die Baumallee leuchtete in der Mittagssonne. Der riesige Garten schloss an die Allee an und erstreckte sich rund um das Haus. Er war mit vielen exotischen Bäumen und Pflanzenarten gesäumt, die dem Garten geradezu ein tropisches Flair verliehen. Nachdem Uta den Garten durch eine Glastüre, zu der sie den Schlüssel besaß, betreten hatte, liefen ihr schon mehrere Perlhühner entgegen.

Die Wintergarten-Umrandung spannte sich über den ganzen Garten wie ein Spinnennetz und bot bei Sonnenschein ein geradezu tropisches Klima.

Die Anlage sah aus wie ein riesiges Tropenhaus in viktorianischem Stil erbaut, so wie man es von botanischen Gärten her kannte. Solarpaneele hingen rund um das Glashaus und sorgten so für die nötige Wärme, wenn die Sonne einmal schien.

Versetzt standen stattliche Bäume, wie Mahagoni, Timber, dunkle afrikanische Harthölzer, Teak, sogar Merbau sowie alle möglichen Obstbäume zu denen sogar Mango, Mandel, Pfirsich, Avocado und Kiwi zählten. Bananenpflanzen wuchsen hoch hinaus und trugen ihre Bananen in Hülle und Fülle.

Trever hatte so lange alle möglichen Kerne von exotischen Früchten in die Erde seines Gartens eingesetzt, bis die verschiedensten Bäume wie ein Mango Bäumchen und ein Avocado Stämmchen aus den Kernen gewachsen waren, dachte Uta und musste bei dem Gedanken daran lächeln. Trever war ein leidenschaftlicher Gärtner, der, statt einen Kern wegzuwerfen wie jeder normale Bürger, ihn stattdessen in die Erde seines Grundstücks steckte. In seinem Riesenglashaus glückte die Nachzucht immer öfter.

Diese Bäume standen nun stattlich mitten im Garten. Am südlichen Ende des Gartens hatte Trever eine Pergola selbst gebaut. Weinreben rankten wild um die Holzverstrebungen herum.

Sie kannte Trever nun schon einige Jahre. Sie war sehr glücklich mit ihm. Die Zeit war wie im Flug vergangen. Sie liebte sein Hobby, das Gärtnern. Immer, wenn er andere Länder bereiste, nahm er heimlich einige Pflanzen oder Samen von selten gewordenen Bäumen mit und versuchte, diese in seinem Garten anzupflanzen. Er hatte sogar einen riesigen Teich mitten in der Gartenanlage angelegt, der von einem Wasserfall gespeist wurde. Die Technik ließ sich Trever von einem Bekannten installieren. Alles basierte auf Solarstrom, was leider nicht mehr so gut funktionierte, weil die Abnahme der Sonnenflecken in den letzten Jahren die Sonnenaktivität extrem eingeschränkt hatte.

Begrenzt wurde der Teich auf der einen Seite von einem riesigen Bambushain, der an den Wasserfall anschloss. Auf der anderen Seite stand ein Gazebo auf einem Holzsteg. Das Gazebo hatte sich Trever aus Indonesien schicken lassen. Das Holz hierfür stammte von einer Kokospalme. Auch Steinfiguren aus Lavagestein zierten den Garten und gaben der Umgebung ein exotisches Flair. Utas Lieblingsplatz war ein Bereich, der an den Schwimmteich angrenzte, eine große sandige Liegefläche. Zwei Teakchairs standen auf dem Sand und ein lustiger bunter Sonnenschirm vollendete das Urlaubsflair.

Verschiedene Fische und auch Wasserschildkröten tummelten sich in dem kristallklaren Wasser und streckten ihre Hälse in die Luft. Es war ein Paradies, in dem es sich wohnen ließ. Uta musste immer lachen, wenn Kaninchen, Gänse und verschiedene Schildkrötenarten um ihre Füße herumwanderten. Immer wenn Uta bei Trever war, wollte sie nicht mehr weggehen. Denn außerhalb des Tropengartens erwartete sie eine nie dagewesene Kälte, die Europa fest im Griff hielt. Die kleine Eiszeit. Niemand hatte damit gerechnet. Aber nun war sie da. Dafür war es im Rest der Welt ziemlich warm und trocken geworden.

Plötzlich streifte sie ein zahmer Gepard an der Hand. Uta musste lachen. Trever war sehr leidenschaftlich, was die Umwelt betraf. Er versuchte sogar, exotische Tiere, die kurz vor dem Aussterben waren, bei sich zu Hause unterzubringen. Leider waren schon sehr viele Tierarten mittlerweile ausgestorben. Aber er hatte einige Exemplare gerettet und sogar der Nachwuchs war schon bei mehreren Arten geglückt. Dafür hatte er eigene Bereiche in seinem Garten angelegt, die den verschiedenen Tierarten einen Lebensraum boten. Da der Garten sehr groß war und weit abgelegen von Genf, konnte er sogar ein riesiges Gewächshaus mit tropischem Flair sein Eigen nennen, wo die verschiedensten Vogelarten im Warmen lebten. In dem Gewächshaus floss ein Wasserfall umgeben von tropischen Pflanzen. Unten war ein kleiner Teich, wo sich sogar Krokodile tummelten. Es war alles sehr großzügig arrangiert und er hatte alles mit viel Liebe selbst angelegt. Trever konnte es sich leisten, denn er war reich. Seine Großmutter hatte ihm ein beachtliches Vermögen hinterlassen.

Trever und sie hatten sich wiedergefunden, als sie nach ihrer Doktorarbeit und ihrer Ausbildung zur CIA-Agentin eine Anstellung bei der CITES bekam.

Sie lebte schon seit einiger Zeit in Genf und ließ sich wegen ihrer Gelenke untersuchen. Sie hatte schon alle möglichen Ärzte aufgesucht. Doch sie hatte weiterhin starke Schmerzen. Deshalb versuchte sie es mit TCM, da ihr ein paar Kollegen zu diesem Arzt geraten hatten. Uta konnte es kaum glauben, dass sie der Zufall wieder zueinander geführt hatte. Trever war überglücklich, Uta wiederzusehen. Nachdem er keine Partnerin hatte, traf er sich wieder öfter mit Uta und seither waren sie ein Paar. Er war mittlerweile schon 55 Jahre und Uta 30 Jahre alt. Aber das war für beide kein Hinderungsgrund.

Trever fand heraus, dass Uta einige Stoffe, wie Kalium und Kalzium fehlten. Mit der richtigen Ernährung brachte sie die Gelenkschmerzen vollständig weg. Neben Medizin hatte Trever auch einen Doktortitel in Chemie. Er hatte Chemie und Medizin in Harvard studiert und seine Doktortitel in beiden Fächern mit summa cum laude bestanden.

Was Trever nicht wusste war, dass der Präsident der Vereinigten Staaten neben seiner Organisation eine Abteilung zur Verbrechensbekämpfung gegen das Palmölsyndikat gegründet hatte und dass Uta für diese arbeitete. Trever wusste nicht mal, dass diese Abteilung der CIA überhaupt existierte. Diese Abteilung hieß Gula, die 6. Todsünde.

Uta war dem Umweltverbrechersyndikat schon eine Zeit lang auf der Spur. Viele Male war sie versucht, Trever alles über sich und ihre Organisation zu erzählen, aber sie hielt sich an die Vorschriften. Trever erzählte sie nur über ihre Arbeit in der CITES. Trever war kein argwöhnischer Mensch. Er glaubte Uta einfach alles und er liebte sie sehr. Er hatte ihr nie sein Geheimnis erzählt, dass er einen der tödlichsten Viren kreiert hatte und als Koryphäe jetzt vom Präsidenten rekrutiert wurde. Aber sie wusste über Trevers frühere Tätigkeit Bescheid. Und sie wusste auch, dass der Präsident ihn für die Freisetzung des Virus wollte. Leider konnte sie ihn nicht darauf ansprechen. Sie wusste, dass er innerlich litt und bis morgen für diese Entscheidung Zeit hatte.

Sie war froh, dass er sich für das Arztsein entschieden hatte. Sie hoffte, dass er nun auch die richtige Entscheidung treffen würde!

Uta konnte sich früher nie vorstellen, dass sie jemals etwas für einen Mann empfinden würde, aber als sie Trever kennenlernte und sein Intellekt auf sie wirkte, da verspürte sie so etwas wie eine Seelenverwandtschaft auf allen Ebenen. Sie waren liebende Partner, sowohl intellektuell als auch körperlich. Beide waren sie durchtrainiert, gesundheitlich fit und mit einer guten Portion Humor ausgestattet. Und sie hatten beide das Herz am rechten Fleck, dachte Uta bei sich und lächelte. Sie hatte nun den Eingang zum Haus erreicht. Die Villa war zweistöckig und aus Lärchenholz erbaut. Innen wie außen vermittelte sie den Eindruck von Wärme und Behaglichkeit.

Trever stand gelassen an der offenen Türe des Herrenhauses, bekleidet mit weißem Hemd, das sich über seine Muskeln spannte und über seiner Lewis hing und blickte Uta mit festem Blick an. <Hallo, mein Schatz!> sagte er mit seiner tiefen Stimme und blickte ihr liebevoll in die Augen. Dann drückte er Uta fest an sich. Sie küssten sich einige Minuten leidenschaftlich.

Trever war ein graumelierter, in die Jahre gekommener attraktiver Mann. Gut, sein Haaransatz war ein bisschen zurückgegangen, aber es stand ihm. Es ließ ihn männlicher und noch entschlossener wirken. <Dein Parfüm riecht betörend!> sagte er mit weicher Stimme und küsste Uta am Hals. Uta grinste und zwinkerte Trever zu. <Extra für Dich, mein Lieber!> <Ich möchte Dir meine Überra­schung zeigen! Komm!> Trever packte sie an der

Hand und führte Uta hinter das Haus, von wo aus sie Genf und den Genfer See in all seiner Pracht in der Ferne sehen konnten. Schnee bedeckte die Stadt unter ihnen. Der See war zugefroren. Die Sonne schien zart durch den behangenen Himmel hindurch und tauchte die Landschaft in ein weiches Licht. Uta blickte nach unten. <Was ist denn nun das Geheimnis? Ich muss gestehen, Deine SMS hat mich neugierig gemacht. Hast Du neue Tiere oder Pflanzen, vielleicht ein paar Kerne eingesetzt?> Trever lachte. <Ich wusste, dass Dich ein Geheimnis anlocken würde!> <Nein, mein Geliebter, Du bist es, der mich anlockt. Aber ich muss gestehen, dass ich Geheimnisse liebe. Also los, was ist es? Hast Du etwas beim Weinberg machen lassen?> <Du bist wirklich eine Schmeichlerin und noch dazu die ungeduldigste Frau, die ich kenne.> Uta verschränkte die Arme und zog einen Schmollmund. <Ich kann auch ganz langweilig und desinteressiert sein! Hättest Du es gerne anders?> Trever lachte. <Nein, lass nur, ich liebe Dich, so wie Du bist! Also an dem Weinberg habe ich nichts verändert.>

Trever hatte vor einem Jahr einen Weinberg anlegen lassen, der sich auf dem ganzen Berghang hinter dem Haus erstreckte. Der Berghang war nicht sehr steil, aber die Anlage des Weinberges dauerte einige Wochen.

Unten am Berghang funkelte der Genfer See. Es war endlich wieder ein schöner Tag mit ein paar Sonnenstrahlen! dachte Uta. Sie blickte nach unten und zog ihren Mantel enger um sich.

Ölhandelsfirmen hatten sich noch vor ein paar Jahren hier angesiedelt. Manche dieser Firmen hatten ihre Angestellten von London und anderen Städten nach Genf übersiedelt, weil Genf sich zum finanziellen Nervenzentrum des Erdölhandels für internationale Rohwarenfirmen entwickelt hatte. Diese Firmen schätzten den diskreten Charme der Rhone Stadt.

Ein Drittel aller weltweiten Erdöl-Transaktionen lief 2015 noch über Genf, das waren rund 700 Millionen Tonnen im Jahr.

Die Finanzierung von Handelsgeschäften war das, was die Rhone Stadt anderen Städten voraushatte. In diesem Bereich galt Genf weltweit als Nummer eins. Neben London, Singapur, Houston und New York war die Stadt zu einem der wichtigsten Umschlagplätze für Erdöl geworden.

Etwa ein Viertel des physischen Erdölgeschäfts des in der Schweiz gehandelten Rohöls, zirka 20 Mio. Fass pro Tag wurde 2015 noch über Genfer Banken finanziert. Die Finanzinstitute am Lac Léman waren darauf spezialisiert, mit den Risiken im Geschäft mit dem schwarzen Gold umzugehen.

Die Finanzindustrie anderer Länder hingegen beklagte sich über immer strengere Regulierungen und steigende Steuern.

Doch nachdem das Öl immer knapper wurde, mussten viele der Ölmagnaten aufgeben und sich eine neue Spielwiese suchen.

<Hier, sieh mal!> sagte Trever mit Stolz in der Stimme und zeigte in Richtung Garage. Uta wandte den Kopf und hielt inne. <Das ist ja …>.

<Möchtest Du eine Runde drehen?> fragte Trever und blickte zu seinem neuen X500, den er sich

erst vor zwei Tagen gekauft hatte. <Ich muss nur schnell die Schildkröten füttern, dann bin ich fertig.> <Ja, unbedingt Trever. Lass uns Genf unsicher machen!>

Uta ging mit Trever ums Haus in den Garten und half ihm, die Tiere zu füttern. Uta fühlte sich hier so wohl. Die Tiere liefen wild durcheinander. Ein Hase huschte durch ihre Füße hindurch, sodass Uta fast stolperte. Perlhühner gackerten wild durcheinander während sie auf zwei Geparden zusteuerten. Die Geparde waren beide behindert. Einer war blind und einer hatte einen verkrümmten Fuß. Trever hatte sie aus den Fängen von Wilderern befreit und mit viel Aufwand bekam er die Erlaubnis der Regierung von Ghana, diese bei sich zu halten und zu pflegen.

Uta ging den Garten entlang an Trevers Seite, der ganz fasziniert auf die Teichanlage zuging und dabei die Geparden im Vorbeigehen streichelte. <Sieh mal, ich habe Eier bei den Karettschildkröten entdeckt. Die werden bald schlüpfen!> Uta musterte ihren Lebensgefährten. Er konnte einen mit seiner Tierliebe regelrecht anstecken. Doch sie liebte Tiere ohnehin. Alle Tiere durften frei herumlaufen. Die Pflege war sehr aufwendig, aber Trever schien das nichts auszumachen. Er liebte die Abwechslung zu seinem Beruf. Die Entscheidung, ob er das Virus freisetzen würde oder nicht, dürfte er ganz beiseitegeschoben haben. Jedenfalls merkte sie ihm nichts an. Er schien sehr entspannt zu sein.

Dann gingen sie zu seinem neuen X500. Uta zog ihren Mantel eng um sich, denn im Freien war es bitterkalt. Trever öffnete Uta die Türe. Er stieg auf der Fahrerseite des ultramodernen silbernen Gefährts ein. Es war die neueste Entwicklung, die auf dem Markt erhältlich war. Bisher hatte die Automobilindustrie schon sehr lange an dieser Lösung gearbeitet, doch jetzt erst war es so weit. Trever hatte sich sofort den neuesten PKW mit Brennstoffzellen gekauft. <Erzähl mal>, sagte Uta, als sie die Allee von Trevers Anwesen entlang fuhren. <Wie funktioniert nun so ein Brennstoffzellenauto?>

<Also diese Fahrzeuge fahren komplett ohne schädliche Emissionen, denn Brennstoffzellen erzeugen aus der chemischen Reaktion von Wasserstoff und Sauerstoff Strom. Dabei entsteht lediglich reiner Wasserdampf. Sie eignen sich dank ihrer größeren Reichweite und ihrer kurzen Betankungszeiten auch für Langstrecken, da sie den Fahrstrom mithilfe von Wasserstoff selbst an Bord erzeugen. Es wird natürlich immer noch Strom aus der Steckdose benötigt, aber wesentlich weniger als noch bei vielen anderen Elektroautos.

Weißt Du noch, mein letzter PKW, der Kombi e-tronic, der hatte eine Spitzenleistung von 102 PS und schaffte über 130 km/h. Über einen Generator lud er die Batterie wieder auf und sorgte so für eine zusätzliche Reichweite von 200 Kilometern. Und der hier übertrifft das noch bei weitem, und zwar ganz „sauber" und fast ohne Strom!> <Genial!> sagte Uta. <Ich hab schon davon gelesen, dass man endlich etwas erfunden hat, was gar kein CO^2 mehr ausstößt und fast keinen Strom benötigt. Dass Du dieses Fahrzeug schon gekauft hast, verschlägt mir die Sprache!> Trever blickte Uta mit einem traurigen Blick von der Seite an.

<Bei den Elektroautos ist es noch schlimm, weil sie sehr viel Strom fressen! Naja, ich hab mich jedenfalls immer sehr für umweltfreundliche PKWs interessiert und viele Fachzeitschriften gelesen.> sagte Trever stolz.

<PKWs boten früher zu wenig Platz, um den Strom für Elektroautos zu speichern. Vor allem aber waren Verbrennungsmotoren erheblich leistungsstärker und billiger. Aber nun hatte sich mittels jahrzehntelanger Forschungen diese Entwicklung durchgesetzt.> <Das finde ich brillant!> Lass uns doch irgendwo eine Flasche Champagner kaufen, eine Runde spazieren fahren und den Champagner bei Dir zu Hause im Garten beim Teich trinken! Was hältst Du davon?> fragte Uta und zwinkerte Trever zu. <Geniale Idee! Nutzen wir den Nachmittag für eine Spazierfahrt.> Auf dem Weg hielt Trever bei einem Supermarkt und kaufte den besten Champagner der Woche, den A.Margaine, Cuvée Tradition le Brut.

Nach einer halben Stunde Fahrt bogen sie auf einen kleinen Feldweg, der zu einer großen Naherholungswiese führte. <Hier könnten wir ein Picknick machen! Gefällt es Dir hier? Ich hab vorhin nämlich Aufstrich Karamell mit Meersalz, BIO Hanfnüsse ganz ungeschält, ein paar Lilienknospen in Essig und ein gutes knuspriges Baguette dazu gekauft.> <Hm, das hört sich vielleicht lecker an! Aber mir gefällt es bei Dir zu Hause im warmen Garten besser, als hier im Schnee!> rief Uta entsetzt. Trever lachte von Herzen. Er liebte es Uta aufzuziehen. Und das bei jeder sich bietenden Gelegenheit. <Aber dass Du mir nicht alles wegisst!> grinste Uta frech und pfiff durch ihre Zahnlücke. <Das würde ich doch nie!> empörte sich Trever und grinste süffisant. Nach den ganzen Jahren, in denen sie schon zusammen waren, turtelten sie immer noch wie ein frisch gebackenes Liebespaar. Hätte er nur nicht diese Sorgen wegen dem Virus! Es könnte alles so schön sein! Uta blickte ihn an. <Was hast Du?> fragte sie scheinheilig. <Nichts, alles ok, ich musste nur an etwas denken.> <Willst Du es mir nicht erzählen?> fragte Uta leise. <Ach, es ist nichts! Ich hab nur so nachgedacht!>

Nach einer Stunde kehrten sie zu Trevers Anwesen zurück. Die Wiese war angenehm warm. Uta breitete eine Decke, die sie im Schrankraum im Haus gefunden hatte, aus und strich die Seiten glatt. Sie liebte Trevers Organisationstalent. Sie beugte sich wieder nach unten, um zwei Gläser auf der Decke zu platzieren. <Hm, ich liebe es, wenn Du Deinen schönen Körper nach unten beugst. Du bringst mich einfach immer wieder zum Glühen!> <Trever, Du bist unmöglich!> Er senkte seine Lippen auf ihren Nacken und küsste sie leidenschaftlich. <Habe ich Dir schon einmal gesagt, wie unwiderstehlich du riechst?> <Das ist nur das neue Parfüm!> <Nein, es ist Dein Eigengeruch, der mich um den Verstand bringt!> Uta stutzte. Dann drehte sie sich zu ihm um. <Was genau soll das hier werden?> Spontan gab er ihr einen Kuss auf den Mund und sah ihr tief in die Augen. <Na, wonach sieht es denn aus?> fragte Trever keck. Er fuhr mit seinen Händen über ihre Schultern und dann die Hüften hinab. Trevers Hände wanderten weiter über ihren Po, während er begierig ihren Hals küsste. Dann hielt er plötzlich inne. <Uta, möchtest Du noch Kinder?> <Was, wie kommst Du denn auf so was? Du hast doch schon welche.>

grinste Uta frech und deutete auf die vielen Tiere. <Na, wenn das Deine einzige Sorge ist! Ich würde auch unsere Kinder füttern!> <Na, dass Dir dann nicht alles zu viel wird, mein Großer!> lachte Uta und packte Trevers Hand. Dann küssten sie sich wieder leidenschaftlich. Trever suchte erneut Utas Lippen. Der Kuss stieg ihr zu Kopf und machte sie willenlos. Uta spürte, wie sie in seinen Armen zerschmolz. Langsam öffnete Trever Utas Rock und zog ihr das T-Shirt über den Kopf.

Sein muskulöser Körper drückte sich ganz eng an sie. Die Härchen auf Utas Unterarmen standen zu Berge. Ihr war kalt, aber sie drückte sich ganz eng an Trever. Sie konnte jeden Muskel, jedes Detail seines drahtigen Körpers spüren. Entspannt ließ Uta alles mit sich machen.

Nach einer halben Stunde gingen sie zum Teich und setzten sich gemütlich auf die Deckchairs und verzehrten ihr Picknick. Trever hatte den Gedanken an die Entscheidung, ob er nun das Virus freisetzen sollte oder nicht, ganz beiseitegeschoben. Aber der Gedanke drängte nach den zwei schönen Stunden wieder in sein Unterbewusstsein. Schließlich würde sich dann alles ändern. Er wäre nicht mehr derselbe Mann. Würde ihn Uta noch lieben, wenn er das Virus freisetzen würde? Trever schüttelte den Kopf, als wolle er die Gedanken verdrängen.

<Was hast Du mein Lieber? Bedrückt Dich etwas?> Uta hatte die Frage absichtlich gestellt. Sie wollte ihn endlich aus der Reserve locken.

<Hm, ich habe nur so nachgedacht. Wäre doch alles auf dieser Welt so schön, wie gerade eben!> sagte Trever ernst.

<Aber, ... ich habe neulich einen Witz in meiner Praxis gehört: Streiten sich zwei Wissenschaftler über den Klimawandel, einer noch zynischer als der andere. Sagt der eine: Also ich bin fest davon überzeugt, dass in 300 Jahren Mr. Kirk und Mr. Spock vom Raumschiff Enterprise ins 21. Jahrhundert zurückfliegen und alle inzwischen ausgestorbenen Pflanzen, Bäume und Tierarten reimportieren. Und das auf der "Arche Enterprise".> Trever lachte und umarmte Uta stürmisch. Uta musste auch lachen. Trever konnte so lustig sein! Wenn es die Problematik mit der Umwelt nicht geben würde, wäre es einfach himmlisch!

<Weißt Du, die Problematik der Elektroautos ist deutlich spürbar.> Trever wurde wieder ernst. <Der Energieverbrauch stieg seit seiner Einführung um ein vielfaches. Kohle als Energieträger ist erschöpft. Obwohl ich dieser Energiequelle nicht nachweine. Sie hat uns viel Schmutz hinterlassen. Und die kleine Eiszeit in Europa gab dem Ganzen noch den Rest. Deshalb sind die fossilen Brennstoffe nun beinahe erschöpft und wir von Amerika gänzlich abhängig!>

Uta machte sich ebenfalls wieder Gedanken zum Thema Umwelt. Es lag nun auf der Hand. Die knappen Regenwälder mit ihren noch letzten wertvollen Baumbeständen waren zum Objekt des Palmölsyndikats geworden. Diese hatten sich weltweit zusammengeschlossen und ihr Sitz lag tatsächlich in Genf. Das hatte sie erst kürzlich herausgefunden. Wo früher noch Ölmagnate am Werk waren, präsentierte sich nun ein ganz neuer Zweig. Alles war vorhanden, um auch noch steuergünstig zu agieren. Die Banken, die früher das

Erdöl gehandelt hatten, machten nun ihre Geschäfte mit dem Palmöl.

Denn nun war der Preis für Palmöl und die wertvollen tropischen Riesenbäume ins Unermessliche gestiegen. Der Kampf hatte begonnen, dachte Uta traurig. Und das vor ihrer Haustüre. Aber sie hatten noch nicht genügend Beweise und auch wer hinter dem Ganzen steckte, war noch nicht klar. Sie war dem Syndikat auf der Spur, aber es fehlten noch viele Puzzleteile, erst dann konnten sie zuschlagen.

<Wir hatten gestern wieder eine Umweltkonferenz in der CITES zum Thema Einsparungen ...>, begann Uta und strich sich ihre Haare aus dem Gesicht. <Es ging um das Thema, wie man die Menschen in den Industriestaaten zum Einlenken bringen könnte.

Alle Jahre ein neuer Computer, alle vier Monate ein neues Handy, dann noch die iPads, E-Books, Elektroautos und die ganzen neuen Errungenschaften! Alles Stromfresser! Sogar Kleinkinder haben schon Handys und I Pads. Für die meisten Menschen in den Industrieländern ist das ganz normal.> sagte Uta. <Dass der Elektroschrott noch dazu oft illegalerweise in Entwicklungsländer exportiert wird, davon wissen nur die wenigsten. Auf einer Müllkippe in Zaire fotografierte Hans Jörg, mein Mitarbeiter, Frauen, Männer und Kinder, die zwischen Feuern und giftigen Dämpfen die wertvollen Rohstoffe aus den Geräten holten.

Wir hatten eine kritische Auseinandersetzung, bei der es um die Folgen unseres Konsumverhaltens ging. Aber wir kamen auf keine Lösung des Problems. Der Fortschritt ist nicht mehr aufzuhalten, und solange sich die Menschen in den Industriestaaten alles leisten können, würde kein Einschränken möglich sein.> <Für die Menschen ist ein Handy und ein i Pad ein Statussymbol und sieh mal in die Entwicklungsländer. Dort hat auch schon jedes Kind ein Handy.> sagte Trever traurig.

<Hm, stimmt. Deshalb müssen die Menschen umdenken. Die Edelmetalle, die für die Handyherstellung notwendig sind, sind ziemlich erschöpft. Handys bestehen aus einem bunten Materialmix. Zu den Hauptbestandteilen zählen Acrylnitril-Butadien-Styrol-Polycarbonat (ABS-PC), Keramik und Kupfer. Hinzu kommen Zinn, Blei, Kobalt, Aluminium, Wolfram, Gold, Palladium, Mangan, Lithium-Verbindungen, Chromoxid, Flüssigkristalle, Beryllium, Phosphor und Molybdän.

Diese Stoffe sind zu großen Teilen nicht natürlich abbaubar, die Inhaltsstoffe sind vielerorts über den Boden in das Grundwasser und über die Atmosphäre in die Umwelt gelangt und hatten die Menschen so krank gemacht, dass viele daran gestorben sind. Und die Umwelt wurde vielerorts katastrophal vergiftet!> <Das ist wirklich schrecklich!> sagte Trever.

<Hm, nun hat man auch in Ländern wie Uganda alle Kupferminen und Kobaltvorkommen restlos ausgebeutet und es sind die Kosten für die wenig verbliebenen Edelmetalle, sprich letzten Endes die Preise für Handys und Computer enorm gestiegen. Auch die Preise für alle anderen Rohstoffsektoren haben sich in den letzten fünf Jahren um ein Vielfaches erhöht.> erzählte Uta weiter.

<Und trotzdem können sich die Kunden jedes Quartal ein neues Handy leisten!> <Ich dachte, Ihr

beschäftigt Euch nur mit dem Artenschutz bei der CITES, Uta? Wieso seid ihr nun auch wegen der Edelmetalle so besorgt?> fragte Trever interessiert.

<Na, weil fossile Energieträger fast erschöpft sind, weil der Bedarf an Primärenergie aber um 75% in den letzten zehn Jahren gestiegen ist. Und die rasch wachsenden Schwellenländer etwa für zwei Viertel dieses Anstieges verantwortlich sind und China und Indien für den Rest.

Und nun versucht man, die letzten Rohstoffe und Edelmetalle zu finden. Diese vermutet man in den letzten verbliebenen Regenwäldern und Nationalparks. Von den Tieren, die schon vom Aussterben bedroht sind, ganz zu schweigen! Also hat man einen so hohen Bedarf an den letzten Regenwäldern, dass die Preise ins Unermessliche gestiegen sind, sodass das Palmölsyndikat diese zu ihrem Metier gemacht hat!> seufzte Uta. Nun hatte ein brutaler Kampf um die letzten verbliebenen Urwälder begonnen!

Vor Utas geistigem Auge tauchten Bilder auf von dunkel gewandeten Männern in den Hinterzimmern der Luxushotels dieser Welt, von raffgierigen Glücksrittern, von korrupten Bürokraten in exotischen Ländern, vom unzimperlichen Kampf der Weltmächte um die letzten Urwälder und vom unermesslichen Reichtum, den die Palmöldollars versprachen. Sie hatte in den letzten zehn Jahren so viele dieser Menschen gesehen und verfolgt, dass sie oft von ihnen träumte. Es waren jedes Mal Alpträume. Nächte, in denen sie schweißgebadet aufwachte. Und erst kürzlich kam sie dahinter, dass Bangkok die zentrale Drehscheibe dieser skrupellosen Händler und Genf Standort dieser Palmölmagnate war.

Die Rhone Stadt war früher nach London der zweitgrößte Handelsplatz für Erdöl in Europa. Doch nun hatten sich ganz wenige dieser Firmen zu Palmölspezialisten entwickelt. Sie hatten Morde auf dem Gewissen. Ohne Skrupel und ohne Reue. Doch diese liefen noch unter dem Namen erdöl-handelnder Firmen. Deshalb war ihnen bisher noch niemand auf die Spur gekommen. Schließlich gab es noch ganz wenige Erdölfelder in der Arktis, um die sie öffentlich kämpften. Doch vom Palmöl-syndikat wusste nur Uta Bescheid. Für die Bevöl-kerung wie auch für Trever waren die Ölmagnate keine Scheinfirmen, sondern erdölhandelnde Rie-sen, die legal ihren Geschäften nachgingen.

<Es ist für uns so wichtig, Maßnahmen zum dezi-mierten Gebrauch von Handys, Computer, und allen anderen Stromfressern, dazu gehören auch die PKWs, zu schaffen, damit nicht auch noch die letzten Regenwälder mit diesen wertvollen Pflan-zen und Tieren von unserem Planeten verschwin-den!> sagte Uta erhitzt und strich sich eine Sträh-ne aus der Stirn. <Ja, das ist gut! Aber ich glaube nicht, dass ihr die Menschen zum Einlenken be-wegen könnt!> kommentierte Trever.

Wenn Uta wüsste, was für einen Job er noch vor fünf Jahren hatte und dass es genau um diese Palmölproblematik und das Verbrechersyndikat gegangen war. Er dachte wieder an das Gespräch mit dem Mann in seiner Praxis. Morgen würde er wiederkommen. Könnte er Uta doch alles erzäh-len!

Er liebte sie für ihr Engagement der Umwelt zu Liebe sehr. Ihr diplomatisches Geschick, das sie sehr gut bei Verhandlungen mit den Regierungen sämtlicher Länder einsetzte, berührte ihn. Sie war sein Gegenpol, sein Pendant. Er wollte mit ihr sein ganzes Leben verbringen. Er würde sie so gerne in alles einweihen. Auch über seine frühere Arbeit.

Er hatte ihr nur von den Ängsten erzählt, die ihn plagten. Seine Ängste betrafen die Welt. Die Überpopulation und deren Folgen verfolgten Trever bis in seine tiefsten Träume. Er würde so gerne etwas ändern, sodass wieder mehr Platz auf der Welt wäre. Platz für Regenwälder, Platz für Tiere, Platz für den Menschen selbst. Aber er wollte nicht zu einem biologischen Kampfstoff greifen.

Uta sah Trever von der Seite an. Er war in Gedanken, das konnte sie sehen. Sie war heilfroh, dass sie mit ihm liiert war und dass er sich für seine Arztpraxis und gegen die Entwicklung von biochemischen Waffen entschieden hatte. Sie wusste über ihn schon seit Anfang ihrer Beziehung Bescheid. Seine frühere Organisation war Uta deshalb bekannt, weil sie Zugang zu allen Geheimdienstakten hatte. Als sie Trever kennenlernte, wollte sie alles über ihn wissen, auch seine dunkelsten Geheimnisse. Sie war es nicht gewohnt, unvorbereitet in die Arbeit zu gehen, genauso wenig wollte sie unvorbereitet in eine Beziehung schlittern. Aus diesem Grund machte sie sich schlau über Trever. Es wunderte sie sehr, dass Trever für diese Organisation früher arbeitete. Aber er hatte sich für das Leben und gegen das Virus entschieden!

Durch seine Liebe zur Umwelt und zu Tieren verband sie eine Menge. Kein anderer Mann würde verstehen, was in ihr beim Thema Umwelt und Tiere vor sich ging. Und doch stand ihr Geheimnis zwischen ihnen. Denn Uta durfte ihm nichts von ihrer Mission erzählen.

Nachdem Trever und Uta eine Zeit lang in den Deckchairs in Decken gewickelt beim Teich saßen und ihr Picknick genossen und über die Umweltproblematik gesprochen hatten, gingen sie durch den Garten und beobachteten die Tiere. Es war endlich ein halbwegs sonniger Tag, die Temperatur war auch unter Glas etwas kühl, aber sie fühlten sich trotzdem sehr wohl in der Sonne. Trotz des ruhigen Tages, den sie miteinander verbrachten, konnte Uta Trevers Unruhe nun immer mehr spüren. Alle fünf Minuten hüpfte er unruhig von seinem Deckchair hoch und holte etwas oder fütterte die Tiere. Sonst war er sehr entspannt und ein Genießer, aber heute wirkte er äußerst unruhig. Sie würde ihm gerne sagen, alles ok, Du kannst Dich gegen das Virus entscheiden. Du hast eine Wahl! Aber sie durfte es nicht!

10. Kapitel

Afrika – Mitte April 2025

Die Zentralafrikanische Republik, mitten im Herzen von Afrika war alles andere als ein klassisches Reiseziel. Die touristische Infrastruktur war in den letzten Jahren ausgebaut worden, bis vor zehn Jahren war das Land mit seinen Schönheiten vom

Massentourismus noch verschont geblieben und auch die atemberaubenden Nationalparks kannten noch nicht so viele Menschen. Genau aus diesem Grund wählte Nngo diese Gegend für sein Vorhaben aus. Zuerst hatte er sich einen Nationalpark im Süden Tansanias ausgesucht, in dem das Töten von Tieren mit Lizenz noch erlaubt war und somit Wilderer nicht sonderlich auffielen, aber andere hatten dort schon gewildert, was er aus den Nachrichten erfahren hatte. Somit war es nun ein zu gefährliches Pflaster zum Wildern geworden, außerdem war in den letzten zehn Jahren dort so viel gewildert worden, dass der Bestand der Elefanten, Löwen und Leoparden so dezimiert worden war, dass es sich bald nicht mehr lohnte, in diesen Teil von Afrika zu fahren.

In Tansania wurde außerdem viel Land durch den Anbau der Tabakindustrie verändert. Tansania war kein Einzelfall. Mit Unterstützung des IWF und der Weltbank und in Zusammenarbeit mit der Tabakindustrie wurde der Tabaksektor bis zur Mitte der 90er Jahre in einigen Ländern Afrikas massiv ausgebaut. Um den Tabaken einen exquisiteren Geschmack zu verleihen, wurden auch dort die Blätter über dem Feuer getrocknet. Wo einst Wälder wuchsen, dehnten sich nun verödete Steppen aus. Bis vor 30 Jahren standen in dem ostafrikanischen Land noch riesige Savannenwälder. Nngo wusste um die Problematik dieser Monokulturen Bescheid. Er hatte sich oft mit den Tabakbauern darüber unterhalten.

Den Menschen in Uganda war mittlerweile bewusst, dass Tabakanbau keinen Wohlstand brachte, sondern das Land arm machte. Die Tabakindustrie war für riesige Kahlschläge verantwortlich. Die Einkünfte der 10.000 Tabakfarmer im westlichen Nilgebiet sanken dagegen seit Jahren. Absurderweise wurde ihr Verdienst auch dadurch immer schmaler, dass sie inzwischen oft Feuerholz zum Trocknen der Blätter kaufen mussten, da die Wälder in ihrer Umgebung nahezu abgefackelt waren. In der Zentralafrikanischen Republik hatte sich dieser Tabakanbau nicht durchgesetzt.

In Uganda hingegen schon. Und dort, wo die Elefanten schon lange durch Wilderei ausgerottet waren, gab es nur mehr eine einsame Löwin. Neben der Landwirtschaft ging es der Bevölkerung um ihre Kühe und Ziegen, die in den ehemaligen Nationalparks grasten und immer wieder von Löwen gefressen wurden. Also vergifteten sie ganze Populationen. Als die Aasfresser wie Geier und Hyänen die toten Löwen fraßen, nahmen sie das Gift mit auf und starben, genau wie die Löwen zuvor. Die Nationalparks in Uganda wurden mit der Zeit immer mehr von der Bevölkerung eingenommen und die Tiere wurden vergiftet oder abgeschlachtet, bis fast keine Tiere außer ihren Rindern und Ziegen vorhanden waren. Die fleißige Bevölkerung fällte die Tropenbäume und errichtete an ihrer statt Plantagen. Bananen, Kaffee, Tabak, Baumwolle und Mais wuchs früher wie Unkraut. Die wertvollen Bäume verkauften sie entweder weiter oder verwendeten sie für den Eigengebrauch für ihre Häuser oder für die Erstellung von Holzartefakten.

Viele schlossen sich zu Gemeinschaften zusammen, um so auf dem Weltmarkt mitzumischen. Sie benötigten immer mehr Land für ihre Plantagen. Doch im letzten Jahr waren die Plantagen alle verdorrt. Es hatte das ganze Jahr nicht geregnet. Die Plantagen sahen entsetzlich aus. Die ganze Ernte war aufgrund der Hitze vernichtet. Nngo schüttelte den Kopf. Sonst regnete es sehr viel in Uganda. Alles war fruchtbar. Das musste der Klimawandel sein, von dem jeder sprach. Die Nationalparks sahen auch ziemlich verdorrt aus, die wenigen Tiere abgemagert.

Und das, was noch von den Nationalparks übrig blieb, wurde von den Ölgesellschaften adaptiert. Die Suche nach Öl durch tiefe Bohrungen war für viele Tiere katastrophal, da man die Erschütterungen sogar bis in die nächstliegenden Orte spüren konnte. Die wenigen Tiere, die noch verblieben waren, flüchteten in andere Länder wie den Kongo oder nach Kenia und Kamerun. Jedoch wurden sie in diesen Ländern noch weniger geachtet und die meisten verendeten elend durch Wilderei oder Vergiftung. Daneben gab es noch den irren Tourismus, wie es Umweltschützer nannten. Die Touristen fuhren mit Jeeps nicht nur auf den Straßen der Nationalparks, sondern schossen querfeldein durch die Landschaft, mähten Sträucher, Bäume und Wiesen nieder und verfolgten die noch übrig gebliebenen Big Five wie Stalker. Immer mehr Tiere wanderten weiter und weiter in andere Länder, wo es genauso schlimm für sie war.

Deshalb wählte Nngo die Zentralafrikanische Republik aus, da es hier noch wenige verbliebene Tiere gab und hier noch nicht nach Öl und anderen Rohstoffen gebohrt oder gegraben wurde und der Massen-Stalker-Tourismus noch nicht ganz so schlimm war.

Der Dzongo - Ndoki – Nationalpark war auf Grund der dort noch lebenden Waldelefanten der bekannteste Nationalpark im ganzen Land und wurde immer öfter auch von den Touristen aus aller Welt entdeckt, aber in der Regenzeit kamen fast keine Touristen. So konnten sie hier ungehindert wildern.

Diese Waldelefanten hatte Nngo im Visier für sein Vorhaben. Deshalb nahmen er und Juma einige Strapazen und Zeit auf sich, um in diesen entlegenen Winkel der Erde zu gelangen.

Der Nationalpark befand sich an der Grenze zu Kamerun und dem Kongo. Vier bis fünf Monate im Jahr regnete es früher fast jeden Tag in diesem Gebiet, daher kamen Touristen nur in der trockenen Jahreszeit von September bis März hierher. Doch auf das Wetter konnte sich Nngo nicht mehr verlassen. Im letzten Jahr gab es fast gar keinen Regen mehr. Die Landschaft wurde immer trockener und veränderte sich sehr. Wo früher noch grüne Baumbestände standen, loderten des Öfteren Buschbrände aufgrund der Trockenheit. Viele Flächen im Nationalpark waren abgebrannt. Es würde wieder viele Jahre dauern, bis die Bäume nachgewachsen waren. Falls dieses Jahr Regen kam.

Nun wäre der Beginn der Regenzeit. Diese brachte angenehme Temperaturen mit sich, welche tagsüber um die 30 Grad Celsius, nachts um die 20 Grad lagen. Doch auch das hatte sich verändert. Nun betrug die Temperatur 45 Grad Celsius am Tag und nachts hatten sie noch 30 Grad Celsius. Sie mussten neben der Hitze auch aufpassen, dass die Ranger sie nicht entdeckten. Doch die Kontrollen in diesem Park waren ziemlich entspannt, was Nngo schnell herausgefunden hatte.

Nngo war kein Mensch, dem irgendetwas wichtig war, doch selbst er musste feststellen, dass die Baumbestände durch Holzeinschlag und Brandrodung in den letzten Jahren um ein vielfaches abgenommen hatten und ihm das irgendwie seltsam vorkam. Die verdorrten Landschaften, durch die sie bisher gefahren waren, waren ziemlich kahl geworden. Wenn die Gebiete grün waren, dann nur weil hier überall Ölpalmen standen, die künstlich gegossen wurden. Er erkannte seine Heimat fast nicht mehr wieder. Besonders radikal war man im Kongo vorgegangen. Riesige LKWs fuhren jeden Tag Ladungen von Timberholz nach Uganda. Dort hatte man Timberholz schon vor Jahrzehnten gänzlich abgeholzt. Und nun gab es nur mehr ganz wenig Timberholz.

Jedes Jahr war Nngo aufgrund irgendwelcher Aufträge immer wieder im ganzen Osten bis in den Westen des Landes unterwegs, auch in der Zentralafrikanischen Republik hatte er immer wieder zu tun gehabt. Früher, als er noch eine Frau und ein zu Hause hatte, achtete er noch auf die Natur. Er pflanzte selbst Bäume und pflückte Bananen von seiner Bananenstaude und gab sie seinem kleinen Sohn zu essen. Doch man hatte ihm alles genommen. Seine Frau, seinen Sohn und seine Heimat. Er war den schlachtenden Soldaten im letzten Moment entkommen. Dann hatte er sich durch den Busch geschlagen. Monatelang war er nur gelaufen, um das Blut zu vergessen, in dem seine Frau und sein Sohn lagen, als er sie gefunden hatte. Er lief, um die Unerträglichkeit der Schmerzen zu vergessen. Er war zuvor ein tiefgläubiger Mensch gewesen, doch diesen Glauben hatte er verloren. Auch den Glauben an das Große und Ganze. Er war zu dem geworden, was er vorher immer gehasst hatte. Ein Mensch, der zerstörte, der abschlachtete, dem alles egal war. Nichts mehr hatte Bedeutung oder einen Sinn für ihn! Zum Glück hatte er seinen Auftrag! Elefantenstoßzähne für eine Menge Geld zu besorgen! Elefanten waren so rar geworden, dass er so viel Geld bekam, das er im Leben gar nicht ausgeben konnte.

Juma saß neben Nngo. Er war sehr zufrieden mit Juma. Er war ein junger Bursche, der anpacken konnte. Doch Juma hatte seine eigene Philosophie. Eigentlich wollte er niemandem etwas zu leide tun, aber mit Geld konnte man den nettesten Jungen in eine schlachtende Bestie verwandeln!

Der Rastplatz, an dem sie halt gemacht hatten, war menschenleer. Zum Glück, Nngo wollte keine Zeugen, die sie gemeinsam sahen. Dieser Park war wirklich günstig für ihr Vorhaben. Denn im Süden des Parks, welches ihr Ziel war, waren keine Touristen mehr. Zu unwirtlich, um mit einem Jeep voranzukommen. So stand es zumindest immer noch in den Reisebroschüren. Nngo hatte sich extra Karten schicken lassen, auf denen Wege eingezeichnet waren, wo man keine Probleme mit dem Fahren bei Regen hatte. Auch bei starken Regenfällen würden sie hier am ehesten mit ihrem Jeep durchkommen. Aber es regnete nicht, nicht stark und nicht schwach!

Juma checkte die Lage. Er hatte seine Haare mit seinem Rastafari Band zu einem Zopf zurückgebunden. Mehrere Tische und Bänke waren im Sand drapiert, umgeben von zwei verdorrten Akazien Bäumen. Man konnte das Rauschen des nahen Flusses leise hören und sehen. In dem für

Nilpferde viel zu flachem Wasser wälzten sich an die sechzig Flusspferde, um ihre rote Haut irgendwie abzukühlen.

Normalerweise standen hier immer Allradfahrzeuge, deren Gäste alle an dem Geländer nach Nilpferden Ausschau hielten. Doch niemand war hier. Sie waren ungestört und konnten ihr selbst erlegtes Gnu im Feuer braten. Dazu hatte Nngo Bohnen und Erbsen in Dosen gekauft. Außerdem hatten sie sich einen Vorrat an Wasserflaschen mitgenommen. Juma brauchte nicht viel. Er war ein sehniger junger Mann, der es gewohnt war, Hunger zu leiden, während er den feinen etwas molligeren Touristen vom Beach in Kenia aus zuschaute, wie sie in ihren feinen Hotelrestaurants in sich hineinschaufelten. Juma störte das nicht. Er war ein Beachboy, er war sehr zäh und nahm nur, was die Natur ihm bot. Einmal einen Fisch, dann, wenn er mit den Touristen im seichten Wasser der Ebbe herumlief und ihnen das gelernte Wort „Goldfisch" hinwarf und auf einen Meerwasserfisch deutete und sein gekonntes Grinsen aufsetzte, dann bekam er manchmal Bakschisch und er konnte sich eine richtige Mahlzeit leisten. Aber das kam eben sehr selten vor. Juma war ein intelligenter junger Mann. Er musste früh von zu Hause fort zu seinem Onkel, da seine Familie ihn sich nicht mehr leisten konnte. Er war das zehnte Kind und erst zehn Jahre alt.

Juma war inzwischen zwanzig, doch sein Auftreten erschien edel und gelassen. Sein sehniger Körper und seine braune Haut unterstrichen seine Jugend. Man konnte ihm aber durchaus etwas zutrauen, fand er selbst. Er selbst hatte sich Englisch in Wort und Schrift beigebracht. Er lernte viel von den Touristen und sogar ein paar Brocken Deutsch konnte er sich durchaus merken. Es fiel ihm nicht schwer, obwohl er nie zur Schule gegangen war.

Zu seinem Leidwesen traute Nngo ihm nur zu, dass er Tiere abschlachten könne und so viel Geld machen würde. Doch er kämpfte innerlich noch mit sich, da er sich mit zehn Jahren gegen den Islam, die Religion seiner Eltern und Verwandten und für den friedlichen Reggae-Kult entschieden hatte und niemals Gewalt oder Stress in sein Leben lassen wollte. Das erste Mal, als er Reggae im Fernsehen gesehen hatte, war, als sein Onkel mit ihm in eine öffentliche Strandbar ging. Dort spielten Rastafaris im Fernsehen ihren Reggae Beat und sahen für ihn so friedlich und lustig aus. Das war für ihn eine Religion des Friedens, Frieden mit den Menschen und der Natur. Er hatte zehn Jahre nach dieser Religion gelebt. Was also machte er hier bei Nngo? fragte sich Juma, während er sich über das Holzgeländer beugte und die Nilpferde beobachtete.

Der Mann hatte keine Religion, keinen Frieden, keine wundervolle Musik, nichts! Er war eine Kampfmaschine, sonst nichts! Er verabscheute ihn. Doch das Versprechen auf viel Geld, ließ ihn seine selbst ernannte Religion vergessen und .... er hatte Hunger! Er konnte nichts dagegen tun! Die Touristen am Strand wurden immer geiziger, wollten mit ihm nicht mal mehr sprechen, weil sie so einen Stress in ihrer Arbeit hatten, dass sie jetzt nur ihre Ruhe und Frieden brauchten. Er verstand es irgendwie, aber irgendwie auch nicht! Das Geld wurde immer knapper. Er hatte oft Tage lang gehungert und drei Tage nichts getrunken! Er wurde richtig matschig im Kopf, weil die Sonne direkt auf ihn herabschien und er weder Hut noch Sonnenbrille besaß. Die Augen schmerzten von der vielen Sonne.

Deshalb war er jetzt hier, hier mit diesem Nngo. Einer seiner Freunde hatte ihn vermittelt. Warum dieser das Geschäft selbst nicht machen wollte, wunderte Juma, doch er fragte nicht nach. <Juma, komm endlich, und hol die Wasserflaschen aus dem Jeep!>

11. Kapitel

Genf – Ende April 2025

Am nächsten Tag ging Trever mit einem seltsamen Gefühl in die Arbeit. Innerlich aufgewühlt startete er seinen X500 und schaltete die Musik ganz laut. Er war zwar keine 18 Jahre mehr, aber heute an diesem Tag brauchte er laute Musik. Sein Leben war aus den Fugen geraten. Uta würde heute nach Brasilien fliegen und er würde bald diesen Mann treffen und musste ihm seine Entscheidung mitteilen. Er hatte sich entschieden. Er würde es machen. Er würde es für die Menschheit machen. Er würde das Virus freisetzen. Als er gerade die Auffahrt zu seiner Klinik hochfuhr, sah er den Mann bereits vor dem Gebäude stehen. Er nickte ihm zu. Trever fuhr auf den Parkplatz seiner Praxis und stieg aus. <Hallo, Trever, ich bin schon früher gekommen, weil ich danach noch wegfliegen muss. Also, wie haben sie sich entschieden?> fragte der ältere Mann. Trever nickte. <Ja, ich mache es. Wann erfahre ich die Einzelheiten, Mr. Kinnley?> <Machen Sie sich keine Sorgen, Sie erfahren alles rechtzeitig.> Damit wandte sich der Mann zum Gehen. Trever blickte ihm noch eine Weile nach, dann ging er ins Vorzimmer und Anja gab ihm die Unterlagen des ersten Patienten. Trever sah sie gedankenverloren durch. Er dachte an diesen Kinnley und seine Entscheidung.

12. Kapitel

Afrika – Ende April 2025

Nbele lebte. Er konnte es kaum glauben. Er hatte sich schätzungsweise einen Monat durch den Busch geschlagen. Er war ziemlich abgemagert, aber er lebte. Er war ganz zittrig, die letzten Kräfte schienen schön langsam zu schwinden. Seine Rippen ragten unter der dünnen Haut hervor. Er wusste nicht, wo er war. Bis jetzt war er weit gewandert, ohne, dass er ein Dorf gefunden hatte. Mittlerweile aß er sogar Blätter, um den Hunger und Durst zu stillen. Er hatte seit drei Tagen nichts mehr getrunken. Die Augen taten ihm weh. Sie waren so trocken. Sein Gehirn war auch schon ganz wirr von der Hitze. Oft sah er Wasserstellen in der Ferne, doch wenn er dort ankam, waren es nur Sinnestäuschungen. Meistens ging er am frühen Morgen bis um elf Uhr Mittag durch den Busch, auf der Suche nach Nahrung, dann schlief er an sicheren Orten, entweder auf einem Baum, von wo aus er alles sehen konnte oder auf einem erhöhten Felsen in einer Felsnische. Wie oft er einem Löwen oder Leoparden entkommen war, konnte er an der Hand abzählen. Zum Glück gab es fast keine Löwen und Leoparden mehr. Die wurden alle abgeschlachtet. Aber die zwei Löwen, vor denen er geflohen war, raubten ihm die letzten Kräfte.

Eine Zeit lang verfolgte er die Reifenspur des Jeeps, mit dem Nngo sich aus dem Staub gemacht hatte. Doch der Wind wehte so heftig, sodass die Spuren schnell im Sand verliefen. Er hatte ihn verloren. Aber um ehrlich zu sein, war er froh. Er wollte diesen Menschen nicht mehr sehen. Was sollte er nun machen? Im Busch leben? Er hatte sein Volk verlassen, er war ein Eigenbrötler geworden. Er passte nicht mehr zu den Menschen! Aber er war ein Mensch. Er musste wieder einen Anschluss finden! Als er so grübelte, fiel ihm wieder alles ein. Alles, was er von den Alten gelehrt bekommen hatte. Die Natur bot ihm alles, was er für ein einfaches Leben benötigte: Nahrung, Heilpflanzen, Baumaterialien für eine Booma, Holz, um sich damit Speere zur Verteidigung gegen Löwen schnitzen zu können. Durch das Wissen der Alten konnte er sogar alleine im Busch überleben.

Dies war der Fall, als er mit vierzehn Jahren für seine „Mann-Werdung", dem sogenannten „eunuto" mit einem anderen Jungen von seinem Stamm für eine Woche alleine und ohne Vorrat an Nahrung in den Busch musste und er und der andere Junge auf sich allein gestellt waren.

Das Gesicht geschwärzt, einen Speer in der Hand und ein Tuch um den Körper gewickelt, liefen sie in die weite Ebene in Richtung Serengeti. Sie waren blitzschnell, tauchten hier hinter einen Busch, spähten dort nach etwas Essbarem. Richtig wild rannten sie so schnell wie der Blitz. Kein Tier konnte ihnen gefährlich werden. Sie waren jetzt die, die jagten, nicht die, die gejagt wurden. Mittels einigen Kräutern, die sie rauchten, erlangten sie ein Selbstbewusstsein, das die Furcht wegwischte. Sie waren unbesiegbar.

Richtig wohl war Nbele jedoch nie bei dem Gedanken gewesen, alleine auf sich gestellt zu sein, Nahrung zu suchen, sich eine sichere Unterkunft selbst zu bauen, wie er es von den Alten gelehrt bekommen hatte, gegen Löwen kämpfen, wenn es sein musste. All dies war nichts für ihn. Er hatte es immer gefühlt. Dies war nicht seine Welt.

Hakuna matata, das war das Motto eines jeden Afrikaners, - sich keine Sorgen machen, denn die Probleme lösen sich morgen von selbst.

Sein Ziel war es, sich vom Leben überraschen zu lassen. Sehen, was kommt. Er hatte nichts mehr zu verlieren. Langsam legte er sich auf die trockene Erde und schlief für immer ein.

13. Kapitel

Brasilien - Amazonas – Ende April 2025

Uta spürte ein Ziehen in der Magengrube. Als sie die Augen öffnete, sah sie, dass es bereits Morgen war. Die Sonne strahlte durch die kleinen Fenster des Airbus A 333. Uta war plötzlich hell wach. Dann wurde ihr bewusst, was geschehen war. Die Maschine war in eine Luftturbulenz geraten. Wieder rumpelte es und das Flugzeug ging ruckartig nach unten. Oh, wieder dieses Ziehen. Das Anschnallzeichen blinkte rot. „Bitte schnallen Sie sich an. Wir erreichen Manaus in einer halben Stunde. Die Außentemperatur in Manaus beträgt 38 Grad" - meldete sich der Pilot aus dem Cockpit. Uta kontrollierte ihren Gurt und sah aus dem Fenster, nachdem sie die Sonnenblende nach oben geschoben hatte. Unter ihr flimmerte das Amazonasbecken im Sonnenschein, über das sie gerade hinwegflogen. Utas Augen weiteten sich. Das konnte doch nicht wahr sein! Sie hatte davon gehört, sogar auf dem Bildschirm gesehen, dass wieder riesige Flächen illegal brandgerodet worden waren. Aber das hier! Die flächendeckende Zerstörung des Urwaldes war so weit vorangeschritten, dass sich Flächen unter ihr auftaten, die endlos schienen und die völlig abgeholzt waren. Über die Erde zogen Rauchschwaden in endlosen Wirbeln vorüber. Soweit sie vom Flugzeug aus sehen konnte, war kein einziger Baum mehr weit und breit! Sie drehte den Kopf so weit, dass sie nach hinten aus dem Fenster blicken konnte. Nichts! Nur mehr ganz am Rand in der Ferne konnte Uta noch ein paar vereinzelte Bäume ausmachen. Nichts war mehr geblieben. Ihr schossen Tränen in die Augen. Sie holte ein Tuch aus der Tasche und wischte die Tränen beiseite. Uta hatte die Zerstörung der Urwälder beziehungsweise die kahlen Flächen auf dem Polar Orbit Dichtescanner gesehen. Doch die Wirklichkeit konnte mit keiner Aufzeichnung verglichen werden. Zu brutal, zu schockierend war die Szenerie, der Abgrund, der sich vor ihr auftat.

Neben ihr saß eine junge Brasilianerin, die sie müde von der Seite betrachtete. <Warum weinen Sie?> fragte die schöne Fremde und gähnte, ohne dass sie sich die Hand vor den Mund hielt. <Ich weine, weil ich aus dem Fenster geblickt und die Zerstörung des Regenwaldes gesehen habe!> <Hm ...> kommentierte die Brasilianerin trocken. <Na und?> fragte sie Uta gelassen und sah auf ihre rot lackierten Fingernägel. <Der Regenwald ist weg! Sehen Sie!> Uta deutete aus dem Fenster. Die Frau beugte sich zu Uta, um aus dem Fenster zu sehen. <Ok, und was ist so schlimm daran?> fragte die Frau müde. Uta vermied es, die Brasilianerin über die Umweltzerstörung aufzuklären. Sie war zu müde, um sich mit dieser Frau zu streiten. Wenn sie es selbst nicht begriff, was konnte Uta sagen oder tun, um der Frau die Schönheit der Natur vor Augen zu führen? Es war umsonst. Leider waren viele Menschen wie diese Frau. Uta wendete enttäuscht den Kopf von der Brasilianerin ab und blickte wieder aus dem Fenster.

Im Amazonas wurde in den vergangenen zwei Monaten eine Fläche, die zirka so groß wie Mexiko City war, gerodet. Brennende Wälder, verkohlte Baumstümpfe, schwere Bulldozer, die das verbrannte Land für die Ölpalmplantagen vorbereiteten ... Sie musste sich vom Fenster wieder abwenden. Die Maschine war bereits im Landeanflug, deshalb konnte sie alles unter ihr so genau wahrnehmen.

Uta seufzte und wandte sich wieder ihren Akten zu, die sie für die Sitzung mit dem brasilianischen Regierungsrat mitgenommen hatte. Sie dachte an Trever. Wie mochte er sich wohl entschieden haben? Uta blätterte die Mappe mit den Unterlagen auf.

Es wurden schwere Vorwürfe gegen die Regierung erhoben, aber diese redeten sich wie alle anderen Regierungen auf die Verbrechersyndikate und die dahinschleichende Wirtschaftssituation heraus. Die Bevölkerung wuchs und die Wirtschaft schwächelte. Das gleiche Argument hatte sie schon vor zehn Jahren gehört, als sie genau zum selben Thema eine Regierungssitzung mit den Verantwortlichen hatte. Dieses Argument würden sie wieder vorbringen. Es würde wieder nichts wegen der Umwelt geschehen! Aber dieses Mal war es höchste Eisenbahn!

Doch es war aussichtslos! Das große Bevölkerungswachstum der letzten Jahre hatte in Brasilien dazu geführt, dass sehr viel Regenwald in Agrarland umgewidmet worden war. Zu viel Strom wurde für die Bevölkerung benötigt. Deshalb erlaubte Brasilien die Umwidmung von Regenwald in Agrarland. Es wurden Ölpalmen angebaut, um den Strombedarf zu decken. Und natürlich auch andere Plantagen, um die Bevölkerung zu ernähren.

Aber es gab nicht genug Arbeit und Essen für die vielen Menschen und die Aggression in der Bevölkerung wuchs mit den Jahren und den Wirtschaftskrisen, die sich seit Jahren einschlichen. Die Politiker versuchten, die Wirtschaft anzukurbeln, um damit wieder mehr Arbeitsplätze zu schaffen. Aus diesen Gründen wurde immer mehr Palmöl angebaut, das einen hohen Absatzwert auf dem Markt erzielte. Gleichzeitig benötigten sie es für den Eigenverbrauch, auch als Biosprit.

In den Industrieländern, in denen Palmöl einen sehr hohen Stellenwert erreicht hatte, da alle anderen Energiequellen beinahe erschöpft waren, war auch die Bevölkerung um ein Vielfaches gewachsen.

Uta konnte sich nichts Schlimmeres als die Regenwald-Zerstörungen vorstellen. Auch für Brasilien war diese Entwicklung ziemlich schlecht, nur das begriffen die Politiker nicht. Der Regenwald beeinflusste das Klima vor Ort, und die Humusauflage war im Regenwald sehr dünn, was mit dem schnellen Abbau des organischen Materials zu tun hatte. Deswegen waren die Böden sehr nährstoffarm. Die Nährstoffe waren aber oberirdisch gebunden. Ohne die gesteigerte Verdunstung von Wasser durch die Bäume konnte die Region nicht mehr abkühlen und es entstand auch weniger Regen. Das Klima hatte sich ohne Regenwald deutlich gewandelt. Es war jetzt wesentlich trockener und wärmer.

Die Schuld lag natürlich noch immer bei den Industriestaaten, die bis heute nichts dagegen unternahmen. Es gäbe viele Möglichkeiten diesen brutalen Naturfrevel in Brasilien einzudämmen. Wichtig wäre ein Importverbot von Edelhölzern, Verbot von Biosprit aus Palmöl, Einfuhrerschwernisse von brasilianischem Rindfleisch sowie Boykott der Fußballspiele etc. Diese würde Uta heute bei der Regierungssitzung zur Sprache bringen. Sie rechnete sich nur wenige Chancen aus, auch nur eines der Verbote durchzusetzen. Aber es mussten einige Meilensteine gesetzt werden! Oder war es etwa schon zu spät?

Der letzte verbliebene Urwald war so gering, falls man hier noch von Urwald sprechen konnte, davon konnte Uta sich beim Vorüberfliegen ein deutliches Bild machen. Es musste einfach etwas geschehen! Die letzten Tropenbäume in Brasilien mussten unbedingt geschützt werden! Es mussten wieder Bäume angepflanzt werden! War es etwa schon zu spät für ein Einlenken? fragte sich Uta wieder. Sie arbeitete nun schon so lange für die CITES beziehungsweise für den Geheimdienst, dass sie einiges an Kraft und Aufopferung verloren hatte. Dem Syndikat auf die Spur zu kommen, war schwieriger als gedacht. Sie merkte schön langsam, dass sie immer schwächer wurde und keinen Kampfgeist mehr besaß. Auch Kollegen von Uta und anderen Umweltschutzorganisationen ging es ähnlich. So viele Tierarten waren schon ausgestorben.

Es gab einfach zu viele Probleme auf der Welt, die alle miteinander verbunden waren. Wenn Wald verschwand, wurde Kohlendioxid freigesetzt – das weltweite Abholzen von Bäumen trug maßgeblich zum Klimawandel bei. Kohlendioxid, das im Holz gebunden war, war nur ein Faktor, der Zweite, dass auch in den Böden gesunder Wälder große Mengen von Kohlenstoff gespeichert waren. Wenn ehemalige Waldböden als Äcker genutzt und regelmäßig gepflügt wurden, gelangte mehr Sauerstoff in die Erde und Bodenorganismen setzten mehr Kohlendioxid frei.

Die Klimaerwärmung war so folgeschwer vorangeschritten, dass es zu immer mehr Umweltkatastrophen kam. Wenn man vom Flugzeug hinunter sah auf Brasilien, entdeckte man so viel Sand, der ganze Landschaften bedeckte, wo früher noch Städte waren.

New York war nur ein Beispiel, das durch den Anstieg der Ozeane vom Meer überspült worden waren. Die immer stärker werdenden Wirbelstürme hatten ganze Landschaften in Asien zerstört. Die Polkappen waren geschmolzen, die Eisbären ausgestorben wie auch viele andere Tiere. Und in Europa hatte die kleine Eiszeit eingesetzt. Doch das verwunderte sie, war es doch vor ein paar Jahren immer wärmer geworden. Wie kam es nur zu dieser seltsamen Eiszeit? Irgendwie passte das alles nicht zusammen! Aber wenn es nicht einmal die Meteorologen genau wussten! Uta blickte zur Brasilianerin neben ihr. Diese war noch immer mit ihren Nägeln beschäftigt.

Jedes Jahr wurden in Brasilien bis zu 13 Millionen Hektar Wald vernichtet und das schon seit vielen Jahren.

Da die hiesigen multinationalen Konzerne in dieser Naturzerstörung wie immer die Hauptakteure waren, würde es fast keine Möglichkeit geben, Druck auf Brasilien auszuüben. "Business as usual". Das war die Devise. Uta war sich bewusst, dass sie gegen das internationale Verbrechersyndikat keine Chancen haben würde. Es war ein Kampf gegen Windmühlen! Als letzten Ausweg aus dem Dilemma hatte Uta einen gefährlichen Plan entwickelt, das Umweltverbrechersyndikat zur Strecke zu bringen. Schließlich war sie Agentin, das hier war nur zur Wahrung ihrer Identität. So konnte Uta in Regierungen legal herumschnüffeln und sich ein Bild davon machen, wer in dem Verbrechersyndikat mitwirkte. In Indonesien und Sierra Leone, wo es noch wenig verbliebene Urwälder gab, war sie den Verantwortlichen und Mitwirkenden schon auf die Schliche gekommen. Sie kannte Namen und Fakten, aber hier in Brasilien musste sie die Schuldigen noch ausfindig machen. Dies war eine jahrelange Schwerstarbeit, das Vertrauen der verschiedenen Politiker und Verantwortlichen der multinationalen Konzerne zu gewinnen und zu verstehen, wie sie agierten.

Heute würde sie sich erst mit den Verantwortlichen der Regierung treffen. Vielleicht gab es doch noch eine Alternative. Sie musste alles versuchen, nur wenn alles nichts mehr half, wäre sie bereit, alles aufs Spiel zu setzen!

Uta war sich bewusst, dass sie Maßnahmen ergreifen musste. Ohne eine weltweit reichende Aktion konnte der Umwelt nicht mehr geholfen werden. Es gab einfach zu viele Egoisten auf der Welt. Die Todsünde Gula hatte die Welt fest im Griff. Durch die schnelle Vermehrung der Weltbevölkerung, mittlerweile waren zehn Milliarden Menschen auf der Welt, und durch deren hohen Lebensstandard, besonders in den Industrienationen, wurde die Ausbeutung der Erde beschleunigt. Und zwar so rasant, dass der Planet sich nicht mehr erholen konnte. Der Welt konnte nur mehr durch eine besondere Maßnahme geholfen werden! Uta wollte Gula stoppen. Gula war der Dämon der 6. Todsünde. Ein Dämon, der Menschen mit Maßlosigkeit und Selbstsucht infizierte.

Um sich abzulenken, dachte Uta an ihre Vergangenheit, die Zeit in Schweden und an Anna! Sie hatte Anna aus den Augen verloren, als sie für ihr Studium mehrere Jahre ins Ausland gegangen war. An die Zeit ihrer Kindheit dachte Uta sehr oft noch zurück. Das war eine Zeit, in der die Welt noch in Ordnung war. Sie vermisste ihre Freundin sehr. Die letzten Jahre ihres Lebens waren schnell vergangen. Die meiste Zeit verbrachte sie in Amerika, wo sie studierte und Asien und hatte auf ihren Reisen die Umweltprobleme in ihrer ganzen Pracht gesehen. Sie hatte viele Demonstrationen für den Erhalt der Umwelt in Amerika und Europa geleitet, bei denen auch Trever mitwirkte. Nun lebte sie seit mehreren Jahren wieder in Europa und wohnte seit fünf Jahren in Genf und arbeitete im Sekretariat der CITES.

Anna war wahrscheinlich in ihrem Familienunternehmen, Möbel Mikal und leitete das Möbelwerk, das damals schon 60 Mitarbeiter hatte. Vielleicht war sie auch Psychologin geworden und war verheiratet. Sie wollte sie schon viele Male anrufen. Aber etwas hielt Uta immer davon ab. Komisch, wie seltsam man als Erwachsener ist. Als Kind hätte sie nicht gezögert, ihre Freundin zu treffen. Aber es war so viel geschehen in ihrem Leben.

14. Kapitel

Wien – Ende April 2025

Johanna Bernhard setzte sich gerade in ihren kobaltblauen Polo, der auf dem Firmenparkplatz abgestellt war. Sie startete den Motor, als ihr Handy läutete. <Hallo!> rief Johanna in den Hörer. <Ja, hallo, hier ist Gustav Donner. Weißt Du, wer ich bin? Ich habe als Kind im Nebenhaus gewohnt. Du

hattest immer eine blaue Schultasche mit einem Snoopyaufkleber. Aber ich bin etwas älter als Du. Du wirst Dich wahrscheinlich nicht mehr erinnern können? Das ist nun schon sehr lange her.>

Hunderttausend Gedanken schossen Johanna durch den Kopf. Sie wohnte mit ihren Eltern in einem sechsstöckigen Wohnhaus in einer Wohnsiedlung. Es gab viele Kinder. Aber sie konnte sich nur an die in ihrem Alter erinnern.

Ihre Kindheit lag so weit zurück. Sie hatte schon lange nicht mehr daran gedacht. Mittlerweile war sie dreißig und arbeitete in einem kleinen Betrieb, wo sie für den technischen Einkauf zuständig war.

Wer konnte das wohl sein? Ein Verehrer von früher und wie hatte der ihre Nummer herausgefunden? Fragen über Fragen. Johanna wollte ihn schon abwimmeln, da sagte er etwas über thailändische Speisen beim Donauinselfest.

Ja ..., sie konnte sich noch an einen großen, schlanken Mann mit Zahnlücke erinnern, der dort diese Speisen verkauft hatte. Und der hatte bei ihr gewohnt?

Johanna war neugierig geworden. Was konnte der von ihr wollen?

<Hast Du noch Interesse an der Stelle bei „Mewi?" Bei uns ist nämlich ein Job in meiner Abteilung frei geworden.> Johanna erinnerte sich, dass sie sich bei diesem Möbelkonzern schon vor einem Jahr initiativ beworben hatte. Sie hatte aber nicht gewusst, dass er bei diesem Konzern arbeitete.

15. Kapitel

Brasilien – Amazonas – Ende April 2025

Uta war weit in das Regierungsbüro vorgedrungen. Sie war einen schmalen langen Gang entlang gelaufen, bis sie vor einem Büro stand, das ihr ihr Informant genannt hatte. Hier also waren die Akten versperrt, mit denen sie die Regierungsmitglieder, die an der Abholzung des riesigen Urwaldgebietes verantwortlich waren, überführen konnte. Uta schlich auf leisen Sohlen in das Zimmer. Sie wusste durch einen Informanten, wo die Akten versteckt waren. Der schön geschnitzte Holztisch stand mitten im Raum. In ihm befanden sich Aufträge, gefälschte Holzzertifikate, Namen der beteiligten Personen…

Das Büro war nicht versperrt. Als Uta sich gerade an der Schublade des Tisches zu schaffen machte, wurde mit festem Druck der Türgriff gedrückt und herein kam ein Mann, der Uta erschrocken ansah. Uta war auf solche Situationen vorbereitet. Sie setzte ihr süßestes Lächeln auf, blinzelte mit ihren langen Wimpern und entschuldigte sich für ihr Eindringen. <Ich habe die Toilette gesucht und bin wohl in das falsche Zimmer gegangen>. Der Beamte blickte sehr ernst, als würde er Uta nicht über den Weg trauen. <Was machen Sie hinter dem Pult?> fragte er streng.

Uta kam näher zu dem Mann und streifte ihn mit ihrer Hand. <Hören Sie, ich bin hier fremd, ich brauche dringend eine Toilette.> Der Mann blickte immer noch finster. Uta ging langsam an ihm vorbei. <Halt! Bleiben Sie hier!> rief der Mann Uta hinterher, als sie schnell den Gang hinunterlief. Uta hoffte, dass er sie nicht erkannt hatte. Sie hatte extra eine dunkle Perücke auf. Uta war zornig auf sich selbst. Sie hatte es vermasselt. Sie hatte die Chance verpasst. Nun konnte sie das Puzzle nicht vollenden. Es fehlten immer noch die passenden Teile. In Utas Gedanken überschlugen sich die Fragen: Wer war dieser Mann, der sie gerade erwischt hatte? Was hatte er mit dem Syndikat zu schaffen? Oder war er rein zufällig vorbei gekommen. Sie hatte sich extra aus der Besprechung mit allen Regierungsmitgliedern geschlichen, mit dem Vorwand zur Toilette zu gehen. Eigentlich sollte das Gebäude in dieser Zeit leer sein, stattdessen war da dieser Mann. Misstraute man ihr etwa? Hatte man sie aufgedeckt? Sie musste den Präsidenten informieren.

16. Kapitel

Afrika – April 2025 – Das große Schlachten

Nngo fuhr auf verschlungenen Wegen im Nationalpark Dzongo – Ndoki Richtung Süden. Sie hatten Glück. Bisher waren sie keinem Parkwächter oder Militär begegnet. Die Straßen, die Nngos Informant ihm gesagt hatte, waren trocken. Doch für diese Jahreszeit war es zu trocken, stellte Nngo wieder fest. Das Klima hatte sich vollkommen verändert. Auch die Bäume waren in diesem Nationalpark ziemlich rar geworden. Juma saß neben ihm. Er schien etwas angespannt zu sein. Er kämpfte sicherlich noch mit seinem Gewissen, aber das würde schon vergehen, dachte Nngo. Als sie so durch den lichten Wald fuhren, kamen sie zu einer Stelle, wo kein Baum mehr weit und breit stand. Der Fluss neben ihnen suchte sich seinen Weg durch den vor ihnen liegenden lichten Wald. Auch hier entdeckte Nngo starke Veränderungen. Der Wald war so rar geworden, die verbliebenen Sträucher so verdorrt, das Gras ebenso karg, dass es auch für sie schwierig war, in Deckung zu bleiben. Die ganze Vegetation wirkte tot.

Plötzlich sah Nngo eine riesige Elefantenherde, die am gegenüberliegenden Flussufer in einer großen Schar zusammenstand und in die Ferne blickte. Doch was sie sahen, war überall dasselbe, es gab nur mehr ausgedörrte Akazienbäume, die die eigentliche Futterquelle der Elefanten war. Wahrscheinlich hatten sich so viele von ihnen zusammengeschlossen, weil die stark dezimierten Gebiete des Nationalparks, in denen sie noch leben konnten, so zusammengeschrumpft waren, dass die verbliebenen Elefanten kein Futter mehr fanden und gemeinsam hier nach etwas Essbarem suchten. Die meisten von ihnen waren nur mehr Haut und Knochen. Viele badeten im Fluss oder tranken daraus. Einige übermannte die Schwäche und sie fielen in den Fluss und blieben liegen, bis sie verendeten.

Es mussten an die dreißig Tiere sein. So ein Glück! dachte Nngo, nachdem sie schon lange durch den Busch gefahren waren. Jetzt war die Gelegenheit günstig. <Ok, Juma, hol die Waffen!> befahl Nngo.

Juma kletterte aus dem Jeep, doch vorher sah er sich noch um, ob nicht irgendein Wildtier, ein Löwe oder Leopard in der Nähe war. Nein, nur einige

Antilopen, die Luft war rein. Er hatte sowieso mit keiner großen Raubkatze gerechnet. Es gab ja nicht mehr viele! Die Elefanten standen ungerührt auf der anderen Seite des Flusses. Der Fluss war nicht groß, ungefähr zehn Meter in der Breite und nur mehr ein armseliges Rinnsal. Die Waldelefanten standen unmittelbar am anderen Ufer.

Besser konnte die Situation für sie nicht sein. Juma öffnete eine kleine Ledertasche an der Seite des Jeeps und holte einen Schraubenzieher aus der Werkzeugtasche. Er hatte schon einmal einen Schraubenzieher gesehenen und wusste, wie man damit umging. Er steckte den Schraubenzieher in die Vertiefung der Schrauben und begann mit seinen langen Fingern zu drehen. Erst eine, dann zwei, dann drei, dann vier. Er öffnete vorsichtig und ohne ein Geräusch zu verursachen, die Abdeckung und legte den Deckel beiseite. Die Waffen waren fein säuberlich geschlichtet.

Nngo war sehr ordentlich, aber auch sehr kalt. Kaltblütig um genau zu sein! Juma war sich nicht sicher, ob er nicht doch noch die Flinte ins Korn werfen sollte. Sein Rasta-T-Shirt und die kurze Hose waren verschwitzt. Die Hitze drückte gewaltig auf sein Gemüt. Er hatte Durst. Aber das Wasser in den Plastikflaschen war alle.

Seine langen Dreadlocks hingen schwer von seinem Kopf herunter. Seine Hände waren schmutzig vom Jeep. Dann holte er die Waffen aus dem Versteck. Die Elefanten versuchten immer noch einige der wenigen grünen Grasbüschel zu finden, nachdem die Akazien alle verdorrt waren. Sie grasten so konzentriert, dass sie sie gar nicht wahrnahmen. Nngo kletterte vom Fahrersitz und schlich leise zu Juma. Er sah Juma kalt an und streckte ihm eine Waffe entgegen. <Hier, Du beginnst mit den Leibern, die links stehen. Ich werde mir die rechts vornehmen!> sagte er, ohne mit der Wimper zu zucken. <Los!> Nngo packte die Gewehre und deutete Juma, die anderen zu nehmen. Dann kletterte er wieder in den Jeep, sodass er auf gleicher Höhe mit den Elefanten war und lehnte die Waffen an die Seite des Jeeps. Juma kletterte ebenfalls an Nngo vorbei in den Jeep. Er hatte ein sehr eigenartiges Gefühl. Er spürte etwas bei Nngo, was ihn frösteln ließ. Juma hatte das Gefühl, dass Nngo Freude bereitete, was er gerade tat. Er beobachtete ihn aus den Augenwinkeln. Hastig zog Nngo ein paar Eisenteile unter dem Sitz hervor. Er bastelte sie so zusammen, dass ein Gestell entstand, worauf Nngo sein Gewehr platzierte. Juma tat es ihm gleich. Nngos Freude war wirklich sehr groß. War es Erregung, was Juma in seinem Blick und an seiner Haltung sah? fragte sich Juma, als er Nngo aus den Augenwinkeln beobachtete. Er verachtete Nngo dafür. Was tat er hier bloß? Aber in diesem Augenblick eröffnete Nngo das Feuer und rief <Los, feure auf sie!> Juma legte an, ohne nochmals nachzudenken und gab mehrere Schüsse ab. Die mageren Riesen fielen reihenweise um. Aufgeregt schrien die anderen Elefanten durcheinander. Vor allem die jungen Elefanten, torkelten unter den Müttern hervor und trompeteten wild durcheinander.

Nngo war in seinem Element. Er feuerte, lud durch und feuerte. Er war sehr schnell mit den Waffen. Wieder eröffnete er das Feuer. Die kleinen Elefanten interessierten ihn nicht. Nur die mit den Stoßzähnen. Die brachten Geld.

Als Juma das Blutbad sah, das er angerichtet hatte, hielt er inne. Nngo bemerkte es und schrie ihn an, weiterzumachen. Juma legte wieder an und machte die Augen zu, als er weitere Schüsse abgab. Er feuerte einfach drauflos.

Plötzlich nach ein paar Minuten rief Nngo hocherfreut: <Wir haben es geschafft, Juma. Sie sind tot! Los, lass uns schnell die Stoßzähne abschneiden und verschwinden!> Juma öffnete nur langsam die Augen. Was er sah, war der Tod höchstpersönlich und ein Ekelgefühl stieg in ihm hoch. Tränen sammelten sich in seinen Augen, als er das Blutbad sah. Aber er durfte vor Nngo keine Schwäche zeigen, sonst wäre auch er nur mehr eine Trophäe, wie die Elefanten.

Was jetzt folgte, war noch schlimmer, als das Töten zuvor. Juma musste sich durch die toten Leiber der Elefanten wälzen, vorbei an den Babyelefanten, die ihn anschrien und denen Tränen über ihre graue Haut liefen.

Sie berührten ihn mit ihrem Rüssel, besonders einer schlug ihm sehr aufs Gemüt. Er blickte ihm direkt ins Herz. Juma wurde schlecht. Er musste sich übergeben. Er kotzte sich die Seele aus dem Leib. Er wollte alles ungeschehen machen, doch es war zu spät. Nngo sägte bereits an einem Stoßzahn. Er ignorierte die kleinen Elefanten, obwohl diese ihn genauso anschrien und rempelten, als ob sie wüssten, wer für den Tod ihrer Mütter verantwortlich war. Elfenbeinspäne splitterten auf die blutdurchtränkten großen grauen Leiber. Die Stoßzähne waren sehr schwer und es kostete Nngo eine Menge Kraft, diese abzusägen. Er schielte zu Juma. Für einen schwarzen Mann sah er ziemlich blass aus. Er kotzte! Sein T-Shirt war von der Kotze ganz durchtränkt. Mann, der war für den Job doch nicht geeignet. Der mochte nicht den Blutgeruch, so wie er. Juma war kein Schlächter! dachte Nngo und sägte weiter. Dieser Junge hatte ein zu gutes Herz für diese Art von Job. Er hatte wieder mal den Falschen gewählt! Scheiße! <Juma, reiß Dich zusammen! Kotz Dich aus und dann hilf mir!>

17. Kapitel

Wien – Ende April 2025

Anna Mikal überprüfte ihre Haare vor dem Spiegel. Ihr gefiel das, was sie im Spiegelbild sah. Rote lange Haare. Ein rundliches hübsches Gesicht und weiche große Lippen. Nur die Haare waren etwas zerzaust. Sie war gerade mit Colli spazieren gewesen, da war ein kalter Schneesturm aufgezogen, der die Äste der Bäume stürmisch herumgewirbelt hatte. Es war sehr kalt für April. Der Sturm war ein richtiger eisiger Schneesturm. Nun war sie froh, dass sie wieder in ihrer warmen Wohnung war. Die Haare waren total zerzaust, die Heizung lief noch immer auf vollen Touren. Draußen hatte es -10 Grad Celsius. Im Rest von Europa war es auch nicht besser. Die Temperatur war nicht nur in Österreich kühler geworden als noch vor zehn Jahren und in diesem Winter waren sogar die Themse in London und die Grachten in Holland gefroren! Anna hatte über die „Kleine Eiszeit" im Internet gelesen und die Nachrichten brachten jeden Tag neue Erkenntnisse. Diese „Eiszeit" hatte es auch schon im 16. Jahrhundert gegeben. Nun war sie zurückgekehrt. Die Eisfläche in den Nordmeeren reichte bis nahe an Schottland heran. Die Gletscher in den Alpen wuchsen bedrohlich und manche Dörfer mussten von ihren Bewohnern verlassen werden, weil die Gletscher bis an deren Tore reichten. In ganz Europa kam es zu Ernteausfällen und Hungersnöten. Die Wissenschaftler machten das Verschwinden der Sonnenflecken dafür verantwortlich. Die Beweise fehlten allerdings.

Annas Wohnung lag südwestseitig im 13. Bezirk und hatte eine Terrasse und einen Gartenanteil. Sie liebte den Garten. Dort hatte sie einige Obstbäume und verschiedene Sträucher gepflanzt. Eine Weinrebe umrandete die Pergola und auf der anderen Seite hing ein wilder Wein, der sich im Herbst rot färbte. Doch seit der „kleinen Eiszeit" trugen Annas Bäume nur mehr wenige Früchte, und wenn, dann waren sie alle klein oder verrunzelt. Wissenschaftler hatten es vorausgesagt, doch vorstellen konnte es sich niemand so recht. Eiszeit, puh, eine „kleine Eiszeit" in Europa, was für ein Blödsinn! Doch nun hatte sie die Kälte fest im Griff. Jedes Jahr war es um einige Monate länger Winter. Im letzten Jahr hatten sie überhaupt nur mehr einen Monat Sommer und die Temperaturen lagen bei 15 Grad Celsius, wenn sie Glück hatten. Mit Baden in den Freibädern war nichts mehr. Der Strombedarf für die Heizung war immens gestiegen. Dabei war es vor sechs Jahren in den Herbstmonaten noch so warm, dass sie im T-Shirt draußen sein konnten. Manchmal hatte es auch in den Wintermonaten um die 20 Grad. Aber sie wurden vom Wetter getäuscht. Mit voller Härte war plötzlich eine Eiszeit auf sie hereingebrochen.

Colli ließ sich auf den Teppich fallen, der mitten in der Küche lag und seufzte. Er genoss es sichtlich mit seinem Frauchen spazieren zu gehen, trotz der Kälte. Colli war mittlerweile schon etwas älter, aber noch fit für seine zehn Jahre. Anna wollte sofort mit dem Kuchenbacken beginnen, denn heute würde Gustav zu ihr kommen. Sie freute sich schon sehr auf ihn. Eine Bekanntschaft, die im Supermarkt ihren Anfang genommen hatte. Sie dachte bereits, dass sie bis ans Lebensende alleine bleiben würde, da stand er plötzlich vor ihr. Groß, braune Haare und braune Augen. Und mit seiner Zahnlücke erinnerte er sie irgendwie an Uta, ihre Freundin aus Schweden. Er gefiel ihr gleich auf den ersten Blick.

So noch etwas Milch und Eier. Dann konnte sie das Eiklar schlagen und dem Kuchenteig untermischen. Voila! Und nun ab ins Rohr! Anna stellte die Temperatur und die Zeit am Ofen ein. Jetzt schnell noch unter die Dusche bevor Gustav kommt. <Colli, ich bin gleich wieder zurück.> Colli jaulte vor sich hin und gähnte. Anna schalt sich wegen ihrer Nervosität. Immerhin war es schon Jahre her, dass sie so verliebt war wie jetzt. Ihr Herz tat einen kleinen Sprung bei dem Gedanken an ihn.

Eine Stunde später läutete es. Anna hatte sich geschminkt und ihre langen roten Haare gewaschen. Als sie die Türe öffnete, hielt ihr Gustav einen Blumenstrauß entgegen. <Hallo Gustav, oh sind die schön!> sagte Anna erfreut. Ihre Haare hingen in Locken von ihrem Kopf herab. Die Sommersprossen leuchteten und sie grinste Gustav herzlich an. Schön langsam bekam sie wieder eine normale Atmung. <Bitte, komm doch herein!>

<Hallo Anna, ja die sind für Dich! Ich hoffe, Du magst Rosen!> grinste Gustav. <Ja, die mag ich sehr! Danke schön! Komm herein! Hier kannst Du Deinen Mantel ablegen. Oh, schneit es immer noch?> <Ja, leider! Jetzt sehe ich endlich mal Deine Wohnung. Hm, nett. Gefällt mir. Und es ist schön warm bei Dir.> Gustav schüttelte die Kälte bildlich von sich ab. Dann sah er sich um.

Die Einrichtung der Wohnung hätte aus einem African style Magazin entstammen können. Überall hingen Holzmasken, in edle Holzrahmen eingefasste Bilder im Retro Stil von Nashörnern, Elefanten und Löwen und Vorhänge und Decken im Ethno-Look. Eine Wildledersitzgarnitur in einem warmen Braunton rundete das Ensemble ab. Die Wände waren in zartem Orange gehalten. Die Möbel schienen ebenfalls einer alten afrikanischen Lodge zu entstammen. Insgesamt erweckte die Wohnung den Eindruck von Gemütlichkeit und Eleganz. Anna hatte Geschmack, das musste er ihr lassen. <Was möchtest Du hören?> fragte Anna, die vor dem alten CD Player stand und eine CD in der Hand hielt. <Ich mag Metallica.> grinste Gustav breit, <aber die hast Du wahrscheinlich nicht.> <Doch, ich hab eine CD von ihnen.> Gustav war überrascht und Anna legte die CD ein. Gustav überlegte. Unter normalen Umständen wäre so eine Frau wie Anna die Richtige für ihn, aber er wollte keine richtige Beziehung mit ihr. Er würde alles herausfinden, was er wissen musste und dann verschwinden.

Er spähte ins Schlafzimmer, wo das Licht weiche Schatten an die Wände warf. Das Wohnzimmer schimmerte im Schein der Kerzen, die Anna liebevoll platziert hatte.

<Danke, fühl Dich wie zu Hause! So, das Essen und der Kuchen sind schon fertig. Setzten wir uns doch. Die Wohnung war so aufgeteilt, dass das Wohnzimmer sowohl Platz für eine Couch als auch für den großen aus dunklem Holz gefertigten Esstisch bot.> <Hm, das sieht lecker aus!> Collie schlich leise zu ihnen. <Ah, da ist ja Collie!> Colli knurrte mit gefletschten Zähnen. Anna lachte. <Hey Colli, was ist denn mit Dir los?> fragte sie Colli und gab ihm einen Klaps auf den Hintern. <Sei lieb, ich hab später wieder für Dich Zeit.> War er etwa eifersüchtig auf Gustav? Wie er ihn angesehen hatte, mit gefletschten Zähnen! Normalerweise kam er mit jedem klar.

Dann stellte sie Colli eine Schüssel mit Futter auf den Boden. Colli war sofort wieder versöhnt und fraß gierig die Fleischstücke nicht ohne Gustav immer wieder zu mustern. Anna tischte reichlich auf, sie hatte extra einen Schweinsbraten für Gustav gekauft. <Trinkst Du Wein?> fragte Anna. <Nein!> kam die prompte Antwort. Anna hatte vorher schon einen Rotwein in eine Weinkaraffe gefüllt, damit sich der Wein entfalten konnte und damit es möglichst elegant aussah. <Was darf ich Dir denn anbieten?> <Wasser! Das ist alles, was ich trinke! Eigentlich bin ich Veganer, aber heute mache ich mal eine Ausnahme!> <Ok, das hab ich nicht gewusst!> Anna grinste. Ein Veganer, na da hab ich mir was angetan, dachte Anna innerlich. <Schön, dass Du hier bist. Auf einen schönen Abend! Prost!> <Ja, danke für die Einladung.> sagte Gustav und grinste.

Nach dem Essen küssten sie sich leidenschaftlich. Anna ließ ein Bad ein. Heute würde sie ihn nicht mehr gehen lassen. Zu sehr hatte sie sich schon auf ihn gefreut.

Langsam zog Gustav Anna aus. Dann ging er zum Lichtschalter und knipste das Licht aus. <Hast Du auch Kerzen für das Bad?> fragte er. <Ja, natürlich.> sagte Anna und holte welche. Anna entzündete Teelichter und größere Kerzen, die das Bad in einem romantischen Licht erstrahlen ließen. Es war ziemlich dunkel, denn es war schon zehn Uhr. Langsam ließen sie sich in die Wanne gleiten. Anna konnte nur Gustavs Silhouette sehen, die als Schatten an der Wand tanzte. Als sie beide in der Wanne saßen, fragte Gustav <wo bist Du eigentlich aufgewachsen?> Anna sah den Schatten an der Wand zu, dann antwortete sie ruhig <in Schweden!> Gustav bohrte nach. <Wo genau und seit wann bist Du in Wien und aus welchem Grund?> Anna schwieg. Sie wollte nicht über ihre Vergangenheit und ihre Eltern sprechen. <Warum genießen wir nicht einfach den Augenblick?> fragte Anna seufzend. <Also gut, Du möchtest nicht über Deine Vergangenheit sprechen. Dann erzähl mir etwas über Deine Eltern.> Anna schluckte. Wieso war er so erpicht darauf, etwas über ihre Kindheit und ihre Eltern zu erfahren? Es war ihr unangenehm. Sie sprach sonst nie mit jemandem über ihre Vergangenheit, ihre Eltern, ihren Bruder. Zu schmerzhaft waren die Gedanken.

<Also ich bin in Schweden aufgewachsen! Das muss fürs Erste reichen.> sagte Anna vehement. Ihr neuer Freund musste nicht alles über sie wissen. Vorerst musste er sich damit begnügen.

<Weißt Du, wir kennen uns noch nicht so lange, ich werde Dir schon noch mehr erzählen, aber nicht heute.> Anna wunderte sich noch etwas, da nahm Gustav eine Handvoll Badeschaum und warf ihn Anna wie einen Schneeball zu. Anna schoss zurück.

Nach vielen Küssen und Zärtlichkeit wanderten sie und Gustav im Dunkeln ins Schlafzimmer. Die Liebesnacht war sehr schön für Anna. Aber auch im Schlafzimmer wollte Gustav kein Licht machen, sondern bestand wieder auf wenig Kerzenlicht. Anna wunderte sich noch über Gustav und seine romantische Ader. Am nächsten Morgen als Anna erwachte, war Gustav bereits angezogen.

18. Kapitel

Genf – Ende April 2025

Genf war eine Stadt sowie der Hauptort des gleichnamigen Kantons Genf in der Schweiz. Die Stadt lag im südwestlichen Zipfel der französischen Schweiz am Ausfluss der Rhone aus dem Genfer See. Mit ihren 650.000 Einwohnern war Genf nach Zürich die zweitgrößte Stadt der Schweiz. Mit fünfzig Prozent Ausländern zählte sie zu den Städten mit einem überdurchschnittlich hohen Ausländeranteil.

Die Stadt Genf war außerdem Sitz vieler internationaler Organisationen. Dazu zählten die UNO, CERN, IKRK, WHO, IAO, IOM, ISO, ITU, WIPO, WMO, WOSM, WTO und UNHCR und die früheren Ölmagnaten, zu denen auch Dr. Max Ulmhoff gehörte. Zudem war Genf nach Zürich der zweitgrößte Finanzplatz der Schweiz.

In Genf lag das Hauptquartier ihres Geheimbundes, der Illuminati. Der zweite lag in Hamburg und der Dritte in Bangkok. Die zwanzig Männer und Frauen, die bei dem Zirkel die hochrangigsten und ältesten Mitglieder waren, trafen sich um zwanzig Uhr im obersten Stockwerk des Bürokomplexes des Ölmagnaten Max Ulmhoff. Sie kamen durch die Tiefgarage und fuhren mit dem Lift in die oberste Etage, um nicht gesehen zu werden.

Die Gruppe bestand aus internationalen Eliteleuten aus den Bereichen Wirtschaft, Banken, Medien, Wissenschaft sowie Politik. Der Vorsitzende war er selbst. Dr. Max Ulmhoff.

Er war der herrschende Großmeister der Illuminati. Sein Urururgroßvater war der berühmte Adam Weishaupt, der Begründer der Illuminati. Ingolstadt war seine Heimatstadt. Ulmhoff hatte nachgeforscht, wie seine Familie wohl von Ingolstadt nach Hamburg gekommen war. Sein Großvater befand Ingolstadt nicht so attraktiv für seine Geschäfte, so siedelte er mit seiner ganzen Familie nach Hamburg. Hier gab es mehr Möglichkeiten, um sich ein Imperium aufzubauen.

Für Ulmhoffs Urururgroßvater war vor allem die Bildung ein Mittel, um Freiheit zu erlangen, und zwar nicht nur das oftmals nur äußerliche Vermitteln von Wissen, sondern in erster Linie die Bildung des Herzens, die Sittlichkeit. Das Sittenregiment war für seinen Vorfahren Voraussetzung und Weg zu einer freien und gleichen Gesellschaft ohne Fürsten und ohne Kirche – eine libertäre Utopie, die der des Anarchismus recht nahekam. Ziel war die herrschaftsfreie Gesellschaft gewaltlos zu erreichen.

Doch Ulmhoff hatte andere Pläne, als sein Ururur-großvater. Deshalb hatte er mit einem kleinen Kreis aus Elitepersonen den NWO gegründet. NWO bedeutete New World Order, die Gründung einer neuen Weltordnung. Sein Bestreben war es, alles zu beherrschen, der mächtigste Mann der Welt zu werden. Das, was er mit seinem Vorfahren gleich hatte, war die Tatsache, dass auch er keinen Herrscher oder die Kirche benötigte.

Dafür hatte er die einflussreichsten Bankiers, die begabtesten Wissenschaftler, Wirtschaftsfamilien, als auch die mächtigsten Medienmogule zusammengebracht und durch ein Ritual vereint.

Reichtum bedeutete immer Macht. Seine Bestrebung galt vor allem der Anhäufung seines Vermögens durch den Ankauf sämtlicher Weltkonzerne, um auf diese Weise die Wirtschaft zu steuern. Globalisierung auf höchstem Niveau war eines seiner Leidenschaften. Und natürlich die damit einhergehende Macht!

Ein weiteres Ziel, das noch nicht ganz durch war, war eine weltweite Einheitswährung. Mit der Einführung des Euros hatten sie sehr viel Macht erlangt. Die Zentralbanken hatten den Eurostaaten immer mehr Geld gegeben, bis diese vollkommen verschuldet und von den Zentralbanken abhängig waren. Es gab nur mehr wenige Länder, aber diese würden sich auch noch verschulden. Er und Goldstein hatten schon alles dafür in die Wege geleitet. Und das Beste war die bargeldlose Zahlung mittels Kreditkarten oder Mobiltelefonen.

Dadurch hatten sie eine immense Kontrolle über jeden einzelnen Bürger!

Ein weiteres Kriterium für seine Weltherrschaft waren Geheimdienste, die jenseits demokratischer Kontrollen agieren konnten.

Die Kontrolle der Massenmedien half ihm unheimlich bei der Manipulation der Menschen durch Desinformation im Sinne der NWO.

Kontrolle von Rohstoffen war ein weiteres Mittel der NWO. Nahrungsmittel und Wasser würden in den kommenden Jahren zu Ende gehen, aber nun hatte er sich vorrangig um den Energiesektor gekümmert. Er hatte nach dem zukünftigen Erdöl- und Erdgasende alle Palmölkonzerne über Goldstein mittels Strohmännern weltweit aufgekauft und war gerade dabei, die restlichen Urwälder zu vernichten, um hier noch Ölpalmen zu pflanzen.

Dann gab es noch weitere Wege, wie man die Menschen kontrollieren konnte, wie den Einsatz von Computerchips im Reisepass oder auf Bank- und Mitgliedskarten.

Und natürlich die Wettermanipulationen, die schon zu einem großen Teil vollbracht waren.

Er hatte vor, die Welt durch diese Kontrollen und Manipulationen zu beherrschen. Er hatte mittlerweile so viel Macht angehäuft, indem er alle Palmölkonzerne weltweit aufgekauft hatte, die nun, da es beinahe keine Alternativenergie mehr gab, die ganze Welt mit Energie versorgten. Er war jetzt so reich, dass er sogar die reichsten Männer der Welt übertraf. Aber offiziell hielt er sich immer im Hintergrund genau wie Goldstein. Damit ihm niemand auf die Schliche kam.

Er war fast achtzig Jahre, aber noch rüstig und auf Draht. Er hatte nie geheiratet oder Kinder gezeugt. Dafür hatte er keine Zeit. Er widmete sein Leben ganz der Macht.

Das erste Treffen der sogenannten „Denkfabrik" hatte im April 1947 stattgefunden mit der Absicht, über die Zukunft des Liberalismus nach dem Zweiten Weltkrieg zu diskutieren. Sein Vater war der damalige Großmeister des geheimen Ordens. Die Teilnehmer lehnten auf dem Treffen planwirtschaftliche und staatsinterventionistische Bestrebungen ab und bezeichneten eine Wiederherstellung von politischer Freiheit und freier Marktwirtschaft als unverzichtbare Voraussetzung einer nachhaltigen Zukunftssicherung nach dem Zweiten Weltkrieg.

Auf der ganzen Welt gab es plötzlich viele dieser Denkfabriken. In den Vereinigten Staaten dienten diese Think Tanks der Ausbildung eines Pools von Experten, die später durch den Drehtür-Effekt als Regierungsbeamte Teil der Verwaltung wurden. Sein Vater hatte diese Denkfabriken auf der ganzen Welt eingerichtet. Er war sehr mächtig und angesehen und so entwickelte er mit den Mitgliedern seines Großvaters viele Logen, die im Geheimen agierten.

Der Begriff „think tank" war während des Zweiten Weltkriegs entstanden. Die Umschreibung galt einem abhörsicheren Ort – tank - wo zivile und militärische Experten an militärischen Strategien arbeiteten - think. Erst in den 1960er und 1970er Jahren wurden damit praxisorientierte Forschungsinstitutionen auch außerhalb der Sicherheitspolitik bezeichnet.

Diese Denkfabriken wurden überwiegend öffentlich finanziert. Daneben gab es auch einige privat Finanzierte, die von Parteien, Vereinen, Unternehmen, Verbänden, privaten Stiftungen oder Einzelpersonen unterstützt wurden.

Max Ulmhoff war Vorsitzender einer der größten internationalen Denkfabriken, der Max Ulmhoff Stiftung.

Ulmhoff kam als Letzter. Seine schwerbewaffneten Bodyguards, die er nur heute bei dieser Sitzung mithatte, stellten sich hinter ihn und musterten die kleine Gesellschaft, die um einen edlen Holztisch versammelt war. Max Ulmhoff setzte sich an das Tischende. Er übernahm den Vorsitz, streckte seine langen Füße aus und begrüßte die Teilnehmer mit seiner angenehmen tiefen, aber beherrschenden Stimme. <Ich freue mich, dass Sie alle gekommen sind. Einige von Ihnen sind ja weit angereist, wie ich selbst auch. Ich hoffe, wir kommen heute zu einer Einigung.> Damit schloss er und setzte sich wieder.

Eine thailändische Schönheit sagte auf die Mauer blickend. <Das ist ja toll, lauter Pflanzen, wann haben sie denn diesen Einfall gehabt?> Ulmhoff grinste und freute sich, dass seine Überraschung gelungen war.

Die zwanzig Auserwählten blickten auf die Wand, an der lauter echte Pflanzen hingen. Ulmhoff war stolz auf diese neue Errungenschaft. Die Mauer umfasste vierzig Pflanzen pro Quadratmeter. Über die Hausleitung wurden die Pflanzen mittels Schläuche gegossen. Eine geniale Erfindung.

<Die Luftqualität wird auf diese Weise gesteigert und der Schall eingedämmt und man wird nicht so leicht müde.> sagte Ulmhoff. <Also haben Sie heute keine Ausrede, dass Sie müde sind oder unkonzentriert!> Er grinste die Anwesenden süffisant an. Dann wandte er sich wieder der Wand zu. Natürlich musste die Beleuchtung stimmen. Insgesamt vermittelte der Raum sehr viel Harmonie. Und Harmonie benötigte er heute dringend für diesen letzten Coup.

Ulmhoff war egal, ob in der Welt noch ein Baum stand oder ob alles zubetoniert war, Hauptsache war, dass er sich in seinen eigenen Bereichen wohl fühlte. Er hatte keine Zeit, seine Freizeit im Freien zu verbringen. Außer wenn er mal tauchen ging in seiner Wahlheimat Südafrika. Er war ein Geschäftsmann, der seine Zeit meistens in Verhandlungsräumen zubrachte. Die heutige Zusammenkunft diente nur einem Zweck. Die letzten Urwälder in seine Hände zu bringen und auf den kahlen Flächen Palmöl zu pflanzen. Es war nicht der Reichtum, der damit einherging. Nein, es war die Macht!

Nach außen hin schien das Gebäude wie alle anderen modernen Bauten unauffällig. Doch im Inneren spielten sich Szenen ab, von denen der Normalbürger nicht das Geringste ahnte.

Ulmhoff war stolz darauf, dass sein Vorfahre ein berühmter Großmeister war. Er hatte das teuflische Blut von ihm geerbt. Er lebte das Leben, wie es Jahrzehnt für Jahrzehnt von den Illuminati übermittelt wurde. Das ganze geheime Wissen, das Vermögen. Alles wurde an ihn weitervererbt. Die Illuminati wurden für zerschlagen erklärt. Doch niemand wusste, wie mächtig sie im 21. Jahrhundert waren. Wie viel Einfluss und Macht sie hatten. Er war der jetzige Großmeister. Er war der mächtigste Mann auf der Welt. Er war der Reichste. Und er war mächtiger als der Präsident der Vereinigten Staaten oder irgendein Staatsoberhaupt auf der ganzen Welt. Um diese Macht ging es nun. Diese Macht zu behalten und noch zu vertiefen.

Er war fortan der König auf dem Schachbrett! Ein Gott auf Erden! Ohne ihn würde nichts mehr funktionieren, zehn Milliarden Menschen waren auf ihn angewiesen. Die Menschen hatten zu lange auf Erdöl und Erdgas, das Schmiermittel der vorangegangenen Weltwirtschaft, im früheren Leben als „schwarzes Gold" bekannt, geschworen. Sie hatten eine regelrechte Schlacht wegen des wenigen Öls ausgefochten. Russen gegen Araber. Araber gegen Chinesen und die USA. Währenddessen hatte er weitsichtig mit dem illegalen Abholzen der Regenwälder begonnen und hatte stattdessen Ölpalmen gepflanzt. Doch da es nur mehr so wenige Urwälder gab und die Regierungen nun auf das billige Palmöl gestoßen waren, wollten sie alle am Kuchen mitnaschen. Zum Glück hatte sein Orden auf der ganzen Welt Mitglieder in Regierungen, in der Politik, Wirtschaft und im Bankenwesen. Alles lief wie am Schnürchen. Doch er durfte sich nicht auf seinen Lorbeeren ausruhen, solange nicht die letzten Regenwälder verschwunden waren. In Brasilien hatten sie gute Arbeit geleistet und ein riesiges Gebiet abgeholzt. Doch in Sierra Leone mussten die Urwälder noch geschlagen werden. Er hatte den Auftrag dazu schon erteilt. Alles war eingefädelt.

Bei dieser Besprechung nun ging es um den letzten Regenwald auf Sumatra. Dies war die letzte wirtschaftliche Sitzung der Illuminati. Dann würde er die Macht besitzen und bräuchte sich nicht mehr mit diesen Leuten zu treffen. Die Treffen waren ihm immer mühsam. Aber er benötigte diese Leute. Also musste er eine gute Miene zum bösen Spiel machen. Neben ihm saß Goldstein. Er war der Einzige, auf den er sich jedes Mal freute.

Ramirez, ein brasilianischer Abgeordneter meldete sich als erster zu Wort. <Wir haben Grund zur Sorge!> sagte er in gutem Englisch. Eine Mitarbeiterin der CITES ist bei der CITES-Konferenz in Manaus von einem meiner Mitarbeiter dabei entdeckt worden, wie sie im Büro des Generalsekretärs nach Unterlagen in seinem Schreibtisch gesucht hat. Dort haben wir die Unterlagen über die Arbeit des Ordens untergebracht. Keine Ahnung, woher sie davon wusste. Sie ist uns leider entwischt. Der Mitarbeiter konnte sie nicht aufhalten, aber er hat sie wiedererkannt, obwohl sie eine Perücke getragen hatte. Sie müssen etwas dagegen unternehmen, sonst fliegen wir auf!> <Wie heißt die Dame?> fragte Ulmhoff ernst. <Uta Fedderson!> sagte der Mann bestürzt. Ulmhoff ließ sich den Namen auf der Zunge zergehen. Uta Fedderson, diesen Namen hatte er schon einmal gehört. Uta Fedderson.... Ja, jetzt wusste er wieder, wer die Dame war. Das war doch die Yale-Studentin, die Schwedin, die die Demonstration gegen seine Palmölplantagen ins Leben gerufen hatte. Er hatte sie zu den Bonesmen geholt, doch nach kurzer Zeit hatte sie sich von ihnen abgekoppelt. Er wollte ihr damals drohen, doch der Präsident hatte sie zu sich geholt. Was immer er von ihr wollte, Ulmhoff konnte ihr dann nicht mehr drohen. Er musste sie gehen lassen. Doch er hatte schon lange nichts mehr von ihr gehört! <Wo arbeitet die Dame?> fragte Ulmhoff den Mann. <Bei der CITES in Genf!> <Hm, seltsam! Gut, ich werde mich darum kümmern! Hat sie irgendwelche Beweise mitgenommen?> fragte Ulmhoff mit seiner tiefen Stimme. <Nein, konnte sie nicht.> sagte der Brasilianer. <Gut, ich werde die Dame beschatten lassen, aber ohne Beweise kann sie nichts gegen uns unternehmen.>

Dann meldete sich Michel de Certeau, ein hochrangiger Politiker aus Sierra Leone zu Wort. <Wie Sie wissen, sind die Kontrollen verschärft worden. Nicht nur im Land, sondern auch am Hafen und beim Zoll. Was ist, wenn uns jemand mit dem vielen Holz erwischt, wenn wir die Bäume außer Land schaffen?> <Certeau, Sie sind ein intelligenter Mann! Lassen Sie sich etwas einfallen! Wir haben überall Mittelsmänner, Sie machen das schon!> beschwichtigte Ulmhoff den Mann. Er hasste diese unfähigen Typen! Solche Männer versetzten ihn in Rage. Eine innerliche Unruhe schlich sich ein. Sein Magen verkrampfte sich. Er hasste diese Anspannungen immer wieder. Obwohl er wusste, dass er nichts zu befürchten hatte. Schließlich war er bald der mächtigste Mann der Welt! <Warten Sie, Certeau, ich habe da vielleicht jemanden für Sie! Er besorgt gerade Elfenbein für mich. Wenn er es schafft, soll er die LKWs mit den Holzlieferungen außer Land bringen!> <O.k. danke Sir!> sagte Certeau demütig.

Ulmhoff war wieder in Gedanken versunken. Falls doch etwas schief laufen würde? Nein, versuchte er sich selbst zu beschwichtigen. Die Palmölkonzerne in den betroffenen Ländern gehörten ihm, aber sie liefen unter ihren früheren Namen. Er hatte ihnen viel Geld dafür geboten. Das hatte bis jetzt immer gut funktioniert. Somit wäre er aus dem Schneider. Keiner würde je auf ihn kommen. Und wenn man die Kartelle bestrafte, dann drohten ihnen nur Geldstrafen. Er würde sie wieder auslösen, wie er es auch schon bei dem Palmölkonzern PT Saluga Alam in Indonesien gemacht hatte. Es war alles nur eine Frage des Geldes.

<O.k., der Plan funktioniert wie immer. Sie, Certeau werden dafür sorgen, dass wir ungehindert die Hölzer außer Land schaffen können. Renault, Sie kümmern sich um das Land und die Bepflanzung und Du, Samuel, kümmerst Dich bitte um die Bankabwicklungen! Danke! Noch Fragen?>

<Ja, Herr Ulmhoff!> sagte wieder die kleine Thailänderin, die den fremdländischen Namen Luan Na Ajutthaja trug. <Ich habe eine Adresse für Sie. Der Name ist Nana Entertainment Plaza, Bangkok. Dort finden Sie die Kinder.> schloss sie mit einem hämischen Grinsen. Wie billig diese Thais doch waren. Die verkauften sogar ihre eigenen Kinder. Ihm war das immer zu wider. Aber wenn man so etwas mochte, dachte Ulmhoff und lächelte die Thailänderin an. <So, nun zu dem letzten Regenwald auf Sumatra. Die Eingeborenen müssen zuerst bestochen werden. Wenn alles nichts nutzt, dann vernichten Sie sie, Kalimantan! Die Lieferung erfolgt wieder auf dem Schiffweg über Bangkok dieses Mal. Sie haben ja Luan Na Ajutthaja gehört. Die billigen Kinder bekommen Sie am Nana Entertainment Plaza. Sonst alles klar?> fragte Ulmhoff

Kalimantan. Herman Kalimantan war ein Regierungsmitglied der indonesischen Regierung, der schon mehrere Lieferungen auf allen Inseln organisiert hatte und der ein Profi auf diesem Gebiet war. Beim letzten Deal vor einem Jahr fehlten allerdings einige Tropenbäume und Ulmhoff musste einen Mittelsmann schicken, der die Bäume zählte. Doch dieser wurde von einem Einheimischen verwundet. Diese kleinen dreckigen Wilden! Er mochte sie nicht! Wie konnte man nur im Wald leben, ohne Luxus und ohne Geld! Was für einfache Menschen! Die gehörten sowieso in die Städte und zivilisiert! Bestechlich waren leider nur die wenigsten. Er hatte schon viele von ihnen töten lassen. Sie standen im Weg. Sie wollten die Wälder mit allen Mitteln verteidigen! Doch mit ihrem billigen Pfeil- und Bogen-Werkzeug, was sollten sie schon gegen seine Männer ausrichten? Er ließ ihnen ja eine freie Wahl. Kein vernünftiger Mensch würde sein Geld ablehnen! Diese dummen Waldmenschen!

<Nun, wenn es keine weiteren Fragen gibt, dann schließen wir die Sitzung. Ich muss heute noch meinen Flieger erreichen.> <Wir sollten noch den Preis besprechen!> sagte Kalimantan in gutem Englisch. Seine dichten dunklen Haare und die dunklen Augen zeugten von einer schönen Mutter. Die hatte ihm sicherlich diese Gene vererbt, dachte Ulmhoff. Er hätte diese Frau gerne kennengelernt. Er war schließlich kein Kostverächter. <Sie bekommen denselben Betrag wie immer!> sagte Ulmhoff ruhig. Kalimantan setzte sich aufrecht hin, reckte den Kopf und sprach mit lauter Stimme. <Aber das ist zu wenig. Dieses Mal geht es um den letzten Wald in ganz Indonesien! Die Bäume

sind viel mehr wert! Ich muss schließlich sämtliche Beamte bestechen, damit wir mit dem illegalen Handel und mit der Bebauung der Palmölplantagen durchkommen! Das wird viel mehr Geld kosten als sonst! Das verstehen Sie sicher!> sagte Kalimantan verärgert. <Sie bekommen genug Geld, Kalimantan! Und den nationalen Wiederaufforstungs-Fonds bekommen Sie auch noch. Also genug Geld für Sie und Ihre Angestellten! Erledigen Sie Ihre Arbeit, den Rest besprechen wir danach, alles klar?> fragte Ulmhoff brüskiert. Er war es nicht gewohnt, dass ihm jemand dagegen redete oder Forderungen stellte. Dies war seine Spielwiese. Nur er gab den Ton an.

Ulmhoff stand mit Schwung auf. Seine Bodyguards waren sofort zur Stelle und machten ihm den Weg frei. Ulmhoff machte eine leichte Verbeugung in Richtung seines alten Freundes und ging dann schnellen Schrittes zum Aufzug. Die Mitglieder des alten Ordens schauten ihm noch eine Weile nach, dann machten auch sie sich auf den Weg.

19. Kapitel

Genf – Ende April 2025

Uta erwachte nach einer feuchtfröhlichen Nacht in Trevers Armen. Sie war gestern von Brasilien zurückgekehrt und zur Feier des Tages hatten sie zum Abendessen eine Flasche des neuen Beaujolais gekauft und dazu ein amerikanisches Hühnchen in Weißweinsauce bei ihm zu Hause verzehrt. Nach dem wunderbaren Essen gaben sie sich bei zwei weiteren Flaschen Wein einem langen und intensiven Liebesspiel hin, bis sie schließlich ausgelaugt ineinander einschliefen. Sie hatte nichts erreicht in Brasilien. Vielleicht war ihre Tarnung aufgeflogen!

Erschöpft und wütend war sie von Brasilien zurückgekehrt. Sie hatte sich bei Trever ausgeweint, obwohl sie wusste, dass sie ihm nicht alles sagen konnte. Sie wusste noch nicht, wie er sich wegen dem Virus entschieden hatte. Er wirkte irgendwie erleichtert. Wie auch immer er seine Wahl getroffen hatte, sie liebte ihn, auch wenn er das Virus freisetzen würde.

Uta setzte sich auf das Bett. Nachdenklich zog sie ihre Seidenunterwäsche an. Sie war nun schon so lange bei der CIA. Der amerikanische Auslandsnachrichtendienst CIA existierte seit 1947. Der zivile Geheimdienst unterstand keiner Behörde. Auf der ganzen Welt sammelten CIA-Agenten Informationen über Regierungen, Vereinigungen und Personen im Interesse der US-Regierung. Im Hauptquartier in Langley, Virginia wurden sie dann ausgewertet. Berichtet wurde direkt dem US-Präsidenten. Die Zahl der CIA-Mitarbeiter betrug zirka 30.000. Uta konnte der CIA keine neuen Informationen liefern. Sie hatte versagt. Nach Brasilien konnte sie nun nicht mehr reisen. Das war zu gefährlich. Wer war der Kopf, der hinter allem steckte? Nun war sie dem Syndikat schon so lange auf der Spur. Es musste noch eine höhere Macht dahinter stecken! Irgendjemand, der alle Fäden in der Hand hielt, der Mitarbeiter auf der ganzen Welt in seinem Netz hatte. Die Palmölkonzerne wurden von jemandem finanziert, aber von wem? Und wie passte der Möbelkonzern „Mewi" in das Puzzle?

20. Kapitel

Wien – Ende April 2025

Gustav schlüpfte noch tropfnass aus der Dusche, nachdem er die Nacht bei Anna verbracht hatte, als sein Blick in den Spiegel und auf die hässliche Narbe neben seiner rechten Brustwarze fiel. Er konnte sich noch genau erinnern, wann sie ihm zugefügt worden war. Es war genau ein Jahr her. Er überprüfte damals die geschlagenen Merbau Bäume, die die Holzfäller auf Sumatra abgeholzt hatten. Die letzte Lieferung aus Sumatra war unkorrekt, deshalb hatte er einen Befehl von ganz oben erhalten, vor Ort die Hölzer selbst zu zählen. Plötzlich trat aus dem angrenzenden Wald eine Gestalt hervor. Ein kleiner Indonesier. Er hatte einen Penisköcher um und in seiner rechten Hand hielt er Pfeil und Bogen. Was wollte der hier? Seltsam. Gustav konnte ihn nicht zuordnen. Er hatte sicher nichts mit den Holzfällern am Hut, aber was wollte er dann? Schnurstracks kam er aus dem Wald auf ihn zu. Es musste ein Eingeborener von den Stämmen sein, die im Wald lebten. Er kam immer näher. Kurz bevor er Gustav erreichte, blieb er stehen und schulterte seinen Pfeil und Bogen. Gustav hatte einen kleinkalibrigen Revolver in seiner Hosentasche. Den hatte er immer für den Fall der Fälle bei sich. Blitzschnell zog Gustav seinen Revolver aus der Hosentasche und hielt ihn auf den Einheimischen gerichtet. Doch der kleine

Mann rannte auf Gustav zu und verdrehte den Kolben so, dass er auf Gustav zielte. In diesem Moment löste sich ein Schuss. Gustav war getroffen.

Er schüttelte sich. Er wollte nicht mehr daran denken. Seine Gedanken schweiften wieder zurück zu Anna und der letzten Nacht. Es war sehr schön gewesen. Normalerweise gab er sich nur mit Frauen ab, für die er bezahlen musste. Doch Anna wollte er kennenlernen. Er wusste über ihre Vergangenheit Bescheid. Ihre Eltern, das Möbelgeschäft, Schweden. Er wollte alles herausfinden. Hören, was sie wusste? Deshalb hatte er sie eine Weile beobachtet. Hatte herausgefunden, wo sie einkaufen ging, wo sie wohnte. Dann war er ihr im Supermarkt rein zufällig über den Weg gelaufen. Hatte sie umgarnt. Sie war auf seine charmante Art hereingefallen. Sie war ein leichtes Opfer.

21. Kapitel

Afrika – Zentralafrikanische Republik
Ende April 2025

Schweigend fuhren sie durch den Busch. Es war bereits dunkel. Sie hatten viel Zeit damit verbracht, die Stoßzähne abzusägen und auf den Jeep zu hieven. Dann legten sie eine Plane darüber, damit niemand das Elfenbein sehen konnte. Nngo grinste vor sich hin. Er war wie paralysiert. Juma fühlte sich wie ein Mörder. Er wollte so schnell wie möglich das Geld nehmen und abhauen. Weit weg! Nngo war wirklich glücklich. Plötzlich sagte er zu

Juma <Du bist der Richtige. Ich habe nicht geglaubt, dass Du es bist, aber der nächste Auftrag
wird uns noch mehr Geld einbringen. Es geht um
eine noch größere Sache, die sehr viel mehr Geld
bringen wird.> Nngo blickte Juma mit Stolz von der
Seite her an. <No!> sagte Juma. Ich mache keinen
Job mehr. Hakuna matata!>

22. Kapitel

Wien - Ende April 2025

Die Sonne schien noch durch die großen Fenster,
als Johanna am nächsten Tag mit Gustav Donner
und einigen anderen Leuten in einem großräumi-
gen Besprechungszimmer im obersten Stockwerk
saß. Kurz darauf stürmte ein Mann herein, grauer
Anzug, weißes Hemd, zwischen vierzig und fünfzig
und etwas dicklich. Er hatte graumeliertes Haar,
rote Backen und einen Vollbart. Er erinnerte Johanna irgendwie an ein Wiesel. Durch seinen kräf-
tigen Händedruck und seine lockere Art schien er
ihr auf den ersten Blick sympathisch. <Hallo! Sie
sind also Johanna Bernhard! Ich bin Dr. Feldbach,
der Generaldirektor. Sie wollen sich also bei uns
bewerben. Ich habe viel Gutes von Ihnen gehört.>,
sagte der Mann mit nasaler Aussprache. Die
Stimme erinnerte Johanna sehr an Johannes Hebenstreit, einen hohen Politiker, den sie von früher
her kannte. <Ja, das möchte ich!> sagte Johanna
lächelnd.

Dr. Feldbach wirkte nicht wie der Generaldirektor
eines riesigen Konzerns, sondern zu kumpelmäßig

für Johannas Geschmack, eher wie ein unwichtiger Abteilungsleiter. Oft verhielten sich aber Politiker auch so und der erste Eindruck von Freundlichkeit konnte täuschen. Als Chef eines Riesenkonzerns würde er nicht allzu freundlich sein, wenn es um seine und die Interessen des Unternehmens ging, folgerte Johanna.

Dann wurde sie noch weiteren Damen und Herren der Konzernleitung vorgestellt. Zacharias Leoben und Helmut Schmidt waren die Chief Operating Officers, Martina Berent war Chief Financial und IT Officer und zu guter Letzt kam noch Franz Blanche, der der General Counsel war. <Dann gibt es noch die erweiterte Geschäftsleitung, zu der das Ehepaar Zigotti gehört, aber die sind zurzeit auf Urlaub in Thailand!> berichtete Dr. Feldbach. <Die lernen Sie erst später kennen, denn die haben noch vier Wochen Urlaub.> <Oh, wie schön, so lange?> lächelte Johanna. <Ja, da kann man neidisch werden! Ich fahre auch bald nach Venezuela, aber nur für eine Woche.> sagte Feldbach. Aber nun genug von Urlauben. Zu ihrer Info. Die Konzernleitung von MEWI ist die oberste Führungsebene und das Entscheidungsorgan des Unternehmens. Sie wird vom Verwaltungsrat gewählt und ist für das unternehmerische Tagesgeschäft verantwortlich.> Dann verabschiedete er sich schnell von Johanna, wünschte ihr viel Glück und verschwand durch die lederne Türe.

23. Kapitel

Afrika – Zentralafrikanische Republik
Ende April 2025

Nngo war gerade von den Geldgebern zurückgekehrt und traf Juma an einem geheimen Platz, wo er ihn zuvor abgesetzt hatte. Juma war in einem Baobab versteckt und lugte hinter Zweigen und Ästen hervor. Es war bereits hell. Die Nacht hatten sie im Jeep im Wald verbracht. Früh am Morgen war Nngo zu den Geldgebern aufgebrochen. Juma hatte keine Ahnung, wo er diese Männer traf oder wer diese waren. Er hatte sich in der Zwischenzeit in einem Baobab versteckt und Nngo hatte Äste und Zweige zu seinem Schutz vor das Loch im Baobab gestellt. Diese Bäume waren ideale Verstecke. Der Baum war so groß, dass fünf erwachsene Männer darin Platz gehabt hätten. Nngo hüpfte aus seinem Jeep und wedelte mit den Geldscheinen. Juma blickte sich um, dann kam er aus seinem Versteck hervor, indem er die Äste und Zweige wegschob.

<Du bekommst jetzt nur einen kleinen Teil des Geldes, das vereinbart war. Du bekommst den Rest des Geldes erst nach Erledigung des nächsten Jobs. Und Du musst keine Tiere mehr töten. Versprochen! Die nächste Mission ist einfach!> sagte Nngo streng.

Juma ärgerte sich sehr. <I want the money now! Ich möchte aber jetzt mein Geld! Ich mache keinen Job mehr!> Juma blickte Nngo böse an. Er hatte seinen muskulösen Körper durchgestreckt und wirkte in diesem Moment wie eine Gummipuppe. Jumas tiefe Stimme passte überhaupt nicht zu seinem Körper und seinem ganzen Auftreten, fand Nngo. Die Stimme würde eher zu einem älteren Mann passen. Sie wirkte aber auch sehr sanft, irgendwie sexy und maskulin. Juma war sehr reif für sein Alter, das musste Nngo ihm lassen. Er durfte ihn nicht unterschätzen.

Juma presste einen Pfiff durch seine breiten Lippen. Dann war sein Zorn verflogen. <Ok, I make it, but, nur wenn ich mein Geld dann bekomme! Keinen nächsten Job! Nie mehr!> sagte Juma ganz ruhig. <Ok!> Nngo willigte ein. Er wusste, er konnte Juma bis zu einem gewissen Grad hinhalten, aber Juma hatte einen zu starken Willen. Nngo hatte sich vorher über ihn schlaugemacht. Er stellte nicht einfach so Leute ein. Das mit Nbele war ein Fehler, den er beseitigt hatte, aber mit Juma hatte er einen guten Griff getan. Er wusste durch Erkundigungen, dass er als Zehnjähriger schon seinen Willen durchgesetzt hatte und dem Islam den Rücken gekehrt und ein Rastafari geworden war. So einen starken Willen hatten nur wenige Zehnjährige, auch wenige Erwachsene!

Wenige Stunden später saß Juma neben Nngo im Jeep. Sie passierten eine lange gerade Straße, die quer durch Afrika zu führen schien. Juma wusste nicht, wo sie waren. Er fragte Nngo des Öfteren, aber dieser wollte es ihm nicht verraten auch nicht, wohin sie fahren würden. Juma trat auf der Stelle. Er wollte eigentlich nicht mehr mit Nngo zusammenarbeiten, aber Nngo hatte ihm das Geld für ihren letzten Job mit den Stoßzähnen nicht gegeben, sondern behielt es und wollte es ihm gemeinsam mit dem Geld für den nächsten Job geben, und weil Juma es aber dringend brauchte, um nicht zu verhungern, willigte er ein, bei dem nächsten Job noch mitzumachen. Er würde das Geld dann sparen, so wie die Europäer, von denen er schon eine Menge am Beach kennengelernt hatte. Diese Touristen hatten ihm gesagt, er solle das Geld auf die Bank bringen und dort ein Sparbuch anlegen. Das würde er dann machen und niemals mehr Hunger leiden! Der nächste Auftrag wäre leichter, hatte Nngo gesagt. Aber er hatte ihm keine Details genannt. Juma ärgerte sich, aber nur kurz. Das Leben war zu kurz und zu schön, um sich Sorgen zu machen. Hakuna Matata!

Nngo saß aufrecht am Fahrersitz. Die Straße war ewig lang. Die Landschaft hier war genauso kahl wie in der Zentralafrikanischen Republik, Kamerun, Niger und Benin, Togo und Ghana. Die meisten Riesenbäume und auch der restliche Regenwald waren überall abgebrannt worden. Kahle Flächen links und rechts der Straße schienen weh zu klagen. Doch meistens ragten schon Ölpalmen in den Himmel. Es sah sehr unwirklich aus, wenn man die Gegend von früher her kannte.

Obwohl Nngo, seitdem er seine Frau und seinen Sohn verloren hatte, nichts mehr empfinden konnte, weder für Menschen noch für die Natur, saß ihm doch ein Kloß im Hals. Er räusperte sich kurz. So, egal.

Sie würden Sierra Leone in zwei Stunden erreichen. Nngo hatte alle Fäden in der Hand. Dies gab ihm ein Gefühl der Macht. Nur er wusste, was der nächste Auftrag war. Seine Auftraggeber waren Europäer. Gut, dass er etwas Englisch verstand.

Seine Auftraggeber hatten von ihm verlangt, Elfenbein zu besorgen. Diesen Auftrag hatte er ohne Schwierigkeiten ausgeführt, obwohl mittlerweile das Töten von Elefanten und Nashörnern mit einer lebenslangen Strafe bezahlt wurde, wenn sie einen erwischten. Die Auftraggeber waren überaus zufrieden mit ihm und wollten ihm eine Menge Geld geben, wenn er sich um den Abtransport von illegal gerodeten Bäumen kümmerte und diese zum Hafen brachte. Anschließend sollte er auf dem Frachtschiff mit nach Frankreich fahren. Er und Juma würden die Arbeit nicht alleine schaffen, er musste also noch Männer anheuern, die ihnen für wenig Geld halfen und LKWs für den Transport beschaffen.

Der Geldbetrag, den er ausgehandelt hatte, war mehr als genug für ihn und ein bisschen was würden die anderen davon abbekommen. Er wäre ein reicher Mann nach diesem Job. Juma sagte er nichts über ihren nächsten Auftrag. Es war besser, dass er nicht zu viel wusste.

24. Kapitel

Genf - Ende April 2025

Normalerweise kam Trever spätestens um dreizehn Uhr aus seiner Praxis, nur Donnerstag hatten sie den ganzen Tag geöffnet, um den Menschen die Möglichkeit zu geben, auch nach ihrer Arbeit seine Praxis besuchen zu können. Doch heute war Mittwoch. Es war bereits dreizehn Uhr und Trever verließ die Praxis pünktlich. Er startete seinen

X500 und fuhr ziemlich schnell, denn er wollte so bald wie möglich zu Hause sein. Jeder Tag, an dem die Sonne schien, war so kostbar wie Gold. Die Sonne schien heute seit einer Woche das erste Mal wieder und Trever freute sich auf seinen Garten und die Tiere. Als er die lange Allee zu seinem Anwesen entlang fuhr, tropften die letzten Schneeballen von den Bäumen. Endlich, jetzt würde es etwas wärmer werden, wenn sie Glück hatten. Zum Glück war es unter Dach in seinem Garten immer angenehm warm. Vor dem Haus stellte er seinen BMW in die Einfahrt, da sah er den rotkarierten Postkasten, aus dem ein dicker Umschlag herauszufallen drohte. Trever ging mit federnden Schritten auf den Postkasten zu. Womöglich war es ein Brief der Organisation? Er hatte heute noch nicht an den Auftrag gedacht. Er hatte das Ganze verdrängt. Wie schön das Leben mit seiner großen Liebe Uta und seinem tollen Anwesen war, konnte er keinem sagen. Er wollte dieses Virus nicht freisetzen. Er wollte einfach nur ein normales Leben führen. Aber wenn er nicht darauf eingestiegen wäre, hätte er sicher Probleme bekommen. Der Arm des Präsidenten der Vereinigten Staaten konnte sehr weitreichend sein, auch wenn Trever in Genf wohnte, hatte er doch Angst, dass der Einfluss des Präsidenten sich schrecklich auf sein Leben auswirken könnte. Er wollte sein Leben fortführen, wie es war. Es war einmalig. Er würde das Virus so schnell wie möglich freisetzen und dann zu seinem normalen Leben zurückkehren. Doch dann wäre er ein Mörder.

25. Kapitel

Wien - Ende April 2025

Anna und Gustav hatten sich beide den Freitag frei genommen, weil der Donnerstag ein Feiertag war und diese vier Tage wollten sie mit Radfahren und Ausflügen verbringen. Am Freitagabend kam Gustav zu Anna. Sie hatte noch nie seine Wohnung gesehen, mittlerweile kannten sie sich immerhin schon ein paar Wochen. <Hallo Gustav!> begrüßte ihn Anna und dann küssten sie sich stürmisch. Colli stand hinter Anna und fletschte wieder die Zähne. <Was ist nur mit Dir, Colli? Das ist doch nur Gustav! Der tut Dir doch nichts!> sagte Anna zu Colli und drückte ihn zur Seite. Gustav war der Hund nicht geheuer. Colli bellte, als Gustav an Anna vorbeiging. <Anna kannst Du den Hund nicht wegsperren! Der ist ja bösartig!> <Nein, der ist sonst zu jedem nett!> meinte Anna bedrückt. <Normalerweise lässt er sich von jedem streicheln und kuschelt sich zu den Leuten. Ich weiß auch nicht, was er hat!> schloss Anna. <Der ist wahrscheinlich eifersüchtig!> <Ja, das wird es wohl sein!> sagte Anna mit einem schiefen Lächeln. Es war schon verwunderlich, dass Colli ausgerechnet bei Gustav anschlug. Er hatte das noch nie bei irgendjemandem in seinem ganzen Leben gemacht. Wahrscheinlich war er wirklich nur eifersüchtig. <Colli, komm, geh Du mal in das Schlafzimmer während wir essen.> Anna packte Colli am Halsband und nahm seine Futterschüssel. Sie ging mit ihm ins Schlafzimmer und streichelte seinen Kopf. <Colli, ich muss Dich leider hier lassen. Ich

weiß nicht, warum Du Gustav nicht magst. Aber ich mag ihn. Und Du musst mit ihm klarkommen!> Dann schloss sie die Schlafzimmertüre und ging zu Gustav. So jetzt können wir essen. Anna konnte ihr Hühnchen in Weißweinsauce nicht so recht genießen. Sie musste immer an Colli denken. Sie hatte ihn noch nie weggesperrt. Er war in ihrem Leben immer und überall dabei gewesen. Außer wenn sie weite Reisen unternahm, dann war er früher bei ihren Eltern oder sonst bei Freunden. Es stimmte sie traurig, dass er Gustav nicht mochte. Und Gustavs vegane Einstellung. Man konnte auch alles übertreiben. Heute hatte er wieder eine Ausnahme gemacht mit dem Hühnchen in Weißweinsauce. Wie nett von ihm. Er lud sie weder zu sich ein, noch kochte er. Er sagte ihr auch nicht, was Veganer so essen? Also wenn sie zusammenbleiben wollten, dann musste sich Gustav schon umstellen. Sie konnte sich nicht vorstellen, dass sie auf Fleisch, Fisch, Hühnchen und Eier für immer verzichten könnte. Dazu aß sie zu gerne! Konnte die Beziehung zu ihm nicht einfacher sein?

Sie liebten sich wieder bei Kerzenschein. Anna hatte Gustav immer nur im Dunkeln nackt gesehen, besser gesagt, seine Silhouette. Es kam ihr sehr seltsam vor, dass er sich nicht nackt zeigen wollte, aber es störte sie nicht so sehr, wie die Tatsache, dass sie Colli wieder ins Wohnzimmer sperren musste.

Gustav hatte ihr von seinem Motorradunfall erzählt, der schon Jahre zurücklag und den Tabletten, die er immer noch nehmen musste. Einige Organe waren durch den Sturz vom Motorrad verletzt worden. Und Narben zierten seinen Körper.

Aber er konnte gut damit umgehen. Anna wusste nun, warum er sich nicht nackt zeigen wollte. Trotz der ganzen Widersprüche die Anna empfand, spürte sie doch eine innige Verbindung zu Gustav, dem es ähnlich zu gehen schien.

26. Kapitel

Genf - Ende April 2025

Uta schmiegte sich in Trevers starke Arme. Das Gefühl bei ihm zu sein, tröstete sie über die Erfahrung in Brasilien hinweg. Sie war es nicht gewohnt, zu versagen. Die Abholzung der wenigen Regenwälder, die Vernichtung der Tiere. Alles war so schrecklich und sie hatte nichts erreicht! Tiere, die noch nicht einmal entdeckt worden waren, wurden einfach so vernichtet! <Woran denkst Du?> fragte Trever. Uta streckte ihre langen Beine aus. <Ach, nur wieder an die Umwelt. Es macht mich so traurig und ich fühle mich so machtlos!> Uta seufzte. Trever starrte auf den Boden.

Der Brief, den er erhalten hatte, enthielt alle Details der Aktion. Die Organisation hatte alles gut vorbereitet. Er musste in zwei Tagen zu Lochley & Lochley fahren und das Virus abholen. Dann würde er nach Sierra Leone aufbrechen und den Auftrag ausführen. Es hörte sich alles so einfach an, aber es war alles andere als einfach. Ihm durfte kein Fehler unterlaufen. Das Virus war todbringend. Es bedurfte höchster Konzentration und Feingefühl. Er musste das Virus in einem Gehäuse transportieren, das so dicht und unauffällig war, dass der Zoll keinen Verdacht schöpfte. Es musste alles gut vorbereitet werden. Doch er wusste, was zu tun war. Außerdem hatte er Unterstützung von Lochley & Lochley. Sie würden alles bereitstellen für den Transport.

27. Kapitel

Wien - Ende April 2025

Eine Woche später stand Johanna an ihrem ersten Arbeitstag sehr früh auf.

Nachdem sie ordentlich gefrühstückt hatte, eilte Johanna zu ihrem Polo und fuhr ins Industriegebiet Inzersdorf. Es war 06.45 Uhr und noch stockdunkel. Die Luft war von der Kälte und Nässe der vergangenen Tage geschwängert. Ihr Auto hatte sie am Straßenrand vor dem Haus geparkt. Schneeflocken wirbelten ihr in die Augen, sodass sie sie zusammenkneifen musste. Sie sog die kühle Luft in ihre Lungen. Es hatte in der Nacht wieder geschneit. Wenn es so weiterging und zu tauen begann, würden wieder viele Keller überschwemmt werden. Ein Blick zum Himmel zeigte dunkle Wolken, die ziemlich düster am Firmament hingen. Hoffentlich gab es nicht noch ein Hochwasser. Schön langsam hatte sie genug von diesem miesen Wetter! dachte Johanna verdrießt.

Die Kanäle waren durch die Wassermassen bis an den Rand gefüllt und konnten bald kein Wasser mehr aufnehmen. Es hatte kurz zu tauen begonnen und dadurch war der Pegel der Donau ziemlich gestiegen. Das war nun die Klimaveränderung!

Die Kleine Eiszeit! Unheimlich! fand Johanna. So viele Unwetter, so wenig Sonnenstunden, so viel Schnee und es war irrsinnig kühl für das Frühjahr. Sie hatte immer noch ihre Winterjacke und Winterstiefel an. Johanna seufzte. Am meisten liebte sie den Sommer und die Wärme. Es war viel zu kühl für diese Jahreszeit! Aber so war es schon das ganze Jahr. Wahrscheinlich würde es heuer auch wieder nur einen Monat Sommer mit Höchsttemperaturen von 15 bis 17 Grad Celsius geben! Wenn überhaupt! Am liebsten würde sie auswandern!

Als sie im Auto saß, drehte sie die Heizung ordentlich auf. Während der Autofahrt dachte sie an die Zeit, als sie noch bei der alten Firma gearbeitet hatte. Es war eine kleine Firma mit nur wenigen Angestellten, es war ein familiäres Verhältnis. Der Chef wollte sie nicht gehen lassen und hatte ihr sogar um ein paar Hundert Euro mehr geboten, dass sie bei ihnen blieb. Sie hatte einen Job, der ihr gefiel. Sie war mit ein paar anderen Kollegen für den technischen Einkauf verantwortlich. Man achtete sie, weil sie fleißig war und ihre Arbeit schnell und gewissenhaft erledigte. Traurig dachte Johanna darüber nach, dass der Chef ihrer früheren Firma ihr prophezeit hatte, dass sie nur irgendeine unbefriedigende Arbeit bekommen und wie ein Hamster in einem Rad treten würde, und dass sie nicht nach ihren Fähigkeiten gefördert werden würde. Na mal sehen! Sie würde vorerst als normale Sekretärin arbeiten und später einmal Assistentin werden!

Johanna erreichte um 07.30 die Tiefgarage der Firma. Sie hatte eine Stechkarte mit ihrem Arbeitsvertrag per Post erhalten. Die Umgebung des

Konzerns war eher bescheiden. Es gab einen Park auf der gegenüberliegenden Straßenseite, der sich von den eintönigen grauen Straßen, Gehsteigen und Häusern deutlich abhob. Ein paar Meter weiter weg gab es eine Bäckerei. Die Firma war in einem modernen, zeitgenössischen Stil erbaut. Große Fensterfronten spiegelten die vorbeifahrenden Autos in der durch die dichten Wolken scheinenden Morgensonne wieder. Am oberen Rand des Hauses war ein riesiges Schild mit dem Firmenlogo MEWI aufgedruckt, das schon von weitem sichtbar war. Schräg gegenüber an das Bürogebäude angeschlossen, stand der riesige Verkaufskoloss. Man konnte von ihrem Büro in die kolossalen Verkaufsflächen des Konzerns sehen, in dem sich schon sehr früh Mitarbeiter tummelten. Der MEWI-Möbelkomplex umfasste sechs Stockwerke, die in unterschiedliche Bereiche gegliedert waren. Johanna musste wieder an die alte Firma denken. Wie lieblich das Haus ausgesehen hatte, in dem die Büros untergebracht waren, noch dazu lag das Haus im Grünen.

Myriaden von Tauben flogen weg, als Johanna den Gehsteig entlang ging. Schnellen Schrittes marschierte sie an einigen Büros vorbei ohne hineinzusehen. Sie konzentrierte sich auf den Gehweg, denn dieser war mit Spucke, Erbrochenem oder Taubenkot gepflastert. In den Büros, die auf der Straßenseite lagen, war schon Licht.

Sie stempelte ein und ging den Gang entlang zu ihrem Büro. Die anderen Büros, die der Schnellstraße zugewandt waren, lagen alle noch im Dunkeln. Die Ruhe, die in ihrem Stockwerk herrschte, glich der Atmosphäre eines Krankenhauses. Über-

174

all geschlossene Türen versehen mit Glaselementen, sodass jeder der vorbei ging, die Mitarbeiter in den Büros sehen konnte. Die Verkaufsräume waren auf der gegenüberliegenden schöneren Seite des Gebäudes gelegen.

Gustav war schon ganz früh im Büro. Er deutete ihr ein „Hallo" und wandte sich wieder seinem Computer zu. Johanna verstaute ihre Tasche im Schrank und ging zum Kaffeeautomaten, den man ihr schon gezeigt hatte. Hier war es vielleicht still! Wie in einem Krankenhaus! Wenigstens der Kaffeeautomat brummte vor sich hin. Johanna ließ sich eine Thermoskanne voll heißen Wassers ein. Wenigstens machten diese Geräte einige Geräusche.

Am Vormittag wurde von Gustav eine Besprechung einberufen. Alle versammelten sich im Besprechungszimmer. Die Kollegen grinsten Johanna an. Sie waren sehr jung. Sechs Jungen und vier Mädchen bildeten Johannas neues Team.

An der Wand des kahlen Raumes hing ein Gemälde, das Gustav gleich mal als „Der Schlachthof" vorstellte. <Ich hasse dieses Bild, das könnten wir wirklich ersetzen!> sagte er als Erstes und sah seine Sekretärin, Irene, augenzwinkernd an. Für Johanna war es einfach ein schönes Bild mit positiven Farben, das ziemlich herausstach vom ansonsten sehr kahlen Besprechungszimmer.

Gustav begann das Gespräch, indem er Johanna und das Team vorstellte. <Irene wird Deine Adjutorin sein. Das heißt, sie schult Dich ein und hilft Dir bei allem.> Hm, Adjutorin, das hört sich ja geschwollen an! musste Johanna innerlich grinsen. <Und damit Johanna nicht so alleine sitzen muss,

soll sie gleich mal eine Einschulung von Euch Mädels bekommen. Am besten sie sitzt sich hin und wieder zu einem von Euch!> folgerte Gustav. Hm, immer hin und her siedeln, das konnte ja lustig werden! dachte Johanna bei sich. Nach der Besprechung sagte Irene noch zu ihr. <Komm einfach morgen mal zu mir, dann erkläre ich Dir alles. Nimm am besten gleich eine Torte mit, da kannst Du Dich bei uns einschmeicheln.> Äh! Torten backen! Sie hasste das Backen und hatte eine Laktose Intoleranz. Johanna grinste nur und dachte sich ihren Teil. Gustav wollte Johanna dann noch alleine sprechen. Sie klopfte an seine Türe. <Ja bitte, ah hallo Johanna, bitte setz Dich! Ich wollte Dir noch sagen, dass Du vorerst alle alten Aktenordner einscannen und abspeichern musst. Wir müssen das alte System endlich auf EDV umstellen. Die Ordner werden dann vernichtet. Es ist schon höchste Zeit, die alten Akten zu erfassen, damit wir endlich eine Übersicht im System haben. Das wird vorerst Dein Aufgabengebiet sein! Das ist alles, danke!> Johanna schluckte. <Hm, aber ich dachte, dass ich normale Sekretariatsaufgaben übernehmen soll. Alte Aktenordner einscannen und abspeichern? Ist das nicht etwas für einen Lehrling oder Ferialpraktikanten?> <Nein, das ist vorerst Deine Aufgabe, es sind nicht mehr so viele Ordner. Nur fürs Erste wird das Deine Aufgabe sein! Hol Dir von Irene die Liste, und lass Dir alles zeigen!> Johanna stand auf und verzog den Mund beim Hinausgehen. Das ist ja seltsam. Ich habe eine tolle Ausbildung und nun soll ich hier einscannen und abspeichern, noch dazu alte Aktenordner? Das kann es ja nicht sein! Wäre ich bloß bei der alten Firma geblieben!

Verärgert ging sie zurück ins Büro, da grinste sie ein junges Mädchen frech an und streckte ihr die Hand entgegen. <Helga Traugott, ich bin einer von den Lehrlingen und zurzeit in der Bilanzbuchhaltung! Aber ich sitze im Nebenbüro bei Ulrike Niederreiter!> <Freut mich! Johanna Bernhard!>, sagte Johanna und reichte dem Lehrling die Hand. Diese plapperte sofort los. <Ich weiß, Du kennst ja noch niemanden hier, aber ich muss Dir unbedingt von meiner Abteilung erzählen, die wirst Du ja bald kennenlernen, wenn sie Dich im Haus herumführen. Also, Martina Berent, die Chefin der Bilanzbuchhaltung hat mich heute in ihr Büro geholt. Sie meinte, dass ich mich um die Rechnungen kümmern soll. Sie trauen mir schon sehr viel zu, weil ich nicht dumm bin. Die lassen mich sehr viel machen. Ich sehe mir auch alles genau an! Es interessiert mich sehr! Manche der Rechnungen sind mir seltsam vorgekommen, aber was soll's! Ich bin hier nur Lehrling, aber nach der Lehre werde ich etwas Interessanteres machen. Etwas, das viel Kohle bringt. Wirst schon sehen!> plapperte Helga vor sich hin. Johanna musste schmunzeln. Was für ein Teenager! War sie in diesem Alter auch so aufgeregt und gesprächig? Und so selbstbewusst! Das war sie in diesem Alter sicher nicht! wunderte sich Johanna. Auch Anna Mikal, ihre Freundin, war genauso wenig selbstbewusst in diesem Alter. Sie gingen zusammen ins Gymnasium. Nein, die Generation heutzutage traute sich eindeutig mehr zu.

Als es 17.00 Uhr war, packte Johanna ihre Sachen und eilte den Gang entlang Richtung Ausgang. Das Gebäude hätte man auch schöner gestalten können, dachte sie im Vorbeigehen. Nun ja, morgen besorge ich mir ein paar Bilder und Blumen, damit mein Büro etwas schöner und lebendiger wird. Dass ihre Zimmerkollegin Ilse, die 57 Jahre alt und für den gesamten Abverkauf alter Möbel verantwortlich war und die Johanna heute kennengelernt hatte, keine Pflanzen oder Bilder im Zimmer hatte, wunderte sie. Ilse war sehr nett, fast wie eine Großmutter und hatte dicke brünette Haare und braune Augen. Wie sie schnell von Helga erfuhr, waren viele der anderen Kollegen wegen Burnout schon auf Kur gewesen. Einige hatten sogar Depressionen und mussten Tabletten schlucken. Burnout war so eine Modekrankheit. Johanna konnte sich das gar nicht vorstellen. Aber es betraf schon sehr viele Menschen und oft hing es mit der Arbeit zusammen.

Johanna betrat mit anderen Kollegen die Parkgarage. Sie stieg in ihren kobaltblauen Polo und lenkte das Auto aus der Garage auf die Hauptstraße. Wie normal zu der Stoßzeit in Wien waren die Straßen überfüllt. Man musste mindestens eine halbe Stunde dazurechnen, um pünktlich anzukommen. Als sie endlich die Autobahn erreichte, klebte ihr bereits ein Fahrzeug so am Auspuff, dass Johanna wütend wurde. Sie gab den Blinker raus für die rechte Spur und rief dem Lenker im Vorbeifahren zu, dass er sie gefälligst in Ruhe lassen und alleine gegen den nächsten Baum fahren soll! Die Scheiben ihres Fahrzeuges waren zum Glück nach oben gekurbelt! Nach einer anstrengenden halben Stunde Fahrt, in der sie immer über das Abspeichern und Einscannen der alten Aktenordner nachdachte, erreichte sie endlich ihren Bezirk. Sie fuhr an der Bäckerei vorbei, die schon geschlossen hatte und dachte an die Köstlichkeiten, die Stefan und sie immer am Samstag für das

Wochenende kauften. Ihre Stimmung besserte sich ein wenig.

Das mehrstöckige Haus, in dem sie wohnte, war schon in Dunkelheit gehüllt. Oben angekommen klopfte sie noch etwas deprimiert an Stefans Türe. Die Türe öffnete sich und ein Schwarzer mit krausem Haar lugte durch den Türspalt. <Sind Sie die neue Mieterin von nebenan?> fragte Stefan in seiner lässigen Art, seine Augen leuchteten und die breite Nase wurde noch breiter.

Stefan Kaufmann war ihr Nachbar und Geliebter und er war genau dasselbe Baujahr wie Johanna. Seine Mutter stammte aus Sierra Leone und sein Vater war Wiener. Sie lernten sich beim Studium in Wien kennen. Stefan wurde in Wien geboren. Seine Familie besuchte aber immer wieder die Verwandten in Sierra Leone, sodass Stefan auch seine afrikanischen Vorfahren kannte, die weitverbreitet waren. Die gesamte Familie zählte an die 270 Personen, was in Afrika nicht unüblich war.

Stefan war sechs Zentimeter größer als Johanna, also 1,70m und hatte kurze, gekräuselte Haare und große braune Augen. Seine Haut war samtig weich und schokobraun. Auffällig bei ihm waren seine strahlend weißen Zähne, seine vollen Lippen und seine schönen gepflegten Hände. Er war Kontaktlinsenträger und sah mit seinen Linsen wie ein Adler. Stefan war sehr zielstrebig. Er ließ sich nicht leicht von seinen Vorhaben abbringen. Sein Optimismus und seine positive Ausstrahlung machten ihn sehr sympathisch. Nebenbei aß er furchtbar gerne und es interessierte ihn auch, wie man neue Speisen zubereitete. Als er noch nicht mit Johanna liiert war, zog es ihn des Öfteren in die Welt hinaus, wo er auch lernte, fremde Speisen zuzubereiten. In Thailand meldete er sich sogar zu einem Kochkurs an. Für Johanna kochte er immer wieder mal Leckereien wie Curry und Pattay mit Plick nam Pla.

<Na, meine Süße, wie war es heute in der Arbeit? Der erste Tag? Komm erst mal rein und gib mir einen Kuss!> Stefan zog Johanna zu sich und hielt sie ganz fest. Dann gingen sie beide in seine Küche. Die Wohnung war geschmackvoll eingerichtet. Stefan hatte überall Parkettböden und elegante Fliesen im Vorraum. An der Wand hingen Bilder von seinen Urlauben in Afrika, Nepal und Vietnam und Masken in jeder Größe. Er war genauso weit gereist wie Johanna, nur eben in Afrika und einmal machte er eine Weltreise, wo er Länder wie Nepal, Australien und Thailand besuchte, während Johanna mehr die Gegend um Südasien und Amerika bereiste.

<Ja, ganz gut. Ich habe eine Adjutorin zugeteilt bekommen, eine seltsame Beschreibung!> <Eine Adjutorin, was macht die denn?> wunderte sich Stefan. <Naja, die soll mich einschulen und mir bei allen Fragen helfen. Und dann muss ich auch noch hin und her wandern. An manchen Tagen soll ich bei Irene, der Adjutorin und den anderen Kolleginnen sitzen.> <Und wie sind die Kollegen so?> <Ja, ich glaub, ganz o.k. Sie sind sehr jung, da komme ich mir etwas alt vor!> <Du siehst sehr jung aus, mein Schatz! Da fällst Du gar nicht auf!> <Danke, Schatz, das ist lieb!> Johanna küsste Stefan und er drückte sie ganz eng an sich. <Das Seltsamste hab ich Dir noch gar nicht erzählt! Ich muss das erste halbe Jahr nun alte Aktenordner einscannen

und abspeichern! Stell Dir das vor! Das hat Gustav am Telefon und beim Bewerbungsgespräch nicht erwähnt. Das ist eine furchtbare Arbeit, außerdem ganz unter meiner Würde. Ist so was nicht die Aufgabe von einem Lehrling oder Studenten? Für einen Ganztagesjob ist das ziemlich grenzwertig!> <Das ist ja seltsam! Und das hat der Gustav heute erst gesagt, dass Du das machen musst?> wollte Stefan wissen. <Ja, heute erst!> Aber jetzt muss ich da durch. Zu der anderen Firma kann ich auch nicht mehr zurück, weil das zu peinlich wäre! Ich muss halt das Beste daraus machen!> Johanna schüttelte den Kopf. <Jetzt geh erst mal baden und dann kommst Du zu mir und ich koche inzwischen etwas Gutes!> grinste Stefan. Er war so optimistisch und gut gelaunt, dass Johanna wieder bessere Laune bekam.

Zwei Stunden später verwöhnte Stefan Johanna wieder sehr beim Abendessen.

<Denk wieder an was Schönes, mein Schatz! Kannst Du Dich noch erinnern, wie wir uns kennengelernt haben? fragte Stefan und grinste, dass seine weißen Zähne im Kerzenlicht leuchteten. <Ja, mein Schatz, natürlich, ich hab noch bei Ernest gearbeitet und Du bist zu mir ins Büro gekommen. Als Du das erste Mal im Büro warst, dachte ich, Du bist von der Fliesenfirma Dani. Dann war die Firmenfeier und wir haben uns wiedergesehen und verliebt. Dann hast Du Dir die Wohnung gegenüber von mir gekauft und hier sitzen wir nun!> <Und das ist schon ein Monat her und wir sind immer noch ein Liebespaar.> Stefan hielt Johanna sein Weinglas entgegen und sie stießen auf ihr erstes Monat an.

<Was hältst Du davon, wenn wir morgen einkaufen gehen? Wir kaufen etwas Schönes für Dich! Dann geht es Dir wieder besser!> <Tolle Idee. Ja, ich freu mich!> Treffen wir uns gleich im Einkaufszentrum?> <Passt, dann bin ich so um 17.00 Uhr vor dem Eingang.> <Super!>

28. Kapitel

Bangkok - Ende April 2025

Das Paar machte sich bereit für den Abend. Sie kleidete sich sehr sexy und schminkte sich auffällig. Nachdem sie ihre High Heels angezogen hatte, bürstete sie ihre roten langen Haare noch einmal durch und parfümierte sich ein. <Hey Süße, bist Du bereit für Deinen großen Auftritt?> fragte der Mann an seine schöne Frau gewandt. <Ja Sweetie, der Tanz kann beginnen!> Aufreizend ging sie vor ihm die Stiegen ihres Appartements hinunter, wackelte etwas mit der Hüfte, sodass gewisse Körperteile durch das enganliegende seidige Minikleid gut sichtbar wurden. Dem Mann lief der Speichel im Mund zusammen. Am liebsten würde er sie hier und jetzt nehmen, dachte er bei sich. Als die Frau weiter so aufreizend dahinspazierte, hielt er ihr die Hand auf den Hintern. <Hey, Süßer!> sagte die Frau mit erotischer Stimme. Dann hielt er sie fest am Handgelenk und drehte sie zu sich. Er küsste sie stürmisch. Mit einer schnellen Handbewegung packte er den Ausschnitt des Kleides, riss es auseinander und küsste ihre Brüste, die heraushingen. Mit ihrer muskulösen Hand packte sie ihn bei den Eiern. Schnell riss er erregt das Kleid entzwei und dreht sie von sich weg. Er zerrte sie hinter einen Strauch. Dann öffnete er seine Hose, schob ihr Kleid schnell beiseite und drang von hinten in sie ein. Heftig und immer wieder stieß er vor und zurück, bis sie beide stöhnend und verschwitzt auf dem Boden lagen. <Hey, jetzt kann ich mich nochmal umziehen!> sagte die Frau derb mit ihrem Wiener Dialekt und keuchte.

Nachdem sie sich beide wieder neu gestylt hatten, spazierten sie eine Weile, bis sie zu einer schmuddeligen Bar kamen, wo schon eine Menge Leute auf der Terrasse mit Gläsern in der Hand standen. Unter dem Publikum waren einige junge Thais, die billig geschminkt und zu nuttig gekleidet waren. Das waren sie. Das waren genau die Kinder, die sie wollten. Die sie für ihren Deal brauchten. Nicht älter als 14 Jahre. Nur so gelang die Kooperation mit wichtigen Persönlichkeiten. Oder besser gesagt mit zwielichtigen Gestalten der vornehmen Welt, die sie für ihr Unterfangen benötigten, um ins Geschäft zu kommen. Der Deal war, ein oder mehrere junge Thais gefügig zu machen und den zwielichtigen Pädophilen zu übergeben, damit die ihre abartigen Triebe ausleben konnten und ihnen im Gegenzug wichtige Geschäfte zukommen lassen würden. Diese Leute waren mächtig und nur mit ihrer Hilfe konnten sie diese Gegengeschäfte, die fernab vom Legalen waren, einfädeln.

Das Ehepaar näherte sich einer augenscheinlich 12-Jährigen Thai. Sie war ein bildhübsches Mädchen, braune, samtene Haut, Zähne so weiß und eben wie Elfenbein. Nur das Make-up war ziemlich dick aufgetragen. Das Rouge und der Lippenstift leuchteten extrem von dem ansonsten so kindlichen, unschuldigen Gesicht.

Sie lächelte das Ehepaar mit einem unschuldigen Grinsen an, dass einem das Herz, hätte, das Ehepaar eines gehabt, geschmolzen wäre. Doch das Ehepaar roch nur ihre kindliche, unschuldige Ausdünstung und wusste, dass es das richtige Mädchen für ihr Vorhaben war. Nun brauchten sie noch einen oder zwei Jungen. Hier in der Bar war die Auswahl sehr groß. Die Frau deutete ihrem Mann mit dem Kinn und richtete ihre Augen auf einen schlanken, großen Thai im Alter von schätzungsweise dreizehn Jahren. Daneben stand ein Mädchen, nein, es war eine sogenannte Transe im Alter von zirka vierzehn Jahren. Umso besser dachte der Mann. >Hallo>, sagte er in Englisch zu den drei jungen Leuten. <Wollt Ihr ein bisschen Geld verdienen?> Sofort kamen die drei Kinder näher und umkreisten das Ehepaar wie Motten das Licht. <Yes, yeah, schrien sie alle durcheinander. Wie leicht diese Leute doch zu begeistern waren, dachte sich der Mann und versprach den Kindern viel Geld, wenn sie mit ihnen mitgehen würden. Das Mädchen zögerte noch etwas schüchtern und steckte ihr Kinn an die Brust, doch dann grinste sie breit und nickte mit dem Kopf.

Zwei Stunden später

Das Mädchen hatte Angst. Der Wagen mit den Kindern rollte langsam auf den Parkplatz. Der Mann beugte sich zu ihnen nach hinten. <Ihr wer-

det hier aussteigen!> befahl er mit unangenehmer Stimme. Die Kinder sahen sich mit weit aufgerissenen Augen an. Eine Frauenhand mit langen roten Nägeln wurde in das Auto gesteckt und zog an dem schmalen, dünnen Oberarm des Mädchens. <No!> schrie das Mädchen mit seiner kindlichen, schrillen Stimme. <No, noooo....!> Die anderen Kinder fingen an zu weinen. Das Mädchen wehrte sich mit Händen und Füßen. Es schrie wie am Spieß. <Los, gib ihr etwas, damit sie sich beruhigt!> befahl der Mann der Frau. Die Frau ließ die Kleine los und holte eine Spritze aus ihrer Tasche. Dann stach sie blitzschnell zu. Das Kind schrie vor Schmerz auf und sank dann in einen unruhigen Schlaf.

Die Frau zog das schlafende Mädchen mit festem Griff aus dem Auto. Dann ging sie um das Fahrzeug und öffnete die hintere Türe. Die beiden anderen Kinder huschten auf die andere Seite. Aber es half nichts. Die Frau kletterte in ihrem Hosenanzug in das dunkle Innere des Autos und packte die zwei Jungen an den Armen und zog sie nach draußen. Diese wimmerten vor sich hin, um keinen Laut zu machen. Sie hatten gesehen, was mit dem Mädchen passiert war, das geschrien hatte.

Die Kinder wurden mit Seilen an den Händen zusammengebunden und zu einem Schiff, das am Hafen lag, geschleppt. Der Kahn sah verrostet aus und Wasser oder Benzin rann aus einer Luke ins offene Meer. Es war schon dunkel. Weit draußen konnte man die Lichter einiger Schiffe ausmachen. Sie würden heute noch auslaufen. Die Fracht war empfindlich.

Stunden später

Langsam kam das Mädchen wieder zu sich. Die beiden Jungen sahen sie mit weit aufgerissenen Augen an. Sie waren unter Deck eingesperrt. Der Wellengang war entsetzlich. Das Schiff schaukelte hin und her, sodass die drei Kinder auf die eine, dann auf die andere Seite fielen. Es stank nach Fisch. Der Geruch war beißend und penetrant. Er ließ den Kindern Tränen in die Augen schießen.

Der Junge, der Mädchenkleider anhatte, versuchte, die Fesseln von seinem Handgelenk abzustreifen. Doch das Seil war so fest um sie gebunden, dass es unmöglich war, dieses ohne ein Messer durchzuschneiden. Panische Angst befiel ihn. Er wollte zu seiner Mama. Diese hatte ihn losgeschickt, um etwas Geld für sie und seine sieben Brüder zu verdienen. Er dachte, die Touristen würden ihm einfach so Geld geben, weil er so ein netter Junge war. Doch nun wusste er, dass irgendetwas Schlimmes passieren würde. Nun war er auf einem Schiff gefangen und konnte nicht weg. Wohin würden sie ihn bringen? Ich will zu meiner Mama! weinte er lautlos vor sich hin.

29. Kapitel

Wien - Ende April 2025

<Hallo Schatz, na hast Du einen Parkplatz gefunden?> <Ja, klar.> Stefan gab Johanna einen Begrüßungskuss. Dann spazierten sie händchenhaltend durch die menschengefüllten großen Hallen

des Einkaufszentrums. Das Licht war im ganzen Haus an und es war gemütlich warm. Draußen war es schon dunkel, da der Himmel wie immer mit dicken Wolken bedeckt war. Kalt, es war eisig kalt draußen. Johanna und Stefan sahen sehr viele Menschen, die in den einzelnen Geschäften einkauften. Anscheinend hatten alle dieselbe Idee, nämlich in ihren eigenen vier Wänden Strom zu sparen und den Rest des Abends im warmen Shoppingcenter zu verbringen.

Stefan bog gerade in den Shop Zara ein, da blieb Johanna noch vor der Auslage stehen! <Oh, sieh mal, das ist ein tolles Kleid! Das Stück besteht aus lauter Paletten. Es glitzert so wunderschön!> <Hm, ganz nett!> erwiderte Stefan. <Komm, lass uns mal die Sachen ansehen!>, dann war er im Modegeschäft verschwunden. Johanna ging einen Augenblick später hinein. Sie sah auf den ersten Blick duzende tolle Sachen. Stefan suchte Johanna an diesem Abend sehr viele Kleidungsstücke zum Probieren wie immer. Er würde einen guten Einkaufsberater abgeben, dachte Johanna lächelnd.

Sie hatte schon einen ganzen Stoß auf der Hand, als sie neben Stefan zur Kabine eilte. Sie probierte die Sachen, doch das Kleid von der Auslage hatte nicht die richtige Größe. Noch vor ein paar Jahren hätte sie Stefan gerufen, damit er ihr das Kleid umtauschen würde. Doch nun, mittels Touchscreen bestellte sie sich die richtige Größe, die zwei Minuten später von einer Verkäuferin in die Kabine gebracht wurde. Diese Erfindung gab es schon seit ein paar Jahren. Johanna fand sie genial.

Stefan sah gerne zu, wie Johanna die Sachen anprobierte. Doch Männer waren in der Damenumkleidekabine nicht erlaubt. Zum Glück gab es in der Kabine Kameras. Johanna sagte der Kamera, was sie fotografieren sollte und schickte das Foto auf Stefans Handy. Dieser sah sich die Fotos von Johanna in ihren neuen, sexy Sachen an und schrieb ihr, dass sie ihm gefielen. Dann kaufte er ihr die Sachen. Es waren zwei Kleider und eine braune Lederhose.

Johanna war früher eher mit Jeans und normalen einfachen T-Shirts unterwegs, doch nun trug sie kurze Lederminiröcke, Lederhosen und bunte T-Shirts. Und dazu die passenden Schuhe. Ihre blonden Haare hatte sie meist zu einem Zopf zusammengebunden. Johanna passten die meisten Sachen sehr gut. Trotz ihrer 30 Jahre hatte sie die Größe 34-36. Stefan war sehr liebevoll und sehr großzügig. Später gingen sie noch bei Dantes, einem asiatischen Restaurant essen.

30. Kapitel

Afrika - Sierra Leone – Ende April 2025

Endlich hatten sie es geschafft. Die lange Fahrt war vorüber. Nngo streckte seine Glieder der Sonne entgegen. Sierra Leone, dachte er kurz. Er war schon länger nicht mehr hier gewesen. Hier gab es noch Urwald, auch nicht mehr so viel wie früher, um genau zu sein, ziemlich wenig, aber noch mehr, als in all den Ländern, durch die sie gerade durchgefahren waren, wo der Wald schon ziemlich lichte geworden und durch Dörfer und deren Plantagen oder den Palmölplantagen ersetzt worden war, stellte er nüchtern fest. Wahrscheinlich wollen die Geldgeber deshalb hier Wald abholzen lassen! Ihm konnte es egal sein. Er scherte sich nicht um den Wald oder die Tiere. Hauptsache ihm ging es gut! Das war alles, was er im Leben noch wollte. Geld! Das war etwas, wofür es sich zu leben lohnte! Das konnte ihm keiner wegnehmen! Nun wollte er Juma Bescheid sagen, was ihr nächster Auftrag war.

Nngo winkte Juma zu. <Komm schon! Wir sind nun in Sierra Leone. Hier haben wir einen Auftrag, bei dem wir gefälltes Holz auf LKWs schaffen und zum Hafen bringen sollen und dann nach Frankreich verschiffen müssen. Wir werden nach Frankreich mitfahren. Ein easy Job!>, sagte Nngo betont. <Das ist aber ein einfacher Job! Wieso kann das niemand anderer machen? Wir sind so lange hierher gefahren, nur um Holz auf LKWs zu laden?> fragte Juma verwundert. <Nun stell nicht so viele Fragen! Das geht Dich nichts an. Hauptsache, Du bekommst viel Geld, oder?> fragte Nngo verärgert. <O.k.!> brummte Juma vor sich hin.

Den Jeep hatten sie in sicherer Entfernung stehen gelassen, versteckt im dichten Dschungel. Nach einer Stunde Fußmarsch bergauf gab Nngo Juma plötzlich ein Zeichen, stehen zu bleiben. Juma streckte sich erstmals durch, wischte sich mit seinem Reggae Band über die Stirn und die Wangen und begann seine Dreadlocks mit seinem Band nach hinten zu binden.

Endlich waren sie am Fußrücken des Mount Bintumani, dem höchsten Berg von Sierra Leone, wo man eine Straße in den Wald hineingefräst hatte. Der Berg war an seinen Hängen noch mit Regenwald bedeckt. Auf ihrer Wanderung waren sie einem Zwergflusspferd, mehreren Stumpfkrokodilen, einer Rotrücken-Fischeule und zahlreichen Primaten sehr nahe gekommen. Für Botaniker oder Touristen wäre dieser Platz ein Traum gewesen. Für Nngo war es nur ein Berg in Afrika, der mühsam bei dieser Hitze zu besteigen war. Nngo wischte sich mit einem Tuch über seine Glatze und über sein Gesicht.

Dann ging er vorsichtig voraus. Es musste an die 40 Grad im Schatten haben! Nngo verließ das Dickicht und betrat die Straße, die ihm keine Tarnung mehr bot. Er musste jetzt sehr vorsichtig sein. Falls die Holzfäller immer noch da waren, würden sie nicht lange fackeln und auf ihn schießen. Die europäischen Auftraggeber gaben ihm den Befehl, sich selbst mit den Holzfällern kurzzuschließen. Diese wussten noch nichts von ihm und seinem Auftrag. Also mussten sie erst einmal vorsichtig sein und dann langsam zu den Holzfällern stoßen und ihnen alles erklären.

Schnell lief er zu dem Lager der Holzfäller. Die Fläche, auf der das Lager errichtet worden war, war fußballfeldgroß. Vorsichtig ging er an der Wand des ersten Unterschlupfs entlang, dann spähte er ins Innere. Keiner da, dachte er bei sich und atmete durch.

In den geräumigen Unterständen, die mit schwarzen Plastikplanen überzogen waren, konnten ein paar Dutzend Männer unterkommen, dachte Nngo bei sich. Was er von der zentralafrikanischen Gegend wusste, hatten die Holzfäller früher dort Maschinen, die das Holz in Bretter schnitten. Auch Kräne erleichterten die Arbeit. Aber hier in Sierra Leone war das Gebiet für illegalen Holzschlag noch unbekannt. Hier gab es noch einen Urwald und hier wollten die ausländischen Investoren wohl nicht auffallen. Deshalb waren hier viele Holzfäller zum Arbeiten angestellt und es gab nur wenige Maschinen. Die Straße führte auch nicht bis zum Hafen, sondern bot nur einen kleinen Weg aus dem Wald. Es würde noch schwierig werden, die vielen LKWs unbemerkt hierher zu bekommen und noch schwieriger diese mit dem Holz unbemerkt auf schlammigen Wegen, nicht asphaltierten Straßen wie hier, bis zum Hafen zu bekommen. Die Gefahr des Steckenbleibens war immer gegeben. Er musste noch darüber nachdenken, wie er das am besten bewerkstelligte, aber dafür hatten die Ausländer ihn angeheuert, weil er der Beste im Organisieren war! Dann sah Nngo wieder zum Lager.

Das verlassene Lager musste erst vor kurzem geräumt worden sein. Rund um das Lager lagen die gefällten Bäume auf der Erde, so als hätte sie ein Wirbelsturm einfach umgefegt. Er hatte noch nie so viele große Bäume auf einmal gesehen. Wahrscheinlich war die Arbeit der Holzfäller nun verrichtet. Denn weit und breit stand kein einziger Baum mehr in einem Umkreis von etwa 20 Kilometern. Er musste sich bald um die LKWs kümmern, mit denen er die vielen Bäume abtransportieren konnte. Auch die Männer für diese Arbeit hatte er noch nicht zusammengerufen. Er hatte noch viel Arbeit vor sich, aber vorerst musste er sich mit den Holzfällern kurzschließen, dachte Nngo und sah sich im Lager um. Ein zum Grill umfunktionierter Benzinkanister stach ihm besonders ins Auge. Er sah sich noch in den anderen Unterkünften um, dann deutete er Juma.

Juma kam von seiner Deckung hervor und lief die Straße, so schnell er konnte, hinunter. Als er zu Nngo stieß, zeigte ihm dieser die Behausung und den Grill. <Sieh mal, na was sagst Du, da seh ich schon was Gutes am Rost brutzeln!> Juma war müde von der langen Fahrt und dem anstrengenden Fußmarsch. Er beäugte den Griller. Etwas Warmes wäre jetzt nicht schlecht, dachte er bei sich.

Als Grillrost dienten ein paar unterarmlange Schrauben. Außerdem standen rundherum ein paar Kartons mit Bohnen und Erbsen. Das würde ein köstliches Mahl ergeben, Nngo lief der Speichel im Mund zusammen. <Komm, gehen wir auf die Jagd, ich hab Hunger.> sagte Nngo zu Juma. Juma gähnte und stand wiederwillig von seinem Hocker auf, auf den er sich gerade niedergelassen hatte. <Pass auf!> schrie Nngo gerade noch rechtzeitig. Juma riss seine Augen auf und sah auf den Boden. Was er dort wahrnahm, ließ ihn blitzschnell zur Seite hüpfen. Ein riesengroßer schwarzer Skorpion wollte gerade auf ihn zu krabbeln. <Danke,> keuchte Juma erschrocken.

Eine Stunde später nach einer aufregenden und anstrengenden Jagd brutzelte ein mittelgroßer Pavian auf dem Rost. Juma erwies sich als geschickter Jäger, nichtsdestotrotz, hatte ihn der Pavian in die Hand gebissen, worauf Juma ihm ein Messer in die Rippen stieß. Sie konnten ihre Gewehre nicht für die Jagd benutzen, da sie die Soldaten sonst gehört hätten.

Sie saßen friedlich und wohlig beim Grill und aßen zum Pavian Bohnen und Erbsen aus der Dose. Nach dem Essen suchten sie sich einen Schlafplatz in dem Unterschlupf. Juma hatte es sich auf zwei der Kisten „gemütlich" gemacht. Der Boden war zum Schlafen nicht angemessen, wegen der Kleintiere. Also mussten diese Kisten herhalten. Juma war so müde, dass er nicht mehr spürte, wie sich die Seitenränder der Kisten in sein Fleisch bohrten.

Nngo setzte sich auf den Holzschemel, auf dem zuerst Juma gesessen hatte. Sie mussten höllisch aufpassen. Hier in diesem Dschungel waren die kleineren Lebewesen besonders aktiv. Von den zwei Zentimeter großen Ameisen, deren Biss höllisch weh tat und den Spinnen, Zecken und Schlangen, die äußerst gefährlich und manchmal auch tödlich waren, gab es diese schwarzen tödlichen Skorpione, mit denen Juma vorhin beinahe Kontakt hatte.

Die Holzfäller schmierten sich gegen diese Tiere Terpentin auf ihre Kleidung. Aber bei Zecken und Fliegen, deren Larven sich durch die Haut ins Fleisch fraßen und Schlangen, deren Biss ohne Serum tödlich war, half nichts. Nngo und Juma hatten ohnedies weder Terpentin noch ein Serum für Schlangenbisse bei sich.

Einer musste auf jeden Fall Wache halten, während der andere schlief. Die Holzfäller konnten jederzeit zurückkommen. Nngo saß gemütlich auf dem Schemel. Gemächlich hob er Papier, das neben ihm auf dem Boden lag auf, strich es glatt und füllte dieses mit dem Marihuana, das neben dem Papier lag. Dann drehte er das Papier zu einer

Zigarette zusammen, zündete sie an und blies genüsslich den Rauch in den dunklen Raum. Ah, was für eine Wohltat, stöhnte Nngo. Er war dankbar, dass die Holzfäller ein bisschen von dem guten Stoff hiergelassen oder was viel wahrscheinlicher war, nur vergessen hatten. Marihuana war wahrscheinlich das Notwendigste, um hier zu überleben. Weil ein kleines bisschen Entspannung dringend notwendig sein konnte, um hier nicht durchzudrehen, dachte Nngo so bei sich.

Plötzlich sah er etwas aufblitzen. Ein Strahl, wie von einer Taschenlampe nur ein paar Meter entfernt.

Er sah zu Juma. Doch der schlief tief und fest. Da, Stimmen. Das konnten nur die Holzfäller sein. Mist, sie mussten sich verstecken! Nur wo? Vielleicht hatten die Holzfäller etwas vergessen. Vielleicht das Marihuana. Der Wert eines Gramms war ziemlich teuer.

Leise weckte er Juma. Er hielt sich den Finger an die Lippen und machte <bsch> Juma blinzelte verwirrt und setzte sich auf. <Was ist? > fragte er leise und blickte um sich. Da war es wieder, das Licht. Juma blickte mit seinen großen schwarzen Augen zu Nngo. <Komm, lass uns schnell verschwinden.> sagte Nngo drängend.

Die Dunkelheit hatte sie wieder eingehüllt, als sie ein paar Meter vom Lager entfernt stehen blieben. In der Ferne sahen sie das Licht, das langsam heller wurde. Stimmen wurden lauter. Die Männer sprachen Suaheli. Nngo konnte vieles von dem Gesprochenen verstehen. Sie wollten tatsächlich das Marihuana holen, das sie vergessen hatten. Dann konnte Nngo die Stimmen deutlicher hören, als die Männer im Lager verschwunden waren, <Kulikuwa na mtu ndani ya kambi – da war jemand im Lager!> schrie einer der Holzfäller. <Lauf Juma!> rief Nngo entsetzt.

Die Dunkelheit hüllte Nngo und Juma ein. Nur das Weiß ihrer Augen leuchtete in der schwarzen Nacht. Sie waren einige Meter vom Lager weg gerannt. Die Angst, dass sie erwischt werden, ließ sie frösteln, trotz der Hitze. Hatten die Holzfäller etwas gehört? Hoffentlich hatte man sie nicht entdeckt! dachte Nngo und sah besorgt zu seinem Gefährten. Juma war ganz leise. Er stand wie erstarrt neben Nngo. Auch Nngo bewegte nur den kleinen Zeh, denn in der Zwischenzeit hatte er einen Krampf, weil er so verdreht auf dem Hocker in der Hütte gesessen war. Er spürte die warme Luft auf seiner Haut. Sie ließ die Härchen auf seiner Hand nach oben stehen.

Sie hätten es beinahe geschafft. Die Sache mit den Holzfällern mussten sie unbedingt bald in den Griff bekommen, bevor man sie ums Eck brachte. Doch wie näherte man sich solchen Menschen, die ohne Rücksicht auf sie schießen würden? Nngo wusste, dass diese Männer ehemalige, in der Zwischenzeit ausrangierte Soldaten waren, denen jedes Mittel recht war, um an Geld zu kommen. Die Auftraggeber nahmen nur die Besten zum Holzfällen. Männer, denen nichts zu dreckig, kein Blutvergießen zu übel war. Männer, die über Leichen gingen. Die für Geld alles taten. <Kulikuwa na mtu ndani ya kambi!> Hapa, mtu ana yangu bangi kuchukuliwa. Nenda, na mwishowe! Da war jemand im Lager! Hier, jemand hat mein Marihuana genommen. Los, hinterher! übersetzte Nngo leise. Auch Juma hatte es verstanden. In Kenia, wo er herkam, sprach man auch Suaheli. Juma deutete nach rechts. Nngo hatte verstanden. Er wollte, dass sie sich weiter auf den Berg begaben, dass hieß steil bergauf. Es hatte noch immer um die 28 Grad. Die Luft war feuchtschwül. In dieser Gegend war es noch wärmer als in Zentralafrika, wo sie gerade herkamen. Die Dunkelheit und die am Boden liegenden Baumstämme erschwerten ihnen ein schnelles Vorankommen. <Aua>, schimpfte Nngo leise vor sich hin. <Mich hat eine Mücke gestochen. Mist, diese blöden Viecher!> schimpfte er weiter und rieb sich seinen Arm. Als er wieder aufblickte, erkannte er an Jumas Haltung, dass etwas nicht in Ordnung war. Dieser stand ganz starr und blankes Entsetzen leuchtete in seinen Augen. Einer der Holzfäller war ganz ruhig an sie herangekrochen und stand blitzschnell vor ihnen und hielt ihnen seine Pumpgun vor die Augen. Bevor der Soldat noch seine Kollegen rufen konnte, packte ihn Nngo so schnell, dass dieser die Waffe fallen ließ. Nngo stieß ihm Zeige- und Mittelfinger in den Hals, sodass der Holzfäller zu Boden sank und zwischen zwei Baumstämme fiel. Sie trennten nur noch etwa 20 Meter von den Soldaten. <Verdammt!< flüsterte Nngo. <Die sind zu nahe. Was tun wir jetzt?> Das war das erste Mal, dass Nngo Juma nach seiner Meinung fragte. Die Männer leuchteten weiter mit ihren Taschenlampen hin und her. Sie hatten sie also noch nicht gefunden. Juma machte eine Handbewegung. >Come!> wisperte er mit seiner tiefen Stimme. Juma schlich voran. Nngo folgte ihm. Sie versuchten, keine Geräusche zu machen, doch die Baumstämme, die am Boden lagen, hinderten sie am schnellen und lautlosen Vorankommen. Außerdem gab es weit und breit keinen Wald mehr, wo sie sich verstecken konnten. Zum Glück war es eine bewölkte Nacht und es war stockdunkel. Kein Stern leuchtete am Firmament. Sie krochen praktisch blind über die Baumstämme, fanden nur mit ihren Händen und Füßen Halt. Die Holzfäller hatten es ebenso schwer, sie zu verfolgen. Nach ein paar Minuten, hörten sie, dass die Holzfäller beschlossen hatten, zurückzugehen. Sie wollten sich morgen um sie kümmern. Juma und Nngo blieben stehen. Sie horchten in die Dunkelheit. An den Schritten und Stimmen der Männer konnten sie hören, dass sie sich wirklich entfernten. Juma atmete auf. Auch Nngo entspannte sich allmählich wieder. <Die müssen weiter weg ein neues Lager aufgeschlagen haben!> sagte Nngo keuchend.

31. Kapitel

Wien – Ende April 2025

Anna war so verliebt, dass sie ganz vergaß, Collie etwas zu essen zu geben. <Ja, mein Lieber, entschuldige!> Dann gab sie ihm einen Knochen und streichelte ihn liebevoll am Kopf. Nachdem Collie den Knochen abgenagt hatte, kuschelte er sich ganz fest an sie. Hoffentlich lebte er noch lange, dachte Anna. Ohne Collie wäre es sehr einsam in ihrer Wohnung. Collie war ein jahrelanger vertrauter Begleiter und ein besonderes Familienmitglied. Das Einzige! Sie hatte ihre Eltern und ihren Bruder Swen schon länger nicht mehr gesehen und gerade jetzt fehlten sie ihr sehr. Sollte sie sie anrufen, hm? Sie hatte es in den letzten Jahren schon so oft versucht, aber die meiste Zeit hatten sie nicht abgehoben. Erst einmal hatte sie sie in den letzten zehn Jahren erreicht.

Die Kameras und Mikrofone, die beim Handy automatisch eingebaut waren, hatten das Gespräch damals aufgezeichnet und auf ihrem PC hinterlegt. Das war so eine neumodische Erfindung, die Anna sehr nützlich fand. Sie klappte den Laptop auf und rief das Telefonat mit ihrer Mutter ab. Einen Augenblick später erschien eine Frau in den Sechzigern mit braunen Haaren. Sie war etwas mollig. Anna schluckte. Das Telefonat war schon zwei Jahre her. Sie hatte bisher nie daran gedacht, weil es zu einem heftigen Streit gekommen war und sie es bis jetzt verdrängt hatte. Doch als sie ihre Mutter so sah, und dann kam auch noch ihr Vater ins Bild, da fühlte sie einen Knoten im Hals, als würde ihr etwas die Luft abschnüren. Sie liebte ihre Mutter und ihren Vater sehr, doch sie waren beim letzten Telefonat wieder im Streit auseinandergegangen. In der Telefonkonferenz mit ihren Eltern zeigte sie ihnen die zerstörten Regenwälder bzw. die brandgerodeten weiten Flächen von Afrika mittels Bildern, die sie problemlos aus dem Internet über den Computer auf das Handy ihrer Eltern laden konnte, während sie telefonierten. Während sie noch dachte, dass ihre Eltern endlich einsahen, was sich in Afrika, Indonesien und Brasilien und dem Rest der Welt abspielte, schrie ihr Vater sie an, sie solle das endlich abstellen. Auch ihre Mutter zog die Stirn in Falten und sagte Anna Dinge, an die sie lieber nicht mehr dachte. Was war nur los mit ihnen? Zu ihr waren sie früher immer so liebevoll! Auch ihr Bruder, der in der Firma arbeitete, hatte sich von ihr abgewendet. Sie hatten früher einen sehr innigen Kontakt, doch wenn es um Holz aus Afrika ging, waren ihre Eltern und ihr Bruder nicht mehr sie selbst. Das Telefonat endete mit einem heftigen Wortschwall, sodass Anna einfach auflegte. Sie sah damals keinen Sinn mehr, das Telefonat noch länger zu führen. Anna sagte dem Computer, dass er das Programm beenden könnte. Der Computer antwortete mit „In Ordnung, das Programm wird heruntergefahren!" Dann schaltete sich das Programm ab und Anna blickte auf einen schwarzen Bildschirm.

32. Kapitel

Afrika – Sierra Leone – Ende April 2025

Trever saß hinter einem Strauch und beobachtete die Männer, die sich leise davon schlichen. Er hatte ein Nachtsichtgerät auf, sodass er auch in der stockdunklen Nacht alles sehen konnte. Stimmen! Ah, das mussten die eigentlichen Holzfäller sein, vor denen die beiden Männer flüchteten. So, nun war die Gelegenheit günstig. Trever wartete, bis die Holzfäller in der Ferne verschwunden waren. Dann schlich er zu den geschlagenen Tropenbäumen, die auf der Erde lagen. Trever war mit einem Ganzkörperanzug bekleidet. Mit seinen undurchlässigen Handschuhen holte er einen Chip aus seiner Tasche und schnitt eine Kerbe in das Holz, so dass er den Chip sorgfältig in den Baumstamm pressen konnte, stopfte das Holzstück wieder darüber und drückte es mittels eines Klebers an. Dann holte er ein Empfangsgerät aus der Tasche und hielt es an den eingebauten Chip. Es piepste. Trever steckte das Peilgerät und den Kleber zufrieden in seine Hosentasche. Dann ging er zum Lager. Im Unterschlupf, in dem er die beiden Männer vorhin beobachtet hatte, stand ein Grill mitten im Raum. Trever nahm an, dass die Männer ihr Essen auf diesem Grill zubereiteten. Gut, das war die Chance, er holte eine Probe aus seiner Tasche, öffnete vorsichtig den Deckel und verstrich die Flüssigkeit überall im Lager, rund um und auf dem Grill und auf die Bohnen, die noch in der Dose waren. Er sah sich nochmal um, da entdeckte er das Marihuana am Boden und träufelte ebenso etwas darauf. Dann steckte er das Gefäß wieder vorsichtig in die Hosentasche des sterilen Anzugs und eilte in der Dunkelheit leise davon. Niemand konnte ahnen, dass er hier war. Er sah sich die geschlagenen Bäume traurig an. Dann nickte er. Er tat das Richtige.

Trever teilte dem Mann, der ihn in seiner Arztpraxis besucht hatte, mit, dass er es nur unter der Bedingung machen würde, dass keine Seuche ausbrechen würde, sondern nur die Männer sterben würden, die dem Syndikat angehörten oder für diese arbeiteten. Damit war der Fremde einverstanden.

Nachdem Trever die ganze Nacht durch karge Landschaften gelaufen war, kam er zu einem Platz, wo es noch ein kleines dichtes Stückchen Wald gab. Er streifte den dicken, unhandlichen Schutzanzug mühevoll ab. Darunter hatte er noch einen Anzug an, der ebenso einen dünneren Schutz bot. Dann entzündete er ein kleines Feuer mitten im Wald. Er hoffte, dass niemand den

Rauch sehen würde, aber er war so weit weg von Dörfern oder den Rangern und es war mitten in der Nacht. Das Feuer brannte sofort gut an. Trever hatte früher eine Ausbildung zum Outdoor Spezialisten absolviert. Ein Lagerfeuer zu entzünden, war die geringste Übung gewesen. Als das Feuer ordentlich glühte, schmiss er den dicken Anzug ins Feuer. Somit konnte er alle Spuren verwischen. Sobald die Flammen den Anzug vollständig vernichtet hatten und das Feuer noch ordentlich loderte, schlüpfte er aus dem zweiten Schutzanzug, den er vorher noch desinfiziert hatte und verbrannte diesen ebenso. Darunter hatte er noch eine Jeans und ein T-Shirt an. Er kontrollierte die Jeanstasche, in der noch immer der Sender und der Klebstoff waren. Dann atmete Trever die Luft tief ein. Erledigt. So noch das Feuer löschen. Nun konnte er getrost nach Hause fliegen und seine Arbeit fortsetzen.

33. Kapitel

Afrika – Sierra Leone – Anfang Mai 2025

Es war schon vier Uhr in der Früh, als Nngo Juma weckte. Das fröhliche Zwitschern der Vögel, das schön langsam einsetzte, tat sein Übriges, um die Angst der Nacht abzuschütteln. Nngo lehnte sich zurück. Sie hatten sich auf den Baumstämmen ausgeruht. Juma schlief kurz ein, aber ein Auge hatte er dabei immer offen, erzählte er Nngo. <Du schläfst also nur mit einem geschlossenen Auge, das Andere hast Du immer offen?> Nngo nickte. <Ja, in Kenia musst Du immer auf der Hut und

bereit sein, wenn Gefahr droht!> <Ja, aber Du wohnst doch in einem Haus, oder?> <Schon, und wir haben auch die Türen verriegelt, außerhalb meines Zimmers gibt es noch ein Gebäude, das mein Zimmer einschließt, auch das wird versperrt, aber man weiß nie. Man muss immer bereit sein!> Außerdem schlafen wir manchmal am Strand oder im Freien und da ist es sowieso wichtig, ein Auge offen zu lassen. Wir haben uns das bei den Tieren abgeschaut.> Juma strich seine Haare nach hinten. <Naja, wenn es hilft. Also ich könnte das nicht. So, die Holzfäller werden bald zurückkommen. Jetzt ist es vier Uhr früh, also noch dunkel. Ich habe schon einen Plan.

Als Erstes werden wir uns etwas entfernt verstecken. Da, wo wir hergekommen sind. Da war noch Wald, um sich zu verstecken. Dann werde ich versuchen, mit den Männern zu sprechen. Du bleibst in der Zwischenzeit in Deinem Versteck. Juma nickte. Dann folgte er Nngo, der sich bereits auf den Weg zurück gemacht hatte. Es war schon ziemlich warm für diese Uhrzeit. Es würde sicher wieder ein sehr heißer Tag werden. Gerade als sie den Wald erreichten, hörten sie aus der Ferne die Holzfäller, die in Suaheli aufgeregt durcheinander sprachen. Nngo konnte von der Entfernung verstehen, dass sie sie unbedingt töten wollten, weil sie die illegal abgeholzten Bäume und sie gesehen hatten und nun die Lage der Bäume wussten. Juma blickte ihn fragend an. Doch die Holzfäller liefen in die andere Richtung, das konnte Nngo an den sich entfernenden Stimmen hören. Er atmete kurz erleichtert auf, dann befahl er Juma, hier im Versteck zu bleiben. Nngo machte sich auf den Weg in Richtung der abgeholzten Bäume. Als

Nngo das Lager erreichte, schlüpfte er in eines hinein und verbarg sich dort. Er war sich sicher, dass die Männer bald zurückkommen würden. Ein paar Minuten später hörte er tatsächlich Stimmen, die näher kamen. Er musste jetzt flink sein und sich einen der Männer schnappen. Bei diesen Männern gab es keinen Anführer, das wusste er. Aber da sie ehemalige Soldaten waren, gab es doch eine gewisse Rangordnung und er meinte, einen Mann erkannt zu haben, der so etwas wie der Anführer war. Es war ein älterer graumelierter Schwarzer. Diesen würde er als Geisel nehmen und ihm die ganze Sache erklären. Einen besseren Plan hatte er nicht.

34. Kapitel

Suez Kanal – Anfang Mai 2025

Die Kinder waren am Ende ihrer Kräfte. Wie lange waren sie schon unterwegs? überlegte der Junge, der Frauenkleider trug. Er wusste nur, dass er lange geschlafen hatte. Gerade öffnete der Mann die Luke und kletterte die Leiter herab. Er sah sie an, als ob sie Dreck wären. Der Junge konnte sich nicht vorstellen, wie jemand, der noch vor Stunden so nett zu ihnen war, nun so abscheulich schauen konnte. Er fürchtete sich vor ihm. Die Frau hatte genauso kalte Augen wie der Mann. Was hatte er nur gemacht? Warum war er nur mitgekommen? Der Junge fing wieder zu wimmern an. Der Mann schob einem nach dem anderen von ihnen einen Becher an die Lippen. Der Junge hatte Durst. Es tat gut, etwas zu trinken. Er war immer noch gefesselt und deshalb war das Trinken schwierig. Das meiste verschüttete er auf seine Seidenbluse. <Wie seht Ihr nur aus!> schrie der Mann. <So können wir Euch nicht verkaufen!> Er warf den Becher zu Boden, noch bevor der Junge seinen Durst stillen konnte.

35. Kapitel

Genf - Weltorganisation für Meteorologie (WMO) – Mai 2025

<Die Konzentration der Treibhausgase in der Erdatmosphäre und auch in den Ozeanen hat einen neuen Höchststand erreicht! Grund sind unter anderem auch die Abholzung der Urwälder und Pflanzung der Palmölplantagen! Wir müssen etwas unternehmen, und zwar schnell.> sagte WMO-Generalsekretär Baptiste Rousseau mit ernster Miene zu seinen Kollegen. Das Hauptgebäude der WMO hatte seinen Sitz in Genf. Das WMO war eine Spezialeinheit der Vereinten Nationen und maßgebliche Stimme der UN, wenn es um die Erdatmosphäre, das Zusammenspiel der Weltmeere, welches das Klima bewirkte und die daraus resultierende Verteilung der Wasservorkommen ging.

<Hauptgrund ist immer noch der anhaltend starke Ausstoß von Kohlendioxid. Nun hat sich alles auf die Entwicklungsländer verschoben. Hier ist die Konzentration der Treibhausgase immens gestiegen.

Schön langsam sind die fossilen Brennstoffe zwar am Ende, aber mittlerweile hat auch in den ärmeren Ländern fast jeder einen PKW und in den europäischen Haushalten beheizen die Menschen ihre dänischen Öfen mit einheimischem Holz, das noch vorhanden ist. Und dadurch ist so viel CO_2 in die Atmosphäre gelangt, dass die Umwelt noch mehr als vor 10 Jahren verschmutzt ist! Und trotz der Elektroautos fahren die Mehrzahl der Menschen noch immer ihre uralten PKWs, die sie noch mit dem wenigen Diesel und Benzin, das noch vorhanden ist, oder mit Biodiesel aus Palmöl betanken!> rief er fast verzweifelt. <Die Konzentration der Treibhausgase in der Atmosphäre ist von 2012 bis 2014 stärker gestiegen als in jedem anderen Jahr seit 1984. Und nun 2025 ist es in Europa plötzlich ein bisschen gesunken! Grund dürfte die Kleine Eiszeit sein! Unser Klima verändert sich rasant und es wird immer extremer! In Österreich ist die Temperatur mittlerweile auf durchschnittlich -8 Grad gesunken. Dass die Temperatur in so kurzer Zeit um so viele Grade zurückgegangen ist, bedeutet gar nichts Gutes! 2014 waren es noch +0,5 Grad. Es muss jetzt etwas geschehen oder nie mehr!>

Die dreizehn Kollegen sahen sich mit besorgter Miene an. Sie wussten, dass es wenig Sinn hatte, die Bevölkerung zur Reduzierung der verbliebenen fossilen Brennstoffe und zu sauberem Strom zu bewegen. Noch schwieriger schien es, die Industrien und Politiker vom Ernst der Lage zu überzeugen. Auf diesem Planeten waren die Menschen sehr mit sich selbst beschäftigt. Die meisten Menschen dachten nicht um, weder beim Autofahren noch beim Urlaub fliegen. Auch den Stromverbrauch konnte man nicht so einfach einschränken. Man benötigte Strom, alleine schon für das Heizen. Es war so kalt geworden! Da sollten die Politiker etwas unternehmen! Es war einfach, die Verantwortung von sich zu schieben. Aber es war auch die Verantwortung jedes Einzelnen. Denn würden die Menschen in den Industrienationen weniger Auto fahren oder herumfliegen, wäre die Nachfrage nach Treibstoff geringer und würde der Erderwärmung entgegenwirken. Das Öl war knapp. Kurz davor zu verschwinden. Mittlerweile hatte man sich auf Wasserstoff konzentriert, aber Fahrzeuge mit Wasserstoff waren sehr teuer und Elektrofahrzeuge waren ebenso abhängig von Energie, die wiederum durch Atomkraftwerke und Biodiesel aus Palmöl erzeugt wurden. Mittlerweile war die Bevölkerung auch in Europa rasant gestiegen, was wiederum den Strombedarf ankurbelte und immer mehr Haushalte verbrannten Holz für ihre dänischen Öfen.

Der zur Erd- und Klimaerwärmung führende Strahlungsantrieb durch die Treibhausgase stieg laut ihrem Bericht, den sie vor kurzem veröffentlicht hatten, allein zwischen 1990 und 2025 um 60 Prozent. 80 Prozent davon waren auf CO_2 zurückzuführen.

Nicht nur die Atmosphäre, auch die Weltmeere waren direkt betroffen, da auch große Mengen der Treibhausgase in die Ozeane gelangten. Etwa ein Viertel aller Emissionen würden die Meere aufnehmen. Dies trage zwar zur Verringerung des CO_2-Gehalts in der Atmosphäre bei, zugleich treibe es die Übersäuerung der Ozeane aber voran. Mittlerweile habe deren Säuregehalt den höchsten

Stand seit wahrscheinlich rund 300 Millionen Jahren erreicht.

<Wichtig sind jetzt konzentrierte internationale Aktionen gegen den Klimawandel> setzte Rousseau seine Rede fort. <Wir haben die Kenntnisse und auch die Werkzeuge, um die Emission der Treibhausgase zu verringern, die letzten Urwälder zu schützen und dadurch unseren Kindern und Enkeln eine Zukunft zu ermöglichen! Es gibt keine Entschuldigung dafür, dies nicht zu tun.> Mit hochrotem Kopf nahm er ein Glas zur Hand und schenkte sich etwas Wasser ein. Sein Team wusste, dass er sehr besorgt um die Erde und seine Enkel und generell um die Menschheit war. Er war ein sehr leidenschaftlicher Mann mit einem großen Herzen. Gäbe es von seiner Sorte mehr, würde die Welt ganz anders aussehen. Er fuhr statt mit dem Auto mit dem Fahrrad in die Arbeit, obwohl er schon 62 Jahre alt war und 40 km entfernt wohnte.

<Wenn die Erderwärmung in manchen Teilen der Erde und die Kleine Eiszeit nicht schon Grund genug sind, die CO2-Emissionen zu reduzieren, dann sollte es die Übersäuerung der Ozeane sein, deren Folgen bereits spürbar sind und sich in den kommenden Jahrzehnten weiter verschärfen werden!>, ergänzte Rousseau. <Ein steigender Säuregehalt hat Auswirkungen auf viele Lebewesen, insbesondere auf Kalkbildner wie Korallen und winzige Algen! Viele von ihnen sind schon abgestorben>

36. Kapitel

Wien – Mai 2025

Der Junge konnte die Stimme eines fremden Mannes hören. Doch die Sprache kannte er nicht. Er verstand kein Wort. Er hörte nur, wie der fremde Mann mit dem Ehepaar diskutierte. Die Stimme des Mannes schien nett zu sein. Dann spürte er eine Hand auf seiner. <Hello, children, how are you?> sagte der Mann zu ihnen. Der Junge hatte eine Augenbinde um, deshalb konnte er den Mann nicht sehen, nur riechen und hören. Der Mann stand genau vor ihm, denn er konnte den Atem des Fremden riechen. Es roch nach Tabak und Alkohol. Der Junge ekelte sich ein wenig, aber der Mann hatte eine nette, feste Stimme, nicht so derb wie das Ehepaar.

Der Junge war im Moment nur froh, dass sie nun hier waren, obwohl er nicht wusste, warum er eine Augenbinde umhatte und was jetzt geschehen würde. Die letzten Stunden waren die schrecklichsten, die er je erlebt hatte.

Nachdem sie nach einer endlos scheinenden Schifffahrt endlich festen Boden unter ihren Füßen hatten, zerrte man sie aus dem unteren dunklen Deck nach oben und band ihnen ein Tuch um den Kopf, sodass sie nichts mehr sehen konnten. Das Herz des Jungen hämmerte wild. Er sah gerade noch einen großen Hafen, bevor man ihm die Binde um die Augen knüpfte und spürte, dass sie ziemlich weit von zu Hause weg waren. Er würde seine Mama und seine Geschwister nie wieder sehen, da war er sich ziemlich sicher.

Die Fesseln an den Händen taten irrsinnig weh. Er hatte immer wieder versucht, sich zu befreien, doch er war zu schwach. Dann wurden sie auf einen LKW gebracht und diese Fahrt schien ewig zu dauern. Er war so erschöpft und ausgelaugt. Er hatte sich mehrmals in die Hose gepinkelt, weil er sich nicht traute, etwas wegen einer Toilette zu sagen. Es roch katastrophal. Von der ewigen Schifffahrt wurde ihm auch des Öfteren schlecht und er übergab sich immer wieder. Es roch so penetrant, dass ihm schon wieder schlecht wurde. Den anderen beiden Kindern musste es ähnlich ergangen sein, wie ihm, er konnte es riechen. Bevor man sie dem fremden Herrn zeigte, wurden sie in eine Wohnung gebracht und gewaschen. Diese Frau und der Mann, die sie entführt hatten, waren die ganze Zeit bei ihnen. Der Junge konnte ihr intensives Parfüm wieder riechen, nachdem er von seinem Gestank in der Badewanne befreit worden war. Die Augenbinde blieb immer oben, sodass er nichts sehen konnte. Auch die Stimmen waren dieselben, die würde er immer wieder erkennen! Dem Jungen war irgendwie übel. Der Geruch des Fremden und die Augenbinde und die Fesseln an den Händen taten weh. Er wollte endlich wieder heim zu seiner Mama! Was wollte der Mann nun von ihnen? Warum ließ er sie nicht gehen!

<My name is John.> sagte der Mann schmeichelnd. Er strich ihnen zur Begrüßung über den Kopf. Zu dem Ehepaar sagte er in festem ernstem Ton <hier, Frachtdokumente und Rechnungen für die nächsten Lieferungen, die Zollbescheinigungen und die Siegel, die die Echtheit und das Herkunftsland des Holzes bescheinigen werden. Jetzt haben sie alles, um den Holztransport reibungslos über

die Bühne zu bringen. Im Austausch dazu bekomme ich die Kinder und diesen Koffer mit Bargeld. Auf Wiedersehen!> Damit wandte er sich zu den Kindern.

<Come on girl and boys, let's go!> Dann nahm er sie an der Hand und marschierte mit ihnen weg. Stolpernd folgten sie dem Mann bis zu einem Auto. Dort half ihnen der Mann beim Einsteigen. Sie waren nicht nur blind, sondern ihre Hände waren mit Stricken aneinander gebunden. Wer war dieser Mann und wo wollte er sie hinbringen? Der Junge war überzeugt, dass es ihnen trotzt, des nett wirkenden Mannes noch schlimmer ergehen würde, als bisher. Er hatte plötzlich solche panische Angst, dass er sich in die Hose pinkelte. Der Mann hatte dies bemerkt, band ihn von dem Mädchen los und zog den Jungen wieder aus dem Auto. <So boy, come with me! You need punishment!> Er zog den Jungen von den anderen weg in einen dunklen Winkel der Garage. Langsam wickelte er ihn aus dem Sarong. Der Junge wimmerte vor sich hin. Dann zog er ihm den Slip nach unten. Der Junge zitterte am ganzen Leib. <Bend over!> befahl der Mann streng. <Bück Dich!>

37. Kapitel

Wien – Mai 2025

Am Abend saß Gustav auf Annas Couch, als plötzlich sein Handy klingelte. Anna musterte ihn, als sich sein Gesicht immer mehr verfinsterte. <Hey, was ist denn? Ist jemand gestorben?> Es musste jedenfalls etwas ganz Furchtbares passiert sein! Doch er sagte nichts, saß nur wie versteinert da. Schön langsam machte sie sich wirklich Sorgen! Was war nur geschehen? <Hey, was ist denn?> Endlich rang er sich zu einer Erklärung durch. <Das war meine Mutter.> <Und ist etwas passiert?> fragte Anna besorgt. <Nein, das Übliche, sie hat mich wieder beschimpft, dass ich ein Loser bin, der nichts erreicht und wo ich denn die ganze Zeit bin... Sie möchte Dich unbedingt kennenlernen!> <Ja, gerne, ich würde sie auch gerne kennenlernen!> sagte Anna verwirrt. <Warum bezeichnet sie Dich als einen Loser? Du bist doch Projektleiter bei einem großen Konzern! Das ist doch großartig! Und noch dazu verdienst Du viel Geld!> <Naja, Du musst wissen, meine Eltern hatten eine Parfümerie, mit der sie in Konkurs gegangen sind. Sie lebten wie die Hochstapler und mich bezeichnen sie als Loser! Eigentlich hatte ich mehrere Eltern. Meine Eltern hatten sich getrennt, als ich noch klein war, dann hat mein Vater seine Freundin in unser Haus geholt und meine Mutter lernte auch jemanden kennen und dann lebten wir zu fünft in unserem Haus.> <Wow!> Anna wusste nicht, was sie sagen sollte! Kein Wunder, dass er manchmal so seltsam war. Da musste man ja verrückt werden!

Als sie ins Bett gehen wollten, da war er so aufgedreht, dass er nicht schlafen konnte. Er sah Anna zu, wie sie sich auszog. Dann lästerte er über ihr Gewand. <Was hast Du denn an?> fragte er und lachte hysterisch. Anna sah an sich hinab und musterte ihre Strumpfhose und die bunten Socken. <Was meinst Du?> fragte Anna beleidigt. <Na, da gibt es so tolle Strümpfe mit Mustern und Blüm-

chen und Du hast sogar noch Socken über Deiner Strumpfhose. Wenn ich da an meine Ex, die Alex denke, die hatte Geschmack!> Anna war so wütend und verletzt in dem Moment, dass Ihr die Worte fehlten. Als sie sich wieder gefangen hatte, sagte sie wütend. <Also, wenn Dir nicht gefällt, was ich anhabe, dann geh doch wieder zu Deiner Ex!> Dann wandte sie sich von ihm ab und legte sich ins Bett. Doch er war so aufgedreht, dass er Anna packte und ihr Handgelenk umdrehte. Anna schrie auf. <Hör auf! Du tust mir weh!> Doch er war in einem Zustand voller Unbeherrschtheit, voll von Tabletten, die er jeden Tag nehmen musste, dass er weitermachte.

Gustav drehte Anna auf den Bauch, dann setzte er sich auf sie. Anna wehrte sich und stieß ihm mit dem Ellbogen in die Rippen. Sie versuchte sich zu befreien, indem sie sich hin und her bewegte, um sich aufzurichten. Doch Gustav hatte Kraft und er war schwer. <Geh endlich runter von mir!> schrie Anna laut. Gustav ließ langsam von Anna ab. Er kniete sich neben sie und kitzelte sie in der Achselhöhle. Das war etwas, was Anna überhaupt nicht mochte. Das hatte sie ihm schon gesagt, aber er machte es wieder. Da wurde sie so böse, dass sie ihn aus dem Bett stieß. Er lag am Boden und lachte sein tiefes und doch hysterisches Lachen, das ihm so eigen war. Daraufhin stand er auf und schlug seinen Kopf gegen die Wand. Dann ein zweites und ein drittes Mal. <Hör auf!> schrie Anna. Doch er war nicht mehr er selbst. Anna konnte Colli im Nebenzimmer knurren und bellen hören. Sie hatte das erste Mal Angst vor Gustav. Er verhielt sich wie ein Irrer.

<Warum zeigst Du mir nie Deinen Körper?>, fragte Anna ihn, als er sich wieder beruhigt hatte. <Ich kann Dir meinen Körper nicht zeigen, weil er mit Narben überzogen ist.> flüsterte er bedrückt und blickte zu Boden. Anna fragte sofort nach <wie sehen denn die Narben aus? Sind die vom Motorradunfall von früher, oder?> <Auch>, meinte er wage. Die stammen von Zigarettenstummeln, die ich mir auf meinem Oberschenkel ausdrücke.> sagte er bedrückt, als würde er sich schämen. <Was?>, Anna war so entsetzt über seine Offenbarungen, dass sie sich von ihm abwendete.

Am nächsten Tag, als Anna nach Hause kam, war wieder ein Brief von ihm in der Post, in dem er sich für sein Verhalten entschuldigte.

Liebe Anna,

es tut mir leid wegen neulich. Ich bin manchmal etwas durcheinander. Dann mache ich solche Dinge wie Zigaretten auf meinem Oberschenkel ausdrücken oder wenn ich böse zu Dir bin, dann darfst Du das nicht so ernst nehmen. Du musst alles von der lockeren Seite sehen.

Ich liebe Dich.

Dein Gustav

Anna musste weinen. Sie liebte ihn wirklich sehr. Aber er war schon sehr seltsam. Ihr war es nicht recht, dass er es schaffte, dass sie weich wurde und ihm alle Gemeinheiten verzieh. Sie ärgerte sich sehr über sich selbst.

38. Kapitel

Wien – Mai 2025

Gustav verstand die Welt nicht mehr. Was war nur los mit ihm? Sonst war er immer Herr der Lage, doch Anna loderte ein Feuer in ihm. Sie brachte ihn dazu, von seiner Kindheit zu sprechen. Er wollte das nicht. Es ging sie nichts an. Doch sie schaffte es, dass er noch mehr erzählte. Sie hatte Zugang zu seinem Innersten. Sie wurde schön langsam zur Gefahr. Sogar von seiner Exfreundin, Alexandra, hatte er ihr erzählt. Doch damit konnte Anna ihm einen Strick drehen. Er hatte sie damals umgebracht, als sie mit ihm Schluss machen wollte! Fast hätte er ihr auch noch von den Geißelungen erzählt, die er jeden Abend vollzog. Er hatte ihre Hand gerade noch rechtzeitig von seinem Oberschenkel weggezogen. Sie hatte nichts gemerkt.

Demnächst würde er ihr noch erzählen, wie er in den Holzschmuggel involviert war. Das musste er unbedingt unterbinden. Irgendwie hatte er sich in sie verliebt, doch er wollte das nicht. Er wollte sie aushorchen. Wollte alles über ihre Eltern wissen. Wollte wissen, ob sich die Mikals gegen sie, gegen die Illuminati, stellen würden, wenn es brenzlig werden würde.

39. Kapitel

Wien – Mai 2025

Johanna Bernhard und Anna Mikal standen in der Menschenmenge und hielten ein Plakat mit der Aufschrift „Stoppt den Klimawandel und lasst die letzten Regenwälder stehen!" hoch. Eine Demonstration dieses Ausmaßes hatte Johanna noch nicht gesehen. Alle Fernsehsender waren da, alle Zeitungen und so zirka alle Umweltschutzorganisationen, die man sich vorstellen konnte. Nachdem es nur mehr ganz wenig Urwald gab, wurde den Menschen bewusst, wie viel Schaden sie schon angerichtet hatten. Auch die Umweltkatastrophen nahmen stetig zu.

Fünf Jahrhunderthochwasser innerhalb von 10 Jahren waren eindeutig ein Zeichen für den Klimawandel. Und jetzt diese Eiszeit! Dies konnte nun niemand mehr abstreiten. Der Schneefall hatte mittlerweile leicht aufgehört. Doch als Anna zum Himmel sah, fielen ihr wieder diese vielen Kondensstreifen auf, die sich in alle Himmelsrichtungen zogen. Schön langsam sah sie nur mehr langgezogene Kondensstreifen. Normalerweise vergingen die doch irgendwann. Aber sie standen nun schon eine Stunde hier. Anna zog sich ihre Kapuze weit in die Stirn. Ihr war so kalt, dass sie immer noch eine Strumpfhose, dicke Socken und Stiefel anhatte. Und das Ende Mai!

<Anna, nun sehen wir uns endlich mal wieder! Wie geht es Dir denn so? Seit Du mit Deinem neuen Freund zusammen bist, höre und sehe ich Dich nicht mehr! Erzähl mal!> <Ah, ja, mir geht's gut!

Sieh mal, da ist Baptiste Rousseau, der Chef der WMO. Er ist DER UMWELTAKTIVIST schlechthin. Fährt immer vorbildlich mit dem Fahrrad in die Arbeit, obwohl er schon etwas älter ist. Er hat diese Versammlung ins Leben gerufen. Er ist für mich ein großes Vorbild>, sagte Anna. <Meine Freundin, Uta, ist Journalistin in Genf, hab ich jedenfalls von einer anderen Freundin erfahren. Sie hatte sie zufällig in Genf getroffen. Ich hab sie schon ewig nicht mehr gesehen. Sie stand auch immer für die Umwelt ein. Sie hat schon mit 20 Jahren irgendwelche Petitionen zum Schutz des Leuser Nationalparks, wo die Orang-Utans leben, unterschrieben. Wir sind zusammen in Schweden in die Volksschule gegangen. Ich würde sie gerne mal wiedersehen!> seufzte Anna traurig und blickte in die Menschenmenge.

Uta traute ihren Augen nicht. War sie es oder war sie es nicht? Anna Mikal, das konnte doch nicht sein! Utas Herz machte einen Sprung. Sie war extra nach Wien gereist, um sich der Demonstration gegen den Klimawandel anzuschließen. Da drüben stand wirklich Anna! Sollte sie rübergehen? Anna stand neben einer Frau, die kleiner war als sie. Anna, ich kann es nicht glauben. Sie hat immer noch ihre Sommersprossen! Und die roten Haare sind auch noch lang und schön wie früher. Sie hat sich überhaupt nicht verändert! Wie sehr sie ihre Freundin die ganzen Jahre vermisst hatte, wurde ihr erst jetzt bewusst. Die Demonstration nahm ihren Lauf und alle drängten vor das Regierungsgebäude und riefen laut: „Stoppt den Klimawandel! Rettet die letzten Regenwälder, rettet unsere Welt!" Die Menschenmenge war außer sich. Sprechchöre erklangen von allen Reihen her. Es war schön und ansteckend. Uta war voll in ihrem Element. Sie rief mit lauter Stimme immer wieder: Rettet die Regenwälder, rettet unsere Welt, stoppt den Klimawandel! <Hallo Uta!> schrie jemand neben ihr und Uta wirbelte herum. <Anna, ich dachte vorhin, dass ich Dich gesehen hätte! Du bist es wirklich, wie schön!> Beide umarmten sich stürmisch und ließen sich erst nach einiger Zeit wieder los. <Oh, das ist Johanna Bernhard, meine Freundin.> <Hallo, freut mich, ich hab schon von Dir gehört!> gab Johanna zurück. <Hallo Johanna, freut mich auch!> Dann war es wieder so laut um sie, dass sie kein Wort mehr verstehen konnten. <Gehen wir nachher auf einen Kaffee?> fragte Uta laut. <Ja, gute Idee, dann können wir uns unterhalten!> schrie Anna.

Als die Demo zu Ende war, spazierten Anna, Uta und Johanna in das Kaffee Henndorf, das auf der gegenüberliegenden Straßenseite lag. Die Menge hatte sich in der Zwischenzeit träge aufgelöst. <Es war eine tolle Demonstration, das muss ich schon sagen. Dieser Rousseau ist schon ein einzigartiger Mensch. Wenn es nur mehr von seinem Kaliber geben würde!> sagte Uta erfreut. <Jetzt erzähl mal Anna, wie geht's Dir denn? Ich freue mich so, Dich zu sehen. Du glaubst gar nicht, wie oft ich schon an Dich gedacht habe!> <Ehrlich? Ich habe auch sehr oft an Dich gedacht. Neulich hab ich Helga Illichmann gesehen. Sie sagte, dass sie Dich gesehen hat, als sie in Genf war. Und dass Du jetzt Journalistin bist.> <Naja, ich bin eigentlich bei der CITES, Büro für den Artenschutz.> <Hey, das ist ja super!> sagte Anna mit Begeisterung. <Dann hast Du also das richtige Studium gewählt und kannst nun etwas für die Umwelt tun, wie Du es wolltest!>

<Ja, ich bin wirklich in vollem Einsatz für den Umweltschutz und genieße es. Es ist genau das, was ich immer wollte. Ich war vor drei Jahren in Indonesien auf Urlaub. Hab mich dort mit meinem Rucksack von Insel zu Insel durchgeschlagen und hab mir die Landschaften angesehen. Ich war mit Trever, meinem Freund sogar bei den Papua-Völkern. Die waren bis vor einigen Jahren noch Kannibalen! Stellt Euch das vor!>

<Trever? Dein Freund? Oh Uta, wir haben uns so viel zu erzählen!> rief Anna begeistert. <Du hast Recht! Trever ist Amerikaner und hat eine TCM Praxis in Genf. Zurzeit ist er wieder im Ausland unterwegs. Ich habe schon längere Zeit nichts mehr von ihm gehört.> Uta dachte über Trever nach. Er hatte ihr erzählt, dass er ein Seminar in Russland besucht und einige Zeit dort bleibt, um sich die Natur und die Tiere vor Ort anzusehen. Wahrscheinlich bringt er wieder vom Aussterben bedrohte Arten mit! Uta grinste vor sich hin. Dann berührte Anna ihre Hand. <Oh, Uta, das ist ja wundervoll. Du musst mir alles von Trever erzählen!>

<Ja, Anna, mach ich. Stell Dir vor, das ist der Trever, von dem ich Dir damals erzählt habe. Der Amerikaner, mit dem ich in Australien die tasmanischen Teufel gerettet habe. Nach meinem Studium bin ich dann nach Genf gezogen und bekam die Anstellung bei der CITES und dann trafen Trever und ich uns wieder und wurden ein Paar!> <Oh, Uta, ich freue mich so für Dich!> <Danke! Jetzt erzähl Du mal, was in Deinem Leben so vorgefallen ist, Anna!>

<Hm, ich habe jemanden vor ein paar Wochen kennengelernt. Eine frische Beziehung, sozusagen. Er ist groß, hat braune Haare und er ist in leitender Position bei einer großen Firma.> Da schaltete sich Johanna ein. <Ja, erzähl mal, Anna, wir haben uns auch schon länger nicht gesehen und gehört. Wie ist er denn so? Ist er nett? Kenne ich ihn vielleicht?> <Ich kann Euch noch nicht so viel erzählen, ich kenne ihn doch selbst noch nicht so gut!> sagte Anna vehement und setzte sich kerzengerade hin. Uta bemerkte, dass etwas nicht stimmte und begann wieder über die Umwelt zu reden.

<Also ich würde Euch gerne noch von Indonesien erzählen. Es war furchtbar zu sehen, wie so wilde einzigartige Völker nur mehr traurig vor sich hinvegetieren! Eine Katastrophe! Ich kann Euch gar nicht sagen, wie schlimm es schon ist. Durch meine früheren Reisen konnte ich feststellen, dass der Regenwald immer mehr durch Landwirtschaft oder Palmölplantagen ersetzt worden war. Auf Borneo gibt es gar keinen Wald mehr! Die letzten Organ-Utans, die noch lebten, hat man in Zoos gesperrt. Auf den meisten Inseln sieht man nur mehr brennende Wälder, verkohlte Baumstümpfe, schwere Bulldozer, die das verbrannte Land für die Ölpalm-Plantagen vorbereiten … Ich sag Euch, wo noch vor kurzem Papua-Völker und andere indigene Dörfer im Einklang mit der Natur in Regenwäldern lebten, ragen heute Palmölplantagen in die Luft. Sie gelten als ökologisch "besonders wertvoll", werden staatlich gefördert und sollen als Rohstofflieferanten für Blockheizkraftwerke auch bei uns in Europa das Klimagewissen beruhigen.

Für die Ureinwohner auf der ganzen Insel Neuguinea und generell für alle indigenen Völker bedeuteten sie jedoch den Untergang und vor allem für die ganzen Tierpopulationen und die Biodiversität, die beinahe vollständig verschwunden sind. Durch die Brandrodung sind die Tiere verbrannt. Die, die noch überlebt haben, hatten keinen Wald mehr und sind so ausgestorben. Die Umweltschützer haben alles versucht. Doch sie konnten nur ein paar vom Aussterben bedrohte Tiere paarweise in die verschiedenen Zoos der Welt bringen, wo sie nun leben. Auch einige Pflanzenarten konnten gerettet werden, aber es gibt keinen Platz mehr in der Natur. Und die indigenen Völker sitzen nun in den Städten am Straßenrand mit einer Flasche Alkohol in der Hand und siechen vor sich hin genau wie die Aborigines!> <Ich hab neulich eine Dokumentation im Fernsehen gesehen. Das ist wirklich furchtbar! Genau wie in Australien haben diese Menschen keinen Lebenssinn mehr!> sagte Johanna traurig.

<Stimmt Johanna! Trever, mein Freund hat einen sehr großen Garten in Genf, der wie ein riesiges viktorianisches Glashaus aussieht. Dort hat er alle möglichen Tiere, die vom Aussterben bedroht sind, paarweise untergebracht. Bei manchen ist schon die Aufzucht geglückt!> <Das muss ja ein sehr lieber Mann sein, wenn er so tierlieb ist! So einen hätte ich auch gerne!> grinste Anna. <Ist Deiner nicht so tierlieb?> fragte Uta. <Hm, naja geht so!> sagte Anna knapp. <Colli, mein Mischlingshund, vielleicht kannst Du Dich noch an ihn erinnern, Uta? Als wir damals am Klarälven spazieren gingen!> <Ja, natürlich, Anna, der süße Welpe, der damals neben uns herlief. Mag er den etwa

nicht?> fragte Uta und zog die Augenbrauen hoch. <Naja, das beruht auf Gegenseitigkeit. Colli fletscht die Zähne und Gustav besteht immer darauf, dass ich ihn in einem anderen Zimmer einsperre, wenn er bei mir ist.> <Das hört sich nicht gut an!>, sagte Uta. <Aber reden wir nicht mehr darüber. Erzähl lieber noch von den Regenwäldern, Uta!>

<O.k., also ein paar kleinere Regenwälder sind noch übriggeblieben, doch um die streiten sich schon die Syndikate, zu denen die Konzerne und Vertreter der Politik und der Wirtschaft zählen.> <Ich weiß, das ist der Regenwald auf Sumatra. Hab ich neulich bei Universum gesehen.> <Ja, Anna, genau! Auch in Brasilien und Afrika, Sierra Leone gibt es noch ganz wenig Urwald, der heiß begehrt ist!> sagte Uta lautstark.

Ich bin vor kurzem über das Amazonasbecken geflogen, als ich nach Manaus zu einer CITES-Konferenz musste. Wisst ihr, wie lange wir über den Amazonas hinweggeflogen sind, bis ich wieder ein paar Bäume gesehen habe? Eine halbe Stunde! Das erscheint nicht lange, aber mit einem Flugzeug, das nun schon mit 1000 km/h fliegt, ist das ein riesengroßes Gebiet! In Brasilien gibt es nun nur mehr vereinzelte Tropenbäume. Sonst ist alles in Palmölplantagen und in Landwirtschaft umgewandelt worden. > <Ehrlich! das ist ja schrecklich, Uta!> sagte Anna mitfühlend.

<Unser Wohlstand ist der Untergang nicht nur indigener Völker, sondern der Untergang vieler armer Länder.>

Eine Minute herrschte gebannte Stille, dann sprach Uta weiter.

<Immer mehr Blockheizkraftwerke wurden gebaut, die mit billigem Palmöl betrieben werden und das unter dem Decknamen „Bioenergie!"!> <Ich verstehe das nicht!> sagte Anna voller Zorn. <Ich verstehe die Politik dieser Staaten nicht, die halten die Bevölkerung durch ihre Aussagen für blöde, dass Palmöl umweltfreundlich sei und man mithilfe von Palmöl etwas gegen die Umweltzerstörung unternimmt! Oder begreifen die es selbst nicht, was sie alles zerstören oder ist es ihnen einfach egal, was in Indonesien und den anderen Ländern geschieht, weil sie es stur ignorieren? Verlogene Meuchelbande!>

<Ja, wir müssen uns auch selbst bei der Nase nehmen! Anna, wie viele Computer hast Du? Wie viele Handys? Wie viel iPads? Und wie oft tauschst Du diese aus?> <Na, also, ich hab zwei Computer, ein Handy, mein altes war nach einem halben Jahr schon kaputt und ein iPad. Wieso?> <Naja, weil es nur mehr sehr wenige Rohstoffe und Metalle für Computer, Handys, et cetera. gibt.> sagte Uta sachlich.

Wieder entstand eine Schweigeminute, in der Anna und Johanna Uta betroffen ansahen. Anna blies die Luft aus.

Man muss selbst etwas unternehmen und die Bevölkerung aufklären! Man kommt auch mit einem Handy und einem Computer über lange Zeit aus! Und auch wenn es nicht das aktuellste Modell ist, dann ist das doch kein Grund, dass ich mir sofort ein neues Gerät besorgen muss. Genau wie mit dem Fernseher oder ähnlichem. Den Stromverbrauch müssen wir drastisch einschränken! Alles, was Strom frisst, muss gekürzt werden, natürlich auch die Computer, iPhones, E-Books, iPads, und dann sollten wir viel weniger mit dem Auto fahren, denn auch die Elektroautos fressen immer noch sehr viel Strom! Auch beim Heizen müssen wir uns einschränken! Lebensmittel dürfen nicht mehr verschwendet werden! Und der Müll muss im Allgemeinen dezimiert werden! Vor allem der Plastikmüll!

Wir müssen um jeden Preis die letzten verbliebenen Wälder schützen! Und Tiere, die vom Aussterben bedroht sind, nachzüchten. Zum Beispiel kann man Schildkröten, Echsen oder Ähnliches leicht züchten. Dafür benötigt man nicht viel!

O.k., ich sag Euch, was wir machen! Wir werden allen Menschen, die wir kennen, erzählen, welcher Schaden an der Umwelt schon begangen worden ist und was man als Einzelner dagegen tun kann!> <Ok, ich bin dabei, Uta, ich fange gleich mal in meiner Firma an!> sagte Johanna begeistert. <Super, ja mach das!>

<Aber reden wir mal von etwas anderem! Was machst Du jetzt, Anna? Hast Du Euer Möbelgeschäft schon übernommen?> <Äh, nein. Um ganz ehrlich zu sein, habe ich Psychologie studiert und spreche kein Wort mehr mit meinen Eltern und meinem Bruder, was ganz furchtbar ist. Aber ich konnte das, Du weißt schon, nicht mit meinem Gewissen vereinbaren.> <Oh!> sagte Uta betroffen. <Ehrlich? Das muss ja furchtbar sein! Du mochtest Deine Eltern doch sehr gerne!> <Ja, es tut auch sehr weh, aber ich habe gelernt, damit umzugehen. Ich habe einige Male versucht, den Kontakt zu ihnen wieder herzustellen, aber sie wollten nichts mehr mit mir zu tun haben. Sie be-

treiben immer noch das Möbelgeschäft und sind glücklich. Sie sind eine andere Generation, die anders denkt.> Anna zuckte die Schultern und blickte zu Boden. Uta war ein wenig stolz auf ihre Freundin. Sie hatte es also geschafft. Sie hatte ihren Willen durchgesetzt und hatte sich für den richtigen Weg und gegen die Lebensweise ihrer Eltern entschieden. Das war sicher ein harter Schlag für die Mikals. Ihre einzige Tochter zu verlieren. Hoffentlich dachten sie nach und änderten ihre Einstellung gegenüber dem illegalen Holzhandel! Eigentlich wäre es Utas Job, illegalen Machenschaften auf die Sprünge zu kommen. Hm, sollte sie die Mikals mal aufsuchen? Sie durfte Anna auf keinen Fall etwas davon erzählen. Uta hörte der Unterhaltung von Anna und Johanna nur gedämpft zu. Sie sprachen weiter über Umweltsünden. Doch Uta war weit weg in Gedanken.

Nachdem drei Stunden wie im Fluge vergangen waren und sie sich über ihr Leben und ihre frühere gemeinsame Kindheit unterhalten hatten, sagte Anna plötzlich zu Johanna <entschuldige, Johanna, wir reden die ganze Zeit nur über uns!>. <Ist schon o.k., Ihr habt Euch doch so lange nicht mehr gesehen. Vielleicht sollte ich jetzt gehen, dann könnt Ihr Euch noch weiter unterhalten.> <Nein, bleib nur, ich muss jetzt sowieso gehen, ich habe noch eine Verabredung!>, sagte Uta schnell und verabschiedete sich. <Anna, ich melde mich bei Dir, versprochen!> <O.k., das wäre schön! Aber nicht erst wieder in 10 Jahren!> lächelte Anna und zwinkerte Uta zu.

40. Kapitel

Wien – Mai 2025

Johanna trank ihren Kaffee und aß dazu ein Honigbrot. Es war 05.30 Uhr und noch ziemlich dunkel. Sie war noch müde. Die Demonstration hatte ewig gedauert und dann waren sie noch so lange mit Uta in dem Kaffee gewesen. Die Freundin von Anna schien sehr nett zu sein. Sie war irgendwie anders als alle Frauen, die Johanna jemals kennengelernt hatte. Sie war feiner, größer, eleganter und sie hatte eine auffallende Zahnlücke, die irgendwie sexy wirkte.

Die Regenwälder waren fast alle von der Erde verschwunden, auch die Tiere und sie hatte es nicht mitbekommen! Johanna wunderte sich sehr! Natürlich hörte man hier und dort wieder über Tiere, die ausgestorben waren und sah ab und an Berichte im Fernsehen, aber es ging alles so schnell, eine Schreckensmeldung folgte der nächsten, sodass man die Meldungen, die von anderen schockierenden Ereignissen übertroffen wurden, sofort wieder vergaß oder in den hinteren Teil des Gehirns verbarrikadierte! Der Mensch war sowieso dafür geschaffen, Negatives auszublenden. Es fiel ihm leichter, auf diese Weise in der Gegenwart zu leben. Das hatte sie von Anna gelernt.

Seltsam auch, was die beiden über das Möbelgeschäft von Annas Eltern gesagt hatten. Was war da nur geschehen? Als sie Anna nach dem Gymnasium aus den Augen verloren hatte, war alles noch in Ordnung mit ihr und ihren Eltern, aber dann hatten sie sich nach langer Zeit wieder getroffen und da war Anna mit ihren Eltern schon zerstritten. Anna wollte nie darüber sprechen. Uta schien etwas mehr darüber zu wissen. Sie schien generell viel zu wissen!

Die Umweltsünden in Indonesien und den anderen Ländern klangen ziemlich schlimm. War es wirklich schon so weit mit unserer Welt? War nur mehr ganz wenig Regenwald da? Man konnte es gar nicht glauben! Das musste sie heute noch googeln! Was für einen tollen Job Uta haben musste! Aber auch schrecklich! Sie bekam alles hautnah mit und musste sich die Umweltzerstörungen vor Ort ansehen! Sie wollte am liebsten mit ihr tauschen! Als sie das Licht im Badezimmer einschaltete, dachte sie sofort über alles nach, was sie gestern gehört hatte. Wir müssen umdenken! Es ist schon höchste Eisenbahn.

Stefan hatte ihr bereits ihr Frühstück gerichtet, als sie in die Küche kam. Er saß bei seiner Zeitung und hatte alle Lampen die sie in der Wohnung hatten, angeknipst. Johanna ging sofort zu den einzelnen Lichtschaltern und schaltete alle bis auf die Küche aus. <Hey, was machst Du denn? Wieso knipst Du alle Lichter aus?> fragte Stefan ärgerlich. <Na, weil Du die gar nicht alle brauchst! Schließlich sitzt Du in der Küche und nicht im Wohnzimmer oder Schlafzimmer! Wir müssen umdenken, Stefan!>

<Jetzt komm erst mal her und gib mir einen Kuss! Wie war es gestern bei der Demo?> fragte Stefan, der in die Zeitung vertieft war und nur kurz zu Johanna blickte. <Super, schade, dass Du nicht dabei warst!> <Schatz, ich musste arbeiten und nachkommen hätte sich nicht mehr ausgezahlt.>

<Es war genial! So viele Menschen, die für die Umwelt demonstriert haben! Ich hoffe, dass sich endlich etwas ändert und dass die Politiker umdenken! Auch wir müssen umdenken! Du lässt immer das Licht überall brennen, Schatz! Das könnten wir schon mal ändern und generell Strom sparen! Der Fernseher ist immer auf Stand By, weißt Du, wie viel Strom das frisst?> sagte Johanna ernst.

<Na, das bisschen Strom, das können wir uns schon noch leisten!> <Es geht nicht ums Geld! Es geht um unsere Umwelt!> <Das bisschen Strom wird schon nicht so schlimm sein! Da müssen zuerst alle anderen etwas ändern. Der einzelne kann nicht viel dazu beitragen!> <Irrtum! Genau das ist unser Problem. Keiner will zurückstecken! Dabei wäre es sehr einfach! Wir werden umdenken! Das habe ich gestern beschlossen!> sagte Johanna mit Nachdruck. Dann wurde sie sanfter <Stell Dir vor, ich hab gestern Uta Fedderson kennengelernt!> <Wen?> <Na Uta, Annas beste Freundin aus der Volksschule. Und weißt Du, was die beruflich macht?> fragte Johanna ohne eine Antwort abzuwarten. <Sie ist bei der CITES in Genf. Die sind für den Artenschutz zuständig. Das ist so eine Organisation. Wenn Du zum Beispiel eine Schildkröte kaufst, musst Du angeben, welchen CITES-Status diese hat. Es gibt 3 Einteilungen. Nr. 1 ist, glaub ich, die höchst gefährdeten Arten, egal ob Tiere oder Pflanzen, Nr. 2 die mittelgefährdeten und Nr. 3 sind die weniger gefährdeten Arten.> <Hm>, sagte Stefan ohne, dass er von seiner Zeitung aufsah. Johanna gab ihm einen Tritt. <Aua>, schrie Stefan. <Das geschieht Dir Recht! Hör endlich mal zu oder ließ Deine Zeitung, Du weißt ja,

227

Multitasking ist nichts für Männer! Ihr könnt das einfach nicht, gleichzeitig Zeitung lesen und zuhören! Also entscheide Dich, ich oder Deine blöde Zeitung!> schimpfte Johanna wütend. Stefan lachte. <Schatz, wir Männer sind schon Multitasking fähig, aber nicht so bald am Morgen! Ich hab Dir schon zugehört. Die CITES ist für den Artenschutz zuständig. Fünf Einteilungen für Tiere und Pflanzen.> <Falsch, drei Einteilungen, nicht fünf!> Dann kitzelte Johanna Stefan wütend. Er musste so herzhaft lachen, dass er sich unter ihr krümmte. <Nein, bitte nicht, haha!> <Dann hör mir zu!> <Schatz, ich muss jetzt zur Arbeit, ich höre Dir am Abend zu!> <Ja, ja, wer's glaubt, wird selig!> Dann gab Stefan ihr einen Kuss und grinste beim Hinausgehen.

Es war ein besonderer Tag gestern, dachte Johanna verträumt. Die Demo gegen die Klimaveränderung gab ihr sehr viel. Sie wohnten zwar in einem schönen Stadtteil, aber mit dem ewigen Schnee, Regen und der Kälte konnte man nicht mal Kagran genießen, obwohl es ein sehr hochwertiger Ort zum Wohnen war. Einerseits grenzte Kagran an die Donau und das Naherholungsgebiet Lobau, eine wundervolle Oase der Ruhe, war ebenfalls in der Nähe. Andererseits war der Bezirk ein moderner Standort unweit der Innenstadt Wiens. Für sie und Stefan geradezu ideal, war auch das nahegelegene Donauzentrum mit seinen 280 Geschäften gleich in der Nähe. Hier verbrachten sie am Anfang ihres Kennenlernens viel Zeit zusammen. Und gerade jetzt bei diesem miserablen Wetter konnte man wenigstens im Warmen und Trockenen shoppen oder essen gehen und sparte noch dazu Heizkosten.

Die Altstadt Wiens erreichte man mit der nächsten U-Bahn-Station nach einem siebenminütigen Fußmarsch und man war nach weiteren 12 Minuten im Zentrum am Stephansplatz. Für Johanna und Stefan bot Wien alles, was man sich erträumen konnte. Gute Wohnqualität, Freizeitangebote und Shoppen ohne Ende und der beliebte Naschmarkt, wo sie beide oft Kräuter für ihr Essen einkauften.

Hingegen war Inzersdorf ein Industriegebiet. Neben ihrer Firma hatten sich dort viele Firmen angesiedelt. Ihr Unternehmen lag in der Laaer-Berg-Strasse 40.

Als sie wie immer auf die U-Bahn wartete, dachte sie wieder über alles nach. Die Demo gestern, ein weitverzweigtes Syndikat, das für die Abholzung der letzten Urwälder verantwortlich war und ihre neue Arbeit. Sie arbeitete jetzt seit einem Monat für MEWI. Der Konzern umfasste 300 Angestellte. Es war ein Leistungsbetrieb. Wie so oft zählten in Konzernen nicht die einzelnen Mitarbeiter, sondern nur das Gesamtergebnis. Verkaufen, verkaufen, verkaufen, war das Ziel. Einen höchstmöglichen Profit zu erlangen. Das Unternehmen war auch an der Börse notiert.

Die U-Bahn kam pünktlich um 07.20 Uhr an und Johanna wurde wieder mit der Menschenmenge mitgerissen. Um 07.30 Uhr erreichte Johanna ihre Firma.

Sie stempelte ein und ging den Gang entlang zu ihrem Büro.

Gustav war wie immer ganz früh im Büro. Er deutete ihr ein „Hallo" und wandte sich wieder seinem

Computer zu. Johanna verstaute ihre Tasche im Schrank, goss ihre Blumen und ging zum Kaffeeautomaten.

In der vorherigen Firma, in der sie gearbeitet hatte, war immer etwas los. Eine ehemalige Kollegin schrieb ihr noch einige Male, dass sie doch zu ihnen zurückkommen solle. Sie fehle ihnen. Doch das war ihr zu peinlich. Sie hatte sich entschieden und nun musste sie diese Entscheidung akzeptieren. Selber schuld! rügte sich Johanna immer wieder.

Eine Stunde später saß Gustav in seinem Büro und telefonierte noch immer. Johanna schien es, dass er ständig telefonierte. Er hatte sein Headset auf und grinste sie durch die Bürotür an. Dann deutete er ihr, dass sie kommen solle. Johanna öffnete die Türe zu seinem Büro. <Kann ich kurz mit Dir sprechen?> <Ja, natürlich, Johanna, worum geht es? fragte Gustav gut gelaunt. Meistens war er schlecht gelaunt.

Sie setzte sich an seinen Besprechungstisch. Er telefonierte noch weiter. Währenddessen blickte Johanna auf die Bilder an der Wand. Eines zeigte eine Ein Dollarnote, die hinter Glas eingerahmt war und auf der gegenüberliegenden Wand fand sich Johanna einem Bild gegenüber, das eine Pyramide zeigte, die von einem Kreis umrahmt war. Das Bild war in den Farben grünschwarz gehalten. Seltsame Bilder! Sie wirkten irgendwie mystisch! Vielleicht war Gustav ein Anhänger von irgendeiner Sekte? Johanna machte sich noch weiter Gedanken, als er endlich auflegte. Dann sagte sie zu ihm. <Gustav, wie lange muss ich denn die alten Ordner scannen?> <Na, so ein halbes Jahr.

Kommt drauf an, wie schnell Du bist!> gab ihr Gustav zur Antwort. <Kann ich wenigstens bei Irene und Sabine sitzen! Oder bei Uschi und Franziska? Man könnte doch ihr Büro vergrößern. Der Grund, warum ich bei ihnen sitzen will, ist, dass ich viel mehr von ihrer Arbeit und von den anderen Kollegen mitbekommen würde, weil die in den angrenzenden Büros arbeiten und oft zu ihnen kommen. Zu mir kommt nie jemand, außer wenn er Arbeit für mich hat und das ist sehr selten.> konterte Johanna.

Doch Gustav wurde zornig, als sie davon anfing. <Hör mal, Du kannst froh sein, dass Du hier arbeiten kannst und dass Du ein eigenes Büro und Deinen Frieden hast! Genau wie ich.> <Ja, aber das Einscannen und Abspeichern ist nicht gerade eine intelligente Arbeit und wird meiner Ausbildung nicht gerecht! Und außerdem hast Du so viele Besprechungen und Kundenkontakt. Das ist schon etwas anderes!> sagte Johanna leise.

<Genieße einfach Dein Büro, eine andere Option gibt es nicht! Die Arbeit ist sowieso das Wichtigste! Jetzt muss ich wieder weiterarbeiten, Du weißt ja, das Projekt „Sido" und die Besprechung mit den Zigottis, wenn sie von Thailand zurückkommen, steht bevor.> <Ja, ich geh schon!> <Johanna, nimm es einfach so hin, wie es ist!> sagte Gustav mit einem breiten Grinsen. Johanna war nicht zum Grinsen zu Mute.

Sie ging nicht in ihr Büro zurück. Sie wollte einfach ein paar Schritte spazieren. Also ging sie den Gang entlang Richtung Ausgang, grüßte die Mädels vom Empfang und bog rechts in den Gang, der zu den Büros von der Verkaufsleitung führte, ab. Plötzlich blieb sie wie angewurzelt stehen. Vor sich im Gang sah sie John Hebenstreit, der gerade aus einer Bürotür heraustrat. Dieser blieb ebenfalls stehen und sah sie einen Augenblick musternd an. Dann räusperte er sich und sagte mit seiner tiefen Stimme <Hallo Johanna, wie geht es Dir?> Johanna fing sich wieder und räusperte sich ebenfalls. <Danke, es geht mir gut! Und Dir?> <Ja geht schon!> sagte John kurz angebunden. <Du, ich muss weiter.> Er schien es plötzlich sehr eilig zu haben. <Na, dann sehen wir uns vielleicht mal wieder hier bei der MEWI!> John setzte ein Lächeln auf, dass Johanna nicht interpretieren konnte. <Ich wusste, dass Du hier arbeitest!> sagte er mit einem Augenzwinkern und ging schnell an ihr vorbei. Zufällig oder auch nicht berührte er dabei ihre Hand.

Als Johanna zurück ins Büro kam, dachte sie noch über John Hebenstreit nach. Er hieß eigentlich Johannes Hebenstreit. Er arbeitete viel mit der „MEWI" zusammen, das wusste sie. Als hoher Politiker war er im Gemeinderat für die Verwirklichung der Erweiterungsprojekte der MEWI verantwortlich oder konnte auch sein Veto einlegen. Wenn der Konzern ein weiteres Logistikzentrum oder ein Auslieferungslager oder gar einen weiteren MEWI-Konzern plante, musste Hebenstreit seine Zustimmung für die Umwidmung zum Gewerbegebiet und für die Errichtung geben.

Johanna hatte ihn bei einem Trommelkurs vor ein paar Jahren kennengelernt. Sie kannte John etwas besser und wusste, dass er geschieden war.

John Hebenstreit hatte es ihr vor einiger Zeit gesagt. Er hatte ziemlich dunkle Ringe unter seinen

Augen, als sie sich zufällig auf der Straße getroffen hatten. Sonst war er ein Sonnenschein, ein wirklich toller Mann. Er war öfters in Zeitungen abgebildet. Immer gut angezogen mit Anzug und Krawatte, doch in der Zeit seiner Scheidung war er zu T-Shirt und saloppen Jeans übergewechselt. Wahrscheinlich hatte die Kleidung immer seine Frau zusammengestellt. Man sagt ja: Hinter jedem attraktiven Mann steckt eine Frau mit gutem Geschmack! Doch auch der used look schadete ihm nicht, denn er war ein gut durchtrainierter Mann in den Fünfzigern, dem jedes Kleidungsstück gut passte und der immer sehr gepflegt war. Mit seinem Charisma stach er aus jeder Menge heraus, war größer als die meisten und wirkte durch seine gerade Haltung und die blauen Augen sehr weise und edel. Er hatte sein Studium mit Bravour absolviert und sich einen hohen Posten in der Politik verdient. Er war ein geradliniger Mann, der auch ein sehr warmherziger und liebevoller Vater war. So schätzte ihn Johanna zumindest ein.

41. Kapitel

Wien – Mai 2025

Anna Mikal bog gerade in die Mühlfeldgasse 54, die in Leopoldstadt lag, ein. Es war das erste Mal, dass sie diese Gegend sah. Nett! Hier mussten die Wohnungen ziemlich teuer sein, aber Gustav konnte es sich leisten, keine Frage. Sie zog ihren Mantel enger um sich. Es war noch immer bitterkalt! Hoffentlich hatte Gustav eingeheizt! Anna wollte endlich vernünftig mit ihm sprechen. Sie wollte wissen, warum er sich so seltsam verhielt. War seine Liebe echt? Sie wollte einfach klare Verhältnisse schaffen.

Gustav wohnte seit zehn Jahren dort. Er hatte Anna noch nie zu sich eingeladen, deshalb war sie neugierig geworden. Es war Sonntag und er sollte eigentlich zu Hause sein. Zumindest hatte er ihr nichts erzählt, worauf sich schließen ließe, dass er nicht zu Hause war. Der Wohnblock war ein normaler Bau mit vier Stockwerken. Die Häuserfront wirkte elegant und war in hellem Grau gehalten. Gustav wohnte im obersten Stockwerk. Das hatte er ihr vor kurzem erzählt. Anna war gespannt. Rundherum umrandeten schön gepflegte Gärten das Anwesen. Ein Schmetterlingsstrauch zierte den vordersten Garten. Seine filigran wirkenden Blätter flatterten zerbrechlich im Wind. Anna liebte den Anblick der vielen Schmetterlinge, die früher im Hochsommer, doch mittlerweile auch bei den kälteren Temperaturen herumflogen. Die hatten sich also angepasst!

Anna umrundete mit Colli die Gärten, die mit Blumenrabatten eingefasst waren. Dann sah sie die Eingangstüre. Rechts daneben hing einer von diesen hässlichen postmodernen Briefkästen. Anna spähte auf die Namenstafel neben der Eingangstüre. Gustav Donner stand in Großbuchstaben bei dem Türschild Nummer 7. Sie läutete. Einmal, zweimal, nachdem sich niemand meldete, noch ein drittes und ein viertes Mal. Anna wartete angespannt. Keiner zu Hause! Sie wollte gerade gehen, als plötzlich der Türöffner summte. Anna betrat mit Colli das Stiegenhaus des Mehrfamilienhauses. Sie sah sich um.

Obwohl es einen Lift in dem Haus gab, nahmen sie und Colli die Treppe. Sie hatte Colli mitgenommen, auch wenn Gustav ihn nicht mochte. Falls ihre Beziehung funktionieren sollte, dann wollte sie, dass Colli und Gustav sich verstanden!

Im vierten Stock angekommen, lehnte Gustav an der offenen Türe. <Hallo, Dich hab ich hier nicht erwartet!> sagte er knapp. Colli knurrte, als er Gustav sah. Anna drückte ihn an sich. <Oh, entschuldige den Überfall, aber ich wollte Dich sehen und überraschen. Nachdem Du mir nicht freiwillig Deine Wohnung zeigst, musste ich ja irgendwann hierher kommen, oder?> <Hm, Du hast Recht. Leider geht es bei mir im Moment überhaupt nicht. Treffen wir uns doch am Nachmittag zu einem Spaziergang. Was meinst Du?> Überrumpelt blickte Anna ihn hilflos an. <O.k., dann sehen wir uns am Nachmittag. In Ordnung.> Anna machte auf dem Absatz kehrt und gemeinsam mit Colli lief sie die Treppen hinunter. Warum war Gustav nur so seltsam? Was hatte er nur zu verbergen? Anna und Collie liefen die Strecke zurück zur nächsten U-Bahn Station. Anna wollte jetzt laufen. Es ging ihr nicht gut. So ein seltsamer, geheimnistuerischer Mann! So etwas mochte sie überhaupt nicht! Mit dem stimmte etwas nicht! Aber sie liebte ihn doch so sehr! Sie musste zu Hause erst mal Ordnung in ihre Gedanken bringen. Die Sache mit Gustav war schon etwas merkwürdig. Jeder andere Mann wäre stolz, ihr seine Wohnung zu zeigen. Nur er nicht! Was hatte er nur zu verbergen?

42. Kapitel

Wien – Mai 2025

Uta stand mitten im Verkaufsraum des Möbelhauses Mikal. Das Empfangspult in der Mitte des Raumes war nicht besetzt. Uta blickte sich um. Das Möbelhaus entsprach einem exquisiten Geschmack. Überall standen edle Couchgarnituren aus weichem Veloursleder, Ledersofas, dunkle Kästen aus Hartholz und Wasserbetten. Ein langer Holztisch fiel Uta besonders ins Auge, dessen Platte mindestens zehn Zentimeter Stärke aufwies. Lässig drapiert wirkten auch die dunklen Holzschüsseln und Vasen in der Auslage.

Uta atmete tief aus. Sie hatte die Eltern von Anna seit Jahren nicht mehr gesehen. Sie wusste nicht, wie sie bei ihrem Anblick reagieren würden. Sie wollte nur die Wanzen im Geschäft anbringen und dann schnell wieder verschwinden. Das Telefon wurde von Uta schon seit gestern abgehört. Sie hatte ihren Chef davon in Kenntnis gesetzt, dass die Mikals möglicherweise mit dem Holzsyndikat in Verbindung standen. Uta hatte von ihm sämtliche Bevollmächtigungen erhalten, die Mikals zu überwachen, obwohl das nur eine Vermutung war. Er hatte ohne große Nachfrage die Abhöraktion bewilligt. Nun wollte Uta Wanzen im Möbelgeschäft anbringen und dann würde sie die Mikals eine Zeit lang belauschen. <Uta?> ertönte plötzlich die erstaunte Stimme von Swenja Mikal, die aus einem der angrenzenden Verkaufsräume kam. Sie war wie eh und je elegant gekleidet.

43. Kapitel

Wien – Mai 2025

Johanna stieg die Treppe zu einem der mehrfach verzweigten Kellergeschosse hinab. Hier waren die alten Ordner in einer langen Halle auf Eisengestellen, die parallel zueinander verliefen, gereiht. Im hinteren Bereich des Kellers war ein Licht ausgefallen. Das andere Neonlicht flackerte unsicher von der Decke. Johanna hasste das Kunstlicht und diese muffigen Kellergänge. Aber wenigstens erhellten die Neonröhren die Gänge, dachte Johanna bei sich. Sonst würde es hier unten zu unheimlich sein. Einmal hatte sie von ihren Kollegen aus der Abteilung gehört, dass sich hier anscheinend schon des Öfteren Kollegen aus anderen Abteilungen dem Liebesspiel hingegeben hatten. Das konnte Johanna sich beim besten Willen nicht vorstellen. In diesen ungemütlichen Kellergängen, wo alles schmutzig war, igitt!

Die alte Klimaanlage knatterte vor sich hin. Johanna sah auf die Schilder der verschiedenen Regale. Alle waren perfekt nummeriert. Sie bewegte die Regale mit Hilfe zweier Räder, die an der Außenseite der Regale befestigt waren, voneinander weg und schlängelte sich zwischen ihnen bis zu der richtigen Nummer hindurch. Johanna hatte oft das Gefühl, als ob sie jederzeit hier eingequetscht werden könnte. Angst beschlich sie ein wenig. Hier unten durfte man auf keinen Fall eine Hysterie oder gar Klaustrophobie haben.

Ah, da war der Ordner Nr. A11, den sie gesucht hatte! Sie zog ihn vorsichtig aus dem Regal, doch plötzlich rutschte der Ordner, der daneben stand, aus dem Regal und fiel mit einem lauten Krachen zu Boden. <Mist!> schalt sich Johanna. Er musste irgendwie an ihrem Ordner geklebt sein. Aber es waren zum Glück nur alte Ordner, nichts, was noch von Bedeutung gewesen wäre. Johanna bückte sich, um den alten Ordner aufzuheben. Normalerweise interessierten sie die alten Ordner nicht, aber dieser war irgendwie anders. Auf dem Rücken stand „WWA Vereinbarungen – Projekt Sido". Was mochte das wohl bedeuten? Sie hatte noch nie von WWA gehört, aber den Namen Sido hatte Gustav mal erwähnt! Was war Sido? Eine Firma, ein Projekt?

Langsam hob sie ihn vom Boden hoch und spähte auf den Ordner. Sollte sie einen Blick hineinwerfen? Nein, sie stellte ihn wieder in das Regal zurück. Dabei fiel ein Blatt heraus. Johanna bückte sich nochmals und schaute sich das Blatt genauer an. Hm, Holz, es ging um Holzlieferungen. Jetzt wurde Johanna doch neugierig. Sie nahm den staubigen Ordner heraus und blätterte darin. Es waren Rechnungen von heimischen Holzbestellungen, Aufzeichnungen und Bilder von Holzstämmen und Holzbrettern, die als „Lärche, Eiche und ein paar andere heimische Holzarten" deklariert waren. Aber Johanna kannte Lärche. Manfred, ein Freund von ihr, hatte selbst einen Lärchen-Terrassenboden in seinem Haus. Diese Hölzer sahen so ganz und gar nicht nach Lärche aus! Seltsam!

Sie blätterte noch ein paar Seiten durch. Es waren alles Rechnungen und Frachtdokumente. Frankreich, Nantes, war der Ort, von dem sie kamen.

Seltsam, warum handelte ihre Firma mit Holz? Die Möbelstücke bekamen sie doch fertig geliefert? Und warum aus Frankreich? Johanna wunderte sich. Doch auch bei näherer Überprüfung der anderen Papiere konnte sie keinen weiteren Hinweis auf den Ursprung der Hölzer finden. Als sie weiter blätterte, kam ein Verweis auf ein Möbelgeschäft, der Name war ausradiert worden. Dann standen noch Maßanfertigungen von Möbeln und die dazu passenden Bilder. Das eine Regal, das hier aufgezeichnet war, kam Johanna bekannt vor. Sie musste ja des Öfteren auch Sachen aus den Verkaufsräumen holen und da hatte sie das Regal gesehen. Als sie den Ordner wieder auf seinen Platz stellte, fiel ihr auf, dass dieser Ordner im falschen Regal stand. Oh, den roten Punkt am oberen Rand des Ordners hatte sie vorhin gar nicht wahrgenommen! Dieser wies darauf hin, dass es ein Ordner des Generaldirektors war! Sie hatte nichts mit den Ordnern des Generaldirektors zu tun. Das war nur Zuständigkeitsgebiet der Assistentinnen der Konzernleitung.

Die Ordner des Generaldirektors waren in einem anderen Kellerraum gelagert und normalerweise mit einem Vorhängeschloss gesichert. Diesen Ordner musste jemand irrtümlich hier eingeordnet haben. Vielleicht Helga? Johanna wusste, dass es Ordner gab, die geheim waren. Diese waren immer unter strenger Aufsicht von einer der Chefsekretärinnen und mit einem roten Punkt gekennzeichnet. Johanna holte nochmals den Ordner hervor. Sie hatte vorhin nicht auf die Preise geachtet. Nun blätterte sie die Rechnungen nochmal durch und sah auf die Preise. Pro Festmeter Holz wurde ein Preis von zwei Euro verlangt. Sie kannte sich mit Holzpreisen nicht aus, aber zu Hause würde sie dann im Internet recherchieren. Die Preise kamen ihr aber sehr niedrig vor. Die Möbel, die ihre Firma verkaufte, hatten alle Spitzenqualität. Edle Holztische, teure Holzbetten, Kästen, Schränke, alles was das Herz begehrte und schöne Küchen waren im Programm des Möbelriesen und wurden an die Käufer zu recht günstigen Preisen vergeben. Nur seit sie hier war, erzählten die Kollegen, waren die Holzpreise sehr gestiegen!

Es kam ihr seltsam vor! Sie hatte sich schon oft gedacht, dass die Kästen und Schränke, die in ihrer Firma mit heimischen Holznamen ausgewiesen waren, edler als die heimischen Hölzer aussahen, aber dass das Hölzer von Afrika oder sonstige Tropenhölzer waren, das hätte sie nie vermutet. Aber nun sah es ganz danach aus! Von draußen hörte sie ein Geräusch. Sie steckte den Ordner mit den Holzlieferungen wieder ins Regal zurück und verließ mit ihrem einzuscannenden Ordner eiligst das Kellergeschoss.

Johanna nahm sich vor, bei einer anderen Gelegenheit nochmals nach dem Ordner zu sehen. Dann ging sie, den Ordner unterm Arm, wieder zurück in ihr Büro. Gustav spähte durch seine Büroglastüre. Johanna hatte oft das Gefühl, als würde er sie in letzter Zeit beobachten.

Schnell ging sie in ihr Büro und setzte sich auf den Drehstuhl, indem sie den Ordner auf den Tisch legte. Helga war gerade draußen am Gang beim Kopierer. Sie hatte sie auch ohne ihre Brille an ihrer bunten Bluse erkannt. Johanna schaltete den Computer wieder an und googelte nach dem Namen Nantes.

Nantes [naþ:t] (bretonisch Naoned; lateinisch Portus Namnetus) ist eine Großstadt im Westen Frankreichs, Präfektur im Département Loire-Atlantique (bret. Liger-Atlantel) und Hauptort der Region Pays de la Loire.

Die zeitweilige Hauptstadt der historischen Bretagne wurde 1941 mit dem Département Loire-Atlantique von dieser abgespalten und ist deshalb kein Teil der modernen Verwaltungsregion gleichen Namens.

Im Oktober 2010 bekam die Stadt Nantes als vierte europäische Stadt den Titel Umwelthauptstadt Europas 2014.

• Fläche: 46,79 km²

• Wetter: -3 °C, Wind aus SW mit 32 km/h, 73 % Luftfeuchtigkeit

• Ortszeit: Dienstag, 16:48

Wikipedia

Johanna las bedächtig alles über Nantes durch. Sie konnte es sich nur so vorstellen, dass illegal Holz importiert wurde. Aber von wo? Von Afrika oder Indonesien vielleicht? Sie hatte einmal eine Dokumentation gesehen, wo genau von diesem Holzschmuggel aus Afrika und der Stadt Nantes berichtet wurde. Aber dass gerade Österreich und noch dazu ihre Firma darin verwickelt sein könnte, das wollte ihr nicht so recht in den Sinn. Johanna überlegte weiter.

Wie könnte es sich abspielen? Vielleicht wurde Holz von der Hafenstadt Nantes auf LKWs geladen und von dort nach Österreich transportiert. Nantes kam ihr als möglicher Ort in den Sinn, weil dieser auch einen Hafen besaß. Was hatte das alles mit ihrer Firma zu tun? Waren das etwa die Bäume der letzten Urwälder, von denen Uta gesprochen hatte? Das wäre ja Wahnsinn! überlegte Johanna vertieft. Plötzlich öffnete sich die Türe und Gustav stand plötzlich im Türrahmen. Johanna schrak von ihrem Stuhl hoch und blickte erstaunt in Gustavs Augen. <Habe ich Dich etwa erschreckt?> fragte Gustav mit einem Lächeln im Gesicht, die offene Türe in der Hand haltend. Johanna hasste es, wenn er so hereinschlich. <Nein, ich war nur gerade beim Abspeichern.> gab Johanna kleinlaut zurück und hoffte, dass er nicht die Internetseite sehen konnte. Sie musste an die Kolleginnen denken, die so zum Spaß immer wieder sagten, dass wahrscheinlich Wanzen in den Wänden eingebaut waren, wo man alles mithören konnte. Wenn es nach Johanna ging, dann waren wohl auch die Computer angezapft! Das musste sie am Abend alles Stefan erzählen! Und Anna, die sollte es Uta sagen. Aber vorerst musste sie noch weiter Informationen sammeln! Sie wusste, dass es sich um Tropenhölzer handelte, da war sie ganz sicher und dass ihre Firma in etwas verstrickt war.

44. Kapitel

Afrika – Sierra Leone – Mitte Mai 2025

Zehn Minuten später sah Nngo den Mann, den er General nannte. Er kam gerade auf ihn zu. Nngo konnte sein Glück gar nicht fassen. Als der General direkt an dem Lager, wo sich Nngo versteckt hielt, vorbei ging, schnappte ihn Nngo und hielt ihm ein Messer an die Kehle. <Ruhig, sonst schneide ich Dir die Kehle durch!> flüsterte Nngo. Der General verhielt sich ganz still. <Also hör mir zu. Ich wurde von den Europäern angeheuert, um die Baumstämme abzutransportieren und zum Hafen zu bringen. Sag Deinen Männern, sie sollen uns freies Geleit geben. Ich soll Euch zum Beweis etwas Bargeld von den europäischen Auftraggebern geben. Hier!> Nngo hielt dem Soldaten Geld entgegen. Dann ließ er ihn los. Dieser drehte sich um und sah ihm direkt in die Augen, dann auf das Geld. Ruhig nahm er es und rief dann seine Männer. Nngo zitterte innerlich. Er hatte sich in die Höhle des Löwen begeben. Er konnte nur hoffen, dass sein Plan aufging. Die Soldaten rannten auf Nngo zu und hielten ihm ihre Waffen entgegen. Nngo hatte ganz weiche Knie, aber er ließ sich nichts anmerken. Aufrecht stand er vor den Männern. In Suaheli berichtete der General von dem Plan der Europäer. Diese nickten und ließen ihre Waffen sinken. Dann deutete er ihnen, dass sie gehen sollten. Der General sagte zu Nngo <falls Sie gelogen haben, werden wir Sie aufspüren, egal wo Sie sich befinden!> Dann packte er sein Gewehr und eilte seinen Gefährten nach. Nngo musste sich auf den Schemel setzen, auf dem er schon gestern saß. Seine Knie zitterten, er atmete tief durch. Also gut, das war geschafft, dann holte er langsam sein Handy hervor und rief ein paar Männer an. Die LKWs würden noch am Abend hier sein und die Arbeiter würden auch im Laufe des Tages kommen. Er hatte alles perfekt eingefädelt.

Nngo war stolz auf sein organisatorisches Talent.
So nun konnte er Juma holen.

45. Kapitel

Sekretariat der CITES – Genf – Mai 2025

Das Sekretariat der CITES hatte seinen Sitz in
Genf. Es war ein rechteckiger langgezogener Bau,
dessen blaue Fensterfronten im hellen Sonnenlicht
aufblitzten. Uta Fedderson blickte aus dem Fenster
des 21. Stockwerks. Mit ihren 1,80 m und ihren
blonden kurzen Haaren und blauen Augen wirkte
Uta eher wie ein Topmodel, nicht wie eine Mitarbeiterin der CITES, der Convention on International Trade in Endangered Species of Wild Fauna
und Flora. Utas Chef, Björn Hellmann hatte die
Abhöraktion gegen die Mikals ohne weiteres genehmigt. Er vertraute Uta voll und ganz und war
ein Freund von ihr und Trever.

Uta saß in ihrem Büro und lauschte gespannt den
aufgezeichneten Gesprächen. Swenja Mikal war
sehr erstaunt gewesen, als sie Uta sah. Uta fiel es
schwer zu lügen. Sie hatte Swenja eine Geschichte aufgetischt, die sie ihr wahrscheinlich nicht abgenommen hatte. Uta hatte als CIA-Agentin gelernt, wie sie sich aus brisanten Situationen geschickt herausmanövrieren konnte, aber als sie
Swenja sah, da war so viel Emotion im Spiel, dass
sie ihre vorbereitete Lüge nur unecht rüberbrachte.
Swenja sah sie etwas verwirrt an. Doch Uta fing
sich wieder und lächelte geschickt. Sie erzählte
von sich und dem Grund für ihren Besuch und

schön langsam sah sie Swenja Mikal nicht mehr so seltsam an, sondern schien sie ernst zu nehmen. Sie freute sich sehr über den Besuch von Uta. Das konnte sie spüren. Sie sprachen die ganze Zeit nicht über Anna. Sie hatte es vermieden, Anna da mithineinzuziehen.

Die Mikals hatten einige Telefonate geführt. Immer wieder ging es um Holzlieferungen. Es wurde kein Land genannt, aus denen die Lieferungen kamen, aber es wurde englisch gesprochen.

Und dann telefonierten sie wieder mit einer Firma, die Möbelstücke bestellte. Diese Firma hatte sich unter einem falschen Namen vorgestellt. Jedenfalls fand Uta keine Firma mit demselben Namen im Internet. Diese Firma gab es offiziell gar nicht. Auch die Telefonnummer war nicht zu eruieren. Die Mikals steckten bis obenhin mit dem Verbrechersyndikat unter einem Hut. Uta hatte die Abhöraktionen auf ihrem Computer gespeichert. Die nächsten Tage und Wochen würde sie alle Telefonate der Mikals aufzeichnen und auswerten. Sie war traurig, dass sie die Eltern ihrer besten Freundin belauschen musste. Sie konnte sich wirklich etwas Schöneres vorstellen! Aber das war nun mal ihr Job. Und vielleicht mussten die Mikals nur gegen die Verbrechersyndikate aussagen und mussten nicht ins Gefängnis. Arme Anna!

46. Kapitel

Wien – Mitte Mai 2025

Gustav kehrte zurück in seine Wohnung. <Ist sie weg?> fragte die tiefe Stimme des großen blonden Mannes, der verkehrt zu Gustav am Fenster stand und hinausblickte. <Ja, sie ist gegangen.> <Gut so, nun zurück zum Geschäft. Sie sagten, dass Ihre Leute den Deal mit der französischen Regierung gemacht haben?> <Ja.> antwortete Gustav nachdenklich. <Alles ist perfekt. Die Frachtdokumente, das Ursprungszertifikat, sowie die Zollbescheinigung, alle Papiere wurden an unsere Mitarbeiter übergeben. Ende der Woche werden sie mit den Papieren bei uns eintreffen. Die Lieferung folgt in den nächsten Wochen.> <Wann ist das Land für die Bepflanzung bereit?> fragte der Mann, seine Havanna in der rechten Hand haltend. Der intensive Geruch der Zigarre kroch in jeden Winkel des Apartments. Gustav hasste den herben Duft. Er wollte schreien, er wollte die Zigarre austöten, aber er saß gebannt und wie versteinert auf dem Hocker. Der Gast im seidenen, blauen Anzug hatte es sich in Gustavs Ledersessel bequem gemacht. Hoffentlich war dies nur ein kurzer Besuch, dachte Gustav mit einer Agonie, die er gegen diesen Mann verspürte. Er fühlte sich unsicher in der Nähe des Mannes, obgleich dieser sehr höflich und ruhig war, strahlte er eine Autorität aus, die Gustav zittern ließ. Und dann Anna. Was wollte sie bei ihm? Er hatte ihr nie seine Wohnung gezeigt. Er wollte nicht, dass sie zu viel über ihn wusste. Sein Leben war zu kompliziert für die Art von Beziehung, die sie wollte. Er konnte nur hoffen, dass sie ihm nicht auf die Schliche kam. Er benötigte seinen Freiraum. Die Geschäfte waren zu wichtig. Er war der Verbindungsmann. Er hatte Alles im Griff.

47. Kapitel

Wien – Mai 2025

Johanna kam mit der U-Bahn um 18.00 Uhr nach Hause. Stefan begrüßte sie mit einem stürmischen Kuss. Er hatte schon Risotto auf die italienische Art gekocht. Johanna hatte ihm vor kurzem einen Schlüssel zu ihrer Wohnung gegeben. Es roch fantastisch. Der Tisch war auch schön gedeckt. Kerzen flackerten im Dämmerlicht, die Stefan extra für einen romantischen Abend angezündet hatte.

Nach dem leidenschaftlichen Kuss, drückte Johanna Stefan fest an sich und dann holte sie ihren Laptop hervor. Sie wollte nach dem Essen sämtliche Berichte über Tropenhölzer googeln. Sie stellte den Laptop auf den Wohnzimmertisch, ließ den Computer hochfahren und ging in der Zwischenzeit zu Stefan, um ihm beim Kochen zu helfen.

<Du kannst Dir nicht vorstellen, was ich heute in der Firma entdeckt habe!> rief Johanna aufgeregt, als sie die Zwiebeln ganz klein schnitt und zu Stefan mit Tränen in den Augen hochsah. <Ich habe im Archiv nach einem Ordner zum Scannen gesucht und dabei ist ein Blatt von einem anderen Ordner herausgefallen. Es ging um Rechnungen und Frachtdokumente. Dokumente, die Holzlieferungen aus Nantes/Frankreich dokumentierten.

Ein Holz wurde als Lärche bezeichnet, dabei sah es nicht wie Lärche aus. Lärche habe ich bei Manfred schon gesehen! Du kennst ja dieses Holz sowieso! Es glich nicht Lärche!> sagte Johanna aufgeregt. <Du weißt ja, Schatz, dass Lärche sich verändert. Wenn es der Witterung ausgesetzt ist, dann wird Lärche ziemlich schwarz, so wie bei Manfred außen am Haus, und wenn es als Fußboden innen verlegt und geölt ist, würde man es als Laie nicht als Lärche erkennen!> <Ich weiß, Schatz, aber ich kenne mittlerweile ja alle Varianten von Lärche durch Manfred und sein Haus. Also, ich kenne Lärche, auch wenn ich ein Laie bin!> Johanna war wütend. Stefan wusste doch, dass sie Lärchenholz schon in den verschiedensten Facetten bei Manfred gesehen hatte! <Ich weiß, dass Du Lärchenholz kennst, ich sag ja bloß, dass es oft nicht leicht zu erkennen ist.> bemühte sich Stefan Johanna zu beruhigen. Sie hatte ein sehr hitziges Temperament und konnte schnell wütend werden.

<Also, nur weil Du eine Rechnung mit Holzlieferungen gesehen hast, ist das doch nichts Seltsames.> gab Stefan zurück und deckte den Tisch. <Meine Firma verkauft sehr edle Möbel und das, was ich da gesehen habe, war sicher nicht Lärche und außerdem, warum sollte meine Firma direkt Rechnungen von Holzlieferfirmen aus dem Ausland bekommen? Wir bekommen doch schon fertige Möbelstücke! Da blicke ich nicht durch! Was sollte die MEWI auch mit Nantes/Frankreich am Hut haben?> Damit setzte sie sich an den Tisch und trank einen Schluck Mineral-Zitrone, welches ihr Stefan vorhin schon hingestellt hatte. <Ja, vielleicht ist es so, wie Du sagst, nur leider kann man

da nicht viel machen! Jetzt müssen wir aber essen, Schatz, sonst wird alles kalt und ich hab auch schon einen Bärenhunger!> <O.k.!> gab Johanna kleinlaut bei. Sie musste es Anna erzählen. Ihre Freundin ist ja bei der CITES, vielleicht weiß die etwas? dachte Johanna und trank ihr Mineralwasser.

Das Abendessen schmeckte vorzüglich, wie immer! Stefan war ein hervorragender Koch. Während des Essens dachte Johanna noch über ihren Fund im Archiv nach und die Internetrecherche. Hatte ihre Firma etwas mit illegalem Holzschmuggel zu tun? Sie musste dem Ganzen nachgehen. Nach dem Essen setzte sie sich an den Computer.

Sie sah sich Bilder mit den verschiedenen Holzarten an. Sie hatte nicht gewusst, dass es so viele verschiedene Hölzer gab und dass so viele davon bedroht waren. Ein Holz glich sehr dem Bild, das sie im Kellergeschoss ihrer Firma gesehen hatte. Es hieß Rosenholz. Johanna las weiter und stieß auf eine Seite, wo Thailand als Drehscheibe für Holzschmuggel und Handel mit bedrohten Wildtieren bezeichnet wurde. Johanna rief Stefan und las den Artikel laut vor:

Thailand, das schwarze Loch des Artenschutzes

Seite 1/1:

Bedrohte Holzarten werden in Thailand gehandelt.

Saubere Verhältnisse werden auch in der Soi 3/1, einer auch als Soi Arab bekannten Nebengasse der Sukhumvit-Straße in Bangkok nicht geschaffen. Die Kebab Stände und Schischa Restaurants, vor allem aber die vielen Geschäfte für das in den

Kulturen des Nahen Ostens beliebte Agarholz, weisen die Soi als Hotspot des arabischen Tourismus aus. Das meiste dieses auch als Paradies- oder Rosenholz bekannten seltenen Räucherholzes dürfte ebenfalls auf höchst verschlungenen Wegen nach Bangkok gelangt sein.

Alle Agarholzarten der Gattungen Aquilaria und Gyrinops fallen unter das Washingtoner Artenschutzübereinkommen. Wie der Handel mit Elfenbein oder Nashorn-Horn ist auch der illegale Holzhandel längst ein Milliardengeschäft. „Zwischen 50 und 90 Prozent der Rodungen in den tropischen Schlüsselländern des Amazonasbeckens, Zentralafrikas und Südostasiens gehen auf das Konto des organisierten Verbrechens", sagt Petzer.

Viele Tiere und Pflanzen sind durch den internationalen Handel vom Aussterben bedroht. Das Washingtoner Artenschutzübereinkommen wurde 1973 ins Leben gerufen, um den Handel mit bedrohten Arten zu begrenzen oder ganz zu verbieten. Auf Englisch ist das Abkommen unter dem Namen CITES (Convention on International Trade in Endangered Species of Wild Fauna and Flora) bekannt. Inzwischen hat es 177 Mitgliedsländer.

Dann las Johanna noch einen anderen Artikel über Palmöl:

Palmöl

Palmfett, das in der Pfanne brutzelt, die Schokoglasur, die auf der Eiskugel sofort erstarrt, die cremige Palmolive-Seife - das alles sind Produkte aus Palmöl, die jeder von uns kennt und regelmäßig nutzt. Im Großteil der Produkte bleibt das verwendete Palmöl jedoch unsichtbar, obwohl es in nahezu jedem Lebensmittelbereich vorkommt. Meist lässt sich anhand der Inhaltsangaben der mutmaßliche Zusatz des Öls vom Verbraucher nicht nachprüfen. Seit Jahrzehnten schon importieren westliche Industrienationen das Öl für ihre Lebensmittel- und Kosmetikproduktionen - in wachsenden Mengen. Die Palmölindustrie dient seit langem auch als Biotreibstoff Lieferant. In nahezu allen deutschen Blockheizkraftwerken, die sogenannten BHKWs, die aus Pflanzenöl Strom und Wärme generierten, wurde laut dem Bundesumweltministerium Palmöl eingesetzt, da der bisher häufigste Rohstoff Rapsöl mit den günstigen Preisen aus Südostasien nicht mithalten konnte. In anderen europäischen Ländern, den USA und auch Indonesien und Malaysia selbst, den größten Erzeugerländern für Palmöl, wurde darüber hinaus Palmöl als Rohstoff für die Biodiesel-Erzeugung immer interessanter. Große Biodiesel-Anlagen wurden errichtet, die das Öl fit für den Automotor und den Treibstoffhunger der Industrienationen machten.

Die aktuelle Analyse durch den WWF bezüglich Sumatras Wälder zeigt: Im Jahr 1985 war die Insel noch zu 57 Prozent mit Wald bedeckt. Von 1985 bis 2001 verlor die Insel pro Jahr im Durchschnitt 550.000 Hektar Naturwald. Doch in den letzten zwei Jahrzehnten war in jeder einzelnen Stunde ein Wald von der Größe von 180 Fußballfeldern verschwunden. Geblieben ist nur mehr ein kleiner Teil des Regenwaldes. Doch ausländische Investoren möchten auf diesem letzten Stück eine riesige Palmölplantage errichten.

Thailand kann mit massiven Erfolgen im Kampf gegen den illegalen Wildtierhandel aufwarten. Immer wieder gelingt es Zoll und Polizei, Ladungen von Elfenbein oder Wildtieren zu beschlagnahmen. Die Auffangstationen für die beschlagnahmten Bären, Affen, und anderes Getier bersten daher aus allen Nähten.

Wikipedia

<Schrecklich oder? Was sagst Du, Schatz? Du warst doch früher auch schon in all den Ländern.> <Ja, aber da genießt man das Leben und achtet nicht auf die Umwelt oder sonstige Probleme!> gab Stefan zurück. <Ja, mir ist früher auch nichts aufgefallen. Thailand war immer mehr für seine Sex-Affären mit Kindern bekannt! Aber das soll ja mittlerweile schon rechtlich verfolgt werden. Und als ich gereist bin, waren die Wälder in Indonesien noch intakt! Aber dieses Palmöl! Immer ist es das Geld, das alles kaputtmacht! Rapsöl würde doch bei uns auch so gut wachsen! Nur weil es ein bisschen teurer ist!> sagte Johanna aufgeregt. <Hm.> murmelte Stefan.

Für Stefan war das Thema abgeschlossen. Er setzte sich vor den Fernseher und sah die Nachrichten. Typisch Afrikaner! Nichts konnte ihn aus der Ruhe bringen! Sie recherchierte noch etwas, dann setzte sie sich zu ihm vor die Flimmerkiste. <Was ist denn heute im Fernsehen?> fragte sie resigniert. <Das wird Dich interessieren! Heute ist eine Doku über Afrika, genauer über Gabun und seine Tierwelt.> <Oh, super!> antwortete Johanna. <Übrigens, der Direx ist gerade in Venezuela. Dort ist es sicher schön und vor allem warm.> <Toll, wir müssen auch ins Warme. Musst mal fragen, wann

Du frühestens Urlaub bekommst.> sagte Stefan und seine weißen Zähne strahlten.

Vor Stefan kannte Johanna Afrika überhaupt nicht. Sie war meistens als Rucksacktouristin in Asien unterwegs und lernte dort eine Menge Leute kennen, meistens auch Touristen, die längere Zeit, wie sie, unterwegs waren. Dann lernte sie Stefan kennen und entdeckte ihre Liebe zu Afrika und jetzt waren sie schon zwei Mal innerhalb kürzester Zeit in Afrika, doch seine Familie hatten sie noch nicht besucht, aber sie machten viele Safaris in Tansania und Uganda und auch Badeurlaube in Mozambique gemeinsam. Doch heuer wollten sie seine Verwandten in Sierra Leone besuchen.

48. Kapitel

Wien – Mai 2025

Anna lief, als wäre der Teufel hinter ihr her. Sie musste just in diesem Moment an Uta denken. "Warum suchst Du Dir immer Männer, die einen an der Waffel haben?" So in der Art hatte Uta die Frage vor Jahren gestellt, als sie Uta in den Sommerferien besucht hatte. Ja, warum, dachte Anna traurig. Doch dieses Mal würde sie anders reagieren, sie würde nicht davonlaufen, sondern ihn zur Rede stellen. Als sie den Gedanken fertig gedacht hatte, machte sie auf dem Absatz kehrt und rannte wieder Richtung Gustavs Haus. Als sie nahe genug war, verspürte sie das Bedürfnis, stehen zu bleiben. Sie schlüpfte hinter einen Ahornbaum und Colli japste neben ihr nach Luft. Sie streichelte ihn sanft. <Ja mein Lieber, Dein Frauchen ist ein bisschen verrückt, aber ... > Im selben Moment kam Gustav mit einem Mann in einem blauen Anzug, der seiden glänzte, aus dem Haus. Sie wollte zu ihm gehen und ihn zur Rede stellen, aber der große alte Mann mit blondem Haar, der Gustav begleitete, hielt sie davon ab. Etwas an ihm gefiel ihr ganz und gar nicht.

49. Kapitel

Afrika – Sierra Leone – Mitte Mai 2025

Einen Tag später. Juma war sehr froh, darüber, dass alles gut gegangen war und die Holzfäller sie nun in Ruhe ließen. Die LKWs standen schon bereit. Die Männer, die Nngo zum Helfen geholt hatte, waren auch schon eingetrudelt. Er wollte gerade Nngo helfen, doch sein Magen hatte sich vor lauter Aufregung so verkrampft, dass er Durchfall bekommen hatte. Die Magenkrämpfe ließen aber trotz der Erleichterung im Wald nicht nach. Juma beugte sich nach vorne. Ihm war irgendwie schlecht. Auch so fühlte er sich müde und ihm war noch wärmer als gestern. Er fühlte sich fiebrig. Hoffentlich hatte er sich keine Malaria eingefangen! Er hatte einmal in Kenia einen Verwandten an Malaria verloren. Es war schrecklich. Dieser hatte Fieber und dann bekam er Schüttelfrost. Aber ihn fröstelte es zum Glück nicht, dann war es wohl die Aufregung! Ok, hakuna matata. Juma hielt sein Reggae Band verkrampft in der einen Hand. Das half ihm etwas. <Juma, komm, hilf mit!> schrie Nngo zornig. Was steht er denn so sinnlos herum.

Es war genug Arbeit vorhanden! Was machte er denn? Er sah blass aus! Die Aufregung der letzten Tage war wohl etwas zu viel für ihn. <Juma komm schon!> rief Nngo nochmal. Nngo sah Juma, wie er sich aufrichtete und sich in seine Richtung drehte. Na endlich kommt er, dachte Nngo. Dann ging Juma ein paar Schritte auf Nngo zu und fiel auf den Boden. <Juma! Was ist denn?> schrie Nngo. Mann, das konnte er jetzt nicht brauchen. Einen Kranken, gerade jetzt, wo sie so viel Arbeit hatten! Juma erbrach sich. Nngo eilte zu ihm. Juma lag auf der Seite. Etwas Weißes klebte an seinen Haaren! Nngo drehte ihn mit dem Fuß um. Er traute seinen Augen nicht. Juma rann Blut aus der Nase und aus den Augen. Die Haut sah verbrannt aus, als wäre Juma in einen Feuerregen gekommen. Seine Rasta Zöpfe waren schlohweiß, als wäre er innerhalb kürzester Zeit gealtert! Sein Blick war starr.

Mittlerweile waren auch die anderen zu Juma und Nngo gestoßen. <Was ist mit ihm, da rinnt ja Blut aus seinen Augen und der Nase und die Haare sind weiß! Er ist verbrannt!> rief ein Arbeiter schrill. <Was ist das?> rief ein anderer aufgeregt. <Los begrabt ihn!> befahl Nngo wieder gefasst. Ein Raunen ging durch die Arbeiter. Sie starrten auf Juma und flüsterten leise. Alle standen wie versteinert da. Keiner rührte sich. Nngo holte seine Pistole aus dem Holster und schoss in die Luft! <Los jetzt!> schrie er mit lauter Stimme. Die Arbeiter gingen verunsichert auf Juma zu und hoben ihn vorsichtig von den Holzstämmen weg und legten ihn auf eine freie Fläche. Ein Arbeiter fühlte seinen Puls. <Er ist tot!> sagte er bedächtig zu den anderen. Die meisten sahen bestürzt zu Boden. Dann nach einer Schweigeminute holten sie Schaufeln und begannen ein Loch zu graben. Vorsichtig ließen sie Juma hineinsinken. Dann begruben sie ihn mit der Erde. Manche der Arbeiter bekreuzigten sich, oder sprachen ein Gebet und sahen bestürzt zu Nngo. <Los, wir haben keine Zeit zu verlieren!> sagte Nngo trocken. <Er ist tot, da kann man nichts machen!> Die Arbeiter sammelten sich wieder bei den Holzstämmen und begannen, diese auf die LKWs zu hieven. Es gehörten an die 12 Männer dazu, einen Baumstamm mit Hilfsmitteln zu heben. Zum Glück hatte Nngo für Seile und einen kleinen Hebekran gesorgt, denn die Bäume waren extrem schwer. Am Abend hatten sie etwa die Hälfte der Stämme auf die LKWs geladen. <Ok, Männer, es wird schon dunkel, wir machen morgen weiter! Du, Lima und Andre, Ihr werdet auf die Jagd gehen. Aber benutzt Speere und Messer! Wir wollen schließlich niemanden auf uns aufmerksam machen.

50. Kapitel

Wien – 23. Mai 2025

Sabrina Merenge stellte ihren roten Fiat auf der schmalen Parkfläche vor der Kirschlorbeerhecke des großen Einfamilienhauses ab. Sie stieg aus und sog die kühle Morgenluft tief ein. Die Wolken durchzogen bereits die anbrechende Morgendämmerung. Es würde wieder ein grauer verregneter Tag werden. Hoffentlich schneite es nicht wieder!

Sie verschloss sorgfältig den Wagen. Dann suchte sie den passenden Schlüssel und schob ihn ins Schloss, woraufhin das massive schmiedeeiserne Tor aufschwang. Sabrina staunte wie immer, wenn sie die Rasenfläche sah, die sich knapp 400 Meter weit bis zu dem prächtigen Haus erstreckte. Der Garten war schön angelegt. Sabrina wunderte sich, wie es der Gärtner so lange bei den Feldbachs aushielt. Sie selbst war erst wenige Monate hier angestellt und würde es nicht mehr lange durchstehen. Überall Verbote, Vorsichtmaßnahmen und Kontrollen! Sie wollte einfach einen normalen Haushalt ohne diese Geheimniskrämerei!

Doch plötzlich fing auf einem Tastenfeld direkt hinter dem Tor ein kleines Lämpchen zu blinken an – ein Alarmzeichen, das sie nervös werden ließ. Von nun an blieben ihr nur dreißig Sekunden, um den Code einzugeben. Danach würde die Alarmanlage losgehen. Einmal war ihr der Code entfallen und der Alarm war angegangen. Sie konnte sich dem Wutausbruch der Feldbachs nicht entziehen.

Diesmal tippte sie alle Nummern rechtzeitig ein. Die Kontrolllampe zeigte grünes Licht und das Tor schloss sich. Sie atmete erleichtert auf.

Das weitläufige, düstere Haus war in Dunkelheit gehüllt, nur aus dem winzigen Fenster im Dachstuhl fiel ein gelber Lichtschein. Seltsam dachte sie, normalerweise sollte jetzt niemand im Haus sein, da die Familie Feldbach für eine Woche auf Urlaub nach Venezuela geflogen war. Vielleicht hatten sie vergessen, das Licht auszuknipsen! Sie würde später nachsehen.

Nachdem sie im Erdgeschoss alles geputzt hatte, ging sie den Flur entlang und stieg die gewundene Treppe in den ersten Stock hinauf. Sie trat ins Wohnzimmer, das dem Garten zugewandt war, und knipste das Licht an. Hier wollte sie mit ihrer Arbeit fortfahren.

Auf dem Schreibtisch des Generaldirektors türmte sich eine Kaskade von Schriftstücken ganz am Rand des Tisches, die unordentlich aufeinandergelegt worden waren. Sabrina eilte sogleich zu dem Tisch und versuchte die Blätter zusammenzuschieben, doch diese ließen es nicht zu. Weiterhin standen alle Blätter zur Seite. Der Stapel wackelte vor sich hin.

Sie hatte Angst, dass alles auf dem Boden landen würde, wenn sie über den Schreibtisch wischte. Mit ihrer Körperfülle und ihren langen Armen begann sie, den Stapel auf allen drei Seiten festzuhalten. Sie reckte ihren plumpen Hals und ließ das Kinn auf das oberste Blatt sinken, denn der Stapel war ziemlich hoch.

Für einen Zuseher wäre der Anblick sicher zum Lachen gewesen. Doch Sabrina war verzweifelt und versuchte über den Stapel gebeugt, mit ihrem ganzen Körper den Turm in die Mitte des Tisches zu schieben. Endlich bewegte sich der Stoß. Vorsichtig ließ sie den Turm in der Mitte des Tisches los und schob die einzelnen Blätter in einen ordentlichen Stoß zusammen. Doch sie spreizten sich wie wildgewordene Marionetten. Wieder schaufelte sie mit ihren dicken Händen die Blätter zusammen. Das kann man doch nicht so unordentlich liegen lassen! Im nächsten Augenblick zuckte sie erschrocken zusammen. Der Stoß kam ins Wanken. Mit weitaufgerissenem Mund musste sie zusehen, wie die oberen Blätter auf den Boden fielen. <Oh, mein Gott!> schrie Sabrina auf.

Ihr Herz hämmerte laut. Sie hatte extra Anweisungen vom Hausherrn bekommen, dass seine Unterlagen auf dem Schreibtisch für sie tabu wären und dass sie am Schreibtisch nichts zu suchen hätte, aber sie war schließlich die Putzfrau und wenn schon, dann würde sie alles putzen, und zwar gründlich. Es half alles nichts, sie musste alle Unterlagen möglichst genau wieder auf den Stoß legen, damit niemand etwas bemerkte.

Da war doch ein Geräusch! schien es ihr. Ach ja, sie hatte das Licht im Dachgeschoss ganz vergessen. Konnte es sein, dass noch jemand im Haus war? Blödsinn schalt sich Sabrina, wer sollte denn im Haus sein, wenn die Feldbachs auf Urlaub waren! Meine Güte in so alten Villen knackst es doch immer mal. Los, keine Zeit verlieren! Schließlich wollte sie um zwölf Uhr fertig sein, damit sie noch bei den Müllers putzen konnte. Da, wieder dieses Geräusch. Das machte sie wahnsinnig. Sie musste nachsehen. Schnurstracks stand sie auf und eilte die Treppe nach oben, wo sich nur drei Zimmer befanden. Das Knacksen und das Licht schienen von dem ersten Zimmer zu kommen. Sabrina legte ihr Ohr an die schöne geschnitzte Holztür. Nichts! Doch ein heller Lichtschein kam unter der Türe durch. Sabrina öffnete diese energisch. Laut krächzend schwang sie auf. Das Zimmer war leer, es war niemand hier drin, dachte Sabrina erleichtert, nachdem sie den ganzen Raum abgegangen war. Sie hatte auch nicht damit gerechnet, dass jemand hier drin sein könnte, aber man wusste ja nie! Dann schloss sie die Türe und wendete ihren dicklichen Körper wieder Richtung Treppe. Da, wieder ein Geräusch. Diesmal war sich Sabrina sicher, dass hier jemand sein musste. Im Umdrehen sah sie aus den Augenwinkeln eine Gestalt. Doch gleich darauf bekam sie einen Stoß. Sie hielt sich noch am Geländer fest, doch die Hand konnte den massigen Körper nicht mehr halten. Sie verlor den Halt und fiel die lange Treppe hinab. Die Augen vor Angst weit geöffnet, schrie Sabrina laut auf. Doch sie wusste, dass sie niemand hören konnte, denn die Villa lag ziemlich abgeschieden neben einem großen Wald. Beim Fallen überschlug sich Sabrina mehrmals und schlug sich die Knie und Ellenbogen und auch den Kopf des Öfteren auf. Es kam ihr vor wie Stunden, bis sie unten war. Als der Spuk vorbei war und sie am Ende der Treppe lag, versuchte sie keuchend nach Luft zu schnappen. Zuerst bekam sie keine, das Gesicht schwoll rot an, nur langsam kam sie wieder zu Atem. Sie versuchte, tief Luft zu holen. Ein Blick nach oben zeigte ihr den Mann, der am oberen Treppenabsatz stand und langsam begann, die Treppe lässig hinabzulaufen. Sabrina, trotz ihrer vielen Verletzungen, hechtete sich hoch und lief wieder zurück ins Wohnzimmer. Der Mann war ihr dicht auf den Fersen. Noch bevor sie das Wohnzimmer erreichte, hatte sie der Mann eingeholt. Sie konnte seinen Atem hinter sich spüren. Ihr lief ein Schaudern über den Rücken. Dann spürte sie etwas Kaltes an ihrem Schulterblatt, ein Stich. <Ah …>, schrie Sabrina auf und fiel der Länge nach hin.

Blut triefte an ihrem Oberschenkel herab. Sabrina schrie hysterisch. Sie lag wie eine verletzte Katze auf dem Perserteppich. Mit letzter Kraft versuchte sie, sich fortzuschleppen. Doch der Mann hatte sie wieder eingeholt. Er hob das Messer und stach noch einmal zu. Sabrina stöhnte vor Schmerzen auf. Sie war dem Mann hilflos ausgeliefert. Sie wusste, dass das, was sie vorhin gelesen hatte, zu ihrem Tod führte. Sie wollte nicht neugierig sein, doch als die Unterlagen auf den Boden fielen und sie sie aufhob, da sah sie es. Sie musste es einfach lesen. Keuchend versuchte sie sich noch mit letzter Kraft zu wehren, dann hob der Mann erneut die Hand mit dem Messer und ließ es auf Sabrina herabsausen. Erstickt stieß sie einen letzten Schrei aus. Das Blut spritze aus ihrem Herzen heraus und färbte alles rot. Sabrina Merenge war tot. Sie lag in ihrer eigenen Blutlache vor dem getäfelten Schreibtisch.

51. Kapitel

Afrika – Sierra Leone – Mai 2025

Am nächsten Morgen stand die Sonne schon sehr hoch am Himmel. Das Abendessen war sehr gut. Sie hatten wieder ein paar Meerkatzen und Wildschweine gefangen. Nngo trieb die Männer zum Arbeiten zusammen. Irgendwie fühlte er sich aber heute erschöpft. Hoffentlich hatte ihn dieser Juma nicht angesteckt. Keine Ahnung, was für eine Krankheit der hatte. <Also, los Männer, an die Arbeit! Wir haben noch viel zu tun!> rief Nngo streng. Hinten im Lager, wo die Männer geschlafen hatten, hatten sich ein paar Männer im Halbkreis aufgestellt. Sie sahen auf einen der Männer hinab, der noch zu schlafen schien, das konnte Nngo deutlich sehen. Nngo ging schnurstracks auf die Versammlung zu. Als er auf die Männer zuschritt, wichen die Arbeiter zur Seite. Nngo sah auf den schlafenden Mann hinab. <Was ist los mit ihm?> fragte er die Männer und blickte sie streng an. <Sir, ich weiß nicht.> sagte einer der Arbeiter. <Aber Lima fühlt sich nicht gut. Er hat hohes Fieber, fühlen sie mal seinen Kopf!> sagte einer der Männer und blickte auf Lima hinab. Steh auf!> schrie Nngo und gab Lima mit seinem Stiefel einen Tritt. Lima stöhnte vor Schmerzen auf. <Lasst ihn liegen! Kommt, los geht's! An die Arbeit!> daraufhin drehte sich Nngo auf seinem Absatz um und ging zurück zu den Baumstämmen. Die Männer taten es ihm gleich und blickten ab und zu noch zu Lima, der winselnd am Boden lag.

52. Kapitel

Wien – Mai 2025

Gustav war, seitdem sie ihn zu Hause besuchen wollte, sehr eigenartig. Immer wenn Anna ihn anrief, benahm er sich seltsam. Entweder würgte er sie schon am Anfang ab. Er habe keine Zeit, war meistens die knappe Antwort. Doch neulich, nach dem vierten Versuch, ihn anzurufen, schrie er ins Telefon. Anna schreckte zurück. Ich habe es satt, Dein Herumschnüffeln und Deine ständigen Anrufe, schrie er und legte einfach auf. Stattdessen war er derjenige, der immer alles von ihr wissen wollte, der sie immer über ihre Kindheit ausfragte und der sogar schon um zwei Uhr nachts vor ihrer Tiefgarage gewartet hatte. Zwei Tage, bevor das mit dem seltsamen Besucher war, hatte sie sich mit einer Freundin getroffen. Sie wollte nicht, dass Gustav an diesem Abend zu ihr kam, da sie nicht wusste, wie lange sie ausbleiben würde. Gustav schien es zu akzeptieren. Doch was er ihr am nächsten Tage erzählte, war furchterregend. Er hatte sich vor Annas Tiefgarage um zwei Uhr nachts geparkt und gewartet, dass ein Auto hineinfahren würde. Dann, als jemand herausfuhr, war er in die Tiefgarage gefahren und kontrollierte, ob Annas Auto auf seinem Platz stand. Er erzählte ihr, dass er eifersüchtig war. Anna wunderte sich sehr über sein Geständnis.

Anna war eigentlich nicht argwöhnisch, aber seit sie mit Gustav zusammen war, war sie unsicher geworden. Deshalb hatte sie dem extravaganten Besucher nachgespürt, nachdem sich Gustav von ihm verabschiedet hatte. Colli und sie schlichen leise von Baum zu Baum, spähten hinter Mülltonnen und Straßenecken hervor, bis der Mann im seidenen Anzug plötzlich stehen blieb und sich ruhig eine Zigarre anzündete. Anna mochte ihn nicht. Irgendetwas an ihm ließ sie frösteln. Sie spürte gleichzeitig Ekel wie Furcht. Plötzlich drehte der Mann sich um. Er sah Anna direkt in die Augen. In einem Anflug von Panik stand Anna wie angewurzelt da. Mist schalt sie sich. Sie spürte die Gefahr, die von ihm ausging. Sie hätte ihn nicht verfolgen sollen! Colli knurrte. <Pst!> flüsterte Anna und zog Colli näher zu sich. Was hatte Gustav nur mit diesem seltsamen alten Mann zu tun? wunderte sich Anna.

53. Kapitel

Wien – 24. Mai 2025

Fred Tiefenbach klopfte an die offene mit Sicherheitsband beklebte Türe und schlüpfte unter der Absperrung hindurch. <Mordkommission Tiefenbach, wo ist die Leiche?>, fragte er den Beamten, der sich gerade zu ihm umdrehte. <Freut mich, Mayer, Polizeifotograf. Die Leiche liegt dort drüben auf dem Boden vor dem Schreibtisch.>. <Haben Sie alles so belassen, wie es war?> fragte Tiefenbach streng und sah Mayer durchdringend an. <Ja, natürlich, Herr Tiefenbach, ich war ja auf der Polizeischule und dort wird man immer darauf hingewiesen, dass man einen Tatort nicht verändern darf!> brüskierte sich Mayer. <Alles klar, wer hat die Leiche gefunden?> <Es ging ein Anruf bei uns ein. Aber wir konnten bis jetzt nicht feststellen, wem die Nummer gehört.> <Gut sind Sie mit Ihren Arbeiten hier fertig?> fragte Tiefenbach und holte einen Block und einen Stift aus seiner Lederjacke. <Ja, ich bin hier fertig. Ganz schön grausam, wie sie ermordet wurde.> Dann verließ Mayer den Raum, nickte Tiefenbach zu und Tiefenbach begann mit seinen Ermittlungen.

Er sah sich zuerst den Tatort an. Blutspuren waren überall im Haus verteilt. Es war ein großes Anwesen, eine Villa, die von der Familie Feldbach bewohnt wurde. Tiefenbach hatte sich über die Feldbachs erkundigt. Herr Dr. Feldbach war Generaldirektor der Firma MEWI, einem Möbelkonzern. Seine Frau war Hausfrau. Sie hatten zwei Söhne, die sieben und elf Jahre alt waren. Zu der Zeit, als der

Mord heute früh geschah, waren sie auf Urlaub und lagen jetzt wahrscheinlich gerade in der Sonne von Venezuela, dachte Tiefenbach bei sich. Die haben's gut!

Die Villa lag in Döbling, im 19. Wiener Gemeindebezirk, der sich im Nordwesten Wiens am Rande des Wienerwaldes erstreckte. Tiefenbach war diese Gegend zu nobel, obwohl hier ja nicht nur Reiche wohnten. Döbling galt mit seinen Wienerwaldvillen heute als Nobelbezirk und der Weinanbau florierte in dieser Gegend. Tiefenbach mochte Wein sehr gerne. Als Weinbauer konnte er sich seine Wenigkeit gut vorstellen. Was aber seiner Frau weniger gefallen würde, weil hier durch zahlreiche Gemeindebauten wie den Karl-Marx-Hof oder genossenschaftliche Wohnanlagen die Bevölkerungsstruktur ausgewogener als oftmals angenommen war. Deshalb geschah sogar in diesem noblen Bezirk ein Mord! dachte Tiefenbach bei sich.

Als Erstes sah sich Tiefenbach das Zimmer an, in dem die Leiche lag. Gewissenhaft schrieb er auf seinen Notizblock:

Tatort: Haus der Feldbachs, Döbling, 19. Bezirk, Villengegend Heiligenstadt nähe Setagaya Park

Zeit des Mordes: 23. Mai 2025, zwischen 08.00 und 14.00 Uhr

Todesursache: Mord, mehrere Einstiche mittels eines Messers oder Ähnlichem an Hals, Schulter, Herz- und Bauchbereich

Opfer: Sabrina Merenge, Haushälterin von Dr. Feldbach

Ort des Verbrechens: Arbeitsbereich des General-direktors, unmittelbar auf dem Teppich vor seinem Schreibtisch.

Zu weiteren Ermittlungen kam er nicht mehr, denn ein Mann mit Schnauzbart, graumelierten Haaren und Brille schlüpfte in seinem teuren Armani An-zug unter der Absperrung hindurch und ging schnurstracks auf Tiefenbach zu. <Halt, Sie dürfen hier nicht herein! Das ist ein Tatort! Gehen Sie sofort hinaus! Hermann, Alfred! Begleiten Sie den Mann hinaus! Aber flott!> Tiefenbach ärgerte sich sehr über seine Wachleute, die an der Türe stan-den und unliebsame Eindringlinge fernhalten soll-ten.

Wie war dieser Mann nur an den Wachebeamten vorbeigekommen und wer war er überhaupt? frag-te sich Tiefenbach. Als hätte er seine Gedanken gelesen, sagte der Mann mit seiner nasalen Stim-me <Dr. Feldbach> und hielt Tiefenbach die Hand entgegen. <Guten Tag, Herr Generaldirektor.> sagte Tiefenbach, die Stirn in Falten gelegt. <Sie müssen jetzt aber das Zimmer verlassen. Sie wer-den später vernommen! Warum sind Sie über-haupt hier? Sie sind doch in Venezuela auf Ur-laub?> <Ich habe die neun Uhr Maschine gestern Abend genommen und bin sofort hergeflogen, als ich von dem Mord in meinem Haus gehört habe. Ich muss unbedingt an meine Unterlagen, die hier auf dem Schreibtisch liegen!> fuchtelte Dr. Feld-bach mit der Hand und zeigte auf den Stapel am Schreibtisch. Doch Tiefenbach gebot dem Gene-raldirektor Einhalt. <Nun mal langsam, das hier ist ein Tatort, die Leiche liegt noch frisch auf ihrem Teppich und Sie interessieren sich nur für Ihre

Unterlagen!> empörte sich Tiefenbach. <ja, wissen Sie, das sind wichtige Dokumente und die dürfen nicht durcheinandergebracht werden!> versuchte der Generaldirektor zu beschwichtigen. <Hören Sie, Herr Dr. Feldbach, ich kann Sie nicht zu Ihren Unterlagen lassen. Sie dürfen sich erst in diesem Zimmer aufhalten, wenn alles von der Mordkommission aufgenommen worden ist und erst nach Endreinigung haben Sie die Möglichkeit, sich wieder in Ihr Zimmer zu begeben. Bitte befolgen Sie die Anweisung, sonst müssen meine Kollegen Sie, ähm, abführen und das wollen wir ja beide nicht, oder?> Daraufhin sagte Dr. Feldbach mit seiner nasalen Stimme <das wird Ihnen noch leidtun! Sie werden von meinem Anwalt hören!> Dann drehte er sich auf dem Absatz um und huschte an der Absperrung vorbei und eilte die Treppe wutschnaubend hinunter. Tiefenbach atmete auf und sah seine Kollegen ernst an. <Warum habt ihr ihn nicht am Eindringen gehindert? Habt ihr denn gar nichts in der Polizeischule gelernt?> <Ja, Chef, schon, aber der Mann war flink wie ein Wiesel!> sagten die Beamten entschuldigend und sahen betroffen zu Boden. Na, das konnte noch lustig werden! Wieder so ein hohes Tier und gerade in seinem Wohnzimmer musste ein Mord geschehen. Wer weiß, ob der nicht selbst Dreck am Stecken hatte, überlegte Tiefenbach in sich gekehrt.

So, nun zurück zur Leiche.

54. Kapitel

Sekretariat der CITES – Mai 2025

Uta dachte über die vergangenen Tage nach. Wien und dann Anna. Wie sehr sie sich über das Wiedersehen mit ihr gefreut hatte. Von Trever hatte sie schon länger nichts mehr gehört, da sie selbst viel unterwegs war und er noch immer in Russland sein musste. Hoffentlich ging es ihm gut! Sie vermisste ihn sehr!

Plötzlich klopfte es an die Türe. <Ja bitte>, sagte Uta mit tiefer Stimme. Kurz darauf wurde die Bürotür aufgestoßen und herein trat ein stämmiger, hochgewachsener, von der Sonne gebräunter Mann mit stechendblauen Augen, einer Narbe über seinem rechten Auge und einem kantigen Kinn, wo sich in der Mitte ein Grübchen auftat. Er steckte in Blue Jeans und trug dazu ein weißes Hemd. Als er auf Uta zukam, bemerkte sie, dass in einer der Hosentaschen des Fremden etwas Schweres steckte, das bei seinem Gang hin und her rutschte. Eine Pistole konnte es nicht sein, sonst hätten ihn die Wachebeamten nicht durch die Kontrolle am Eingangsbereich durchgelassen, dachte Uta beschwichtigt.

<Luis Delgado>, stellte sich der Mann vor und streckte Uta die behaarte Hand mit dem aufgerollten Hemdsärmel hin. Uta beäugte ihn misstrauisch, aber fing sich sogleich wieder und streckte ihm freundlich die Hand entgegen. <Freut mich, Uta Fedderson>. <Sie sind verdammt schwer zu finden!> sagte Delgado. <Ich war schon einmal

hier, aber da waren Sie nicht da!> Der Mann stieß einen tiefen Seufzer aus. <Ich war im Ausland.>

Uta starrte angespannt zu dem Bild auf ihrem Schreibtisch, das Trever und sie zeigte. <Was ist los und wer sind Sie?> fragte Uta nervös. <Ich fürchte, es ist nichts Gutes, was ich Ihnen zu sagen habe. <Mac Shirley ist tot!> Uta blies die Luft durch ihre Zahnlücke und wandte den Kopf zur Seite. <Wie ist er gestorben?> fragte sie gefasst, aber mit einem Beben in der Stimme. <Trever Mac Shirley war ein guter Freund von mir. Er hat mir viel von Ihnen erzählt. Aber er wusste nicht, dass Sie Geheimagentin sind. Er war gemeinsam mit mir auf Urlaub bei meinen Eltern in Alcala de Henares, 30 Minuten von Madrid entfernt, als er plötzlich beim Abendessen eine Herzattacke bekam, vom Tisch fiel und kurz darauf verstarb. Sein Leichnam wurde daraufhin im Krankenhaus untersucht und obduziert, aber er ist an einer natürlichen Herzattacke gestorben. <Hier!>, er griff in seine Hosentasche und holte eine Pocketkamera hervor. <Die hatte er immer bei sich! Und dieses Buch!> sagte Delgado mit Bedauern in der Stimme und übergab Uta die beiden Utensilien. <Wohnen Sie hier in Genf?> fragte Uta gequält. <Ja, ich hab mir ein Zimmer gegenüber der CITES genommen, in einem eleganten Viertel, ziemlich teuer!> <Ja, o.k., geben Sie mir Ihre Nummer und wo Sie wohnen. Ich kontaktiere Sie später! Ich muss jetzt ein Projekt fertigmachen! Vielen Dank für die Information!> schloss sie kurz und drückte Delgado bei der Türe hinaus. Delgado steckte ihr noch seine Visitenkarte zu und nickte kurz. Dann schloss er die Tür hinter sich. Uta lehnte sich gegen die Holztüre. Ihr Herz hämmerte wie wild, Tränen schossen ihr

in die Augen. Trever war tot! Was für ein Wahnsinn! Und wer war der Mann mit dem französischen Aussehen. Spanier war der jedenfalls nicht,
dazu war er viel zu groß. Eher ein Franzose ohne
Akzent wunderte sich Uta.

Trever konnte nicht an einer Herzattacke gestorben sein! Sie wusste von seinem Medizincheck. Er
war schließlich selbst Arzt. Und er wurde erst vor
einem halben Jahr vom Herz bis zur Blase untersucht und alle Ergebnisse wiesen auf einen intak-
ten Gesundheitszustand hin. Das Belastungs-EKG
und sämtliche Kontrollen und Tests waren alle
positiv. Er war mit seinen fast 60 Jahren fit wie ein
20 Jähriger! Und warum hatte ihr Trever nie von
diesem Delgado erzählt? Irgendetwas stimmte hier
nicht. Uta ließ ihren Tränen freien Lauf.

Als sie sich wieder gefasst hatte, dachte sie über
alles nach. Sie musste etwas über den Tod von
Trever herausfinden. Dazu würde Sie die Partner
der CITES um Hilfe bitten. Sie hatte sich mittlerweile ein großes Netzwerk von CIA-Agenten, die
als Außendienstmitarbeiter der CITES getarnt waren, geschaffen und kannte viele bemerkenswerte
Persönlichkeiten, die auf diesem Gebiet arbeiteten.
Jose Emanuel war in Madrid stationiert. Uta eilte
zu ihrem Schreibtisch und wählte Joses Nummer.

<Jose Emanuel?> fragte Uta in den Hörer. <Ja, am
Apparat. <Hallo Jose, schön Deine Stimme zu hören. Wie geht's Dir?> <Danke, kann mich nicht
beklagen! Und Dir?> <Mmh, nicht gut! Mein
Freund, besser gesagt mein Lebensgefährte, ist
gestorben. Aber ich glaube nicht an einen natürlichen Tod! Kannst Du mir helfen?> fragte Uta leise.
<Oh, das tut mir leid!> sagte Jose mitfühlend. Wie

ist er denn gestorben und wie kommst Du gerade auf mich, Uta?> fragte Jose interessiert. <Also es ist so, es war heute um 11.00 Uhr, da kam ein Mann zu mir ins Büro, Luis Delgado und brachte mir eine Pocketkamera und ein Notizbuch von meinem Freund, Trever Mac Shirley und erzählte mir, dass er bei einem Besuch der Eltern von Delgado in Alcala de Henares eine Herzattacke erlitten hatte. Und weil Du in Madrid sitzt, das ja nur 30 Minuten von Alcala entfernt ist und gut spanisch sprichst, dachte ich, Du könntest mir vielleicht helfen und etwas in Erfahrung bringen.> Uta musste all ihre Trauer um Trever hinunterschlucken. Sie musste jetzt tapfer sein. Uta lauschte in den Hörer. <Moment ist Dein Freund auch beim Geheimdienst?> fragte Jose. <Nein, er wusste auch nicht, dass ich Agentin bin. Er dachte, dass ich als normale CITES Mitarbeiterin arbeite.> <O.k., und warum glaubst Du, dass er keines natürlichen Todes gestorben ist?> fragte Jose etwas zweifelnd. <Erstens war er erst 55 Jahre. Und Du weißt ja, an welchem Projekt ich arbeite und möglicherweise bin ich da auf etwas gestoßen und es gibt eventuell einen Zusammenhang. Außerdem hat mich dieser Delgado als Agentin aufgedeckt. Keine Ahnung, wie er darauf gekommen ist!> Jose atmete in den Hörer, <das ist ja schrecklich! Pass bloß auf Dich auf! Ich werde sehen, was ich herausfinde.> versprach Jose und verabschiedete sich von Uta.

Sobald er aufgelegt hatte, holte sie die Pocketkamera und klappte das Display auf. Sie schaltete die Kamera ein und ein Bild erschien auf dem Display. Es war Trever, der an einem Tisch saß und in die Kamera grinste. Dann schwenkte die Kamera zu Delgado! Uta verkrampfte sich der Magen. Vielleicht wurde das Abendessen bei den Eltern von Delgado gefilmt? Seltsam! dachte Uta. Das Video zeigte Delgado, der sich mit einem Ehepaar unterhielt. Dann sah man nur noch den Fußboden. Schreie auf Spanisch ließen Uta aufhorchen. Helft ihm, ruft die Rettung, übersetzte Uta die Stimmen, die wild durcheinander riefen. Es sah wirklich nach einer Herzattacke aus, schloss Uta, nachdem das Video zu Ende war.

Was war Trever nur zugestoßen? Sie glaubte nicht an eine Attacke, auch wenn dieses Video alles andere zeigte. Wer war dieser Delgado? Uta wählte die Nummer von August. <Ja, hallo August! Ich bin es, Uta.> <Hallo Uta!> schmeichelte August in den Hörer. Uta nervte August ein wenig, da er sie immer anhimmelte und mit ihr flirtete, wenn sie miteinander zu tun hatten. Aber er war nun mal der Beste auf seinem Gebiet, Beschattung. Er konnte jeden Menschen beobachten, ohne dass irgendwer drauf kam, beobachtet zu werden. Sie brauchte ihn, um Delgado zu beobachten. <Hör mal, August, könntest Du mir bitte einen Gefallen tun? Du sollst jemanden beobachten! Der Mann heißt Delgado und wohnt gegenüber von der CITES in dem Hotel „Villaos".> <O. k., meine Schöne, für Dich doch gerne. Und worum geht es?> <August, das ist streng vertraulich. Mach es einfach, bitte!> <Ohne Auftrag von oben könnte mich das den Job kosten! Du weißt ja, wie streng das hier alles geregelt ist!> <O.k., ich gehe mit Dir essen, versprochen!> <Na, wenn das so ist, dann ist das gebongt! Hast Du ein Bild von dem Kerl?> <Ja, ich schick Dir den Abzug von der Pocketkamera zu.> <Sehr gut, na ich melde mich, wenn ich etwas her-

ausfinde, was nicht koscher ist!> <Danke August, ich stehe in Deiner schuld!> Uta legte auf und atmete aus.

Da es schon zwölf Uhr war, nahm sie sich für den Nachmittag frei und ging müde vom Büro zur Polizeistation, die zwei Häuserblocks entfernt war. Vorher informierte sie noch ihren Chef, doch der konnte nicht glauben, dass Trever tot war. Er riet ihr die Polizeistation aufzusuchen und Trever als vermisst zu melden.

<Guten Tag.> sagte Uta zu dem Polizeibeamten. <Ich bin Uta Fedderson. Mein Freund Trever Mac Shirley soll an einem Herzinfarkt in Alcala de Henares gestorben sein!> sagte sie zu dem Beamten, der sie seltsam ansah. <Wie kommen Sie darauf?> fragte der Beamte. <Heute war ein „Freund" von meinem Freund, ich meine von Trever, bei mir im Büro und hat mir von seinem Tod berichtet. Aber ich kenne diesen sogenannten Freund nicht und ich glaube nicht, dass Trever tot ist. Ich möchte, dass sie ihn für mich suchen!> sagte Uta fordernd. <Wie lange wird er denn schon vermisst?> fragte der Polizist gelangweilt. <Also ich habe ihn schon seit zwei Wochen nicht mehr gesehen.> antwortete Uta. Der Polizist nahm alles zu Protokoll und hielt Uta ein Formular hin, das sie ausfüllen musste. Uta füllte alles aus und überreichte dem Polizisten das Papier. <In Ordnung, ich werde sehen, was ich machen kann. Ich werde an alle Polizeistationen und Interpol eine Vermisstenmeldung rausgeben. Mehr kann ich nicht für Sie tun!> damit verabschiedete sich der Polizist von Uta.

Nachdenklich ging Uta nach Hause. Der Fußmarsch tat ihr gut. Bis zu ihrer Wohnung waren es

300 Meter. Die Wohnung lag in der Nähe von einem schönen Park. Von ihrem Balkon konnte Uta direkt in den Park sehen, in dem einige Pärchen spazierten und Eichkätzchen herumtollten. Trevers Verschwinden hatte sie bis ins tiefste Mark erschüttert.

Uta betrat die Wohnung. Ein langer Gang führte zu dem großen Wohnzimmer. Die Einrichtung hatte Uta einiges abverlangt, da sie ihre Möbel aus Naturmaterialien wie Schilf und Bambus selbst herstellte. Trever hatte ihr hin und wieder geholfen. Das Innenleben ihres Apartments ansonsten war eher spartanisch. Nur der Ausschnitt von einem Holzstich „Totentanz" von Hans Holbein stach einem sofort ins Auge. Es hing über Utas Bett und zeigte die Rodung eines Waldes zur Gewinnung von Ackerland.

Da sie selten zu Hause war, benötigte Uta nicht viel, um sich wohl zu fühlen. Sie verbrachte schließlich mehr Zeit mit ihrer Arbeit im Ausland, im Büro oder bei Trever als zu Hause. Müde ließ sie sich auf die Couch vor dem Fernseher fallen. Die Anstrengungen der letzten Stunden fielen schön langsam von ihr ab. Endlich konnte sie ganz sie selbst sein. Sie musste nicht mehr die tapfere Uta spielen. Nun konnte sie ihren Tränen wieder freien Lauf lassen. Die ganze Anspannung war zu viel. Nach einer viertel Stunde waren die Tränen versiegt. Sie musste sich jetzt mit etwas ablenken, sonst würde sie noch durchdrehen. Sie hatte Trever zwar in der letzten Zeit schon länger nicht mehr gesehen, aber trotzdem war er immer präsent mit seinen täglichen Anrufen und Mails. Er hatte ihr als Letztes erzählt, dass er in Russland war und ein TCM-Seminar besuchte. Er hatte ihr nichts Näheres darüber berichtet.

Sie hatte sich schon gewundert, dass sie seit ein paar Wochen nichts von ihm gehört hatte. Aber sie war zu neunundneunzig Prozent sicher, dass er sich gegen das Virus entschieden hatte. Sie dachte, dass er nach Russland gefahren war, um sich von dem Thema abzulenken. Auch sie hatte selbst sehr viel Arbeit und war bei ihrem Projekt „Gula" sehr viel weitergekommen. Nur deshalb hatte sie keine Zeit, sich Sorgen zu machen. Sie hatte immer wieder eine SMS geschrieben und keine Antwort bekommen.

55. Kapitel

Wien – Mitte Mai 2025

Gustavs Demütigungen setzten sich fort und wurden sogar noch schlimmer. Er war plötzlich sehr anhänglich. Ständig war er durch Telefonanrufe, SMS oder E-Mails präsent. Sie wollte einmal Zeit für sich. Zeit zu überlegen, wie es mit ihm weitergehen sollte. Aus einem Monat Liebe wurde ein Leben voller Alpträume. An die zehn Mal versuchte Anna, in den letzten zwei Wochen mit ihm Schluss zu machen. Doch er rief sie permanent in der Arbeit an. Sie bekam Angst. Und da kam schon wieder ein Brief von ihm.

56. Kapitel

Afrika – Sierra Leone – Ende Mai 2025

Die schwüle Luft drückte unheimlich auf die Gemüter der Arbeiter. Es waren noch vier weitere Männer krank geworden. Der, der am Morgen im Dreck gelegen war, war ebenso gestorben wie am Vortag Juma. Den Männern wurde es allmählich unheimlich. Sie standen bei jeder Gelegenheit zusammen und tuschelten untereinander. Nngo kam sich vor wie bei einer Meuterei. Er hatte keine Lust am Ende alleine dazustehen und die ganze Arbeit selbst machen zu müssen. Er musste sich etwas einfallen lassen.

57. Kapitel

Wien – Ende Mai 2025

<Hat es funktioniert?> fragte der Großmeister am Ende der Leitung. <Ja, ich denke schon! Sie war ziemlich verstört, das konnte ich sehen! Der Tod von Trever Mac Shirley hat sie sicher eingeschüchtert. Nun wird sie vorsichtig sein in ihren Ermittlungen! Ich denke nicht, dass sie uns noch Schwierigkeiten bereiten wird, Sir!> sagte der Mann mit der Narbe am anderen Ende der Leitung. <Sehr gut, mein Junge! Gut gemacht! Wir sehen uns dann in Bangkok. Auf Wiedersehen!> <Danke, Max! Auf Wiedersehen!>

58. Kapitel

Wien – Ende Mai 2025

Martina Berent durchsuchte den hohen Stapel auf ihrem Bürotisch verzweifelt nach den Dokumenten. Wo waren sie nur? dachte Martina erregt. Es war nun schon 22.00 Uhr und sie war immer noch im Büro. Sonst herrschte immer Ordnung in ihren Unterlagen. Denn sie war Chief Financial und IT Officer des Möbelkonzerns „MEWI". Sie war sich sicher, dass sie alle Unterlagen sorgfältig auf einem Stoß sortiert hatte. Jetzt waren sie alle durcheinander, so als hätte jemand darin herumgewühlt. Wahrscheinlich der Lehrling, den sie neulich aufgenommen hatten. Die anderen Kollegen aus ihrer Abteilung würden es nicht wagen! Sie waren ein eingeschweißtes Team und jeder wusste, dass Martina furchtbar sauer werden konnte, wenn jemand ihre Unterlagen durcheinanderbrachte. Es konnte nur der Lehrling gewesen sein! Dem würde sie morgen ordentlich die Meinung sagen! Was sollte sie nun machen? Ohne diese Unterlagen konnte sie nicht weitermachen. Martina wurde ganz heiß. Ihr Kopf fing an zu pochen. Fieberhaft überlegte sie, was geschehen würde, wenn sie diese Rechnungen nicht finden würde. Martina spürte, wie ihr Herz raste. Ihr wurde ganz übel. Wenn diese Rechnungen in die falschen Hände gerieten, würde sie das nicht nur ihren Job kosten, ja sie wäre Mitwisserin und Mittäterin bei illegalen Handlungen. Sie würde statt in Pension, ins Gefängnis wandern!

Es blieb ihr nichts anderes übrig, als nochmal alles durchzusehen. Sie hatte den Stapel nun schon dreimal durchsucht. Die Buchungen waren schon längst fällig. Martina war stets bemüht, alles korrekt zu erledigen, auch wenn es sich dabei um sehr geheime Unterlagen handelte. Sie war dem Unternehmen und der Konzernleitung verpflichtet. Schließlich hatte sie die Firma sozusagen mit aufgebaut, nur unter einem anderen Direktor. Am Anfang, bevor die Firma übernommen wurde, war die Firma noch kleiner, doch sie hatte sich immens entwickelt. Der alte Direktor war sehr korrekt und blieb immer im legalen Bereich. Nun nach der Übernahme und seiner Pensionierung wurde das Unternehmen in einen südafrikanischen Konzern integriert. Der neue Eigner selbst hatte seinen Sitz in Südafrika, wo er auch an die Börse gegangen war. Hamburg war der ehemalige Sitz des Unternehmens. Früher waren die vier Unternehmen in Hamburg, Italien, Frankreich und Südafrika gebündelt. Mittlerweile hatte Max Ulmhoff auch in Österreich zwei Möbelriesen aufgekauft und zu seinem Werkzeug gemacht. MEWI war eines von diesen Unternehmen. Diese vielen Tochterunternehmen dienten der Verschachtelung des Konzerns, um die Transparenz zu verhindern. Max Ulmhoff, der Eigner, hatte alles sehr gut eingefädelt. Martina hatte mehr Einblick in alles, als es Mitarbeiter für möglich gehalten hätten. Sie hatte viele Sachen, die nicht im legalen Bereich waren, herausgefunden und Max Ulmhoff hatte dies mitbekommen. Dann wurde sie immer wieder von Max Ulmhoff zu Stillschweigen mittels Bestechung gezwungen. Ihr Gehalt wurde erhöht, sie bekam einen BMW als Firmenauto und weitere „Verkösti-

278

gungen". Sie konnte für Max Ulmhoff zur Gefahr werden, aber sie hatte einen guten Job und spielte eine große Rolle in dem Konzern. Vom Gehalt gar nicht erst zu reden.

Wütend teilte sie den riesigen Stoß in drei Teile, griff nach dem ersten Stapel und durchsuchte ihn. Nachdem sie nichts gefunden hatte, schmiss sie ihn laut krachend auf den Boden. Dann den Zweiten und den Dritten. Nichts. Sorgfältig hob Martina die drei Stöße wieder auf. Plötzlich hörte sie ein knarrendes Geräusch. Was war das?

Martina horchte auf. Sie hatte deutlich ein Geräusch gehört. So als ob jemand in einem Nebenzimmer herumgehen würde. War noch jemand im Büro um diese Uhrzeit? Normalerweise war sie immer die Letzte und drückte den Code der Alarmanlage schon fast blind ein. <Hallo? Ist noch jemand hier?> <Haalllloooo?> Martina lauschte in die Dunkelheit. Doch niemand meldete sich. Sie ging auf den Gang und knipste das Licht an. Während sie den Gang entlang lief, spähte sie in jedes Büro. Doch sie waren dunkel und leer. Die Atmosphäre war seltsam, beinahe unheimlich. Normalerweise dachte sie sich nichts dabei, um diese Uhrzeit alleine in der Firma zu sein. Doch heute fühlte sie sich nicht alleine. Martina ging die Büros der unteren Stockwerke ab. <Hallo?> fragte sie in die fast zu ruhige Umgebung. Doch alles blieb still. Seltsam, sie hatte doch ein Geräusch ganz deutlich vernommen, vorhin als sie im Büro saß! Ich geh lieber heim! dachte Martina bei sich. Wenn die Rechnungen und Dokumente am nächsten Tag nicht auftauchten, dann würde es sehr große Probleme geben. Mit einem unguten Gefühl verließ sie das Zimmer. Sie holte den Aufzug, wühlte in ihrer Tasche nach den Tropfen, die ihr ihr Arzt gegen Angstzustände verschrieben hatte und fuhr bis ganz nach unten. Immer wieder wischte sie den Schweiß auf ihrer Stirn mit einem Taschentuch ab. Dann huschte sie schnell über den Gang zur Alarmanlage. Flink tippte sie den Zahlencode ein. Das Licht leuchtete rot, Martina schlüpfte in die dunkle Nacht, dann schloss sich die Türe hinter ihr von selbst. Es war schon ziemlich kalt. Während sie den Gehsteig entlang ging, schnürte sie ihren Mantel enger um sich. Mehrmals drehte sie sich um. Sie fühlte sich irgendwie verfolgt. Ach was, Halluzinationen! Schnell heim und unter die Dusche! Schaltete sich ihr logischer Verstand dazu.

Ihre Wohnung war nur zehn Gehminuten entfernt. Joseph stand bereits am Fenster und blickte Martina durchdringend an. Martina spürte schon beim Betreten ihrer Wohnung die dicke Luft. Er hatte sicher wieder getrunken und einen seiner Anfälle! Das fehlte ihr heute noch! <Hallo Joseph!> sagte sie mit ihrer lustigen, lockeren Art. Mittlerweile hatte sie sich wieder gefangen und alle Ängste beiseite gewischt. <Wie geht's Dir?> Sie war ein sehr fröhlicher Mensch und sah die Welt generell mit Optimismus. Auch, dass Joseph sie ab und an schlug, konnte ihren Optimismus nicht mindern. Joseph konnte auch sehr nett sein. <Scheiße!> antwortete er in gebrochenem Deutsch.

Joseph war Pole und konnte noch immer nicht besonders gut Deutsch, was die Situation für ihn auch nicht verbesserte, dachte Martina bei sich. Wenn er doch endlich Deutsch lernen und sich eine Arbeit suchen würde, das wäre schon etwas anderes.

Joseph stellte die Bierflasche weg und ging auf Martina zu. Er zog seine Augenbrauen zusammen und schrie Martina an. <Du nix gut, Du bei andere Mann!> Martina wollte sich gerade verteidigen, da schlug Joseph schon auf sie ein. Der erste Schlag traf Martina in die Magengegend. Martina schrie auf. Keuchend wollte sie sich aufrichten, um mit ihm zu reden. Da traf sie der zweite Schlag am Hals. Martina taumelte nach hinten. Joseph war so in Rage, dass er laut auf sie einschrie und sich nicht mehr unter Kontrolle brachte. Er schlug weiter auf sie ein und schrie ihr polnische Schimpfwörter zu. Martina klappte unter den Schlägen zusammen und fiel auf den Perserteppich. Winselnd lag sie da. Sie bekam keine Luft mehr. Josephs Wut war gewaltig und so trat er immer wieder mit dem Fuß auf sie ein, bis Martina bewusstlos wurde. Erst jetzt ließ er von ihr ab und taumelte auf die Couch zurück.

Als Martina nach einer Stunde wieder erwachte, sah sie Joseph schlafend auf der Couch, die Bierflasche in der Hand. Sie versuchte sich aufzurichten, doch die Schmerzen waren so groß, dass sie nur auf dem Boden kriechen konnte. Leise stöhnend, um keine Geräusche zu machen, zog sie sich am Boden entlang in ihr Schlafzimmer.

Martina fiel in einen unruhigen Schlaf.

59. Kapitel

Afrika – Sierra Leone – Ende Mai 2025

Nngo verzog das Gesicht. Was war nur los? Die Hälfte der Männer war innerhalb kürzester Zeit gestorben. Einige der anderen Männer waren krank. Sie bluteten aus allen Öffnungen und hatten schlohweiße Haare. Er ekelte sich vor ihnen. Hoffentlich traf es nicht ihn. Er saß nicht mehr mit den Männern zusammen, sondern aß sein Essen weit weg von den anderen. Er hielt Abstand zu den Männern, so gut es ging. Seinen Desinfektionsspray mit chinesischen Zeichen hatte er immer in seiner Hosentasche. Zum Glück waren die Chinesen, die in ihr Land kamen und dort die Rohstoffe abbauten immer um ihre Gesundheit besorgt. Von ihnen hatte er einen Desinfektionsspray gekauft, weil sie ihn auch schon mit ihrem Sauberkeitsfimmel angesteckt hatten. Aber jetzt war er froh. Er wollte nicht auf diese Weise sterben. Nicht so kurz vor dem Ziel. Die meisten Holzstämme waren schon auf die LKWs geladen. Nngo überlegte, ob er sich nicht einfach mit einem LKW absetzen sollte, damit wenigstens er und die Ladung heil am Hafen ankommen würden. Er konnte vielleicht Robey und Josef mitnehmen. Die schienen noch halbwegs gesund zu sein. Dann wären es drei volle LKW-Ladungen, die er den Auftraggebern bringen könnte. Er würde nicht das ganze Geld kassieren, aber wenigstens käme er weg von den ganzen Kranken und Toten! Ja, so würde er es machen. <Josef, Robey, kommt mal her!> schrie er den beiden Männern zu. Die beiden liefen auf ihn zu. Also ihr zwei nehmt diese beiden LKWs und ich nehme diesen. Wir müssen die LKWs bis zum Hafen bringen. Dann fahren wir mit nach Frankreich auf einem Schiff. Erst dann habt ihr Eure Arbeit erledigt.> Josef, der sich selbst Sepp nannte, fragte mit großen Augen. <Chef, aber wir sind doch noch nicht fertig. Es liegen noch so einige Baumstämme herum. Sollen wir nicht zuerst die Arbeit hier fertigmachen?> <Frag nicht so viel, das geht dich nichts an. Nun los, setzt Euch in die Fahrerkabinen und startet die Motoren! Wir brechen sofort auf.> <Aber, was ist mit den anderen Männern?> fragte dieses Mal Robey. <Die bleiben hier und erledigen den Rest. Wir kommen später zurück. Wir können sowieso nicht alle auf einmal zum Hafen fahren! So und nun los!> Nngo ärgerte sich über diese Fragen. Männer, die nur ausführten, was er sagte, waren ihm viel lieber. Männer, die mitdachten, stellten immer ein Problem dar.

Die Trucks setzten sich in der nächsten Viertelstunde in Bewegung. Die noch einigermaßen gesunden Männer standen beieinander und blickten den LKWs nach. Nngo war froh, dass er von diesem Ort wegkam, bevor es ihn auch noch erwischen würde.

60. Kapitel

Genf – Ende Mai 2025

Uta war schon früh im Büro. Sie wollte sich in die Arbeit vertiefen. Der Gedanke an Trever ließ sie frösteln. Um zehn Uhr kam der Postmann. Er hatte

ein Päckchen für sie. Eine Eilsendung. Der Absen-
der war nicht angeführt, doch sie erkannte Trevers
Handschrift. Uta öffnete das Päckchen mit der
Schere. Sie riss den Karton mit Kraft auseinander.
Dann sah sie, dass das Innenleben des Päck-
chens mit Schaumstoffkugeln gefüllt war. In der
Mitte des Kartons war ein kleiner Gegenstand ein-
gekeilt. Uta kniff die Augen zusammen. Mit Dau-
men und Zeigefinger hievte sie den Gegenstand
geschickt nach oben. Ein Peilsender.

Uta nahm den Peilsender in die rechte Hand, um
ihn näher zu betrachten. Dann schaltete sie den
Sender auf on und stellte eine Drahtlosverbindung
vom Peilsender zum PC her. Sofort suchte das
Internet von selbst ein Programm, das gleich darauf eine Weltkarte anzeigte. Blitzschnell wurde die
Weltkarte Richtung Afrika gedreht. Sierra Leone
wurde vergrößert dargestellt. Yana, las Uta laut
vor. Der Ort lag in Sierra Leone, an der Grenze zu
Guinea. Uta hielt den Peilsender etwas nervös in
ihrer Hand.

Der Punkt blinkte stetig an jenem Ort. Dann sah
sie sich den geheimen Bericht der CIA an. Sierra
Leone. Yana war der Ort, an dem Firungo ausgebrochen war. Uta saß wie versteinert vor dem Bildschirm. Trever! Was hatte er nur getan? Wieso
hatte er dieses tödliche Virus freigesetzt? Alles
Fragen, auf die sie keine Antwort erhielt. Nie mehr
erhalten würde. Uta standen wieder Tränen in den
Augen. Sie lehnte sich an ihren harten Stuhl. Leise
schluchzend, die Hände vor das Gesicht haltend,
verweilte sie so fünf Minuten reglos. Dann merkte
Uta plötzlich, dass das Kontroll-Lämpchen sich in
Bewegung gesetzt hatte. Der Punkt hüpfte kontinu-

ierlich in Richtung Freetown, Atlantischer Ozean. Im selben Moment klopfte es an der Türe. Utas Boss, Björn Hellmann stand in der Türe und blickte Uta mitfühlend an. <Uta, möchtest Du ein paar Tage frei nehmen. Ich glaube, Du brauchst etwas Zeit für Dich.> Björn Hellmann war ein jahrelanger treuer Freund von ihnen. <Ja, Du hast wahrscheinlich Recht. Ein paar Tage Abstand zu allem würden mir gut tun.>

Uta packte den Rest der Post in ihre Tasche und ging nach Hause. In ihrer Wohnung setzte sie sich auf die selbstgemachte Couch und weinte bitterlich. Nach einer Weile holte sie sich etwas zu trinken. Ein Sherry würde ihr jetzt gut tun, dachte sie bei sich. Dann sah sie auf die Post. Die Geheimakte der CIA steckte in einem großen Umschlag. Uta öffnete den Umschlag und begann zu lesen:

Ein neues Virus war ausgebrochen. Alles war streng vertraulich. Firungo. Firungo war eine Abart des Ebola-Virus-Stammes. Dieses Virus löste das sogenannte hämorrhagische Fieber aus, bei dem Blutgefäße durchlässig wurden. Aus Nase, Mund und Augen rann Blut ähnlich wie bei Ebola. Dunkle Ergüsse breiteten sich unter der Haut aus. Neu war die Selbstentzündung. Sie hatten ihm den Namen Firungo gegeben. Das Virus war eine genetisch veränderte Art des Ebola Stammes, doch hatte es zusätzlich zu den Fieberanfällen, dem Bluten aus allen Öffnungen und dem schnellen Tod noch einen anderen sehr spezifischen Nebeneffekt. Nämlich die Selbstentzündung. Die Opfer brannten von innen.

Er war in Sierra Leone ausgebrochen. Illegale Holzfäller hatten hier gewütet und einen riesigen

Waldbestand abgeholzt. Sie lagen alle tot neben den Stämmen, bis auf einen. Für ihn hatte man ein Grab ausgehoben. Mit dem Orbit Dichte Scanner war man auf die abgeholzte Fläche gestoßen. Von ganz oben kam der Befehl. Fünf CIA-Angestellte mussten nach Sierra Leone fliegen und mit Ganzkörperschutzanzügen ausgestattet, die toten Körper sorgfältig verbrennen, um keine Spuren zu hinterlassen. Das Virus musste eingedämmt werden, bevor noch mehr Menschen zu Schaden kamen.

Käme es bei der aktuellen Epidemie zu einem Ausbruch, so schätzten sie, würden mehr als fünf Milliarden Menschen sterben. Wenn nicht sogar mehr, falls kein Mittel dagegen gefunden werden würde. Das Virus war genetisch nicht zu entschlüsseln.

Uta schloss den Bericht. Trever hatte also das Virus freigesetzt! Sie hatte auf seinen Verstand vertraut, dass er es ablehnen würde. Nun konnte nur mehr Trever ein Gegenmittel entwickeln, aber er war tot! dachte Uta bei sich. Wie schrecklich!

War es wirklich möglich, dass er nach West Afrika geflogen war, um die letzten Urwälder zu schützen. Um Menschen zu bestrafen, die die letzten Bäume fällten?

Hatte ihn das Palmölsyndikat dabei entdeckt? Es passte alles nicht zusammen!

61. Kapitel

Wien – Ende Mai 2025

Am Morgen erwachte Martina Berent benommen. Sie tastete ihr Gesicht ab und stellte fest, dass ihr Gesicht heil geblieben war. Erleichtert atmete sie aus, doch sofort krümmte sie sich vor Schmerzen. Sie versuchte, sich aufzurichten. Die Schmerzen waren entsetzlich. Nur mit Mühe schaffte sie es, sich vom Bett, in das sie sich in der Nacht mühevoll hineingezogen hatte, aufzustehen. Das konnte nur ein furchtbarer Tag werden. Sie durfte Rita heute nicht begegnen, denn die würde sofort alles bemerken. Joseph lag immer noch schnarchend auf der Couch, die Bierflasche war auf den Perserteppich gefallen und hatte einen dunklen Fleck hinterlassen. Martina versuchte leise zu sein, um ihn nicht zu wecken. Sie wollte heute jeglicher Konfrontation aus dem Weg gehen.

Auf dem Weg in die Arbeit dachte Martina unter Schmerzen nach, wie es dazugekommen war, dass sie ihr schönes Single Leben aufgegeben hatte und in eine furchtbare Beziehung wie diese geschlittert war.

Sie hatte ihn vor einem halben Jahr in einem Lokal in der Nähe ihrer Wohnung kennengelernt. Er war ein adretter junger Mann, sehr hübsch um genau zu sein, dachte sich Martina. Sie war nun schon seit mehr als drei Jahren geschieden und hatte keine Kinder. Es war mal wieder an der Zeit, etwas Spaß in ihr Leben zu bringen, dachte sie damals. Deshalb und weil Joseph erzählte, wie schwer er es in diesem Land hatte, hatte sie ihn zu sich in die

Wohnung geholt. Sie war schließlich ein guter Mensch, der anderen helfen wollte! Doch nicht alle ihrer Freunde dachten so wie sie.

Sie hatte ihn bei sich aufgenommen, weil er ihr leidtat und weil sie nicht mehr alleine sein wollte. Außerdem war er ein süßes Kerlchen. Er war um einiges jünger als sie, aber ihn störte es nicht und sie freute sich über einen jungen Mann. Frauen in ihrem Alter hatten es nicht mehr so leicht, überhaupt noch einen Mann zu finden. Sie war fast sechzig, aber noch attraktiv und rüstig und konnte in zwei Monaten in Pension gehen. Vorher hatte sie noch eine Woche Urlaub. Mit Nora, ihrer Freundin würde sie eine Woche nach Schottland fliegen und viel Spaß haben.

Joseph war wütend, dass sie ohne ihn fuhr. Er regte sich furchtbar auf und drohte ihr wieder, wenn sie mit fremden Männern flirten würde, würde er es erfahren und dann …! Martina tat dies mit einer Handbewegung ab und freute sich trotzdem sehr. Das war vor einer Woche. Ihre Freundin Ilse, die auch in der Firma arbeitete, drohte Joseph immer wieder. Wenn Du Martina etwas antust, dann bekommst Du es mit mir zu tun! Ilse war etwas jünger als Martina. Sie war geschieden genau wie sie. Sie war schon so lange bei der Firma, dass sie eine Menge wusste, auch Dinge, die nicht an die Öffentlichkeit kommen sollten. Sie war genauso lange wie sie dabei und sagte oft auch das, was sie sich dachte. Früher hatte es einen Direktor gegeben, der die Firma aufgebaut hatte und der hatte alles im Griff. Aber nun, da die Firma in einen Riesenkonzern eingegliedert worden war, gab es nun einen Generaldirektor, der noch dazu linke

Sachen machte! Und Ulmhoff! Von dem ging alles aus! Kein Wunder, dass er bei seinen krummen Geschäften ein Börsenhai wurde!

<Aua!> stöhnte Martina leise auf dem Weg in die Firma auf.

Was war nur mit Joseph los? So schlimm wie gestern Abend war es noch nie gewesen, fragte sich Martina unter Schmerzen. Die Schmerztabletten, die sie in der Früh genommen hatte, wirkten nur langsam. Ohne diese würde sie den Tag nicht überstehen. Leider konnte sie nicht zu Hause bleiben, einerseits war da Joseph, den sie heute nicht mehr sehen wollte und andererseits musste sie die Rechnungen finden, sonst würde es in einer Katastrophe enden. Der Generaldirektor würde ihr die Hölle heißmachen. Und erst die Finanz und …! Sie wollte gar nicht darüber nachdenken!

Ilse besuchte Martina gleich um 08.00 Uhr in ihrem Büro. <Hallo Martina, geht's Dir gut?> fragte Ilse besorgt. Das hat mir gerade noch gefehlt! dachte Martina bei sich. Sie mochte ihre Freundin Ilse sehr, weil sie sehr intelligent war und genauso viel über den Konzern wusste, wie Martina. Sie konnte mit ihr auch privat über unseriöse Aktivitäten in der Firma sprechen, ohne Angst haben zu müssen. <Danke, Ilse, es geht mir gut!> versuchte Martina ihrer Freundin etwas vorzuspielen. <Ich habe heute nur viel zu tun!> <Treffen wir uns später im Raucherzimmer?> fragte Ilse fröhlich. <Heute nicht, ich muss wirklich noch viel abarbeiten! Ein andermal wieder!> sagte Martina und versuchte, ein Lächeln aufzusetzen.

Ilse ging etwas verwirrt. Martina war froh darüber. Sie traf Ilse oft im Raucherbereich. Dort erfuhr Ilse immer, ob es Martina gut ging oder nicht. Sie machte sich Sorgen um ihre Freundin. „Werde den Kerl wieder los, Martina, der tut Dir nicht gut!", sagte Ilse immer. Er ist und bleibt ein fauler Typ! Du kannst bald in Pension gehen und es genießen.

Fahr nach Schottland, dort lernst Du auch nette Männer kennen! Joseph liegt Dir doch nur auf der Tasche. Ich hab kein gutes Gefühl bei dem! Und wenn er Dich schlägt, wie es schon des Öfteren der Fall war, dann schmeiß ihn aus Deiner Wohnung raus! Du hast keine Kinder! Genieße das Leben in vollen Zügen! Fahr auf Urlaub oder kauf Dir ein Strandhaus irgendwo! Du brauchst nicht so einen, der Dich ausnimmt. Gib das Geld lieber für Dich aus!> sagte Ilse immer wieder zu Martina.

Joseph müsste noch einige Jahre arbeiten, falls er jemals eine finden würde, überlegte Martina. Mit seinen schlechten Deutschkenntnissen und seinen Alkoholexzessen würde er es sehr schwer haben. Er tat ihr immer noch sehr leid. Seine Arbeitslosigkeit zog ihn immer mehr hinab. Aber dass er an ihr seine schlechte Laune abreagierte, das wollte sie nicht mehr ertragen.

Martina hatte oft versucht, mit ihm Deutsch zu lernen, aber er war nicht gerade begeistert. <Sprache schwierig!> meinte er nur und sah wieder in die Glotze, neben sich eine Bierflasche in der Hand. Sie hatte einen Receiver, darunter war auch ein Polnischer Kanal, den Joseph Tag und Nacht ansah. Da konnte er kein Deutsch lernen! dachte Martina bei sich und seufzte. Ilse hatte Recht! Sie musste ihn wieder vor die Türe setzen und mit ihm Schluss machen. Er nutzte sie wirklich aus und war krankhaft eifersüchtig. Das konnte sie jetzt sehen!

Martina stand auf und wollte nach den Rechnungen suchen. Die Schläge in den Bauch taten noch immer höllisch weh! Sie musste schleunigst weg von diesem Mann. Er wurde immer gewalttätiger. Sie fürchtete sich vor ihm. Tapfer biss sie die Zähne zusammen. Vergessen war auch das Verfolgungsgefühl des letzten Abends.

Langsam ging sie zu einem Regal, das so eine Art Raumteiler war, und knickte bei jedem Schritt ein. Hier hatte sie alle Rechnungsordner ordentlich gereiht. Konnten die Rechnungen vielleicht falsch eingeordnet worden sein? sinnierte sie unter Schmerzen und sah sich die Rechnungsordner noch mal alle durch. Nun zeigt euch schon, ihr dummen Rechnungen! schrie Martina innerlich auf. Ohne etwas zu finden, humpelte sie wieder zurück und ließ sich auf ihren Bürostuhl sinken und versuchte sich aufzurichten. Den Lehrling würde sie ein anderes Mal schimpfen. Heute war ihr nicht danach zumute. Aber diese Rechnungen waren so wichtig! Sie musste doch den Lehrling rufen! Mist, heute war wirklich kein guter Tag!

62. Kapitel

Wien – Anfang Juni 2025

Uta beobachtete seit Tagen den blinkenden Punkt, der konstant auf dem Meeresabschnitt am Bildschirm weiterwanderte. Trever! Wie war er nur auf die Holzfäller gestoßen? Sie wollte ihn so viel fragen. Wollte noch so viele Zärtlichkeit mit ihm austauschen. Sie schüttelte sich. Reiß Dich zusammen! Sie hatte sich die paar Tage freigenommen, die ihr Björn Hellmann angeboten hatte. Sie brauchte Zeit, um zu trauern. Der Punkt würde nach ihrer Berechnung in ein paar Tagen die französische Küste erreichen.

63. Kapitel

Genf – Anfang Juni 2025

<Hallo August, ja, ich höre Dich!> August klang sehr weit weg. Uta war nach zwei freien Tagen wieder ins Büro zurückgekehrt, weil sie es zu Hause noch weniger aushielt. Das Begräbnis von Trever wurde nur im engsten Familienkreis gehalten. Man hatte die Leiche nie gefunden. Die Polizei hatte ihn für tot erklärt, nachdem eine Zeit vergangen und er nicht mehr aufgetaucht war. Es war schrecklich! Die Trauerfeier fand in Trevers Haus statt, das nun seinen Eltern gehörte.

<Uta, ich kann nicht lange reden. Ich bin da auf etwas gestoßen!> kam die Stimme abgehakt durchs Telefon. <Nun sprich schon!> unterbrach ihn Uta aufgeregt. <Was ist mit diesem Delgado?> <Nun, er ist nicht der, wofür er sich ausgibt. Soviel steht fest. Du solltest vorsichtig sein! Hör mal, ich kann am Telefon nicht reden. Können wir uns in einer Stunde am Quai du Mont-Blanc treffen?> <Treffen wir uns lieber beim Café du Bourg-de-Four am Place du Bourg-de-Four.> <Gut also um 12.00 am Place du Bourg.> August hängte auf. Uta

starrte auf den Hörer. Was hatte er wohl herausgefunden? Sie hatte also recht mit ihrem schlechten Gefühl bei Delgado. Dieser Mann war ihr nicht geheuer. Auch Björn sagte dieser Mann nichts. Sie war ganz aufgeregt und merkte, wie sie leicht zitterte. Endlich würde sie erfahren, was mit Trever geschehen war.

64. Kapitel

Wien – Anfang Juni 2025

Anna seufzte vor sich hin. Sie saß auf ihrem Sofa im Wohnzimmer und weinte, als sie sich gerade ein Foto ansah, auf dem sie und Gustav engumschlungen auf einem Segelboot standen und in die Kamera lachten. Neben dem Foto auf dem Couchtisch lagen mehrere Briefe. Sie waren von ihm. Lauter Briefe, in denen er sich für sein Verhalten entschuldigte. Sie solle alles nicht so ernst nehmen, war der häufigste Satz, den er geschrieben hatte. Der Mann im seidenen Anzug hatte Gustav über Annas Verfolgung in Kenntnis gesetzt. Daraufhin war Gustav sehr böse geworden.

Er hatte ihr sogar ein paar Mal gedroht, dass, wenn sie weiter hinter ihm her schnüffeln würde, er sehr böse werden würde. Dann hatte er sich wieder entschuldigt.

Sie wollte nach dem Vorfall ein paar Informationen über ihn einholen, war aber bis jetzt noch nicht dazugekommen, Johanna zu fragen. Sie wusste, dass Johanna für Gustav arbeitete. Aber Johanna und Gustav wussten nichts von Annas Beziehung zu beiden.

Gustav war immer etwas eigenartig, fand Anna. Er hatte Geheimnisse. Und er drohte ihr! Was für eine seltsame Art von Beziehung war das? Man drohte doch nicht einem Menschen, den man liebte!

Und noch etwas war seltsam! Die gemeinsamen Wochenenden verbrachten sie immer bei ihr zu Hause. Seine Familie und Freunde lernte sie nie kennen. Wenn sie ihn danach fragte, sagte er nur, dass sie alle keine Zeit hätten, verreist wären oder schon gestorben waren. Gustav hatte sich von seiner Exfreundin schon vor vier Jahren getrennt, erzählte er Anna ganz am Anfang ihrer Beziehung. Wahrscheinlich hatte die Exfreundin gut daran getan, sich von ihm zu trennen, dachte Anna im Stillen. Irgendetwas stimmte nicht mit ihm. Hatte es etwas mit der Firma zu tun?

Als sie sich kennenlernten, war Gustav ein liebenswerter, warmherziger Mann. Doch nun nach der schönen Zeit begann er, plötzlich durchzudrehen. Es schien, als wechsle er seine Persönlichkeit. Furchtbar, dachte Anna bei sich. Es musste mit dem seltsamen Mann zusammenhängen.

Sie liebte Gustav sehr, weil er sich mehr als alle anderen Männer, die sie jemals kennengelernt hatte, für sie interessierte. Doch sein Interesse glich mehr einem Verhör!

Das mit seiner Eifersucht steigerte sich auch immer mehr und er drohte ihr sogar. Er wollte ihren geliebten Garten mit seinem Motorrad zerstören, falls sie jemals mit ihm Schluss machen würde. Das war sein voller Ernst! Was war nur los mit dem? Einfach irre! Sie wusste nicht recht, ob er nur Spaß machte oder ob er es ernst meinte. Warum war er plötzlich so besitzergreifend? fragte sich Anna.

Sie schüttelte sich bei dem Gedanken daran. Es war eine sehr schöne, aber auch sehr schlimme Zeit für sie. Sie schob die Briefe beiseite.

Sie wollte nicht mehr mit ihm zusammen sein, aber sie hatte Angst, mit ihm Schluss zu machen, fürchtete, dass er einen Wutausbruch bekommen könnte. Noch dazu hatte er ihr seine Pistole gezeigt. Dass er überhaupt eine besaß, ließ Anna aufhorchen. Und seine Erzählung, dass er einmal aus Versehen eine Katze getötet hatte, schockierte sie bis ins Innere! Wie schrecklich! Mit was für einem seltsamen Mann war sie nur zusammen?

Sie hatte vor ein paar Jahren Psychologie studiert und sich als Psychiaterin einen Namen gemacht. Ihr Hauptfach war die Persönlichkeitsveränderung. Doch die bipolare Störung von Gustav war außergewöhnlich. Hysterisch, psychotisch, leidenschaftlich, ängstlich und aggressiv, alles war in diesem kranken Körper gefangen. Normalerweise war eine bipolare Störung zwar für die Mitmenschen schwierig, doch gefährlich waren die meisten nicht. Viele von ihnen verfielen in Depressionen.

Doch bei Gustav zeichnete sich eine gewisse regelmäßige unbeherrschte Aggression ab, die zu kontrollieren er nur mehr schwer in der Lage war. Er würde einen Psychiater benötigen, aber er wollte keinen.

Und am Furchtbarsten war, dass Gustav in irgendwelche krummen Dinge verstrickt war. Er hatte ihr so beiläufig von seiner Firma erzählt, aber nichts Genaues. Anna glaubte, dass er es mittlerweile schon bereute, ihr etwas davon gesagt zu haben. Und Johanna, das beunruhigte sie auch. Sie hatte ihr noch nicht gesagt, dass sie mit ihrem Chef zusammen war. Johanna würde Augen machen!

65. Kapitel

Wien – Anfang Juni 2025

Wieder ein Ordner, den sie am öffentlichen Kopierer durchscannte. War es nicht gefährlich, so lange am Kopierer zu verbringen. Die Strahlung traf sie jedes Mal. Was hatte die Vorgängerin noch mal? Krebs! Das hatte ihr Helga erzählt. Johanna wurde sich immer bewusster, dass dieser Job nicht nur unter ihrer Würde war, sondern dass sie sich auch noch gesundheitlich bedenklicher Strahlung aussetzte, da sie oft länger als vier Stunden einscannte. Der Job wurde für sie immer mehr zu ihrem schlimmsten Alptraum. Aber sie musste durchhalten, denn sie war schließlich nicht mehr die Jüngste und sie würde sicher mal wechseln können, falls jemand schwanger werden würde in der Firma. Sie hatte eine gute Ausbildung, aber sie wollte nichts riskieren. Der Möbelkonzern war in der heutigen Zeit nicht so leicht durch die Wirtschaftskrise zu erschüttern wie so viele andere Firmen. Sie hatte einen Plan. Sie würde schon beweisen, was sie konnte und außerdem hatte ihr Gustav zugesagt, dass, wenn Irene schwanger werden würde, sie die Stelle übernehmen könnte. Nur deshalb hielt sie durch und scannte weiter ein. Immer wieder schaute sie in der Firma im Internet wegen den Hölzern und auch zu Hause suchte sie fleißig am Abend im Netz. Sie wollte Anna heute noch anrufen und ihr alles erzählen.

Plötzlich sah sie aus den Augenwinkeln John Hebenstreit im Gang. Er spazierte geradewegs auf sie zu. <Hallo!> grüßte er sie freundlich und blieb bei ihr und dem Kopiergerät stehen. <Wie geht's?> fragte John lächelnd. <Äh, danke>, sagte Johanna irritiert. Der weiß sicher nicht, dass ich hier nur so einen Deppenjob mache. Das ist jetzt irgendwie peinlich! Johanna mochte John sehr gerne und manchmal nach dem Trommelkurs lud er sie auf einen Kaffee ein. Natürlich gingen auch die anderen Trommler mit. Johanna fühlte sich immer geschmeichelt.

Sie träumte oft von John Hebenstreit, aber da er verheiratet war ... Er war einfach sehr sexy. Sie hatte sich schon längere Zeit in ihn verliebt.

Aber er machte nie Anstalten, sie zu verführen und das schätzte sie sehr an ihm. Sie schrieben sich manchmal SMS, doch mit der Zeit wurden auch diese immer weniger.

Johanna beendete das Scannen, packte ihren Ordner und sah John direkt in die Augen <So, ich muss dann mal, die Arbeit ruft!>. Wieder in ihrem Büro atmete Johanna tief durch. Sie sah John noch an ihrem Büro vorbeigehen. Dann rief sie die eingescannten Mails auf. Es gab eine genaue Ordnerstruktur, wo die verschiedenen Bereiche unterteilt waren. Johanna las den Text, den sie abspeicherte vorher durch, um zu wissen, wo dieser abgelegt werden musste.

24.03.2015 Mail an Carmen Zigotti von Herrn Dr. Feldbach. Was Johanna nun las, verstand sie nicht wirklich. Dr. Feldbach bat Carmen Zigotti um einen seltsamen Gefallen. Hier stand: „Kümmere Dich um die Kinder, Du weißt schon …"

Johanna klopfte bei Gustav an die Bürotür und zeigte ihm das Schreiben, weil dieser sich des Öfteren ärgerte, dass Carmen ihren Kopf beim Generaldirektor immer durchsetzten konnte und er nicht. <Schau mal, Gustav, das hab ich gerade eingescannt!> Johanna überreichte Gustav den Zettel. Dieser las ihn kurz durch und Johanna sah, wie sich sein Gesicht immer mehr veränderte. Die Falte auf seiner Stirn wurde tiefer und tiefer. <Was kann das wohl bedeuten?> fragte Johanna Gustav. Dieser las den Zettel und wurde ganz aufgeregt. <Danke Johanna! Das bedeutet sicher nichts! Lass mich nun bitte alleine!> sagte Gustav und wandte sich von Johanna ab. Daraufhin verließ sie sein Büro mit einem unguten Gefühl.

<Carmen und Feldbach sind so unvorsichtig!> sprach Gustav laut zu sich selbst, nachdem Johanna gegangen war. Nach einer halben Stunde klopfte er an ihre Türe und bat sie wieder in sein Büro. Die Falte auf seiner Stirn war jetzt ganz tief. Er streckte seinen langen Arm mit dem blauen Band und dem schwarzen Ring, auf dessen Oberfläche eine Pyramide zu sehen war, aus. Sein Hemd war raufgerollt. Er zeigte auf einen Stuhl. <Bitte setz Dich, Johanna!> sagte er mit seinem ihm eigenen Dialekt. Johanna setzte sich an den Besprechungstisch. Sie musste immer die Bilder in seinem Büro ansehen. Sie passten irgendwie zu ihm!

Seine Fingernägel waren kurz geschnitten. Doch ein Fingernagel war verschmutzt, was gar nicht zu Gustav passte. Womöglich hatte er im Garten gearbeitet, dachte Johanna. Hatte er überhaupt einen Garten? Nö! Wohl eher nicht. Er war nicht gerade ein Gärtner. Zu schnöselig und zu fein, um sich selbst anzustrengen. Der ließ lieber für sich arbeiten.

Der machte sich sonst nicht seine Fingernägel dreckig, sie waren immer gepflegt, so als ob er jede Woche zur Maniküre geht. Johanna musste an eine Freundin denken, die immer als Erstes die Hände von Männern ansah und genau wusste, dass sie nur einen Mann mit schönen gepflegten Händen lieben könnte! Und gutaussehend und intelligent und groß mussten die Traummänner sein. Die Freundinnen waren, bis auf ein paar wenige, alle Single. Kein Wunder bei den hohen Ansprüchen, dachte Johanna bei sich. Vor allem Anna Mikal war ganz ausgestochen. Sie hatte eine neue Beziehung. Aber bis jetzt hatte sie ihren neuen Freund vor ihr versteckt. Sie erzählte auch nicht viel von ihm. Komisch. Vielleicht war er älter oder nicht so hübsch. Aber alles keine Gründe, um so ein Geheimnis daraus zu machen, ärgerte sich Johanna.

Vielleicht sollte sie Gustav eine ihrer anderen Single-Freundinnen vorstellen, denn der war auch Single, soviel sie wusste. Obwohl er jetzt eine neue Freundin hatte, von der er ihnen bei ihrem letzten Jour fixe erzählt hatte. Sie war hübsch, jung und Psychologin. Mehr erfuhren sie auch nicht. Nur, dass sie sehr sexy war. Sonst erzählte er nicht viel von seinem Liebesleben. Er war ja nicht mehr der Jüngste! Vielleicht brauchte er eine junge Frau, um mit seinem Alter fertig zu werden. Er war bald 54 Jahre. <Johanna>, sagte Gustav streng, <Du musst das Mail vergessen! Ich werde es vernichten! Carmen und Dr. Feldbach haben früher öfters solche Scherze miteinander veranstaltet. Wenn Du solche Mails liest, dann wirf sie einfach weg! Danke Dir!>

<Gustav>, sagte Johanna ernst und mit Nachdruck! <Ich kann doch nicht einfach Mails wegwerfen! Es gehört doch alles archiviert!>

<Nein! Vernichte es!> Er ballte die rechte Hand zur Faust und ließ sie auf den Tisch niederkrachen! Johanna schreckte zusammen! Na so ein seltsamer Mensch! dachte Johanna bei sich. Lieber den Mund halten, da fährt man besser in dieser Firma. Was für Scherze! Seltsam wie böse Gustav geworden ist!

Gustav war sehr impulsiv. Er war schnell auf hundertachtzig und sehr unbeherrscht! Wie konnte man sich wegen so einer Lappalie nur so aufregen! Sie war vom Sternzeichen Skorpion und diese Menschen waren die reinsten Gerechtigkeitsmenschen! Auch schnell auf hundertachtzig, aber da ging es um wichtige Sachen. Wenn in der Welt wieder mal die Bösewichte verteidigt und nicht bestraft wurden, oder jemand Schwächerer ausgenutzt oder misshandelt wurde. Oder Tiere verletzt, gequält oder getötet wurden, oder die Umwelt zu Schaden kam, da konnte sie sehr wild werden! Anna war genauso wie sie. Darum mochte sie Anna. Meistens geriet sie so in Rage, dass sie ganz schnell sprach.

Als Johanna nach Hause kam, pfiff ihr Stefan bereits entgegen. Das war zu ihrem Begrüßungs- und Erkennungsritual geworden. Sie war glücklich, dass sie Stefan hatte. Er eilte ihr, die orangerote Kochschürze umgebunden, aus der Küche entgegen und küsste sie, bevor er ihr den Mantel abnahm. <Ich habe Schrimps mit Bratkartoffeln gemacht.> Johanna musste schmunzeln. Süß, wie er immer für sie kochte und sie auf Händen trug.

Das Essen war sehr lecker, wie immer. Stefan kochte scharf, meistens war das Essen mit Chili und Knoblauch gewürzt. Johanna hatte sich mittlerweile schon an die Schärfe gewohnt und lachte noch, genau wie am Anfang, herzhaft darüber, wenn ihr der Mund brannte.

Nach dem Essen ging Johanna in die Badewanne und nahm ihr Handy mit. Sie ließ das Wasser ein, holte Shampoo und Weichmacher für die Haare und stellte sie an den Emailrand der runden großen Badewanne. Langsam ließ sie sich in die Wanne gleiten. Das war eine Wohltat. Dann nahm sie das Handy und scrollte zu ihren Kontakten. Anna war unter A gespeichert. Johanna drückte die Nummer. <Hallo?> meldete sich Anna am anderen Ende der Leitung. <Hallo Anna!> rief Johanna in den Hörer. <Wie geht's Dir?> <Hi Jo.> sagte Anna erfreut. <Ja danke, mir geht's gut! Alles klar bei Dir? Und wie läuft's in der neuen Arbeit?> <Wir haben uns ja schon länger nicht gehört!> sagte Johanna. Mit Arbeit, Freund und Haushalt ist es gar nicht mehr so einfach, sich mal Zeit zum Telefonieren zu nehmen! Also, es geht mir gut. Ich muss aber fürs erste Mal alte Aktenordner scannen und speichern! Kannst Du Dir das vorstellen?

Und das für ein halbes Jahr mindestens!> <Was?> fragte Anna erstaunt. <Wie kommen denn die dazu! Du hast doch viel mehr auf dem Kasten und Deine gute Ausbildung!> Gustav war wirklich äußerst seltsam. Nun behandelte er auch noch Johanna schlecht! <Die degradieren Dich sozusagen! Was soll denn das? Das wirst Du Dir hoffentlich nicht gefallen lassen!> empörte sich Anna. <Naja, das ist nur im ersten halben Jahr so, hoffe ich halt, ich finde es auch eine Frechheit, aber jetzt kann ich eh nichts machen! Auf jeden Fall wollte ich Dir etwas erzählen, was ziemlich schräg ist! Stefan hält nichts davon, aber ich glaub, da geht etwas Komisches vor in dieser Firma!> <Ja, was, jetzt mach es nicht so spannend!> schrie Anna fast in den Hörer. <O.k., o.k., also ich hab neulich bei den Akten einen Zettel bzw. einen ganzen Ordner gefunden, in dem es um Holzlieferungen von Nantes/Frankreich nach Österreich zu meiner Firma geht. Und … ich glaube, die handeln da mit Hölzern, die in Afrika illegal abgeholzt werden, edle Hölzer wie Ebenholz usw. und diese bekommt meine Firma zu einem Spottpreis! Und das Ganze wird von Afrika nach Frankreich verschifft und mittels LKWs zu uns gebracht! Ob die das dort zu Möbel verarbeiten oder ob die Hölzer hier verarbeitet werden, weiß ich nicht. Ich hab schon ein wenig im Internet recherchiert, aber wie alles genau abläuft, ist mir noch unklar, auch nicht, um welche Hölzer es sich handelt. Aber spannend, nicht!> Anna zögerte einen Moment, dann sagte sie <Du, ich glaub, da musst Du sehr vorsichtig sein! Was, wenn wirklich illegal Holz transportiert wird. Dann geht das über die Holzmafia und die machen keine Späßchen, wenn sie aufgedeckt werden! Pass

lieber auf!> <Hey, ich dachte, Du hilfst mir recherchieren!> beschwerte sich Johanna. <Ich kann ja
mal mit Uta telefonieren, wenn Du willst. Und, wie
geht es Stefan und Deinen Zebrafinken?> <Hm,
meinen Zebrafinken und Stefan geht's gut! Es wäre super, wenn Du mit Uta darüber sprechen könntest. Oder, Du kannst mir auch ihre Nummer geben, dann kann ich sie selbst anrufen!> sagte Johanna nachdenklich. Anna ist vielleicht komisch,
nicht ein bisschen neugierig, In diesem Fall hatte
sie Anna auch falsch eingeschätzt! Plötzlich kam
Johanna ein Gedanke. Vielleicht handelten ihre
Eltern in ihrem Möbelgeschäft auch mit sogenann-
tem Blutholz aus Afrika und vielleicht war es eine
delikate Angelegenheit für Anna, weil sie aus diesem Grund den Kontakt zu ihren Eltern abgebro-
chen hatte? Auweia, das konnte sein, was für einen Grund hätte sie sonst, mit ihren Eltern zu brechen? Ach, was bin ich unsensibel, genau dieses
Thema mit Anna zu diskutieren! <Gut, ich gebe Dir
Utas Nummer.> sagte Anna nach einer Weile. <Ich
schick Dir eine SMS.>. <O.k., danke Anna, wann
sehen wir uns wieder, gehen wir einmal essen? Du
musst mir endlich alles über Deine neue Liebe
erzählen!> <Ja, nächste Woche würde es passen.> <Dann telefonieren wir am Montag.> <Su-
per, dann noch einen schönen Abend!> <Dir
auch!> Johanna legte auf. Das Wasser reichte ihr
schon bis zum Hals.

66. Kapitel

Wien – Anfang Juni 2025

Gustav sortierte seine Gedanken. Diese blöden Ziegen. Er hasste Frauen! Sie machten nur Probleme! Carmen und Feldbach waren so unvorsichtig! Sie würden noch die Aktion gefährden! Leider musste er noch mit Carmen zusammenarbeiten und die Geschäfte, die sie gerade mit Friedrich in Bangkok eingefädelt hatte, waren zu wichtig, als dass er sich jetzt mit ihr stritt. Er musste alles schlucken! Und dann Anna. Er hatte einen Anruf von Ulmhoff erhalten, wo er ihm sehr böse mitteilte, dass Anna ihm gefolgt war. Es würde Konsequenzen geben, falls sie ihn weiter verfolgen würde, hatte er Gustav gesagt. Anna wurde schön langsam zu einem Problem! Er mochte keine neugierigen Frauen. Er wollte nur Informationen von ihr, doch nun mochte er sie, er hatte sich verliebt! Darum gab er sich sonst nur mit Frauen ab, die Geld für Sex nahmen oder die genauso berechnend waren wie er, wie Carmen Zigotti!

Doch diese Anna. Er wollte sie aushorchen und dann schnell fallen lassen, doch sie ging ihm ans Herz. Nun wollte er sie besitzen und wegsperren, damit sie kein anderer bekam. Er hatte ihr schon zu viel von sich erzählt! Es war gefährlich. Er musste sie nun auf Distanz halten. Er würde wieder einen Brief schreiben. Was war nur los mit ihm? Diese Gefühlsduselei konnte er sich im Moment überhaupt nicht leisten! Dann blickte er auf seinen Fingernagel. Er war noch immer schmutzig. Das Make-up von Martina Berent steckte so tief unter seinem Nagel, dass es trotz eines langen Bades gestern nicht weggegangen war. Er hatte sie kaum berührt, nur den Polster auf ihr Gesicht gedrückt. Sie hatte sich mit einer Hand gewehrt, da musste das Make-up oder sonst was unter seinen Nagel gekommen sein. Er mochte keinen Dreck. Es widerte ihn an. Dann setzte er sein Headset auf und rief Myriel an. Sie würde ihm den Dreck bei einer Maniküre schon entfernen.

67. Kapitel

Wien – Anfang Juni 2025

Am nächsten Tag überfielen Irene und Alexandra, Johannas Kolleginnen sie am Gang vor ihrem Büro und fingen an, herumzuscherzen. <Ich habe Martina Berent heute in der Früh angerufen, aber sie hat sich nicht gemeldet. Das ist schon einmal passiert, dass sie auf Urlaub war und am nächsten Tag nicht im Büro erschienen ist.> sagte Alexandra, die roten Haare zu einem Zopf nach hinten gebunden. Ihre runde Stirn glänzte im Neonlicht.

<Und was war mit ihr?> fragte Johanna, die sich sehr wunderte, weil Alexandra sonst sehr selten mit ihr sprach. <Der Flug hatte Verspätung. Somit musste sie am Flughafen übernachten.> sagte Alexandra und ihre roten Backen und die Stupsnase, die voller Sommersprossen war, schoben sich beim Lachen nach oben. Sie gluckste wie eine Metalldose, wenn man mit den Fingern drauf trommelte.

<Wirklich?> fragte Johanna verwundert. <So etwas ist mir noch nie passiert! Na, bin gespannt, was diesmal geschehen ist!> lachte Johanna. <Ja, ich auch!> sagte Alexandra und Irene lachte augenzwinkernd.

Am nächsten Tag kam Irene aus ihrem Zimmer, während Johanna gerade am Kopierer stand und einscannte. <Martina ist tot!> entfuhr es Irene mit einer tiefen belegten Stimme. <Was?> fragte Johanna entsetzt.

Ilse, Johannas Zimmerkollegin und Helga, der Lehrling, wussten schon Bescheid, als sie ins Büro zurückkam. Johanna ließ sich auf ihren Sessel nieder. Langsam hob Ilse die Hand an die Stirn und strich ihre Haare beiseite. Dann erzählte sie mit Tränen in den Augen von Martina. <Sie arbeitete viel und war oft die Letzte, die am Abend noch in der Firma war. Sie war Raucherin und gehörte auch zu den Kollegen in der Firma, die schon wegen Burnout auf Kur waren. Nichtsdestotrotz war sie sehr sportlich und aß nur gesunde Sachen. Sie düste herum und war sehr kommunikativ. Die Kollegen mochten sie sehr.> sagte Ilse traurig und nahm einen Schluck Wasser. Johanna hatte nur einmal mit ihr gesprochen, als sie eine Firmenfeier hatten.

Ilse berichtete weiter von Martina: <Weißt Du, ich war sehr eng mit ihr befreundet. Wir kannten uns schon lange, da wir beide schon ewig in der Firma waren wie auch Annette und Rudi. Es war eine kleine Firma zu Beginn, die sich jetzt als Konzerntochter immens entwickelt hat. Mittlerweile sind es an die hundert Leute… Vielleicht war es auch kein Zufall!> sinnierte Ilse vor sich hin und blickte Jo-

hannas Blumen an. <Was meinst Du damit?> fragte Johanna verwirrt und sah Helga an. <Ach,
nichts, ich hab nur so nachgedacht.> schloss Ilse
und tippte wieder etwas auf ihrer Tastatur. Ihr Gesicht war plötzlich aschfahl. <Geht's Dir nicht gut,
Ilse?> fragte Johanna. <Ja, ja, alles klar, ich hab
nur so nachgedacht, mach Dir keinen Kopf!> Ilse
steckte ihren Kopf hinter den Computer, sodass
Johanna sie nicht mehr sehen konnte.

Ilse nahm Martinas Tod sehr mit. Johanna war
etwas verwundert. Was meinte Ilse mit ihrer seltsamen Aussage? Sie war schon manchmal sehr
eigenartig!

Diese Firma, die Leute waren seltsam! dachte Johanna beim nachhause gehen. Am Abend würde
sie Uta anrufen. Anna hatte ihr die Nummer von
Uta per SMS geschickt.

68. Kapitel

Wien – Anfang Juni 2025

Tiefenbach notierte alles, was ihm die Nachbarn
von Martina Berent, die Stockers gesagt hatten,
sorgfältig in seinem Notizbuch. Dann ging er, den
Beamten zunickend, unter dem Absperrband hindurch in die Wohnung von Martina Berent. Nachdem er das Schlafzimmer betreten hatte, sah er
die Leiche, die zugedeckt im Bett lag. Vorsichtig
zog er die Decke nach hinten. Die Leiche war zirka
60 Jahre alt und hatte braune Locken. Sie war
etwas rundlich und hatte eine spitze Nase, ein
spitzes Kinn und eine Brille. Sie lag da, als hätte

sie mit irgendetwas oder irgendjemandem gerungen. Sie wirkte ziemlich verkrampft. Plötzlich fiel Tiefenbach ein Kratzer an Martinas Handgelenk auf. Er sah sich die Hand genauer an. Hm, interessant!

Nachdem er die Nachbarn interviewt hatte, wusste er, dass er einen Mord nicht ausschließen konnte. Der Lebensgefährte von Martina Berent war Pole und arbeitslos. Aber er war nicht in der Wohnung. Er ließ bereits nach ihm suchen. Anscheinend stritten sie sehr oft und kurz vor ihrem Tod stritten sie sehr heftig und dann verließ der Pole die Wohnung. Das erzählten ihm die Nachbarn. Martina Berent hatte auch bei der MEWI gearbeitet wie der Generaldirektor Dr. Feldbach, dessen Haushälterin in seinem Haus ermordet wurde. Der Mörder von Dr. Feldbachs Haushälterin konnte zu seinem Bedauern nie gefunden werden. Das ärgerte Tiefenbach sehr. Bisher hatte er alle Mordfälle aufgeklärt, egal wie verworren die Geschichten dazu waren. Doch hier tappte er noch im Dunkeln. Hingen die beiden Fälle – falls es bei Berent überhaupt ein Mord war – zusammen? Jedenfalls musste er die Leiche nach seiner Untersuchung zur Gerichtsmedizin bringen lassen, damit diese die genaue Todesursache feststellen konnten. Die punktförmige Einblutung in den Augen konnte auch auf einen Erstickungstod hinweisen.

69. Kapitel

Genf – Anfang Juni 2025

Zehn Minuten vor der vereinbarten Zeit stieg Uta aus dem Taxi, gab dem Fahrer ein großzügiges Trinkgeld und warf etwas zu heftig die Türe des Taxis zu. Hoffentlich merkt man mir meine Nervosität nicht an, dachte Uta unruhig. Sie hatte einen weißen Hosenanzug und einen zart rosa Kaschmirpulli an und dazu hohe Schuhe. Viele Männer, die vorbeieilten, blickten zu ihr auf. Uta fiel ziemlich auf, weil sie mit ihren hohen Schuhen fast zwei Meter groß war. Das war ihr heute sehr unangenehm. Sie wollte so wenig wie möglich auffallen. Wo war nur August? Sie konnte ihn nirgendwo sehen!

Uta suchte verzweifelt nach ihm. Im Café du Bourg-de-Four am Place du Bourg-de-Four waren schon eine Menge Leute. Uta spazierte vor dem Eingang auf und ab. Dann blickte sie hinein. August war nirgendwo zu sehen. Weder im Café noch außerhalb. Schön langsam füllte sich der Platz mit Menschen.

Nachdem sie eine Stunde am vereinbarten Ort vor dem Café gewartet hatte, fuhr Uta zurück ins Büro. Sie rief Augusts Büro an, doch man sagte ihr nur, dass er schon längere Zeit nicht mehr im Büro war, weil er Außendienst machte und jemanden observierte. Die wussten also nichts von ihrem Auftrag. Gut so, dachte Uta nachdenklich.

Uta saß unruhig im Büro. Sie schaltete den Computer wieder ein. Sie rief ihre E-Mails ab. Keine

Nachricht von August! Dafür sah sie, dass Jose geschrieben hatte. Aufgeregt öffnete sie die E-Mail. Zum Glück konnten sie alle über das Internet miteinander kommunizieren, da man für sie eine Standleitung eingebaut hatte, die vollkommen sicher war.

Liebe Uta,

ich war nun eine Woche in Alcala de Henares und Madrid und habe nachgeforscht. Also Folgendes: Diesen Delgado gibt es wirklich, aber er sieht ganz anders aus als auf Deinem Foto. Dieser Delgado und seine Eltern wohnen in Alcala de Henares und sind sehr nette Leute. Auch die Umgebung der Wohnung, das Video, das Du mir geschickt hast, war total differente! Also komplett anders. Es war ein Fake Video, das Dir dieser Mann gegeben hat. Ich habe dann bei der Polizei nachgeforscht. Bei ihnen wurde kein toter Ausländer mit Namen Mac Shirley gemeldet. Es hat schon lange keine ausländischen Toten mehr gegeben. Zurzeit war es ziemlich ruhig in Alcala. Wo Dein Freund gestorben ist, konnte ich nicht herausfinden. Ich war auch in allen Krankenhäusern, den Leichenschauhäusern und bei allen Rettungsorganisationen und Gerichtsmedizinern. Keiner hat etwas von Deinem Freund gehört oder gesehen!

Es tut mir leid, Uta. Mehr kann ich nicht für Dich tun.

Alles Gute

Jose

70. Kapitel

Wien – Anfang Juni 2025

<Hi Schatz! Stell Dir vor, Martina Berent ist gestorben. Sie war die Abteilungsleiterin von der Bilanzbuchhaltung. Es war wahrscheinlich eine Herzattacke oder etwas Ähnliches.> Stefan wollte gerade etwas sagen, da fiel Johanna ihm ins Wort. <Ich muss jetzt erst einmal in die Badewanne und Anna anrufen.> Damit gab sie Stefan einen Kuss auf den Mund und eilte schnurstracks zum Bad. Als das Badewasser bereits den Boden bedeckte, glitt sie in die Wanne. Ah, was für eine Wohltat. Sie holte ihr Handy und drückte Annas Nummer. <Hallo Johanna! Kann ich Dich zurückrufen?> fragte Anna außer Atem. <Ja, natürlich!> sagte Johanna etwas beleidigt. Was war nur mit Anna los? Sie war schon sehr seltsam in letzter Zeit. <Alles klar, ruf mich an!> sagte Johanna und legte auf.

Zehn Minuten später meldete sich Anna. <Hallo Johanna, entschuldige, dass ich Dich vorhin so schnell abgewürgt habe, aber ich musste meinem Freund etwas kochen.> <Ich wollte eigentlich nur fragen, ob Du diese Woche Zeit hast. Wir wollten ja am Abend essen gehen.> <Ja, ich wollte Dich auch schon anrufen. Übermorgen würde es gehen, da hat mein Freund seinen Männerabend. Da könnten wir uns beim Italiener „Roberto" treffen. Was meinst Du, so um sieben Uhr?> fragte Anna. <Super, ja übermorgen geht es bei mir! Dann um sieben bei Roberto!> <Toll, freu mich schon!> <Ich auch! Bis übermorgen.> Johanna legte auf. Anna war irgendwie anders seit ihrer neuen Beziehung.

Sie würde sie morgen nicht mehr gehen lassen, bevor sie ihr nicht alles erzählt hatte. Na, mal sehen, was da los ist. Jetzt rufe ich erst einmal Uta an. Johanna wählte Utas Nummer mit einem komischen Gefühl.

71. Kapitel

Genf – Anfang Juni 2025

Am nächsten Tag saß Uta im Büro und grübelte vor sich hin. Was konnte August nur zugestoßen sein? Er meldete sich nicht. Auf dem Tisch vor ihr lag die Tageszeitung. Sie hatte diese heute noch gar nicht gelesen, weil sie zu spät aufgestanden war. Uta schlug die Zeitung auf und achtete besonders auf die Umweltthemen.

Ah, Seite 8: Zukünftige Pläne der UNO für den Klimaschutz:

Mittel für den UNO-Klimafonds zur Finanzierung von Projekten in Entwicklungsländern:

EU-Kommissionschef Manuel Fjörsdof kündigte an, dass die EU-Länder bis 2030 80 Prozent ihrer Treibhausgasemissionen und 50 Prozent ihres Energieaufwands einsparen würden. Bis 2050 sollen sogar bis zu 95 Prozent der Emissionen eingespart werden.

Zudem setzten sich die Regierungen zum Ziel, die Zerstörung der Regenwälder bis 2030 zu beenden, die Lebensmittelproduktion zu verbessern und den Anteil von Elektro- und Brennstoffzellen-Fahrzeugen in Städten zu erhöhen.

Bleibt abzuwarten, was aus New York 2025 folgt. "Die größte Massendemo für mehr Klimaschutz in der Geschichte und die vielen Zusagen von Politik und Industrie würden nur etwas bringen, wenn ihnen jetzt auch schnell konkrete Taten folgten", dachte Uta.

Dann blätterte sie eine Seite weiter.

Ein Mann wird am helllichten Tag in Genf getötet.

Sie las den Artikel schnell durch. Dann sah sie auf das Foto und hielt die Luft an. Das war doch … August!

In diesem Moment läutete das Telefon und Uta schreckte aus ihren Gedanken hoch. <Hallo Uta! Ich bin es, Johanna, die Freundin von Anna.> <Johanna …, dass Du Dich bei mir meldest?> fragte Uta verwundert und hoffte, dass Johanna ihr den Schrecken nicht anmerkte. <Ich hoffe, ich störe Dich nicht! Es geht nämlich um eine prekäre Situation!> <Was ist denn los? Ist was mit Anna?> fragte Uta besorgt. <Nein, es geht um etwas anderes. Ich habe da in meiner Firma etwas entdeckt. Du weißt ja, dass ich bei dem Möbelkonzern MEWI arbeite und ich bin hier für das Abspeichern alter Aktenordner zuständig, unter anderem. Als ich neulich im Keller die alten Ordner holen wollte, fiel ein Ordner zu Boden, den ich mir dann näher angesehen habe. Hier ging es um einen Holztransport von Nantes/Frankreich nach Österreich zu meiner Firma. Das Holz sah wie Tropenholz und nicht wie Lärche aus, wie es in den Unterlagen deklariert war. Der Preis für Lärchenhölzer betrug €2,-- pro Festmeter. Ich glaube, dass hier viel mehr dahinter steckt und ich dachte, das würde Dich interessieren.> schloss Johanna kurz. <Jo-

hanna, wo bist Du?> fragte Uta flüsternd. <Ich? Ich bin in der Badewanne bei mir zu Hause. > <O.k., pass auf, bist Du jemandem begegnet, als Du den Ordner entdeckt hast?> <Nein, niemandem.> Obwohl, sie hatte Geräusche vor der Kellertüre gehört. Aber das war wohl nichts.

Gesehen hatte sie ja niemanden. <Gut so Johanna, bitte rede mit niemandem darüber. Wenn wirklich etwas dahinter steckt, dann könntest Du in großer Gefahr schweben.> <Komisch, das hat Anna auch zu mir gesagt.> <Hast Du mit Anna darüber gesprochen?> <Ja, und ich hab sie gebeten, dass sie mir Deine Telefonnummer gibt.> <Johanna, versprich mir, dass Du mit niemandem mehr darüber sprichst. O.k.?> <Na gut. Ich könnte noch weiter in den Archiven forschen?> <Nein, bloß nicht! Es könnte sehr gefährlich sein!> <Na gut, ich verspreche Dir, dass ich nichts mehr unternehme und mit niemandem darüber spreche.> <Gut so, in Ordnung. Ich werde sehen, was ich machen kann. Danke für den Tipp, Johanna.> <Ja, freut mich, wenn ich etwas zum Umweltschutz beitragen kann. Also dann noch einen schönen Abend!> <Danke, Dir auch, Johanna!> Uta legte auf und schüttelte den Kopf. Sie hatten den Möbelkonzern schon länger im Auge, doch was ihr Johanna nun sagte, deutete eindeutig darauf hin, dass hier das Syndikat am Werk war.

72. Kapitel

Wien – Anfang Juni 2025 –
Begräbnis von Martina Berent

Der Trauerzug nahm kein Ende. Generaldirektor Dr. Feldbach hatte die Mitarbeiter dazu angehalten, dass alle Kollegen und Kolleginnen an der Verabschiedung teilnehmen sollten.

Für Johanna war es selbstverständlich, dass sie teilnahm. Sie war nun erst seit Kurzem bei der Firma, kannte nur wenige Mitarbeiter, da sie im Erdgeschoss arbeitete und einer Tätigkeit nachging, bei der sie mit den anderen Abteilungen nichts zu tun hatte. Da die Mitarbeiter auch nicht gemeinsam Mittag essen gingen, lernte sie so auch niemanden kennen. Es war wirklich schwierig, in dieser Firma Anschluss zu finden. Es war eine seltsame Firma. Irgendwie hatte Johanna das Gefühl, dass alle vor etwas Angst hatten. Anscheinend wurden die Büros von den Mitarbeitern wirklich angezapft und abgehört. Sie musste sich heute die Mitarbeiter genauer ansehen. Wer konnte wohl in den Holzschmuggel verwickelt sein? Uta hatte ihr zwar geraten oder besser gesagt, sie gebeten, nichts mehr zu unternehmen. Aber sich die Mitarbeiter genauer ansehen, das konnte ja nicht schaden.

In der Mitte der Halle war der Sarg aufgebahrt. Die Mitarbeiter standen in einer Schlange an, um Martina die letzte Ehre zu erweisen. Die Trauergemeinde war nicht eintönig in Schwarz gekleidet, manche hatten sogar auffällige Kleidung an, das fiel Johanna auf. Sie erkannte viele der Kollegen vom Sehen wieder, aber die Namen wusste sie von fast keinem.

Bei der Verabschiedung kämpfte Ilse mit den Tränen. Sie setzten sich in eine der hinteren Reihen und Ilse wischte die Tränen mit ihrem Taschentuch weg. Rechts neben Johanna saß Annabella. Annabella war eine zierliche kleine, hübsche Frau in Johannas Alter, die verheiratet war und einen fünfzehnjährigen Sohn hatte. Johannas Abteilung nahm in einer der gegenüberliegenden Reihen Platz. Sie sah sich um. Der Generaldirektor Dr. Feldbach ebenfalls. Er überblickte die Reihen, in denen die Mitarbeiter der Firma saßen, und nickte. Gut, dass sie teilnahm! dachte Johanna. Der Mann, der neben Dr. Feldbach saß, deutete in ihre Richtung und flüsterte Dr. Feldbach etwas ins Ohr. Er hatte einen schwarzen Anzug an, seine blonden Haare waren nach hinten gekämmt. Er wirkte irgendwie wie ein Politiker oder etwas Höheres. <Wer ist das?> fragte Johanna Ilse. <Der Mann im Anzug, der junge Blonde neben Dr. Feldbach?> schluchzte sie vor sich hin. <Das ist der Vorsitzende vom Verwaltungsrat, Herr Dr. Dr. Ringer.> <Der ist aber noch sehr jung!> Johanna konnte sich beim besten Willen nicht vorstellen, wie so ein junger Mann, er war vielleicht 25-30 Jahre alt, zu so einem Posten kam. Aber er wirkte sehr autoritär!

Als die Trauerfeier ihren Höhepunkt erreichte, stand Ringer auf und ging zum Pult. Er hielt eine Rede, wie ein Politiker. Sehr subtil und oberflächlich. Es klang hochdeutsch. Er gab sogar zu, dass er Martina Berent, trotz ihres großen Nutzens für die Firma und ihrer langjährigen Mitarbeit niemals persönlich kennengelernt hatte. Sie kannten sich nur von den Aufsichtsratssitzungen. Wie traurig dachte Johanna bei sich! Da arbeitet man so lange für eine Firma und das Einzige, was die von einem wollen ist, dass man für die Firma arbeitet, bis man umfällt. Das Menschliche wird außen vorgelassen. Und was hat sie jetzt davon? In einem Monat wäre sie in Pension gegangen! Sie hat die meiste Zeit ihres Lebens in der Firma verbracht! So möchte ich nicht enden! dachte Johanna bei sich.

Als Nächstes stand ein Mann auf und ging zum Rednerpult. <Ist das Martinas Mann?> fragte Johanna. Annabella antwortete: <Nein, das ist ihr Ex-Mann. Martina war geschieden. Sie lebte mit einem Polen zusammen, der sie nicht gut behandelte und außerdem viel jünger war.> <Ist der Pole auch da?> <Ich weiß nicht, ich kenne ihn nicht! Vielleicht ist es dieser Mann dort drüben!> <Annabella deutete auf einen Mann in einem saloppen Anzug, der gerade bei der Türe hinausging. Johanna sah ihn nur mehr von hinten. Gleichzeitig fiel Johanna ein Mann auf, der einen dunklen Anzug trug und dessen Gesicht sehr fahl und eingefallen wirkte. Er tat Johanna wahnsinnig leid. Wer mochte denn das sein? <Kennst Du den Mann im schwarzen Anzug dort drüben?> fragte Johanna und deutete mit dem Kopf in seine Richtung. <Hm, nein, vielleicht ein Bruder?> Johanna musste immer wieder zu dem Mann hinübersehen. Irgendwie hatte er eine sehr sympathische Ausstrahlung. Seine Gefühle gingen tief, das konnte sie an seinem Gesicht sehen. Er musste Martina sehr geliebt haben.

Als Letzter sprach Pfarrer Heidinger noch über Martina und ihre Familie. Er bezeichnete sie als sehr lebensfrohen Menschen.

Auf dem Weg nach draußen stand Dr. Dr. Ringer am Rand des Gehsteigs neben Dr. Feldbach und verabschiedete sich bei allen mit einem Händedruck. Johanna betrachtete ihn dieses Mal genauer. Er war sehr groß, geradezu ein Hüne. Sein Gesicht war von der Sonne gebräunt, seine blonden Haare hatten geradezu einen Gelbstich und auf seiner Stirn war eine dicke Narbe oberhalb des rechten Auges zu erkennen. Dass ein Verwaltungsrat so eine dicke Narbe hatte, kam Johanna etwas seltsam vor, aber vielleicht hatte er sich beim Golfen oder so verletzt! Der Mann hatte einen Akzent, den Johanna aber nicht genau zuordnen konnte. Es klang hochdeutsch. Vielleicht aus der Gegend um Hamburg? Möglicherweise war er auch von irgendeiner anderen norddeutschen Stadt. Sein kräftiger Händedruck quetschte Johannas Hand platt und sie hielt ihre schmerzende Hand immer noch als sie und Annabella mit Ilse zurück in die Firma fuhren. Als sie vom Parkplatz des Bestattungsinstitutes hinauskurvten, schrie Johanna plötzlich auf. <Hey, das ist doch John Hebenstreit!> Ilse und Annabella sahen sich um. Doch sie konnten Hebenstreit nirgendwo sehen. <Also, ich hab ihn nicht gesehen! Du Annabella?> fragte Ilse. <Ich kenn ihn zwar nicht so gut, aber erkennen würde ich ihn, er ist ja sehr adrett. Aber, nein, gesehen hab ich ihn auch nicht! Der wäre uns doch auf der Verabschiedung aufgefallen!> <Ja, seltsam, ich weiß aber, dass ich ihn gesehen habe!> sagte Johanna leise und blickte sich nochmal um. Doch auch sie konnte ihn nicht mehr ausfindig machen.

Als sie wieder in ihrem Büro waren, setzte sich Ilse kurz an ihren Schreibtisch und sinnierte vor sich hin. Es war ein schöner Tag. Die Sonne schien wärmend durch die großen Fenster. Endlich, dachte Johanna.

Im nächsten Moment stürmte Ilse aus dem Zimmer und kam eine Zeitlang nicht mehr wieder. Dann nach zirka einer Stunde stürzte sie bei der Türe herein, ließ sich auf ihren Sessel fallen und trank einen großen Schluck Wasser. Dann sagte sie aufgeregt zu Johanna <Ich muss Dir etwas über Martinas Beziehung zu einem Polen erzählen. Sie hatten keine gute Beziehung. Sie haben sich oft gestritten haben. Er war arbeitslos und sie arbeitete sich die Finger wund. Dann fuhr sie alleine mit einer Freundin auf Urlaub. Ich habe den Polen nie gemocht. Und noch eine Sache. Er wohnte ja in ihrer Wohnung und Martina wollte ihn rausschmeißen, doch er wollte nicht. So half ihm Martina, dass er eine eigene Wohnung bekam.> <Was!> sagte Johanna aufgeregt. <Das ist ja unerhört!>

Am nächsten Tag erfuhren sie, dass Martina vom Urlaub zwar zurückgekommen war und dass die Nachbarn aber wie immer Streit aus ihrer Wohnung gehört und den Polen beim Verlassen der Wohnung gesehen hatten.

Die Polizei hatte den Leichnam zur Obduktion freigegeben, weil sie zerrissene Äderchen im Gehirn entdeckt hatten. Zuerst ging man von einem Gehirntod aus, aber die gerissenen Äderchen und der heftige Streit konnten auch auf einen Erstickungstod hinweisen. Der Pole wurde einvernommen. Johanna war entsetzt.

Johanna rief Annabella an und erzählte ihr die ganze Geschichte. Genau in diesem Moment ging Gustav an ihrem Büro vorbei und sah sie seltsam an. Hörte der etwa wirklich ihre Gespräche mit?

Am Abend fuhr sie früher heim als sonst. Stefan war schon in ihrer Wohnung und sie erzählte ihm sofort die schrecklichen Neuigkeiten. <Naja, wird schon nur ein Gehirnschlag gewesen sein, wirst sehen!> war seine knappe Antwort. Johanna ärgerte sich über ihn, dass er alle ihre Geschichten so einfach beiseiteschob und nicht einmal nachfragte. Es interessierte ihn rein gar nichts, was sie erzählte. Da konnte ein Mord geschehen und er reagierte nicht darauf. Verärgert ging sie in die Badewanne, schaltete ihr i-Pad an und sah sich einen Film an.

73. Kapitel

Wien – Anfang Juni 2025

In den Verkaufsräumen war es schon hell. Die Lichter wurden immer um acht Uhr früh angeknipst. Johanna musterte den Verkaufsraum etwas angespannt. Die Atmosphäre war warm und freundlich. Johanna lobte die Einrichtungsberater des Öfteren. Man fühlte sich in den Räumen des Möbelhauses sehr wohl. Im Vorübergehen sah sie sich die Möbelstücke etwas genauer an. Sie hatte hier eigentlich nichts zu suchen, aber sie musste sich einfach ein Bild davon machen, ob es afrika-

nisches Holz war oder Holz von Indonesien, jedenfalls exotisches Holz. Johanna hatte ihr Handy auf
Kameraeinstellung gewählt. Sie hielt es so in der
Hand, dass sie die Möbelstücke fotografieren
konnte. Hoffentlich entdeckte sie keiner. Sie musste schnell machen. Wenn Gustav sie hier sehen
würde, würde es Ärger geben! Johanna durch-
streifte die Abteilung mit den Wohnzimmern rasch
und unauffällig. Immer wieder grüßten sie Kollegen
vom Verkauf, die sie seltsam ansahen. Es wurde
schön langsam auffällig. Mit schnellen Schritten
schlich sie die Treppen hinab, hinaus aus dem
Verkaufslager und ging rasch zu dem Bürogebäude, in dem ihr Zimmer lag. Geschafft! dachte Johanna. Die Bilder werde ich am Abend an Uta
senden. Andererseits hatte sie ihr ja gesagt, dass
sie nichts mehr unternehmen dürfe. Zu gefährlich!
Also was sollte sie machen? Vielleicht sollte sie die
Fotos Anna zeigen. Die kannte sich auch aus!
Oder John Hebenstreit? Aber bei dem war sie sich
nicht sicher, ob der nicht auch Bescheid wusste!

Ilse war heute wieder im Büro. Sie kam, nachdem
Johanna wieder in ihrem Zimmer war. Johanna
fragte aufgeregt. <Weißt Du etwas Neues zu Martinas Fall?>. <Nein, Johanna, aber das Ganze habe ich Dir nur im Vertrauen gesagt! Du darfst mit
niemandem über Martina sprechen, hörst Du!>.
Johanna antwortete betrübt <Tut mir leid, das habe
ich wohl überhört! Das wusste ich nicht, dass das
so geheim ist! Ich habe es nur Annabella erzählt.>

Johanna war traurig. In jeder anderen Firma hätte
man offen darüber spekuliert, ob es der Pole war.
Hätte sich Gedanken über das Warum und Wes-
halb gemacht. Doch hier war Stillschweigen ange-

sagt. Was war nur mit den ganzen Leuten in der Firma los?

Als sie mittags mit ihren Eltern zu Alfredos, einem Italiener, der in der Nähe der Firma war, essen ging, war Johanna gänzlich erschöpft. Sie ließ ihre Tasche auf den Hocker neben sich sinken und begrüßte ihre Eltern herzlich. Sie bestellte Hähnchen al Alfredos. Ihre Eltern bestellten beide Pasta all'Amatriciana. Dann stieß sie einen tiefen Seufzer aus. <Hallo wie geht's Euch denn so?> <Schatz, gut geht's uns! Wir sind schließlich in Pension und lassen es uns gutgehen. Wie geht's Dir? Du hörst Dich ziemlich müde an!> sagte ihre Mutter besorgt. Johanna erzählte ihr alles über den vermeintlichen „Mord" und den Polen. <Warum darf ich nichts über diese Geschichte erzählen, was für eine seltsame Firma!>, beklagte sie sich bei ihrer Mutter. Lotte, ihre Mutter erwiderte darauf <Hör mal Schatz, ein Konzern ist eben anders und eventuelle Mordfälle, die noch dazu Ausländer betreffen, sind für diese Firma nicht gut, die wollen jegliche schlechte Nachrichten generell vermeiden. Schließlich kaufen auch viele Ausländer bei Euch ein! Rede bloß nicht zu viel in dieser Firma! Mach einfach Deine Arbeit und fertig!> Als das Essen kam, strudelten weitere Gäste herein und setzten sich an die übrigen Tische. Das Lokal war nun voll, der Lärmpegel gewaltig. Ihr Vater war der erste, der mit seinen Nudeln fertig war. <Nun, musst Du immer noch abspeichern und einscannen?> fragte er mit ernster Miene, weil er wusste, dass Johanna nicht glücklich dabei war. <Hm.> nickte Johanna betrübt. <Rede doch noch mal mit Deinem Chef! Ich bin sicher, es gibt auch noch andere sinnvollere Aufgaben für jemanden mit Deinen Fähigkei-

ten.> Noch ausgelaugter verabschiedete sich Johanna von ihren Eltern und eilte durch das Lokal.

Aus den Augenwinkeln sah sie an einem der Tische im hinteren Bereich etwas Leuchtendes. Johanna drehte ihren Kopf soweit, dass sie die wasserstoffblondierten Haare von der Frau sehen konnte. Anita. Diese saß verkehrt zu ihr und vor ihr saß John Hebenstreit.

Johanna beeilte sich, das Lokal so schnell wie möglich zu verlassen. Sie war verwundert, dass John sich von Anita bezirzen ließ, wo er doch so an seiner Trennung litt! Was für ein umtriebiger Mann! Sie hätte John für intelligenter gehalten.

Sie dachte noch etwas über ihn nach, dann als sie sich Stunden später in die Badewanne setzte, waren die Gedanken über den Mord und den Holzhandel wieder aktuell. Während sie mit dem Handy Dame spielte, sinnierte sie vor sich hin.

In anderen Firmen da besuchte man die Kollegen in den anderen Büros und kannte schnell mal alle und man hatte viel Spaß. Hier war es genau das Gegenteil. Jeder saß in seinem Zimmer und redete, wenn überhaupt, nur mit seinen Zimmerkollegen. Wenn man keine hatte, wie Johanna, - Ilse war nur ein paar Stunden in der Woche im Büro - war man schlecht dran! Und dann noch Gustav, der war der Seltsamste, ganz anders als Johanna dachte. Am Telefon ganz zu Beginn war er ganz locker und ungezwungen, doch hier in dieser Firma war er ganz anders. Hart, kalt, wie versteinert. Unheimlich.

Auch die anderen waren eigenartig. Einem Gespräch zwar nicht abgeneigt, aber immer zurückhaltend. Erst schön langsam nach Monaten kamen schüchtern Kolleginnen vom Erdgeschoss zu ihr. Eine dieser Kolleginnen war Edith.

74. Kapitel

Wien – Anfang Juni 2025

Am Tag darauf klopfte es an Johannas Türe. <Hi Johanna, ich wollte Dich mal besuchen. Schön hast Du es hier mit den ganzen Pflanzen!> <Danke!> <Hast Du schon gehört, dass die in der Bilanzbuchhaltung große Probleme haben, weil nach Martinas Tod Angelika die Leitung der Bilanzbuchhaltung übernommen hat und sie oft bis 22.00 Uhr in der Firma sitzt und sich erst durch das ganze Wissen, das Martina sich im Laufe der ganzen Jahre, die sie in der Firma war, angeeignet hatte, hindurchkämpfen muss! Martina wusste so viel und hat ihr Wissen nicht immer mit anderen geteilt. Sie hatte alles im FF und nun da sie tot ist, weiß kein Mensch über die ganzen Sachen Bescheid. Einige Unterlagen werden vermisst. Die arme Angelika Meinert!> <Ja, ich hab schon alles von Helga gehört. Die Angelika tut mir auch leid!> sagte Johanna mitfühlend. <Und der Generaldirektor ist ganz aus dem Häuschen deswegen.> sagte Edith. <Und hast Du das mit der Putzfrau von Dr. Feldbach gehört?> <Nein,> sagte Johanna fragend. <Was ist denn mit seiner Putzfrau?> <Die hat jemand in seinem Haus getötet, während sie das Haus putzte. Stell Dir das vor! Das ist noch gar nicht so lange her, ich glaub, das war als er in Venezuela war. Erstochen hat man sie. Und den

Mörder haben sie nie gefunden.> <Wie schrecklich!> antwortete Johanna und ihre Gedanken rat-
terten nur so vor sich hin. Plötzlich gab es lauter
Tote! Sie musste sich morgen Abend Zeit nehmen
und alles noch mal Revue passieren lassen! Heute
war sie mit Anna verabredet. Vielleicht gab es ja
irgendeinen Zusammenhang.

75. Kapitel

Wien – Anfang Juni 2025

Am Abend machte sich Johanna zurecht, um Anna
zu treffen. Das Lokal „Robertos" war nur eine halbe Stunde von ihrer Wohnung entfernt. Sie erreichte das Restaurant, in dem schon eine Menge Leute saßen, pünktlich. Sie spähte hinein, doch sie
konnte Anna nirgendwo sehen. Der Kellner eilte
auf sie zu. <Hallo, wir haben reserviert, auf Bernhard.> Der Kellner blickte in sein Reservierungs-
buch. <Ah, bitte, hier entlang.> Johanna folgte
dem Kellner an einen runden Tisch, der mit Kerzenlicht geschmückt war. <Danke!> sagte Johanna. Er hielt ihr die Speisekarte hin und empfahl ihr
die Spezialität des Tages. <Wolfsbarsch in der
Salzkruste. Dazu gibt es Rosmarinkartoffeln.> sagte der Kellner mit einem Lächeln. Johanna lief das
Wasser im Mund zusammen. Wo war nur Anna?
Es war jetzt schon zehn Minuten nach sieben Uhr.
Sie war früher immer pünktlich. Nachdem der Kellner schon das dritte Mal vorbeikam und nach Johanna sah, bestellte sie einen weißen Spritzer. Es
war ihr unangenehm, alleine in einem Lokal zu
sitzen. Aus den Augenwinkeln bemerkte sie plötz-

lich einen etwa fünfzig Jährigen, der sie zu mustern schien. Johanna drehte den Kopf zu ihm. Und wirklich, er blickte sie direkt an. Johanna war es sehr unangenehm. Ein seltsamer Kerl, aalglatt, nicht mal hässlich, im Gegenteil, aber aalglatt und schmierig, ging es Johanna durch den Kopf. Sie zog die Augenbrauen zusammen, um ihm zu signalisieren, dass er sie nicht mehr belästigen solle. Doch das schien den Kerl nur zu belustigen und forderte ihn geradezu auf, weiterzumachen. Er setzte ein schiefes Grinsen auf und sah Johanna noch durchdringender an. Eklig, so ein Widerling! ekelte sich Johanna.

Da sah sie Anna auf sie zueilen. Endlich! <Anna hallo, schön, dass Du hier bist.> sagte Johanna erleichtert. <Sollen wir einen anderen Tisch nehmen?> flüsterte sie Anna ins Ohr. <Der Typ dort drüben glotzt die ganze Zeit schon zu mir her. Er ist mir unangenehm!> <Ja, natürlich.> Der Kellner eilte gerade auf sie zu. <Können wir bitte einen anderen Tisch weiter drüben bekommen?> bat Anna den Kellner. <Hier zieht es sehr!> <Ja, bitte folgen Sie mir!> Sie übersiedelten an einen Tisch im vorderen Bereich des Lokals. Johanna war dankbar. Nun konnten sie sich ruhig unterhalten, ohne dass der Typ sie belästigte oder belauschte.

<Danke, Anna, der war wirklich zu gruselig. Es gibt schon sehr viele seltsame Menschen hier in Wien. Das muss man schon mal sagen! Da wird Dir ja vieles unterkommen bei Deinem Job.> <Ja, allerdings. Du kannst Dir gar nicht vorstellen, wie viele zwiegespaltene Menschen herumlaufen. Wüssten es die „Normalen", würden sie ihre sieben Sachen packen und in ein anderes Land ziehen. Haha,

nein, war nur Spaß! Vielleicht hängt das auch nur mit meinem Job zusammen, dass ich so vielen komischen Leuten begegne, wer weiß?>

<Na wenigstens hast Du jetzt einen tollen Mann gefunden, der nicht wahnsinnig ist.> grinste Johanna. Doch Anna schwieg. <Hey, hab ich etwas Falsches gesagt?> fragte Johanna besorgt. <Hm, es ist nur wegen meiner Beziehung.> <Was ist damit? Anna, erzähl mir alles! Ich bin Deine Freundin, vertrau mir!> <Ich wollte es Dir eigentlich nicht erzählen, weil Du ihn kennst.> <Wen, Deinen neuen Freund?> <Ja, es ist Gustav Donner.> <Was, das gibt's ja nicht! Der Gustav von meiner Arbeit?> <Hm, genau der.> <Jetzt bin ich sprachlos. Wirklich? Ok, wie habt Ihr Euch denn kennengelernt?> <Im Supermarkt. Er war so lieb und lustig. Ich hab mich sofort in ihn verliebt.> <Hm, Gustav kann schon sehr nett und lustig sein!> Wenn er will, dachte Johanna bei sich. <Und wie läuft Eure Beziehung denn so?> fragte Johanna neugierig. Sie konnte sich Gustav beim besten Willen nicht mit Anna vorstellen. Sollte sie ihr sagen, wie seltsam er war und wie aggressiv er sein konnte. Also ich möchte keine Beziehung mit dem, dachte Johanna bei sich und schüttelte sich. <Also,> berichtete Anna. <am Anfang war die Beziehung noch wunderschön!> Ihre grünen Augen glänzten im Kerzenlicht. <Dann, mit der Zeit wurde er immer seltsamer. Ich weiß nicht, was passiert ist, aber je länger wir zusammen waren, desto in sich gekehrter wurde er. Ich hab mittlerweile herausgefunden, dass er ein Borderline Syndrom hat, er drückt sich Zigaretten auf seinem Oberschenkel aus und er nimmt irgendwelche Tabletten. Dann ist er wieder sehr eifersüchtig und spioniert mir in der Nacht

nach. Er war sogar um zwei Uhr nachts in meiner Tiefgarage, nur um zu sehen, ob ich zu Hause bin. Seine Wohnung hat er mir noch nie gezeigt, da bin ich neulich einfach zu seiner Wohnung gegangen, um ihn zu besuchen, da hat er mich vor der Haustüre abgeblockt. Er habe keine Zeit. Dann bin ich gegangen, aber etwas hat mir keine Ruhe gelassen und ich bin wieder zurückgekehrt. Da kam Gustav mit einem seltsamen, alten Mann in einem seidenen Anzug aus der Türe. Ich habe mich hinter Sträuchern versteckt und bin dem Mann gefolgt. Doch nachdem er schon eine Weile gegangen war, drehte er sich plötzlich um und hat mich mit eisigen Augen angesehen. Ich kann Dir das Gefühl nicht beschreiben. Mich fröstelt heute noch, wenn ich daran denke. Gustav war ziemlich brüskiert. Er hat mir gedroht, wenn ich nochmal hinter ihm her schnüffle, wird er sehr wütend werden. Aber das darfst Du niemandem erzählen, bitte Johanna!>

<Nein, ok, ich erzähle es niemandem! Versprochen! Auch in der Firma ist er oft so seltsam. Er läuft wie paralysiert herum oder ist sehr aggressiv! Keiner mag ihn. Jeder geht ihm aus dem Weg!> <Das glaube ich! Mir hat er gedroht, dass er meinen Exfreunden etwas antut! Er hat sogar eine Pistole. Er hat sie neulich mitgebracht.> <Was!>, schrie Johanna. <Der ist ja noch verrückter, als ich gedacht habe. Du musst mit ihm Schluss machen! So schnell wie möglich. Hör mal, bei Gustav bin ich mir nicht sicher, ob er nicht zu einer Gewalttat fähig ist. Ich hab ihn schon des Öfteren brüllen gehört. Es wird einem Angst und Bang, wenn er schreit. Bei dem bekommt man Paranoia. Ich hab öfters das Gefühl, als würde er mich beobachten!

Doch wenn ich mir vorstelle, was Du über seine Eifersucht und sein seltsames Verhalten gesagt hast, dann bitte beende das ganze so schnell wie möglich!> Johanna schüttelte sich. <Ja, Du hast Recht!> sagte Anna. <Ich hab schon oft versucht, von ihm wegzukommen, aber ich habe es nie ganz geschafft. Er schreibt mir dann immer Briefe und entschuldigt sich so lieb. Er kann ja gar nichts dafür. Schuld sind seine Eltern, die lebten zu fünft in einem Haus, als er klein war. Er hatte zwei Mütter, zwei Väter und er... Er wäre vielleicht ganz anders, wenn seine Eltern nicht so seltsam zusammen gelebt hätten!> <Anna!> sagte Johanna ernst. <So kann es nicht weitergehen! Der braucht einen Psychiater! Und nicht Dich, sondern einen Außenstehenden. Es kann sein, dass er etwas mit illegalem Holzschmuggel zu tun hat. Und wenn er eine Pistole hat! Schrecklich! Mach Schluss, Anna!> <Ja, ich versuche es.> jammerte Anna. Dann kam das Essen. Sie hatten beide den Fisch in der Salzkruste bestellt. Dazu tranken sie ein Glas Prosecco. <Prost, Anna!> sagte Johanna. Sie machte sich große Sorgen um sie.

Als Johanna zu der Straßenbahnhaltestelle kam, fiel ihr ein Mann auf, der sich neben sie stellte. Johanna blickte nur ein wenig zur Seite, doch dann sah sie es. Der Mann neben ihr war der fünfzig Jährige vom Robertos, der sie so gemustert hatte. Nein, was wollte der hier? War es nur ein Zufall, oder war er ihr gefolgt? Was nun? überlegte Johanna verzweifelt. Sollte sie ihn ansprechen? Doch der schien so aufdringlich! Dann würde er sich vielleicht ermutigt fühlen und sie weiter verfolgen! Sie blickte wieder zu ihm. Der Fremde grinste sie immer noch frech an.

Hoffentlich kam diese blöde Straßenbahn bald. Johanna blickte auf ihre Uhr. In zwei Minuten sollte die Bahn kommen. Johanna überlegte, ob sie nicht lieber die U-Bahn nehmen sollte. Doch zur U-Bahn wäre es noch ein Stück zu laufen und wenn sie der Mann weiter verfolgte? Nein, es war besser, hier zu bleiben. Sie wollte nicht mit ihm alleine im Untergrund warten. Es waren zum Glück noch weitere Fahrgäste an der Haltestelle. Hier würde ihr nichts passieren. Vielleicht war es ja nur ein Zufall. Johanna blickte zur Seite. Der Fremde blickte immer noch zu ihr und grinste. Johanna fröstelte es. Vielleicht war es auch nur so ein Spinner, der sich in sie verknallt hatte? Jedenfalls war er unangenehm. Johanna holte ihr Handy aus der Tasche. Neben dem Handy sah sie den Pfefferspray, den sie immer vorsorglich in ihrer Tasche hatte. Na endlich! Die Straßenbahn knatterte gemächlich daher. Johanna schloss den Reisverschluss ihrer Tasche und schlüpfte in die Straßenbahn. Der Fremde stieg hinter ihr ein. Sie konnte seine Anwesenheit förmlich spüren. Johanna setzte sich auf den ersten freien Platz. Der Fremde ging an ihr vorbei, nicht ohne dass er sie hämisch angrinste. Johanna wandte den Kopf ab. Sie ekelte sich vor dem Mann. Bei der zweiten Haltestelle stieg sie aus und ging mit schnellem Schritt in Richtung Wohnung. Sie wusste nicht, ob der Fremde auch ausgestiegen war. Dann lief sie ohne sich umzudrehen die schmale Gasse entlang, die zu ihrem Haus führte. Hinter sich konnte sie deutlich Schritte hören. Es hörte sich nach Männerschritten an. Jedenfalls waren es keine Stöckelschuhe, die diese Geräusche verursachten. Die Schritte waren nun so nahe, dass Johanna anfing noch schneller zu laufen. Sie sprintete so schnell sie konnte. Doch sie hörte die Schritte immer noch, aber dann lief sie um die Ecke und sah ihr Haus. Sie sprintete auf das Haus zu. Außer Atem fingerte sie den Schlüssel aus ihrer Tasche. Zuerst fand sie ihn nicht. Panik beschlich sie. Endlich ertastete sie den Bund mit zwei Fingern. Johanna schloss die Türe hektisch auf, schlüpfte hinein und schmiss die schwere Eingangstüre mit Schwung zu. Außer Atem ließ sie sich gegen die Türe fallen. Ihr Herz klopfte so laut, dass sie glaubte, es würde jederzeit explodieren. Als sich ihr Herzschlag wieder beruhigt hatte, legte sie ihr Ohr an die Eingangstüre. Draußen war es ruhig. Niemand schien vorbeizugehen. Johanna stieg die Treppen zu ihrem Apartment nach oben. Sie ging in ihre Wohnung. Stefan würde sicher schon schlafen. Als sie ihren dicken Janker und den Schal ablegte, fiel die ganze Anspannung schön langsam von ihr ab. Sie atmete erleichtert aus. Müde ging sie ins Bett. Wenn sie das Stefan erzählen würde, würde er sie für überdreht halten.

76. Kapitel

Wien – Anfang Juni 2025

Johanna hatte den Aktenordner mit den Holzlieferungen aufgrund von Martinas Tod, ihrem Verfolger und der Tatsache, dass Anna mit Gustav zusammen war, wieder ganz vergessen. Doch jetzt las sie eine Seite, bei der es um ein Gesetz ging, das den Import und die Verwendung von gefährdeten Holzarten verbot. Sofort fiel ihr der Ordner wieder ein.

In den Paragrafen § 8 und § 9 des Gesetzes hieß es, dass die Verwendung von Tropenhölzern ausschließlich verboten war.

Normalerweise hasste sie es, im Archiv herumzustöbern. Aber der Ordner ließ ihr keine Ruhe mehr. Sollte sie vielleicht John Hebenstreit anrufen und ihn heimlich ausfragen. Er wusste ja eine ganze Menge über ihre Firma. Hm, lieber nicht.

Als Gustav gerade eine Besprechung mit Ursula und dem Generaldirektor hatte, huschte Johanna aus dem Zimmer. Sie waren zum Glück alle drei so beschäftigt, dass es niemandem auffiel, als sie aus dem Zimmer schlich. Schnellen Schrittes ging sie an den Mädels vom Empfang vorbei, winkte ihnen kurz und rief ihnen zu, dass sie schnell in die „Katakomben" ging. <O.k., viel Spaß!> rief ihr Dana, eine liebe Kollegin, mit der Johanna mittlerweile schon ein Seminar besucht hatte, zu. Sie hatte ein fröhliches Lächeln und war Johanna auf den ersten Blick sympathisch. Johanna war froh, dass es neben Annabella auch Dana und ein paar andere Kolleginnen gab, denn bei ihnen fühlte sie sich sehr wohl. Johanna grinste und winkte ihnen zu und bog schnell in das untere Stockwerk ab. Ein paar Stiegen und sie war im Kellerbereich. Eine Türe führte zu den Akten, die Johanna suchte. Der Ordner war bei den Mietwohnungen eingeordnet. Als Johanna in das Regal, in dem sie ihn vor zwei Wochen gesehen hatte, sah, war er nicht mehr da. Mist dachte Johanna. Jetzt ist er weg, ich habe zu lange gewartet. Den hat sicher jemand entdeckt und an seinen Platz gebracht. Jetzt hatte sie keinen Zugriff mehr. Sollte sie noch in die anderen Kellergeschosse sehen, ob sie ihn finden würde? Nein, besser nicht. Diese Firma hatte eindeutig etwas zu verbergen. Sie musste an „Die Firma" von John Grisham denken. Irgendwie spannend. Aber vielleicht steckte gar nichts dahinter. Sie wollte einfach ein bisschen Spannung in ihr Leben bringen. Das wäre ja zu fantastisch, wenn gerade diese Firma etwas zu verbergen hatte, das sie entdeckte. Sie hatte wahrscheinlich zu viele Romane in letzter Zeit gelesen. Andererseits hatte Uta auch komisch reagiert, dachte Johanna.

Hatte Stefan vielleicht Recht? Sie hatte keine Beweise. Der Ordner war weg und sonst deutete nichts auf einen illegalen Holzimport hin. Auch Uta hatte sich nicht mehr gemeldet. Wahrscheinlich war nichts an der Sache dran.

So jetzt musste sie aber einen Ordner zum Scannen mitnehmen, damit es nicht so komisch aussah, falls noch jemand fragen würde! Johanna schloss mit dem Ordner in der Hand die Türe und wollte langsam die Treppen hochgehen, da hörte sie ein Geräusch. Es klang eigenartig. Sollte sie mal nachsehen? Irgendwie war es ihr nicht geheuer in diesen Kellergängen. Da wieder ein Quietschen oder Ähnliches. Na gut, sie musste sich jetzt zusammenreißen! Sie öffnete vorsichtig die Kellertüre, hinter der die Ordner mit den Küchenmöbeln von 1975 bis 1998 gereiht waren. Doch kaum hatte sie die Türe geöffnet, sah sie John Hebenstreit in einiger Entfernung, der verkehrt zu ihr stand und seine Hose heruntergelassen hatte. Sein brauner Hintern glänzte im Neonlicht. Vor ihm stand Anita Uri vom Verkauf und sah verschwitzt aus. Johanna schloss blitzschnell die Türe und hoffte, dass Anita sie nicht gesehen hatte. Sie lief die Treppen, so schnell sie konnte, nach oben und rannte vorbei an den Damen vom Empfang ohne sie anzusehen in den Gang, der zu ihrem Büro führte. Sie riss die Türe auf und schlüpfte hastig hinein. Dann atmete sie heftig aus. Sie wollte schreien. Igiiiit John Hebenstreit mit Anita Uri! Ihr wurde ganz übel. Sie musste sich setzen. Doch warum regte sie dieses Techtelmechtel so auf? Es ging sie schließlich nichts an. Er ist auch nur ein Mann und Anita eine attraktive Frau, warum auch nicht. Schließlich hatte sie Stefan. Was kümmerte sie da John Hebenstreit?

77. Kapitel

Wien – Anfang Juni 2025

<Hey Anna, hallo, wie geht's Dir? Wollte nur fragen, was mit Gustav ist? Hast Du schon Schluss gemacht?> rief Johanna in den Hörer, als sie Annas Stimme hörte. <Ähm, hör mal Johanna, ich kann gerade nicht sprechen. Ich ruf Dich später an.> sagte Anna gehetzt und legte auf. Johanna hielt noch das Handy in der Hand, schaute auf das Display und war ziemlich verwirrt. Na so ein Stress! dachte Johanna bei sich. Hoffentlich war nichts mit Gustav!

78. Kapitel

Wien – Anfang Juni 2025

Anna schloss die Türe hinter sich mit Schwung und lief die Treppen hinunter, nachdem sie Johanna am Telefon hastig abgewürgt hatte. Sie wollte bei Gustav nicht telefonieren. Sie würde Johanna dann von zu Hause aus anrufen. Sie wollte heute eigentlich mit ihm Schluss machen, aber er hatte ihr wieder in seiner lustigen Art und Weise gedroht, dass er eine Trennung bestrafen würde. Da wollte sie nicht Schluss machen. Er hatte sie heute das erste Mal zu sich eingeladen. Colli durfte sie nicht mitnehmen. Sie war traurig darüber, dass Gustav ihn überhaupt nicht mochte und umgekehrt war es dasselbe! Sie ließ Colli mit einem unguten Gefühl in ihrer Wohnung.

Gustavs Wohnung war geschmackvoll eingerichtet. Anna hatte viel über Hölzer gelernt, als sie noch klein war. Sie erkannte in Gustavs Möbel besondere Tropenmöbel der Extraklasse. Spezielles Hartholz erster Klasse. Die Möbel waren aus einem Holz gearbeitet, das zugleich sehr edel als auch stabil war. Alles wirkte sehr alt. Anna wollte die Probe aufs Exempel machen. Ganz zufällig benahm sie sich etwas schusselig und schüttete ihren Orangensaft auf dem Wohnzimmertisch aus. <Oh, bitte entschuldige!> rief Anna erschrocken. Gustav sah sie erstaunt an, dann holte er ein Tuch aus der Speise und sagte beim Abwischen zu Anna <ist schon o.k.> Dann nahm er den Mops und drückte ihn über der Spüle aus. Als er zu ihr zurückkam, setzte er sich gegenüber von ihr auf das

Ledersofa und studierte ihr Gesicht. Anna war nicht wohl dabei. Sie versuchte etwas Lustiges zu sagen, doch ihre Stimme klang nur sehr zaghaft und leise. <Also, dann wohnst Du in Brasilien bei Freunden, aber sieh zu, dass Du nicht zu braun wirst!> Gustav machte noch immer ein ernstes Gesicht. Seine Augenbrauen standen dichter beieinander und die Furche zwischen seinen Brauen war tiefer geworden. Anna kannte dieses Gesicht nur zur Genüge. Sie hatte es in der letzten Zeit sehr oft gesehen. Jetzt würde es wieder zu einem Streit kommen.

<Anna, Du weißt, ich mag keine Spielchen. Wenn ich aus Brasilien zurück bin, werden wir wieder zusammen sein und später möchte ich mit Dir zusammenziehen. Anna protestierte innerlich auf. Sie wollte nichts wie weg. Sie wollte Schluss machen, aber heute konnte sie es ihm nicht sagen.

Der Tisch, er hatte keine Flecken bekommen. Anna hatte extra nach Orangensaft gefragt, weil sie wusste, dass Orangensaft auf einem normalen Holztisch dunkle Flecken hinterlassen würde. Das war der Beweis. Gustav hatte maßgeschneiderte Exklusivmöbel, edelste Verarbeitung.

Anna wusste, dass Echtholzmöbel aufgrund der klimatischen Bedingungen ihres Wachstumsstandortes nur eingeschränkt für trockene zentralbeheizte Räume geeignet waren. Deshalb hatte Gustav mehrere Luftbefeuchter in Betrieb, die Luftfeuchtigkeit von mindestens 50% erzeugten. Luftfeuchtigkeit darunter konnte zu Rissen, Holzverwerfungen und starken Unebenheiten im Stoßbereich führen. Das alles wusste er natürlich.

Vielfach unbekannt war den meisten Menschen, dass schon bei hochwertigen historischen Möbeln furnierte Holzwerkstoffe verarbeitet wurden. Wirkliches "Massivholz", das heißt, im Stück gewachsenes Holz wurde im Möbelbau in den seltensten Fällen verarbeitet. Vielmehr wurde das Material zunächst meist durch Verarbeitung zu Leimholz, Tischlerplatte, Multiplex oder Furnierplatten gezähmt. Die größten Nachteile massiven Holzes wurden auf diese Weise eliminiert oder gemindert. Aber sie erkannte echtes, unbehandeltes Tropenholz. Die Möbel von Gustav waren exklusiv und 100% echt und aus einem Stamm gearbeitet.

Gustav wusste nichts von ihrer Vergangenheit. Ihre Eltern, das Möbelgeschäft, ihre Kenntnisse in Bezug auf Holz und Möbel. Doch vielleicht hatte er ihren Namen in Bezug zu dem Möbelgeschäft ihrer Eltern gebracht. Es war höchstwahrscheinlich wahr, dass er mit der Holzmafia unter einer Decke steckte. Und dann dieser seltsame Mann, den sie verfolgt hatte. Der kam ihr nicht koscher vor. Sie musste weg von Gustav. Dieser musterte sie noch immer ganz unverhohlen. Anna kam sich wie ein Kind vor, das bei etwas ertappt worden war, das nicht o.k. war. Ihr wurde ganz kalt und dann wieder warm. Nichts wie weg hier, dachte Anna bei sich.

Dann läutete ihr Telefon. Johanna stand auf dem Display. <Du, ich rufe Dich später an. Tschüss.> sagte Anna kurz angebunden in den Hörer. <Ich muss jetzt leider gehen, Gustav.> versuchte Anna sich wegzustehlen. Dann gab sie ihm einen Kuss und packte ihre Tasche. Gustav blickte sie böse an.

Als sie die ersten Treppen des vierstöckigen Gebäudes, in dem Gustav wohnte, nach unten gelaufen war, hörte sie, wie sich die Wohnungstüre hinter ihr wieder öffnete und Gustav sich über die Treppe beugte. <Ich wünsche Dir noch einen schönen Tag, meine Prinzessin. Ruf mich an, wenn Du zu Hause bist!> Anna nickte und ging schnell die Stiegen des Treppenhauses hinab.

Sie hasste diese Anhänglichkeit, seine Drohungen und seine Eifersucht. Anna überlegte, wie sie mit Gustav Schluss machen sollte. Mittlerweile fürchtete sie sich sehr vor ihm. Zu Hause angekommen rief sie Collis Namen. <Hallo, Colli, wo bist Du?> Colli meldete sich nicht. <Colli, komm zu mir!> Seltsam, das war ganz untypisch für Colli. Normalerweise kam er schwanzwedelnd zu ihr. Oft stand er schon vor der Türe, wenn sie heimkam. Er hatte fast übersinnliche Vorahnungen! Anna musste grinsen. Sie liebte Colli so sehr! <Colli!> wieder nichts! <Wo bist Du nur?> Nun hatte sie in jedes Zimmer bis auf das Schlafzimmer gesehen. Sie ging geradewegs auf das Schlafzimmer zu und spähte hinein. <Colli?> Da sah sie ihn. Colli lag auf dem Fußboden und bewegte sich nicht. Anna stürzte auf ihn zu. <Colli, Colli!> rief sie verzweifelt. Sie legte den Kopf an seine Brust. Nichts, kein Herzschlag. Dann hielt sie die Hand vor sein Maul. Kein Atem. Anna brach neben Colli zusammen. Sie hielt ihn ganz fest und weinte bitterlich.

79. Kapitel

Wien –Juni 2025

Das Büro war leer wie immer. Es war acht Uhr. Johanna blickte auf den gegenüberliegenden Schreibtisch. Sie fühlte sich einsam! Dann dachte sie an Anna. Sie hatte gestern Abend nichts mehr von ihr gehört. Sie hatte auf ihren Anruf gewartet, aber Anna meldete sich nicht mehr. Sie würde sie heute wieder anrufen!

Ilse kam um 09.00 Uhr diesen Tag. Sie hatte zurzeit ziemlichen Erfolg mit ihrer Arbeit. Von Ilse erfuhr Johanna immer, was sich so in der Firma abspielte. <Weißt Du, ich habe John Hebenstreit neulich gesehen. Er ist mit seiner Kollegin, Teresa Wormzell, Hand in Hand gegangen! Stell Dir vor, wahrscheinlich hatte er schon vor seiner Scheidung ein Verhältnis mit ihr!> Wenn Ilse wüsste, was Johanna gestern im Keller gesehen hatte. Sie grinste nur und sagte <Ach, wirklich, glaubst Du?> <Ja und mit Carmen ist er auch immer wieder Mittag essen gegangen und mit Anita, und den anderen gibt er immer Küsschen auf die Wange!> <Naja, er ist ja sehr fesch, er wird halt seine Chancen ausloten!> gab Johanna zurück und dachte, was für ein umtriebiger Mann John Hebenstreit doch war.

Johanna war neugierig auf Carmen Zigotti. Denn Carmen und ihr Mann waren schon recht lange auf Urlaub und Johanna hatte die beiden noch nicht kennengelernt. Andere Kolleginnen hatten ihr wiederum tolle Sachen von den Zigottis erzählt. Johanna war sehr neugierig vor allem auch, weil sie das Mail über Carmen und den Generaldirektor entdeckt hatte. Und weil sie von Ilse wusste, dass Carmen auch mit John Hebenstreit des Öfteren Mittag essen ging und da womöglich mehr war.

80. Kapitel

Wien –Juni 2025

Anna war aufgelöst. Colli war tot. Und das, während sie bei Gustav war! Er war alleine gestorben. Er hatte sich doch gestern in der Früh noch so wohl gefühlt! Sie hatte heute in der Früh alle Termine abgesagt. Für ihre Patienten brauchte sie alle Kraft, wenn sie ihre Probleme besprachen. Es kostete Anna jedes Mal etwas von ihrer eigenen Energie. Sie hätte nicht Psychologie studieren sollen! Sie war zu einfühlsam. Man musste als Psychologin sehr stark sein und einen guten Background haben. Doch im Moment hatte sie weder eine gute Beziehung, noch Eltern, die ihr einen Rückhalt gaben und jetzt war Colli gestorben. Die Gefühle drohten sie zu erdrücken.

Sie wischte sich wieder mit dem Hemdärmel über die Augen. Dann wählte sie Johannas Nummer. <Hallo Johanna! Ich bin's!> <Hallo Anna, na wie geht's Dir denn? Gestern warst Du ja kurz angebunden!> sagte Johanna. <Mir geht's nicht gut!> Dann weinte Anna in den Hörer. <Colli ist gestorben, als ich gestern bei Gustav war. Ich war das erste Mal bei Gustav eingeladen, Colli durfte ich nicht mitnehmen. Er mochte ihn nicht! Er hat ihn immer angeknurrt und die Zähne gefletscht. Ich

wollte gestern mit ihm Schluss machen, aber er hat mir wieder gedroht. Dann hast Du angerufen ...> <Anna! Das tut mir so leid, das mit Colli! War es Altersschwäche?> fragte Johanna mitfühlend. <Nein, er war erst zehn Jahre, und gestern in der Früh, als ich gegangen bin, ging es ihm noch gut!> schluchzte Anna in den Hörer. <Hast Du ihn untersuchen lassen?> fragte Johanna besorgt. <Nein, was sollte es denn sonst als irgendeine Schwäche gewesen sein. Er war ja nur zu Hause.> <Hat er, Du weißt schon wer, einen Schlüssel?> <Ja, schon. Warum? Du glaubst doch nicht etwa ...?> <Hm, lass ihn untersuchen! Dann bist Du wenigstens sicher.> <Oh, Johanna, das wäre ja schrecklich!> <Wieso hast Du noch nicht Schluss gemacht, Anna?> <Weil ich mich vor ihm fürchte! Er hat mir wieder gedroht!> <Oh, Anna, der ist so ein Psycho! Du solltest die Polizei einschalten!> <<Wenn ich die Polizei einschalte, wird es vielleicht noch schlimmer!> <Anna, ich an Deiner Stelle würde die Polizei informieren. Sag, Du fühlst Dich bedroht.> <Aber, er hat eine Waffe! Man weiß nicht, wie er reagieren würde. Da würde nur auswandern helfen!> Anna seufzte in den Hörer. <Ach Anna, was willst Du nun machen?> <Ich werde auf eine günstige Gelegenheit warten und dann Schluss machen!> <Gut, aber warte nicht zu lange!> Johanna legte auf. Sie hatte leise in ihr Handy gesprochen, weil sie im Büro saß und Angst hatte, dass Gustav etwas hören könnte.

81. Kapitel

Wien –Juni 2025

Johanna saß mit Ilse im Büro und sie diskutierten über den Betriebsausflug. <Was sagt Dir mehr zu?>, fragte Johanna und pickte die vertrockneten Blätter von ihrer Azalee. <Eigentlich bin ich nicht so für Prag. Ich war zwar schon mal da und es war sehr nett, aber ich würde lieber nach Mallorca fliegen.> Plötzlich klopfte es an die Türe. Und herein kam eine adrette Frau mit langen dunkelbraunen Haaren. <Hi Ilse, wie geht's Dir? Schon lange nicht mehr gesehen!> <Danke, gut, na wieder vom Urlaub zurück? Und war's schön?> <Ja, super! Es war fantastisch. Aha, Du bist also die Neue! Na, dann viel Glück! Ich bin Carmen Zigotti.> sagte sie kokett zu Johanna gewandt.

Johanna musterte die flotte Mittfünfzigerin. Braune glatte Haare, brauner Teint - kein Wunder, wenn man so lange Urlaub hat - und eine Stupsnase. Elegant gekleidet, insgesamt eine adrette Erscheinung, dachte Johanna bei sich. Der Tonfall wirkte etwas plump, nasal, ein bisschen hochnäsig und irgendwie derb. Aber so ganz o.k.

Johanna hatte nun einen Eindruck von Carmen bekommen. Dann drehte sich Carmen auf ihrem Absatz um und huschte wie eine Katze zur Türe hinaus.

Carmen ging zu Gustav ins Büro. Na, die passten irgendwie zusammen, dachte Johanna. Als Carmen wieder aus Gustavs Büro eilte, fühlte es sich für Johanna an, als wäre ein Wirbelwind vorbeigezogen! Sie war froh, dass diese Carmen ihr Büro weit weg von ihr hatte. Aber ihre „hohen Hacken" konnte man auch noch von weitem hören, wenn sie den Gang entlang ging. Beim Hinausgehen konnte Johanna noch ihr Parfüm riechen, das sehr intensiv war und das einen prägnanten Nachgeschmack hinterließ. Für Johanna war das Parfüm etwas zu aufdringlich.

Johanna hatte sehr viel von anderen Mitarbeitern über Carmen gehört. Nun da sie Carmen persönlich sah, konnte sie sich endlich selbst ein Bild machen!

Später am Vormittag ging Johanna gerade in die Postzentrale, um ihre Post abzuholen. Ein Mann stand gerade bei den Mädels am Empfang und lachte mit ihnen. Er kam auf Johanna zu und stellte sich vor. <Hallo, Friedrich Zigotti. Du musst wohl die Neue sein, Johanna Bernhard.> <Ja, genau, freut mich!> sagte Johanna neugierig. Er war ziemlich korpulent und hatte eine Glatze. Er war um einiges älter als Carmen, stellte Johanna fest. Irgendwie wirkte er sportlich.

Aber sein Wiener Dialekt war schrecklich, geradezu derb. Er wirkte wie ein Kabarettist. Kabarettist deshalb, wie Johanna bereits nach dem ersten Gespräch feststellte, weil alles, was er sagte, er auf eine gewisse ironische Weise kommentierte. Sollte man darüber lachen oder eher ernst bleiben? Man lachte besser mit, wenn er lachte, und hielt sich bedeckt, wenn er nicht lachte.

Trotz des derben Wirkens sah er ganz passabel aus. Aber irgendetwas passte nicht zu seiner Erscheinung. Johanna studierte, was es sein konnte. Die Augen! Das waren eindeutig Augen, die schmutzig, geradezu begierig wirkten. Als ob er einen mit den Augen ausziehen möchte. Dazu seine anzüglichen Bemerkungen! Alles in allem war er ein schmuddeliger Typ. Johanna ekelte sich ein wenig vor ihm.

Neben seinem seltsamen Aussehen und Benehmen hatte er sich ein großes Wissen in seinem Bereich, nämlich dem Import von Möbeln und Hölzern aus anderen Teilen der Erde angeeignet. Das hatte ihr Ilse vorhin erzählt.

Genau wie Carmen war auch er mit Vorsicht zu genießen, dachte Johanna. Die Designer Klamotten, die ihm einen sportlichen Touch verliehen, konnten täuschen. Er wirkte sehr freundschaftlich. Aber Johanna wollte mit dem Ehepaar lieber nichts zu tun haben. Sie gaben sich nett und beide waren fleißig. Sie hatten viel Macht, die würden sie auch einsetzten.

<Carmen ist immer darauf bedacht, ihre gute Figur zu behalten.>, erzählte Ilse während der Mittagspause.

<Dasselbe wollte sie auch von Friedrich, ihrem Mann. Doch der isst für sein Leben gern und geht immer wieder mit Gustav oder anderen zum Essen. Carmen geht auch gerne Essen, aber meistens mit John Hebenstreit oder sonstigen wichtigen Personen, die für die MEWI nützlich sind.

Doch zu Hause achtet Carmen auf ihre Beziehung zu ihrem Mann. „Thailand würde ihnen sehr gut tun, um ihr Liebesglück wieder zu steigern." Das erzählte mir Carmen vor ihrem Urlaub, doch andererseits sagte sie auch: „Ich bin zwar verheiratet, aber doch noch nicht tot! Ich genieße mein Leben, wie es mir gefällt!" Ob die nicht auch schon mit John Hebenstreit ...> ergänzte Ilse und steckte sich ihre Wurstsemmel in den Mund. Oh, dachte Johanna bei sich, das könnte durchaus der Fall sein!

<Carmen und Friedrich sind in sehr vielen Bereichen sehr widersprüchlich. Und Carmen hat einen besonderen Status in der Firma. Denn wenn es mit den Politikern und Beamten Probleme in Hinsicht auf die Zustimmung zu einem weiteren Lager gibt, das sehr schwer zu realisieren ist, dann ist sie die Nummer eins, die eingesetzt wird, um die Beamten und Politiker zu bezirzen. Sie beherrscht ihr Metier sehr gut! Auch Anita, ihre Kollegin, die für die administrativen Dinge zuständig ist, ist mit ihren blondierten Haaren recht beliebt bei allen. Mir persönlich gefallen diese blonden Haare überhaupt nicht! Sie schreien geradezu!> sagte Johannas Kollegin.

<Sportlich kann sie es mit jedem Mann aufnehmen. Sie ist verheiratet und hat drei Kinder. Auch sie kann sehr gut mit den Politikern und Beamten umgehen, was der Firma sehr zugutekommt. Besonders mit John Hebenstreit ...> erzählte Ilse ihr weiter.

Strategisch war die Firma sehr gut aufgestellt! Johanna kam sich oft vor wie auf einem Schachbrett. Ihre Figur kleidete leider nur der Bauer, obwohl sehr viel mehr in ihr steckte.

<Das klingt, als ob Du neidisch auf die anderen wärst! Gibt es bei Dir kein Küsschen von John Hebenstreit?> scherzte Johanna. <Nein, ich habe nicht diesen Status! Außerdem bin ich schon zu alt für ihn!> sagte sie lachend. Johanna lachte mit und

dachte sich ihren Teil über John Hebenstreit und die Kolleginnen.

Johanna sah Carmen noch einmal in Gustavs Büro. Sie hatte eiskalte Augen, stellte Johanna fest. Diese blitzten geradezu eisesblau auf, als Johanna vorbeiging. Ein Lächeln huschte über ihre Lippen. War es überhaupt ein Lächeln oder war es eine bösartige Fratze getarnt durch ein Lächeln? Es war wie bei einer Katze. Man wusste nicht, woran man bei Carmen Zigotti war, das konnte Johanna von ihrem ersten Treffen schon über Carmen sagen.

Als Johanna am Abend nach Hause kam, setzte sie sich in die Küche und dachte über das Ehepaar, das sie heute kennengelernt hatte, nach. Auch über Gustav machte sie sich wieder ihre Gedanken, weil sie Angst um Anna hatte. Dieser Gustav war ein sehr seltsamer Mensch! Das hätte sie nie gedacht. Zu Beginn schien er ihr noch normal!

82. Kapitel

Genf –Juni 2025

Uta Fedderson stieg die schmale Anhöhe, die zu dem Anwesen von Trever führte hinauf und sah sich um. Der Ausblick war atemberaubend. Nebelverhangen lag die Stadt unter ihr. Man konnte so früh am Morgen nur die einzelnen Silhouetten der Häuser durch den leichten Sonnenstrahl, der durch den seltsamen Wolkendunst schien, ausmachen. Diese Wolken waren eigenartig. Wie Kondensstreifen von Flugzeugen, die nicht mehr verschwanden,

sondern sich am Himmel zu einem Schleier aus-
breiteten. Seltsam! Wieder sah Uta zu dem Haus
und dem Glashaus, das den wunderschönen Garten umgab.

Hier ließe es sich für immer aushalten, dachte sie
bei sich und schwelgte in Erinnerung an verlorene
Zeiten. Sie waren oft hier. Auch seine Eltern besuchten sie immer wieder, um mit ihnen etwas Zeit
zu verbringen. Das Haus glich mehr einem Her-
rensitz.

Uta spazierte durch die Allee, vorbei an den bis zu
40 Jahre alten Pinienbäumen, bis sie an das
schmiedeeiserne Tor gelangte. Sie klingelte und
gleich darauf hörte sie den Summton und das Tor
schwang gemächlich auf. Uta wurde bereits emp-
fangen. Die Mac Shirleys waren ein feines, sehr
extravagantes Ehepaar mit sehr guten Manieren.
Sie umarmten Uta mit Wehklagen. Trevers Mutter
hatte Tränen in den smaragdgrünen Augen, die
Uta schon beim ersten Treffen so faszinierten. Die
Tränensäcke waren tief und dunkel. Trotz ihres
jugendlichen Aussehens hatten sich die Falten seit
ihrem letzten Treffen verdoppelt. Sein Vater, ein
großer weißhaariger Mann in einem teuren maß-
geschneiderten Anzug, dem man seine Intelligenz
sofort ansah, starrte benommen zu Boden ohne
ein Wort zu sagen. Uta hatte gewusst, dass es
schwierig werden würde, aber sie hatte es sich
nicht so entsetzlich vorgestellt. <Guten Tag!> sagte sie zu den Mac Shirleys.

83. Kapitel

Wien –Juni 2025

In letzter Zeit schrie Gustav immer mehr herum und ärgerte sich über alle. Johanna bemerkte eine große Veränderung an Gustav. Seine Stirnfalte war tiefer geworden. Sein ganzes Benehmen wirkte an manchen Tagen sehr aggressiv, an anderen wieder, als wäre er eine Marionette, die an unsichtbaren Fäden gelenkt wurde. Er wirkte wie paralysiert, als wenn er mittels Tabletten ruhiggestellt wäre. Er schien oft im Gang Schlaf zu wandeln. Seine langen Arme und sein Kopf hingen an seinem Körper, als wären sie nutzlose Anhängsel. Alleine die Füße bewegten sich motorisch und langsam. Sie hoffte sehr, dass Anna nicht mehr mit ihm zusammen war. Er war nicht normal und sie hatte Angst um ihre Freundin.

Johanna bekam Gustavs Aggressionen nicht nur durch ihre geschlossene Bürotür mit, sondern bei jedem Meeting, wo er ihr und den Kollegen von den Leuten erzählte, die ihn ärgerten. Der Gemeinderat machte ihm zu schaffen, denn dieser wollte nicht mehr auf die Erweiterungen von MEWI eingehen. Auch die Art und Weise wollten sie sich nicht mehr gefallen lassen. Er war schließlich der zuständige Expansionsleiter von MEWI und hatte riesengroße Verantwortung für diesen Neubau.

Gustav regte sich furchtbar über den Gemeinderat auf. Mittlerweile stand er unter einem immensen Druck, da die baurechtlichen Voraussetzungen von den Gemeinden für weitere Lager nicht mehr bewilligt wurden, da auch beim Land Wien der Bauplatz knapper wurde und sich die Gemeinden mehr auf die Füße stellten.

Seit einem Jahr hatte er in der Gemeinde Inzersdorf für die Ansiedlung eines weiteren MEWI-Einrichtungshauses angesucht, jetzt sollten die baurechtlichen Voraussetzungen dafür geschaffen werden. Änderungen des Flächenwidmungsplans und Aufstellung eines Bebauungsplans zur Erweiterung des Industriegebiets Inzersdorf wären auf der Tagesordnung des Gemeinderats, bei dem John Hebenstreit den Vorsitz hatte. Den Antrag dazu hatte Gustav schon vor einem Jahr gestellt. Konkret ginge es darum, im Süden der Autobahn weitere 100.000 Quadratmeter als Gewerbegebiet auszuweisen. Auf diesen sollte dann der neue 80.000 Quadratmeter große MEWI-Möbelriese entstehen, Doch die Zusicherung ließ auf sich warten. Natürlich würde das Logistikzentrum ebenso groß, wie ihr jetziges werden. Das Lager sollte jedoch noch größer ausfallen. Dr. Feldbach saß ihm deswegen auch schon im Nacken. Und Ulmhoff saß Feldbach im Genick.

Die Dimension des Projekts war einer der Gründe, warum zumindest die Partei der Grünen gegen die Planung stimmte. Als Gustav das letzte Mal mit ihnen zusammensaß, sagte ein Politiker im Gemeinderat zu ihm: "Wir haben schon einen Riesenkasten und jetzt kriegen wir den Zweiten". Er und seine Kollegin würden lieber ein kleineres Gewerbe an der Autobahn ansiedeln und befürchteten eine weitere Verkehrszunahme durch den Möbelriesen. Hebenstreit würde nochmal die Änderung des Flächenwidmungsplans als auch die Aufstellung des Bebauungsplans im Gemeinderat durchgehen, hatte er zu Gustav letzten Mittwoch gesagt. Gustav holte seinen Aktenkoffer hervor und suchte darin herum. Endlich hatte er seine Schatulle mit den Tabletten gefunden. Eine oder zwei zur Beruhigung würden nicht schaden!

Er stand unter so einem immensen Zeitdruck, dass er immer wieder Ohrensausen und Herzflattern bekam. Der Terminplan sollte "sportlich" vorankommen, hatte ihm der Konzernchef eindringlich gesagt. Sonst würde ein Kopf rollen! Um diesen einzuhalten, müsse bis Oktober dieses Jahres der Bebauungsplan Rechtskraft haben. Hebenstreit bekräftigte Gustav seine Zuversicht, dass dies gelingen würde, weil auch die Genehmigungsbehörden bereits Zustimmung signalisiert hätten. Und die Landwirte, denen der benötigte Grund gehöre, seien ohnehin verkaufswillig. Gustav hoffte, dass Hebenstreit sich nicht irrte, sonst würde er seinen Job verlieren! Na mal sehen, ob alles gutgeht, dachte Gustav und seine Finger zitterten.

Ein weiteres unliebsames Thema für Gustav stellte seine eigene Abteilung dar, die sich immer mehr gegen ihn wendete.

Als Dr. Feldbach dann mit Gustav darüber sprach, war dieser wie vom Blitz getroffen, er holte alle in sein Büro und explodierte beinahe. Johanna fand es furchterregend.

Eine Woche später, als Johanna wie immer einsam vor sich hinarbeitete, kam Annabella zu ihr. <Wie geht es Dir, Johanna?> fragte sie und sah Johanna mit ihren schlauen Augen an. Johanna konnte die Tränen nicht unterdrücken. <Nicht so gut!> Es war alles ziemlich anstrengend. Ein Job, der ihr sehr ans Gemüt ging, weil er unter ihrer

Würde war, daneben der aggressive Gustav und die Sache mit dem Holzhandel, der wahrscheinlich illegal war. Sie war total ausgelaugt. Na wunderbar! Tränen kullerten über ihre Wangen.

84. Kapitel

Sekretariat der CITES - Genf – Juni 2025

Uta wedelte mit ihrem ledernen Handschuh auf ihrem Schreibtisch herum. Das tat sie immer, wenn sie aufgeregt war. Mittlerweile war sie schon sehr weit vorgedrungen in ihren Ermittlungen. Dank Johanna wusste sie, dass sie auf der richtigen Spur war. Doch es gab noch Schwachstellen bzw. Bindeglieder und vor allem einige Morde, die sich noch nicht ganz zusammenfügen ließen. Dank Trevers Peilsender wusste sie, dass die Holzlieferung in ein paar Tagen in Frankreich, Nantes ankommen würde. Zumindest deutete der Peilsender genau in die Richtung. Die Containerschiffe und auch die Passagierschiffe benötigten mittlerweile nur mehr zwei bis drei Tage für eine Strecke, bei der sie früher mindestens eine Woche benötigten.

Sie musste nach Frankreich reisen. Sie musste Philippe Moreau anrufen. Doch zuerst wollte sie nach Wien, um Anna zu treffen. Sie hatte so ein komisches Gefühl. Uta telefonierte kurz, dann wurde die Flugscheinbestätigung auf ihre E-Mail-Adresse gesendet. Bingo. <Hallo Anna, ja ich bin's Uta, Du, hast Du morgen Zeit? Ich komme nämlich nach Wien.> sagte Uta auf den Anrufbeantworter.

Anna hatte sich nicht gemeldet, aber sie würde schon zurückrufen!

85. Kapitel

Wien – Juni 2025, 09.00 Uhr morgens

Es klingelte. Anna öffnete die Türe. <Hey Anna!> grinste Uta und umarmte ihre Freundin stürmisch. <Ich hab mich schon so gefreut, Dich wiederzusehen!> <Ich auch! Komm erst mal rein, warte ich nehme Deine Tasche!> Utas Tasche war eine riesige Umhängetasche in Schwarz. Unten hatte sie Rollen. Solche Taschen hatten sich Stefan und Johanna für ihre Afrika Urlaube gekauft, dachte Anna. <Die ist ja schwer! Wie lange bleibst Du überhaupt?> fragte Anna geknickt und ihre Sommersprossen leuchteten auf ihrer Stupsnase. <Ich kann höchstens ein paar Tage bleiben, dann muss ich weiter nach Frankreich.> <Du kommst vielleicht herum!> sagte Anna und ließ die Tasche im Schlafzimmer von ihrer Schulter fallen. <Danke Anna. Sag mal, geht's Dir nicht gut? Du wirkst so traurig!> <Hm, Colli ist tot!> brach Anna hervor und weinte. <Was, seit wann?> fragte Uta mitfühlend. <Seit kurzem erst.> <Er war schon alt, hm?> <Naja, zehn Jahre ist kein Alter für einen Hund!> <Was ist los, Anna?> fragte Uta und blickte Anna mit ihren intelligenten Augen durchdringend an. <Komm erst mal herein.> sagte Anna seufzend.

<Ach Anna, kann ich bei Dir schlafen? Oder schläft hier schon jemand?> grinste Uta frech. <Also Du hast Glück. Mein Freund ist dieses Wochenende in

Vorarlberg. Er kommt erst am Montag wieder und dann bleibt er hoffentlich in seiner Wohnung!> <Hm?> fragte Uta nach und sah Anna besorgt an. <Du hast doch nicht wieder so einen Wahnsinnigen zum Freund genommen, oder? Anna?> Doch Anna war in Gedanken versunken.

<Hey, Liebes, was bedrückt Dich denn?> fragte Uta liebevoll und streichelte Anna die Backe. Anna drehte sich zu Uta um und ließ ihren Tränen freien Lauf. Nachdem sie sich beruhigt hatte, erzählte sie Uta die ganze Geschichte. <Er war so lieb am Anfang, aber jetzt fürchte ich mich vor ihm, Uta!> <Das hört sich alles sehr schlimm an, aber das kriegen wir schon geregelt. Jetzt bin ich ja da und wenn der frech wird, bekommt er eines auf die Nase!> grinste Uta frech. <Du hast ja keine Ahnung, er hat sogar eine Waffe! Und Colli ist tot! Und Johanna glaubt, dass er möglicherweise für seinen Tod verantwortlich ist, weil er einen Schlüssel zu meiner Wohnung hat!> <Wirklich? Anna, ich bleibe bei Dir, bis die Sache in Ordnung ist und Du wieder Ruhe von dem Mann hast. Die Zeit nehme ich mir!> <Danke Uta, es ist so schön, dass Du da bist!> <Möchtest Du ein Frühstück oder hast Du schon etwas gegessen?> <Gerne, ein Frühstück wäre super!> sagte Uta dankbar. <Ich helfe Dir!> Nachdem sie das Frühstück zubereitet hatten, setzten sie sich an Annas Kaffeetisch. Der Toast und das Rührei schmeckte Uta ausgezeichnet. <Nun erzähl mal von vorne. Und erzähl mir auch von Johanna und ihrer Firma. Das mit dem Holzhandel interessiert mich!>

Eine Stunde später hatte Anna Uta alles berichtet, auch Johannas Geschichte. Uta seufzte. <Also

zuerst zu Dir! Wir werden das gemeinsam durchstehen und ich bleibe, bis Du nach Bangkok fliegst. Anna, ich muss Dir auch etwas sagen. Eigentlich dürfte ich es keinem sagen, aber ich kann das nicht mehr für mich behalten!> <Na so was, und ich dachte, nur ich hätte Sorgen! Erzähl es mir!> <Ach, weißt Du, ich habe auch einige Erfahrungen, die mich sehr belasten und Du, als meine „Psychologin" hast ja Schweigepflicht! Stimmt's?> <Klar, von mir erfährt keiner ein Wort. So nun mach es nicht so spannend! Hast Du auch eine seltsame Beziehung?> <Nein, Anna, mein Freund ist gestorben, aber nicht auf eine natürliche Art und Weise! Wir hatten über eine lange Zeit eine sehr innige Beziehung. Dann hab ich von seinem Tod durch einen Mann erfahren, der behauptete, ein Freund von Trever gewesen zu sein. Doch nun ist dieser Mann spurlos verschwunden und ein Agent, den ich auf ihn angesetzt habe, hatte eine Spur, doch auch der ist ermordet worden.> <Willst Du damit sagen, dass Dein Liebhaber, ich meine Trever, ermordet wurde? Und was für ein Agent?> <Hm, genau. Er wurde ermordet!> Uta hatte sich die letzten Nächte, seit sie von Trevers Tod erfahren hatte, immer in den Schlaf geweint. <Aber wieso denn? War es ein unglücklicher Zufall oder wer könnte ihn denn ermordet haben? Schrecklich!>, fragte Anna schockiert. <Anna, ich muss Dir noch etwas sagen.> Uta hielt kurz inne. <Ich arbeite für den amerikanischen Geheimdienst CIA.> <Nein, jetzt machst Du wieder einen von Deinen Scherzen! Haha, darauf falle ich jetzt nicht herein!>

<Anna!> sagte Uta ernst. <Ich arbeite bei der CIA. Ich hab Dir schon erzählt, dass ich auch in Amerika studiert habe. Und ich hab mich immer sehr für

die Umwelt engagiert, Petitionen unterschrieben und auch selbst Demonstrationen geleitet. Damals wurde ich sogar verhaftet.> <Ja, ich erinnere mich.> <Ich war auch in den Ländern vor Ort, wo Holz illegal abgeholzt und nach Europa transportiert wurde. Nach nicht allzu langer Zeit ist die CIA an mich herangetreten. Sie haben mich engagiert und als Agentin ausgebildet. Dann hab ich bei meiner Doktorarbeit über die Problematik mit den Umweltverbrechern geschrieben.

Nun arbeite ich in der CITES, aber an einer geheimen verdeckten Operation. Das Projekt, an dem ich arbeite, nennt sich Gula. Gula ist der Dämon, der 6. Todsünde: Völlerei - Gefräßigkeit, Unmäßigkeit, Maßlosigkeit, Selbstsucht. All das verkörpert Gula und leider auch die Menschen. Sie wollen immer mehr, egal was dafür zerstört wird und sie sind dabei äußerst selbstsüchtig. Meine Aufgabe ist, dem Einhalt zu gebieten. Ich bin der Holzmafia und im weiteren Sinne dem Umweltverbrechersyndikat auf der Spur. Deshalb musste mein Freund wahrscheinlich sterben. Ich bin ihnen schon sehr nahe gekommen, viel zu nahe. Die Geschichte Deiner Freundin hat mich hellhörig werden lassen. Ihr Konzern ist sehr tief in den Fall verstrickt. Wie „Dein Gustav" in die Sache passt, weiß ich noch nicht. Du musst jedenfalls höllisch aufpassen. Deshalb bin ich nun hier. Auch ich habe eine Waffe. Und wenn es nötig ist, werde ich sie gebrauchen. Ich sehe nicht zu, wie noch jemand stirbt, der mir sehr nahe steht!> sagte Uta vehement und drückte Anna fest an sich. Anna ließ ihren Tränen wieder freien Lauf.

Das war ja furchtbar, was ihr Uta da erzählte. Zu erschütternd waren die ganzen Ereignisse. Gustav ein möglicher Verbrecher? War es denn möglich, dass er irgendwie verstrickt war und Johanna, sie hatte ihr nie geglaubt, als sie von der Geschichte mit dem illegalen Holztransport von Frankreich nach Österreich erzählte. Was für eine verrückte Geschichte! Und Utas Freund wurde ermordet!

<Du darfst Johanna ja nichts erzählen!>, unterbrach Uta ihre Gedanken. <Hast Du mich verstanden! Es ist wirklich ernst, sehr ernst! Die machen keinen Spaß. Wenn Johanna davon Wind bekommt, könnte uns das das Leben kosten. Noch jemand ist gestorben. Es gibt schon zu viele Leichen! Bitte, sei vernünftig, auch wenn sie Deine Freundin ist, erzähl ihr bitte nichts!> <Nein, natürlich nicht, versprochen! Das ist ja eine wilde Geschichte zum Fürchten! Wo bin ich da nur hineingeschlittert! Wenn Gustav…. Ich dachte immer, er sei nur so wahnsinnig. Aber wenn er wirklich etwas mit der Holzmafia am Hut hat, na dann gute Nacht!> Anna öffnete die Schublade des Tisches und holte eine kleine Schachtel hervor. <Tabletten zur Beruhigung!>, sagte Anna und ließ den Kopf hängen. <Gibst Du mir auch eine?> fragte Uta seufzend. <Ja, hier bitte.> <Danke!> Beide nahmen die Tabletten, tranken einen Schluck Kaffee dazu und schwiegen vor sich hin.

86. Kapitel

Wien –Juni 2025

Anna wusste, dass Gustav in einer Woche nach New York und Brasilien aufbrechen würde. Uta war nach Frankreich geflogen, nachdem Gustav sich die ganze Zeit nicht gemeldet hatte. Sie versprach Anna zurückzukommen, wenn sie Angst wegen Gustav hatte. Da er bald nach New York fliegen und sie selbst nach Thailand zu den Straßenkindern aufbrechen würde, hatte sie Uta gesagt, dass sie sicher war bis zu ihrer Abreise. Sie wollte sie nicht unnötig von ihrer Arbeit abhalten und mit ihren Problemen belasten. Uta hatte selbst genug mit der Trauer um Trever zu tun. Und dann die Sache mit dem Verbrechersyndikat.

So verabschiedeten sie sich herzlich und Uta nahm die Maschine nach Frankreich. Sie hatte dort beruflich zu tun, hatte sie Anna gesagt. Das Telefon klingelte erneut. Ach Johanna! Sie hatte in der letzten Woche nie abgehoben, als Johanna anrief. Sie wollte einfach nicht mehr über ihre Beziehung zu Gustav sprechen. Doch dank Uta hatte sie wieder Kraft getankt. Anna drückte auf die Freisprechtaste des Handys. <Hallo Johanna, wie geht's Dir?> fragte Anna ruhig.

87. Kapitel

Wien –Juni 2025

Am nächsten Tag klopft Johanna an Gustavs Türe und bat ihn um ein Gespräch. Sie hatte Anna endlich erreicht und diese war noch immer mit ihm zusammen. Aber egal, ihr war zurzeit nur wichtig, dass sie weniger arbeitete.

<Hallo Gustav! Hast Du kurz Zeit?> <Worum geht es denn?> fragte er gereizt. <Poller war neulich bei mir und hat gesehen, dass es mir nicht so gut geht und sie hat mir zu weniger Stunden geraten. Außerdem verblöde ich beim Abspeichern von den alten Aktenordnern schön langsam.> <Ach ja, die war schon bei mir. Na weißt Du, das wäre schön für Dich, aber das können wir den anderen Kolleginnen nicht zumuten. Man muss immer auf das Wohl des Teams achten und dann müssten die anderen Kolleginnen Deine Arbeit machen!> sagte Gustav geringschätzig. <Also erstens, meine Arbeit muss keiner machen, denn das Scannen und Abspeichern von alten Aktenordnern kann ich gut in der Zeit erledigen! Das meiste habe ich sowieso schon gescannt. Und die Sachen, die wichtig sind, erledige ich selbstverständlich sofort. Du kennst mich ja. Und wenn die Kolleginnen mal Kaffee machen müssen, werden sie schon nicht sterben. Schließlich haben sie vor mir immer Kaffee gemacht, und erst seit ich hier bin, muss ich den ganzen Kaffee servieren. Sie haben diese Arbeit auf mich abgeschoben. Also würde ich ihnen keine Arbeit aufdrücken, die sie nicht schon vor mir ge-

habt hätten!> <Johanna, ich kann das nicht genehmigen. Du musst das einsehen!>

Johanna ging wütend ins Büro zurück.

88. Kapitel

Frankreich/Paris – Juni 2025

Philippe Moreau erwartete Uta bereits am Flughafen Charles de Gaulle, Paris. Der Agent war ein breitschultriger ortsansässiger Hüne mit einer Vorliebe für Motorräder und schnelle Autos. Uta hatte ihn schon vor Längerem einmal kennengelernt. Er war immer sehr hilfsbereit und sehr charmant zu ihr. Uta sah Philippe Moreau von der Seite an. Er war sehr groß, sein blondes Haar war kurz geschnitten. Die Nase war typisch französisch. Und er war durchtrainiert. Er konnte seine Herkunft nicht abstreiten.

Anna hatte sie nur ungern verlassen. Aber nachdem sie fast eine Woche bei ihr war und schon die längste Zeit nach Frankreich hätte reisen sollen, war sie heute in der Früh abgereist und nun stand sie neben Philippe. Weiter kam Uta nicht zum Nachdenken, denn Philippe begann das Gespräch mit <Alors, meine Liebe, wie geht es Dir?> fragte er mit seinem französischen Akzent und blickte Uta lächelnd durch seine Ray Ban an. Er sah wirklich gut aus, dachte Uta bei sich. Hätte sie Trever nicht so sehr geliebt, und sie konnte sich immer noch nicht mit seinem Tod abfinden, dann wäre sie einem Flirt mit diesem Mann durchaus nicht abgeneigt. Aber jetzt hatten sie Wichtigeres zu tun.

<Danke, mir geht es dementsprechend! Mein Freund, mein Lebensgefährte, ist gestorben. Vor ein paar Tagen war das Begräbnis.> <Wirklich Uta? Das wusste ich nicht! Das tut mir sehr leid!> <Danke!> <Ähm, ich will jetzt nicht darüber sprechen! Es fällt mir immer noch schwer.> <Ja, das verstehe ich. Mein Beileid!> <Danke.> <Bon, dann lass uns über das Geschäft sprechen, hast Du meine E-Mails durchgesehen, die ich Dir vor einer Woche geschickt habe?> fragte Philippe. Uta sah ihm direkt in die Augen. Ein Blick von Uta konnte ebenso vernichtend wie erregend sein, doch Philippe hielt ihrem Blick, ohne mit der Wimper zu zucken stand. <Ja, mein Lieber, und hast Du meine auch gelesen?> <Oui, meine Liebe, ich habe alles sorgfältig durchgelesen. Einiges war auch mir bekannt. Aber Du hast einige Neuigkeiten gemailt, bei denen ich staunen musste. Nantes, also, ich habe uns einen neuen BMW 500 mit Brennstoffzellen besorgt, mit dem sollten wir in ein paar Stunden in Nantes sein!> Philippe zwinkerte kurz, dann ging er schnurstracks auf den BMW zu, lud Utas Koffer ein und dann schaltete er den Autopiloten auf schnell ein. Uta schleuderte es in den Sitz zurück. <Wow, was für ein kräftiges Fahrzeug, Philippe!> grinste Uta. Sie liebte schnelle Fahrzeuge und Männer, die den Mut hatten, diese auch zu fahren. Trever war auch so einer. Immer das Schnellste und Beste. Er genoss einen schnellen und aufregenden Lebensstil und bot Uta genau das Leben, von dem sie träumte. Auch, dass er so viel für die Natur übrig hatte, war für sie sehr schön. Es gab nur wenige Männer, die das alles vereinten. Uta wurde wieder traurig bei dem Gedanken an Trever.

Dann setzte Philippe die Unterhaltung fort. <Ja, diese selbstfahrenden Autos mit Breitband und WLAN haben alles, was man benötigt, um nebenbei Kaffee zu trinken oder man kann in Ruhe seine Arbeit erledigen, während das Auto mittels einem auf dem Dach installierten Laser-Radar selbstständig fährt. Alors, zu unserer Sache. Da ich von Dir so viele Infos bekommen habe, und selbst auch ziemlich viel recherchiert habe, kommen wir bei unserem Projekt „Gula" schön langsam zum Ende. Die meisten Rätsel sind gelöst. Also Folgendes.

Der südafrikanische Möbelkonzern, der Besitzer ist ein Max Ulmhoff, ist in Deutschland, Österreich und Frankreich vor allem mit seinen MEWI-Einrichtungshäusern bekannt. Das Möbelhaus hat nun den ersten Schritt Richtung Hamburger Börse getätigt - zurück zu den Wurzeln. Sein Vater kam von Hamburg und gründete dort den ersten Konzern.

Max Ulmhoff platzierte in der Nacht zum Donnerstag 150 Millionen Aktien aus einer Kapitalerhöhung bei großen Investoren außerhalb Südafrikas. Da kommen auch Genf und andere europäische Staaten ins Spiel.

Bei einem Ausgabepreis von 52 südafrikanischen Rand je Aktie nahm Max Ulmhoff damit zunächst 531 Millionen Euro ein, wie das Unternehmen am Donnerstag mitteilte. Der Preis liegt zwölf Prozent unter dem Schlusskurs vom Mittwoch. Anschließend, in der zweiten Juni-Hälfte, können Aktionäre weitere 200 Millionen neue Aktien zum gleichen Preis zeichnen, womit dem Konzern weitere gut 700 Millionen Euro zufließen würden.

Mit den Kapitalmaßnahmen erfüllt der Konzern Forderungen der südafrikanischen Börsenaufsicht, damit Max Ulmhoff im Herbst von der Johannesburger Börse nach Hamburg wechseln darf. Damit kehrt die ursprünglich aus Hamburg stammende Firma zu ihren Wurzeln zurück - nach Deutschland. Der Firmensitz soll aber auch nach dem Wechsel des Börsenplatzes in Südafrika bleiben.

In Österreich hatte Max Ulmhoff vor Jahren die Möbelketten Tribol und Harnbach für 600 Millionen Euro gekauft. Der Wechsel nach Hamburg soll „so bald wie möglich" nach dem 13. Oktober über die Bühne gehen, wenn das Unternehmen seine Geschäftszahlen für das Geschäftsjahr 2025/26 bekanntgeben will.

Für die Hamburger Börse ist Max Ulmhoff ein dicker Fisch: In Johannesburg wird der Möbelkonzern derzeit mit umgerechnet 10,5 Milliarden Euro bewertet. Die Firma hatte 1976 ihr Geschäft in Südafrika und Deutschland gebündelt und an die Börse in Johannesburg gebracht. Doch über 87 Prozent der Gewinne stammen aus dem Auslandsgeschäft, rund drei Viertel der Umsätze erwirtschaftet Max Ulmhoff in Europa. Das sei auch der Grund für den Wechsel des Börsenplatzes, erklärte das Unternehmen.

Damit kann Max Ulmhoff sich noch leichter die globalen Kapitalmärkte erschließen und die weitere Expansion in Europa und anderswo finanzieren.> schloss Philippe seine Ausführungen. <Und da kommt die Holzmafia ins Spiel. Hier werden illegal Tropenhölzer bescheinigt, genehmigt und nach Europa transportiert und von Möbelfirmen zu Möbelstücken verarbeitet. Eine Firma hat sich hier

sogar spezialisiert, der Name des Möbelgeschäfts ist Möbel Mikal, sie sind in Wien ansässig.> folgerte Uta.

<Leider musste ich das bei meinem letzten Besuch in Wien feststellen!> sagte Uta mit Bedauern in der Stimme. <Das ist nämlich die Familie von einer sehr guten Freundin!> <Oh, die machen so etwas!> empörte sich Philippe. <Hm, ihre Tochter ist vollkommen dagegen und hat sich gegen die Familie gestellt, aber nur mit dem Ergebnis, dass sie nichts mehr miteinander sprechen!> <Was ist nur mit den Menschen los?> fragte Philippe zornig. <Alles geschieht im Auftrag der Syndikate und im weiteren Sinn im Auftrag einiger Regierungsmitglieder, die auf den gerodeten Flächen Ölpalmen anpflanzen.> sagte Uta traurig.

Nicht nur Österreich oder Deutschland, sondern auch Frankreich, Italien und einige andere Länder der EU sind in die Affäre verwickelt.> <Hm, ich habe herausgefunden, dass sie furchtbare Mittel einsetzen, um den Politikern das Ganze noch schmackhafter zu machen. Geld ist eine Sache, die andere sind gewisse Bedürfnisse, kranke Bedürfnisse, die manche der oberen Herren noch mehr anstacheln. Wir sind da jemandem auf der Spur, der Kinder sexuell nötigt. Der sich Kinder aus Thailand und Afrika kommen lässt und sie als Spielzeug verwendet. Manchmal verschenkt er sie auch einfach an „Gleichgesinnte" weiter oder er handelt mit ihnen. Es gibt ja so viele Pädophile auf dieser Welt!> <Uh, wie krank!> empörte sich Philippe! <Die Menschheit besteht aus so vielen Wahnsinnigen, abnormalen Menschen, dass es die Hälfte auch täte!> Wie recht Du hast, dachte

Uta und lächelte. <Woher weißt Du eigentlich, dass das Containerschiff mit den Holzlieferungen in Nantes landet und nicht sonst wo in Frankreich? Und noch dazu weißt Du den genauen Zeitpunkt!> sagte Philippe plötzlich. Uta lächelte. Sie hatte den blinkenden Punkt auf der Landkarte jeden Tag beobachtet. Sie hatte sich die Datei extra aufs Handy geladen, um minutiös auf dem Laufenden zu sein. Das Schiff war nun schon so weit, dass es genau an diesem Tag den Hafen von Nantes anlaufen musste. Uta war sich sehr sicher. Nur Philippe konnte sie darüber nicht informieren. Wenn Trever wirklich das Virus freigesetzt hatte, dann würde man die Spur zu ihr verfolgen und mögliche Konsequenzen waren nicht absehbar. Sie musste unerkannt bleiben, um nicht aufgedeckt zu werden. Nur so konnte sie dem Verbrechersyndikat das Handwerk legen. <Diese Information habe ich von einem Freund, aber sei sicher, das Schiff landet mit 100%iger Wahrscheinlichkeit heute noch in Nantes.>

<Ok, dann leuchtet mir Einiges ein. Jetzt ist alles klar!> sprach Philippe zu sich selbst. Doch Uta konnte ihm nicht folgen. <Was meinst Du damit?> wollte sie wissen. <Ich kann Dir im Moment noch nicht die ganzen Zusammenhänge sagen, ich muss erst nochmal darüber nachdenken. Aber ich habe da so eine Idee ...> <Na schön! Du bist ein Geheimniskrämer, hätte ich nicht von Dir gedacht! Aber ist schon in Ordnung.> lächelte Uta.

Bald darauf erreichten sie Nantes. Uta hatte sehr gut zugehört und machte sich ihre eigenen Gedanken zu dem Möbelkonzern, bei dem Johanna arbeitete. Ihre Gedanken rasten hin und her. Uta konnte nichts mehr erschüttern! Dass diese ganze Geschichte so verworren war, irritierte sie nicht mehr. Sie hatte zu viel gehört und gesehen. Bald würde Schluss sein!

89. Kapitel

Wien – Juni 2025

Die Tierarztpraxis im sechsten Wiener Gemeindebezirk war rammelvoll. Anna hatte angerufen und um einen Termin gebeten. Colli hatte sie am nächsten Tag nach seinem Tod zum Tierarzt gebracht und heute würde sie das Ergebnis der Obduktion erfahren. Sie saß zwischen den Tierbesitzern, die ihre Lieblinge dabeihatten, und kämpfte mit den Tränen. Sie wollte sich nicht mit dem Gedanken abfinden, dass Colli möglicherweise nicht an einem natürlichen Tod gestorben war. Sie traute Gustav so etwas nicht zu. Sie fürchtete sich irgendwie vor ihm, aber dann konnte er wieder so lieb sein. Anna musste husten. Sie fühlte sich irgendwie fiebrig. Das Ganze mit Gustav und Colli ging nahe an ihre Grenzen. Sie wollte sich nur noch ins Bett legen. <Frau Mikal!> ertönte die Stimme der Assistentin. Anna erhob sich von ihrem Stuhl und kämpfte sich durch die am Boden liegenden Hunde. Die Arztpraxis wirkte freundlich aber steril. In der Mitte stand ein Bett aus Eisen. Wie oft sie mit Colli hier gewesen war. Einmal hatte er sich den Fuß verletzt, ein anderes Mal ließ sie ihn impfen. Die ganzen Jahre war sie mit Colli immer beim gleichen Arzt gewesen. Man kannte ihn. Es tat gut. <Also, Frau Mikal>, sagte die Ärztin, nachdem sie sich die Hände geschüttelt hatten. <Colli ist an einem Gift gestorben! Es tut mir leid!> <Was?> schrie Anna wütend. <Wo waren Sie mit Colli vor seinem Tod spazieren? Wir müssen die Polizei einschalten, es gilt nunmehr zu ermitteln, wo sich der Hund in den letzten Tagen aufgehalten hat und vergiftet worden war, damit man den Täter schnell findet. So kann man wenigstens andere Tiere schützen.> sagte die Tierärztin streng. <Es tut mir sehr leid wegen Colli, aber auch andere Hunde sind in Gefahr.> Anna wurde schwindelig. Sie musste sich setzen. Gustav hatte Colli auf dem Gewissen! Was für ein Wahnsinn!

90. Kapitel

Wien – Juni 2025

Es war ein wunderschöner Morgen mit viel Sonnenschein. Die Temperaturen würden heute auf maximal drei Grad steigen. Aber sie hatten in der Firma noch immer eingeheizt. Wenigstens im Büro konnte sie die Wärme in einem kurzen Rock und einem T-Shirt bei 26 Grad genießen. Sie musste sich natürlich in der Firma erst umziehen, weil sie draußen nur Wintersachen anhatte. Johanna fühlte sich wohl. Endlich regnete und schneite es nicht. Die Temperaturen der letzten Monate waren viel zu kühl, es fühlte sich noch immer wie Winter an.

Jetzt würde die Temperatur langsam wärmer werden, dachte sie auf dem Weg in ihre Firma. Obwohl, es war schon Juni. Früher hatten sie mindestens 25 bis 30 Grad. Temperaturen, bei denen die

Abende auch noch halbwegs warm waren und man bis spät in die Nacht im Freien sitzen konnte.

Aber das war nun vorbei. Nun freute man sich schon übermäßig auf 10 bis 15 Grad. Denn das war die Höchsttemperatur. Die schönste Jahreszeit! Vergessen war der Tod von Martina Berent, vergessen waren die Verschwörungstheorien vom illegalen Holzhandel. Auch Anna hatte sie ganz beiseitegeschoben. Sie musste sie unbedingt wieder anrufen, wie es ihr mit Gustav ging und was mit Colli herausgekommen war.

Johanna wollte einfach endlich glücklich sein, ohne sich über alle Gedanken machen zu müssen. Auch Stefan mochte diese Jahreszeit früher sehr!

Vor drei Jahren hatten sie noch in seinem Garten gegrillt. Stefan hatte im Burgenland ein kleines Häuschen mit einem schönen Garten. Da saßen sie oft auf der Hollywood-Schaukel und ließen die Seele baumeln. Es war so schön bei ihm im Garten und auf der Terrasse. Ein kleines Biotop war am Rand des Gartens angelegt, sodass Kleintiere wie Libellen, Schmetterlinge, Bienen, Wespen und Frösche einen Lebensraum fanden.

Auch Fledermäuse besuchten jeden Abend zur selben Zeit das Biotop und flogen sehr nieder, um Insekten zu fangen. Es war eine Freude den Tieren zuzusehen. Im Garten pflanzten Johanna und Stefan Kirschlorbeer-, Schmetterlings- und viele andere Sträucher, die schön aussahen. Vor allem Schmetterlinge und Vögel, aber auch Marienkäfer und Ohrenschlürfer fühlten sich in ihrem Garten sehr wohl. Sie hatten ein Gemüsehochbeet angelegt, wo sie Kartoffeln, Melonen, Tomaten, Paprika und Radieschen anpflanzten. Johanna hatte einen

Topf an der Hausmauer mit verschiedenen Kräutern bepflanzt. Aber nun wurde nichts mehr aus dem Gemüse. Es war zu kalt. Man konnte nur mehr in der beheizten Wohnung etwas anpflanzen!

Als Johanna ins Büro kam, war ihr kalt! Was war passiert? Ihr war so kalt, drinnen war es heute ebenso Winter wie draußen! Sonst war es immer schön warm. Das konnte doch nicht sein! Scholz war doch noch vor kurzem bei ihnen, um die Temperatur einzustellen. Es gab eine Deckenlüftung, die über eine externe und interne Steuereinheit bedient werden konnte. Roman Scholz war der Geschäftsführer der Tochtergesellschaft der MEWI, die diese Steuerungseinheit für die Lüftung und Heizung innehatte.

Johanna griff zum Hörer. <Hallo, ja, kann ich bitte mit Herrn Scholz sprechen?> sagte Johanna ins Telefon. <Hallo, Johanna!>, ertönte die freundliche Stimme von Scholz. Johanna grinste. Seine Stimme machte sie immer fröhlich. Auch die Stimmlage und die Art, wie er sprach, wirkten einfach nett. Er war genauso ein feinfühliger Mann, wie seine Stimme vermuten ließ. <Hallo, Roman, kannst Du bitte mal die Temperatur in unserem Büro kontrollieren?! Mir ist heute so kalt!> <Ja, klar, Johanna,> sagte Scholz und versprach Johanna, sie sogleich zurückzurufen, wenn er etwas Näheres wusste.

<Die Temperatur wurde auf 16 Grad herunter gekühlt!> Roman rief Johanna zurück und sagte <ich habe Anweisung von oben und darf somit nichts mehr an der Anlage einstellen! Du musst Nicole, die Chefsekretärin anrufen. Nur sie kann Dir die Temperatur wieder raufdrehen. Es tut mir leid!>

<Was? Das ist ja sehr seltsam! ....Danke, trotzdem, Roman!> sagte Johanna verwundert.

Wow, was war denn hier los? fragte sich Johanna. Der Mann, der für die gesamte Heiz- und Lüftungseinheit im Haus verantwortlich war und diese noch dazu installiert hatte und vor allem der Chef von dem Unternehmen war, durfte an seiner Anlage nichts mehr regeln! Er hatte Anweisung von oben! Johanna wunderte dies noch mehr, weil die Firma von Roman Scholz eigentlich eine Tochtergesellschaft der MEWI war! Sie hatten Roman praktisch die Berechtigung für sein eigenes Unternehmen weggenommen! Seltsam!

Dr. Feldbach wusste natürlich, dass Johanna Roman immer wieder mal angerufen hatte, damit dieser ihr die Temperatur etwas höher einstellte, wenn sie wieder von Nicole auf Anweisung des Generaldirektors auf weniger Grade korrigiert worden war. Es war Dr. Feldbachs Philosophie, dass Mitarbeiter nicht mehr als achtzehn Grad zum Arbeiten benötigten. Aber sechzehn Grad waren nun nicht mehr zumutbar!

Das mit Roman Scholz und der Temperaturregelung war seltsam. Johanna ging kopfschüttelnd zu Gustav ins Büro. Es war ihr dieses Mal egal, ob er Zeit hatte oder nicht! Sie klopfte und ging sofort hinein.

<Gustav, ich muss mit Dir sprechen! Fühl mal meine Hände! Die haben die Klima auf 16 Grad runtergedreht!> Johanna streckte ihm die Hand entgegen. Gustav nahm sie und schien zu begreifen. <Na gut, ich sage Nicole Bescheid, dass sie die Temperatur raufdrehen soll.> sagte er mit einem Anflug von Genervtheit.

Nicole hatte einen speziellen Draht zu Gustav. Die Chefsekretärin mochte Gustav anscheinend wirklich sehr, denn sie stand fast jeden Abend bei ihm im Büro und verweilte länger als es für einen Büroklatsch normal war. Sie hatten meistens Spaß, denn man hörte sie durch die geschlossene Zimmertüre lachen. Johanna wunderte sich immer über diese Konstellation. Vor allem, weil Gustav den Chef von Nicole, nämlich Dr. Feldbach, nicht leiden konnte und meistens über ihn schimpfte und zweitens, weil er immer sagte, dass er nichts mit einer Kollegin anfangen würde und er ja gerade mit Anna zusammen war. Also in welchem Verhältnis standen die beiden zueinander? Eigentlich interessierte es Johanna gar nicht.

Am Abend hatte sie ziemliche Schmerzen beim Wasserlassen. Sie hatte sich eine Blasenentzündung geholt. Die erste in ihrem dreißigjährigen Leben. <Na super,> sagte sie zu Stefan. <So eine Frechheit, ich wünsche denen, die dafür verantwortlich sind, dass sie auch eine Blasenentzündung bekommen! Ich wünsche ihnen alles Schlechte!> Mit Verachtung und voller Hass setzte sich Johanna vor den Laptop und googelte wieder die verschiedenen Tropenhölzer. Nach einigen Minuten strengte sie das Googeln furchtbar an und sie griff zum Handy. Sie rief Anna an. Diese schluchzte in den Hörer. <Colli ist vergiftet worden!> <Was?> <Ich war in der Tierarztklinik. Colli ist vergiftet worden! Sie haben ihn obduziert!> <Aber glaubst Du, dass Gustav etwas damit zu tun hat?> <Ich weiß es nicht, aber die Polizei wird eingeschaltet.> <Oh, Anna, das tut mir so leid!> sagte Johanna schockiert. Mittlerweile traute sie Gustav einfach alles zu!

91. Kapitel

Wien – Juni 2025

Am nächsten Tag ging Johanna zum Arzt und erzählte ihm von dem kalten Büro und ihren Schmerzen. Die Sprechstundenhilfe wunderte sich, dass man ihr das antat. Johanna ließ sich eine Bestätigung geben.

Den Tag darauf in der Firma sah sie die Psychologin Poller. Sie fragte sie, ob sie kurz Zeit hätte. <Ja gehen wir in diesen Raum.> sagte die Psychologin. Johanna folgte ihr in das Besprechungszimmer, das neben dem von Gustav gelegen war. Obwohl Johanna Angst hatte, dass er alles mithören konnte, sprach sie trotzdem laut. Nachdem Johanna der Psychologin alles gesagt hatte, erklärte Poller Johanna <Du solltest Dich nicht mehr beschweren. Du hast schon genügend Negativpunkte gesammelt. Und jetzt auch noch das!> Johanna schluckte. Hatte sie sich verhört? Was war denn mit der los? <Was, also das mit meiner Blasenentzündung ist eine Zumutung und dann bin immer nur ich für das Kaffeeholen verantwortlich und die anderen Kolleginnen gar nicht mehr!>

<Ja, das ist halt so. Du bist schließlich als Sekretärin eingestellt! Da gehören solche Dinge zu Deinem Aufgabenprofil. Die anderen vier sind schon so lange hier! Die müssen das nicht mehr!> sagte Poller. Johanna schluckte! So eine blöde Kuh! Was redete die da?

Sie solle sich nicht wegen des Kaffeeservierens und nun auch wegen der Temperatur beschweren, weil es sonst noch einen Negativpunkt mehr für sie geben würde! Hatte die den Verstand verloren? Sie hatte schließlich eine spezielle Ausbildung! Doch Poller sagte ihr wieder, dass sie jederzeit ersetzt werden konnte.

Johanna schluckte. Sie konnte sich nicht vorstellen, warum Poller so reagierte. Traurig und trotzig antwortete sie ihr <ich gehöre aber nicht zu den Menschen, die immer nur „Ja und Amen" sagen!> <Das muss man aber hier!>, schrie die Psychologin beinahe, <das ist ein Konzern!> Johanna kommentierte <diese Firma ist ein scheinheiliger Haufen, mehr nicht. Nach außen hui und innen pfui. Die schauen nicht auf die eigenen Leute. Die eigenen Leute bekommen zu wenig Gehalt, werden unter falschen Voraussetzungen eingestellt und schlecht behandelt!> <Ich muss jetzt gehen,> sagte Poller und ließ Johanna einfach stehen. Ich muss unbedingt mit dem Betriebsrat sprechen! In dieser Firma läuft einiges falsch! dachte Johanna traurig bei sich. Wenn sie nicht auf die Arbeit angewiesen wäre, würde sie sofort kündigen!

Johanna ging sehr traurig und deprimiert in ihr Büro zurück. Was mochte wohl dahinter stecken, dass Poller heute so seltsam war? Sie hatte das Gefühl, als wollte man sie loswerden. Poller redete, als hätte sie eine Gehirnwäsche bekommen. Die Vorgehensweise von der Psychologin war brutal und deprimierend. Noch nie war sie derart behandelt worden. Es kam ihr schon vor, wie wenn ihr die Psychologin zu den weniger Stunden vor zwei Wochen geraten hätte, damit Gustav dann einen Grund hatte, sie zu kündigen. Sie wusste nicht, wie sehr sich ihre Situation mit der ganzen

Geschichte schon verschlechtert hatte. Sie stand am Abstellgleis.

Als Psychologin und langjährige Mitarbeiterin konnte Poller durchaus Situationen und Menschen in der Firma einschätzen und sie kannte Gustav lange und gut genug, um zu wissen, dass er wenig Verständnis für Johanna haben würde! War das alles ein perfider Plan, um sie loszuwerden? Aber wieso sollte sie jemand loswerden wollen? Wegen der Entdeckung, die sie im Keller gemacht hatte? Schön langsam bekam sie einen Verfolgungswahn! Jetzt hatte man ihr zu allem Übel noch die Temperatur so heruntergekühlt, dass sie krank werden musste. Und zu allem Überfluss durfte Roman die Temperatur nicht mehr raufdrehen! Es kam ihr vor wie eine Verschwörung! Alles sehr seltsam. Aber warum das Ganze? Warum sollten sich alle so viel Mühe wegen einer Sekretärin machen? War es möglich, dass Gustav etwas ahnte?

<Wie war es heute im Büro?> fragte Stefan am Abend. Sie erzählte ihm von der Psychologin und deren seltsamen Aussagen. Als Johanna fertig war, sagte Stefan, <Mach Dir nichts draus! Du hast eine gute Ausbildung, kümmere Dich nicht um das, was die sagt! Vielleicht ist sie nur eifersüchtig, weil Du hübsch und glücklich mit mir bist. Ärgere Dich nicht, da bekommst Du sonst noch einen Herzinfarkt!> <Ja, das sagt sich so leicht, aber ich möchte gerne wissen, was mit ihr geschehen ist, dass sie so reagiert!>

Johanna machte sich immer so viele Sorgen. Ihm wäre das so egal, was die anderen Leute sagen. Er lebte ein ganz anderes Leben als die meisten Menschen. Es berührte ihn nur wenig und auch das konnte er verdrängen, dachte Stefan und schenkte sich ein Bier ein.

Nach dem Essen küsste er Johanna zärtlich. Die Leidenschaft übermannte ihn.

Er war fasziniert und gleichzeitig erregt von dieser Frau, seiner Freundin. Er liebte sie sehr. Stürmisch zog er sie auf seinen Schoß. Er drückte sie ganz eng an sich, um sie möglichst nahe zu spüren. Auch sie erwiderte seine Leidenschaft und presste ihren erhitzten Körper gegen seinen. Sie küssten sich wild und stürmisch. Der Stuhl, auf dem sie saßen, ächzte unter der Last der Liebenden. Die Minuten schienen still zu stehen. In die Stille hinein hörte man nur das Stöhnen der verschwitzten Kör-per. Dann war alles still. Lächelnd sahen sie sich an. Johanna dachte, wie schön es mit ihm doch war. Die Körper schienen wie füreinander ge-macht. Eine halbe Stunde später machte Stefan Johanna einen Heiratsantrag. Stefan kniete sich vor Johanna hin. <Liebling, willst Du mich heira-ten?> Stefan nahm Johannas Hand und steckte einen Verlobungsring an ihren Finger. Johanna rollten Tränen über die Wange.

92. Kapitel

Wien – Juni 2025

Gustav wollte Johanna so bald wie möglich sagen, dass sie gekündigt wird. Er hatte alles versucht, dass sie von selbst gehen würde. Aber sie war noch immer hier, obwohl er die Temperatur zu-rückdrehen ließ. Nichts konnte sie zum Kündigen bewegen. Er musste sie kündigen. Er musste aber erst mit dem Generaldirektor darüber sprechen. Dieser wäre sowieso damit einverstanden, weil Johanna hinter ihr Geheimnis gekommen war.

Außerdem war es im Moment eine wirtschaftlich harte Zeit. Sie mussten Leute entlassen, um am Markt wettbewerbsfähig zu bleiben und ihren Umsatz erwirtschaften zu können. Da konnten sie gleich zwei Fliegen mit einer Klappe schlagen!

Sogar sehr guten Firmen ging es zurzeit schlecht. Das wusste Gustav. Auch bei ihnen merkte man, dass die Wirtschaft schwächelte. Gustav nahm Tabletten, um dem steigenden Druck standzuhalten.

Es musste auch bei ihnen Ballast abgeworfen werden, bevor man ihn, Gustav kündigte. Die Sache mit Anna hatte er auch noch nicht in Ordnung gebracht! Er hasste sich selbst dafür. Aber er würde dies noch erledigen. Doch vorerst würde er Johanna kündigen.

Ein paar Mitarbeiterinnen hatten sie schon entlassen. Jetzt war Johanna dran.

93. Kapitel

Wien – Juni 2025

Johanna Bernhard schüttelte den Kopf. Sie konnte nicht glauben, dass dies wirklich geschehen war. Der Drehstuhl, den sie erst vor einem halben Jahr bekommen hatte, quietschte unter ihrer Last. Schwer ließ sie sich in den Stuhl sacken. Tränen schossen ihr in die Augen. Sie fühlte sich ausgelaugt. Zuerst war sie rastlos. Zerriss einige Papiere und schmiss sie in den Mülleimer, dann wischte sie über den Tisch. Innerlich aber schrie sie auf.

Sie, die sich immer um mehr Arbeit gekümmert hatte, während Gustav sich nur um sich selbst kümmerte. Sie, die spätestens um sieben Uhr dreißig in der Firma war, während die anderen erst nach acht Uhr kamen. Genau sie hatte man gekündigt. Sie hätte sowieso irgendwann selbst gekündigt, aber ab einem gewissen Alter, sie war gerade dreißig Jahre geworden, wechselte man halt nicht mehr so leicht die Firma!

Sie war plötzlich und ohne Vorwarnung gekündigt worden. Sie passe nicht zum Team, hatte ihr Gustav Donner gesagt. Aber sie bräuchte sich keine Gedanken machen. Es sei nicht ihre Schuld. <Liegt es an der Arbeit?> fragte Johanna. <Nein, es war alles in Ordnung und Du bist nicht schuld. Das Büro war weit weg von den anderen Kollegen. Glaub mir, Du kannst froh sein!> sagte er entschuldigend.

Johanna schluckte erst mal. Was hatte sie getan? Sie hatte den letzten Job gekündigt. Ihr damaliger Boss hatte ihr freiwillig um zweihundert Euro netto mehr geboten, dass sie bei ihm blieb. Doch alle hatten ihr geraten, den Job bei dem Möbelkonzern anzunehmen. Dieser Job sei sicher und sie könnte mit der U-Bahn in die Arbeit fahren. Lauter Pluspunkte, die die andere Firma nicht bieten konnte.

Sie hatte Gustav falsch eingeschätzt. Dieser Mann war wahnsinnig und hatte wenig Niveau. Sein einziges Ziel war es, seinen Job zu behalten. Er war schließlich nicht mehr der Jüngste, beziehungsunfähig, ein armer Mann für Johannas Geschmack. Und ein Mörder! Der arme Colli! Dass ein Mensch zu so etwas fähig war! Sie hoffte nur, dass Anna mittlerweile schon Schluss mit ihm gemacht hatte. Zum Glück hatte sie selbst einen Mann gefunden, der nett und anständig war! Sie liebte Stefan wirklich sehr!

94. Kapitel

Wien – Juni 2025

Nach dem Mittagessen erzählte Johanna Ilse die ganze Geschichte. <Tut mir leid für Dich, aber Du warst eh nicht glücklich! Sei froh, jetzt kannst Du Dir etwas Besseres suchen! Früher sind ein paar Kollegen des Öfteren zusammen ausgegangen. Gustav war auch dabei. Er war immer schon schwierig und anstrengend. Er ist einfach ein sehr kranker Mensch!> Johanna war überrascht und zugleich erstaunt über diese Aussage. Ilse sprach nie so von jemandem. Diese Aussage passte gar nicht zu ihr! Aber bei Gustav traf sie zu. Nur, dass er auch gefährlich war und ihrer Freundin drohte, das war ein anderes Thema. Johanna schüttelte nur den Kopf.

95. Kapitel

Wien – Juni 2025

Petra Klein und Berta Federer waren Johannas Busenfreundinnen. Sie waren im Gymnasium die besten Freunde. Petra hatte drei Kinder und war verheiratet. Sie hatten beide tolle Jobs. Johanna hatte sie beide bei einem gemeinsamen Abendessen von ihrer Kündigung unterrichtet. Berta und Petra waren schockiert. Johanna musste ihren Freundinnen alles über ihre Kündigung erzählen. Beide horchten mit einem Anflug von Mitleid und Erschütterung zu. Als Johanna ihre Erzählung beendet hatte, sprachen die Freundinnen ihr gut zu.

<Mach Dir keine Sorgen, Johanna! Das war sowieso ein Witz, dieser Job. Wirst sehen,> sagte Berta, <wenn sich eine Türe schließt, öffnet sich eine Bessere. Und wenn man weiß, was Du alles kannst, bekommst Du sicher einen tollen Job. Wirst sehen!> sagte Petra Klein und lächelte ihr mit einem Lächeln zu, wie es nur Freunde können. <Und stellt Euch vor, Anna Mikal war mit Gustav eine Zeit lang liiert. Ich hoffe, dass sie diese Beziehung schon beendet hat. Er hat ihr gedroht und schreckliche Sachen gesagt! Und wahrscheinlich hat er Colli, ihren Hund auf dem Gewissen!> <Was, das wäre ja schrecklich!> <Ja, Du sagst es.> <Wirklich!> sagte Petra, <was ist denn das nur für ein Mensch, dieser Gustav! Arme Anna!> Johanna dachte noch bei sich, dass sie Anna unbedingt anrufen musste. Am besten gleich morgen. Sie hatte ein ungutes Gefühl. Jetzt, da alles so gekommen war, wollte sie sich noch intensiver um

den Holzhandel kümmern. Es ließ ihr keine Ruhe. Sie musste Uta morgen anrufen. Anna hatte ihr ja die Nummer per SMS geschickt!

Der Abend endete mit einer herzlichen Umarmung.

Als Johanna heimkam, sah Stefan bereits fern. <Hi, Schatz, komm her, da gibt es gerade einen Bericht über die internationalen Verbrechersyndikate. Hör zu!> Johanna setzte sich zu Stefan auf die Couch. Stefan schaltete lauter.

Washington - Die USA holen zum Schlag gegen die italienische Mafia und andere internationale Verbrechersyndikate aus. US-Präsident John Mitchel unterzeichnete am Montag eine Exekutivorder, die Sanktionen unter anderem gegen die Camorra in Italien, die japanische Yakuza und die als extrem brutale Organisation Los Zetas in Mexiko verhängt.

Durch diesen Schritt werden Vermögenswerte von Mitgliedern des organisierten Verbrechens im Einflussbereich der USA eingefroren. US-Bürger dürfen mit ihnen zudem keine Geschäfte mehr machen, wie das US-Finanzministerium in Washington weiter mitteilte.

Internationale Verbrechersyndikate bedrohen nach Angaben des Weißen Hauses die Wirtschaftsinteressen der USA. Sie seien in der Lage, dem globalen Finanzsystem erheblichen Schaden zuzufügen, in dem sie Märkte unterwandern.

Schätzungen der Weltbank zufolge fließt jedes Jahr rund eine Billion Dollar an Schmiergeldern in die Taschen von Beamten. Terroristen nutzten immer stärker kriminelle Netzwerke, um sich zu finanzieren.

<Was sagst Du dazu? Endlich machen die mal was!> sagte Stefan begeistert. <Ja, super, aber solche Organisationen sind gefährlich. Der Präsident traut sich vielleicht was!> Stefan gähnte. <Gehen wir ins Bett. Es ist schon 23.00 Uhr und ich muss morgen früh raus.> <Ja, ich bin auch schon müde.> <Und wie war es mit den beiden?> <Sehr nett, ich hab mich sehr gefreut, dass ich sie endlich wiedergesehen habe. Ich hab ihnen von unserer Verlobung und von meiner Kündigung erzählt. Übrigens einen schönen Gruß soll ich Dir ausrichten!> <Danke, Schatz, und was sagen sie?> <Zur Verlobung, sie waren begeistert! Ich hab ihnen meinen Ring gezeigt. Naja, und zur Kündigung? Ich soll froh sein, weil es eh nichts Sinnvolles war. Ich soll mir nun einen tollen Job suchen.> <Die haben Recht, die beiden! Du bist viel mehr wert!> <Danke, mein Schatz!> Müde spazierten sie ins Bett.

96. Kapitel

Wien – Juni 2025

Johanna und die drei Kolleginnen gingen schnellen Schrittes den Gehweg Richtung Innenstadt entlang. <Was gibt es heute beim Caspio für ein Mittagsmenü?> fragte Johanna. <Nudelsuppe und Reisfleisch mit einem kleinen Salat!> kam die prompte Antwort von Annabella. Annabella war immer vorbereitet, egal ob es sich um Firmenangelegenheiten oder nur um das Mittagsmenü handelte. <Hört sich gut an, aber sehen wir uns trotzdem mal die Speisekarte an!> sagte Fanni. Sie hatte

ihre blonden Haare zu einem Pferdeschwanz zusammengebunden. Man sah ihr an dem sonnen-
gebräunten Gesicht an, dass sie gerne viel Zeit im
Freien verbrachte. Die Vierte im Bunde war Lola,
eine junge Mutter von Zwillingen, die am Mittwoch
immer ganztags arbeitete. Sie hatte braune Haare,
meistens einen Zopf und eine Stupsnase. Wenige
Minuten später sahen sie links an der Straße das
Restaurant Caspio. Eine Treppe führte in das Lokal, das Souterrain gelegen war. Innen war es ver-
raucht wie immer. Es war das typische Wirtshaus,
mit Holzbänken, wo wieder geraucht werden durfte. Alle drei Kolleginnen von Johanna waren starke
Raucherinnen. Die Wirtin rief ihnen aus der Küche
ein freudiges „Hallo" zu und die vier Frauen setzten sich an ihren Stammtisch.

<Was gibt es Neues von Gustav?> <Naja, er hat
mir gedroht, dass, wenn ich mich mit irgendjemandem über meine Kündigung unterhalte, es mir
schlecht gehen wird! Dafür würde er sorgen.>
<Was?> fragte Annabella entsetzt. <Also, jetzt wo
ich die ganzen Geschichten von Dir kenne ... Ich
habe den Gustav komplett falsch eingeschätzt.>
<Warum gehst Du nicht einfach in Krankenstand!>
gab Fanni zu bedenken. <Also, wenn mich jemand
so behandelt, bleibe ich nicht mehr freiwillig da und
außerdem geht es Dir gesundheitlich nicht gut!>
<Ja, Du hast Recht! Ich habe schon Herzflattern!>
sagte Johanna und ließ die Schultern hängen.

Die anderen Kolleginnen schüttelten ebenfalls den
Kopf. <Wirst sehen, Du findest auf alle Fälle etwas
Besseres!> flüsterte Annabella ihr leise zu und
zündet sich eine Zigarette an. Und Lola sagte
<das hier ist auch nicht mein Traumjob. Nur weil

ich nette Kolleginnen habe, komme ich hier klar. Aber wenn sie mich feuern, weine ich dieser Firma keine Träne nach!>

Diese Mittagessen, die Johanna mit den drei Kolleginnen einmal in der Woche genoss, taten ihr sehr gut. Johanna mochte sie alle sehr gern. Sie waren von anderen Abteilungen. Johanna erzählte ihnen alles, was Gustav zu ihr gesagt hatte und überlegte, ob sie nicht wirklich in Krankenstand gehen sollte. Andererseits würde er morgen nach New York fliegen. Dann hätte sie genug Zeit herumzuschnüffeln.

97. Kapitel

Wien – Juni 2025

Gustav betrat das Lokal vor der vereinbarten Zeit. Es dämmerte bereits. Anna war noch nicht da. Er setzte sich an den reservierten Tisch und bestellte eine Flasche Mineralwasser beim Kellner. Einige Minuten vergingen und Anna war noch immer nicht da. Gustav wunderte sich.

Er hatte sie zum Abendessen in ein nettes kleines Lokal eingeladen. Sozusagen zum Abschied vor seinem Urlaub und vor ihrer Bangkok Reise. Sie hatten sich zwei Wochen nicht gesehen. Er hatte keine Zeit mehr vor seinem Urlaub für sie. Sie ahnte etwas, das wusste er. Er wollte dem ein Ende bereiten, bevor sie noch mehr herausfand. Er wollte keine Zeugen. Auch Johanna hatte zu viel herausgefunden. Er hatte Jörg Bellman darauf angesetzt. Er war einer der IT Spezialisten. Sorgfältige

Überwachung der Mitarbeiter war seine Aufgabe. Sämtliche Daten wurden einer strengen Prüfung unterzogen. Jörg hatte ihn davon in Kenntnis gesetzt, dass Johanna Internetrecherchen über verschiedene Holzarten führte, vor allem Tropenhölzer. Jörg wusste nicht, dass für Gustav dies ein Grund war, Johanna sofort zu entlassen. Sie musste etwas im Archiv entdeckt haben. Irgendjemand hatte gepfuscht. Die Unterlagen, die Martina Berent oder einer ihrer Mitarbeiter verschlampt hatte, waren ungeheuer wichtig. Er konnte solche Fehler nicht dulden. Auch der Generaldirektor war sehr schlampig im Umgang mit den Beweismitteln. Jemand musste sich darum kümmern.

Es war ein teures Restaurant, in das er Anna heute eingeladen hatte. Dorthin gingen auch Politiker und Rechtsanwälte sehr gerne. Man sollte sie zusammen in der Öffentlichkeit sehen. Es würde ihm ein Alibi verschaffen.

Er würde morgen zu einem Bekannten nach New York fliegen und ein paar Geschäfte einfädeln. Der Freund arbeitete bei dem Geldhaus Goldstein & Kuhn in New York. Nach dem Besuch bei seinem Freund würde er nach Brasilien weiterfliegen. Dort konnte er bei einigen Brasilianern, die auch dem Orden angehörten, gratis wohnen. Aber nicht einmal sie wussten, dass er in dubiose Geschäfte wie Kinderhandel und illegalen Holzimport verwickelt und ein hohes Mitglied der Illuminati war.

98. Kapitel

Afrika – Sierra Leone – Juni 2025

Einige waren begraben, andere lagen auf der Erde. Einige LKWs standen, mit Baumstämmen beladen neben den Toten. Es roch furchtbar. Die fünf Männer konnten es trotz ihrer dichten Schutzanzüge riechen. Die Leichen sahen so schlimm verwest und verbrannt aus, dass die Männer aufpassen mussten, um sich nicht in ihre Schutzanzüge zu übergeben. <Los räumen wir auf!> sagte ihr Anführer.

99. Kapitel

Frankreich/Nantes – Juni 2025

Uta hatte plötzlich extreme Kopfschmerzen. Sie schwenkte ihren Kopf hin und her. Der Nacken tat ihr auch weh. Wahrscheinlich der Wind vom Autofahren! <So, ich würde sagen, wir sehen uns zuerst den Hafen an. Ich habe hier auf der Karte den Platz eingezeichnet, wo große Containerschiffe landen könnten. Wir nehmen uns gleich mal den Hafen vor.> <Gut, wie Du meinst! Ich kenne mich hier zu wenig aus, ich verlasse mich also ganz auf Dich!> grinste Uta und zwinkerte Philippe zu.> <Das wird Dir sicher schwerfallen, da Du sonst immer alle Fäden in der Hand hältst, oder?> grinste Philippe und sein sonnengebräuntes Gesicht zeigte in diesem Augenblick den charismatischen, ausgelassenen und jederzeit zum Flirten bereiten Franzosen in seiner vollen Pracht.

100. Kapitel

Frankreich/Nantes – Juni 2025

Philippe Moreau blickte Uta ernst an. Die CMA CSG war noch zehn Meter vom Hafen entfernt. Das riesige Schiff war bis an den Rand mit Containern aller Art gefüllt. Die bunten Container schienen wie riesige Legosteine übereinandergestapelt zu sein. Das Frachtschiff wirkte riesig. Die vom Rost zerfressene Fassade leuchtete trotz der vielen Witterungsspuren hell in der Abendsonne. Es war ein gigantischer Anblick, den das Schiff bot. Wie ein mehrstöckiges Hochhaus wurde es ganz langsam mit Schleppkähnen in Position gebracht und in den Hafen eingewiesen. Viele Hafenarbeiter waren herangelaufen, um zu helfen. Das gewaltige Schiff kam näher und näher, bis es schließlich seitlich an der Reling andockte.

Uta hielt den Atem an. Sie konnte ihre innere Anspannung nicht verbergen. <Warum siehst Du mich so an?> fragte Uta. <Meine Liebe, ich kenne keine Agentin, die so cool und beherrscht ist wie Du!> <Oh, danke, aber innerlich bin ich nicht so beherrscht. Mein Magen rebelliert gerade und mein Herz rast. Da sieh mal!> Plötzlich fuhr ein schwarzer Audi an ihnen vorbei Richtung Containerschiff. Niemand stieg aus. Uta konnte aufgrund der abgedunkelten Scheiben nichts erkennen. Wer mochte das wohl sein? Uta war richtig übel. Um sich etwas abzulenken, erzählte sie Philippe alles, was sie über Containerschiffe wusste.

<Das Schiff hat eine sehr hohe Frachtkapazität. Darum benötigt es spezielle Containerterminals, die mit speziellen Containerbrücken ausgestattet sind. Deshalb der Hafen von Nantes, er hatte so ein Containerterminal, das am Hafen zur Verfügung stand. Bis zu einer Ladungskapazität von 3400 TEU besitzen Containerschiffe teilweise eigenes Ladegeschirr.> berichtete Uta weiter.

<Für größere Containerschiffe gab es wenige Anlaufpunkte. Oft werden auch sogenannte Hubs, kleinere Häfen verwendet, von und nach dort kleinere Containerschiffe fahren, sogenannte Feederschiffe.> <Bin beeindruckt!> sagte Philippe. <Du weißt eine Menge über Containerschiffe!> <Ich hab mich schlaugemacht!> gab Uta zu und grinste. <Dann erklär mir doch auch noch, was TEU bedeutet!> schmunzelte Philippe. <O.k., Du willst es also wissen. Na gut, die Ladungskapazität von Containerschiffen wird in TEU, Twenty-foot Equivalent Units, angegeben und entspricht der Anzahl von 20-Fuß-Containern, die geladen werden können.> <O.k., ich gebe mich geschlagen, Du bist einfach zu gut informiert!> <Hm, > grinste Uta. <Oh, sieh mal, da steigt jemand aus dem Audi aus!>

101. Kapitel

Wien – Juni 2025

Anna wusste, dass Gustav sie bereits in dem Restaurant erwartete und sie rechnete mit seinem Anruf. Er würde sich furchtbar aufregen, dass sie ihn versetzte. Aber ihm einfach so abzusagen, konnte sie nicht wagen. Wenn er ausflippte, konnte er gefährlich werden und dieser Situation wollte sie aus dem Weg gehen. Es gab so viele Situationen, in denen sie ihn aggressiv erlebte und das mit Colli war das Grausamste. Für sie bestand kein Zweifel, dass Gustav an seiner Vergiftung Schuld war. Immerhin hatte er einen Schlüssel zu ihrer Wohnung. Er hatte Colli ermorden lassen! Anna schüttelte sich bei dem Gedanken und Tränen schossen ihr ins Gesicht.

Es wäre ein Abschiedsessen gewesen, denn morgen würde er zu seinem Freund nach New York fliegen und sie nach Bangkok. Und dann hätte sie für mehrere Wochen Ruhe und vielleicht würde er sie im Urlaub vergessen und sich mit den Brasilianerinnen vergnügen. Das hoffte sie. So konnte sie sich leicht aus der Affäre ziehen. Und wenn er immer noch seltsam wäre, wäre sie schon längst in Bangkok bei ihrer Organisation den „Engeln" und den Kindern. Sie musste nur diese Nacht sehr ruhig sein, falls er zu ihrem Haus käme. Sie durfte kein Licht machen, nicht ans Telefon gehen und auf keinen Fall irgendein Geräusch von sich geben. Also saß sie mucksmäuschenstill im Dunkeln am Küchentisch und lauschte.

102. Kapitel

Frankreich/Nantes – Juni 2025

<Sieh mal, ein alter Mann in einem seidenen blauen Anzug ist ausgestiegen!> Der Chauffeur, der ihm die Türe aufhielt, kam Philippe auch bekannt vor. Uta hielt den Atem an. Sie kniff die Augen zusammen, um besser sehen zu können. <Er geht geradewegs auf das Schiff zu. Das ist doch Ulmhoff, der Großindustrielle! Jetzt steigt er die Treppen hinauf. Seltsam! Der verhält sich nicht gerade unauffällig!> echauffierte sich Philippe. Dann nahm er seinen Feldstecher zur Hand. Den muss ich mir mal genauer ansehen, sagte er zu sich. Uta hatte ebenfalls ihr Fernglas aus ihrer Tasche ausgepackt und spähte zu dem seltsamen Fremden. Wer konnte das sein? Er sah wirklich aus wie Max Ulmhoff. Sie kannte ihn nur von den Fotos aus dem Internet. Aber die Ähnlichkeit war vorhanden. Was machte der denn hier?, wunderte sich Uta. Und der Chauffeur, das war doch … Uta rutschte auf ihrem Sitz unruhig hin und her. Das war jemand, den sie kannte. Oh, mein Gott! Das gibt's doch nicht! Uta stieß einen Pfiff durch ihre Zahnlücke aus.

103. Kapitel

Wien – Juni 2025

Gustav überlegte, warum er so viel Pech mit Frauen hatte. Zuerst Johanna im Büro und nun seine Freundin Anna. Was glaubten die Frauen eigentlich. Er war so nett zu ihnen und alle entpuppten sich als Alptraum. Diese dumme Emanzipation. Alle Weiber wollten auf einmal Chefin spielen und das war ja wohl eine Männerdomäne. Was für eine Frechheit. Die spielten sich alle auf. Die sollten eigentlich nur Kaffee kochen und zu Hause sollten sie, genauso wie in der Firma, den Mund halten, nicht nachspionieren, sondern den Mann bedienen und befriedigen! Irgendetwas war aus dem Ruder geraten. Seine Welt war nicht mehr dieselbe, zog er doch vorher immer Frauen an, die Ja und Amen sagten, musste er sich jetzt mit lauter anstrengenden Emanzen abgeben. Die Frauen, die käuflich waren, waren einmalig. Sie taten das, wofür sie bezahlt wurden und stellten keine Fragen. Er konnte sich ihnen nackt zeigen, ohne dass sie ein Wort über seine Wunden verloren. Wenn er ehrlich war, hasste er Frauen. Nach der Trennung von seiner Ex, oder besser gesagt, nachdem er sie ermordet hatte, hatte er genug von ihnen. Skorpion Frauen hasste er am meisten. Die waren immer aufmüpfig.

Als er Johanna einstellte, dachte er, dass sie leicht zu handhaben sei. Doch er hatte sich getäuscht. Sie konnte sich zur Wehr setzen. Etwas, das sie in dieser Firma nicht wollten. Den Ball immer schön flach halten, das war sein und das Motto von Feldbach und natürlich von Ulmhoff. Mitarbeiter, die andere aufhussten und Ärger in die Abteilungen brachten, konnten sie nicht brauchen. Noch dazu hatte sie etwas entdeckt und surfte ständig im Internet.

Es hatte schon Probleme mit dem ersten Gehalt gegeben. Johanna beschwerte sich darüber, dass sie nicht das bekam, was sie netto ausgemacht hatten.

Da hatte sie sich das erste Mal zur Wehr gesetzt. Er wollte ihr erklären, dass die Bruttoabzüge gestiegen wären und dass deshalb netto weniger rausgekommen war. Doch sie ließ nicht locker. Sie sagte ihm, was er zum Generaldirektor sagen sollte.

Nach dem Gespräch mit dem Generaldirektor sagte er ihr das, was der Chef zu ihm gesagt hatte, nämlich, dass die anderen auch nicht mehr verdienen und er könne das ihnen gegenüber nicht verantworten, wenn Johanna mehr bekommen würde.

Aber Johanna ließ nicht locker und sagte ihm, dass die anderen ihr Gehalt erstens gar nichts anginge, zweitens hätten Gustav und der Generaldirektor das Gehalt mit ihr besprochen und zugesagt und drittens ist das Nettogehalt ausschlaggebend, denn sie hatten nie über ein Bruttogehalt diskutiert. Johanna bestand darauf, weil sie eine mündliche Vereinbarung getroffen hatten und diese musste eingehalten werden. Sie war ein anständiger Mensch und wollte auch von der Firma anständig behandelt werden. Sie sagte ihm, Gustav, was er zu sagen hätte! Er war schließlich der Chef! Irgendwie wirkte das in diesem Augenblick jedoch anders!

Was glaubte die eigentlich? Eigentlich müsste er sie für ihre Courage bewundern, andererseits passte es ihm nicht, dass ihm eine Frau, noch dazu eine, die sie nur als Sekretärin angestellt hatten, sagte, was er dem Generaldirektor zu sagen hatte! Was für eine Frechheit! Es half nicht, er hatte unter Beisein des Generaldirektors eine mündliche Vereinbarung mit ihr getroffen, und diese musste eingehalten werden. Sie hatte die besseren Argumente als der Generaldirektor. Also versuchte er Feldbach alles so zu erklären, wie Johanna es ihm gesagt hatte, nur mit seinen eigenen Worten. Er war immer stolz auf sein Verhandlungsgeschick. Doch meistens verhandelte er mit Mitarbeitern, denen er Weisungen vom Generaldirektor zukommen ließ. Ab und an bediente er sich der Worte des Generaldirektors, denn dieser wusste, wie man Mitarbeiter fügig machte. Man ließ sie trotz guter Ausbildung niedrige Tätigkeiten verrichten, gab ihnen weniger Geld, als vereinbart und sah zu, ob sie aufmüpfig wurden bzw. wie lange sie sich das gefallen ließen.

Man musste die Angestellten disziplinieren und zurechtbiegen! So zeigte man ihnen von Anfang an, wer der Herr ist und dass sie nichts zu sagen hätten. Das hatte bei Johanna nicht funktioniert.

Gustav warf einen zehn Euroschein auf den Tisch und verließ das Lokal, nachdem er eine halbe Stunde auf Anna umsonst gewartet hatte. Er war stinksauer. So eine bodenlose Frechheit. Man ließ einen Gustav Donner nicht so einfach sitzen! Das würde sie büßen, dieses Miststück! Was glaubte die eigentlich. Sie war schon die ganze Zeit so seltsam gewesen! Sie wusste etwas! Das spürte er. Er musste sie vernichten!

Vor dem Lokal war es wie ausgestorben. Kein Mensch auf der Straße, dachte Gustav. Es war neblig und kalt. Viel zu kalt für diese Jahreszeit, blöde Umwelt. Man konnte sich nicht einmal mehr auf das Wetter verlassen! Gustav zog seinen Mantel enger und schüttelte die Kälte ab. Gestern hatte es noch zwei Grad und heute schon wieder nur mehr minus drei Grad. Diese blöde Eiszeit!

Er überlegte nicht lange. Er begann zu gehen, erst langsam, dann immer schneller. Er hatte ein Ziel. Es war ein bestimmtes Ziel. Zeit, den Frauen zu zeigen, wer der Herr ist!

Er musste zwar quer durch die Stadt, aber er nahm die U-Bahn und war so in kurzer Zeit im dreizehnten Bezirk, wo Anna wohnte. Er blickte zu ihren Fenstern, doch Anna hatte schon überall die Rollos heruntergelassen. Kein Licht. Möglicherweise war im Schlafzimmer, das zum Garten hinaus gelegen war, noch Licht. Er schlich leise in den Hinterhof. Von hier aus konnte er durch Annas Zaun in ihren Garten blicken. Nein, alles dunkel. Es wäre kein Leichtes bei ihr einzusteigen! Die Rollos waren einbruchsicher. Sollte er läuten? Sie hatte Glück, heute war er nicht mehr dazu aufgelegt, obwohl es ihn sehr reizen würde. Er musste sie aus dem Weg räumen, aber nicht heute. Dann ging er zur nächsten U-Bahn-Station. Sein Handy klingelte. Langsam holte er sein Handy aus der Tasche seiner Jacke. <Hallo? Ja, ja gut, mache ich!> sagte Gustav und legte auf. Dann wählte er die Nummer des Flughafens. <Hallo, mein Name

ist Gustav Donner. Ich möchte meinen Flug umbuchen ...>.

104. Kapitel

Frankreich/Nantes – Juni 2025

Max Ulmhoff stieg die verrosteten Eisentreppen des Containerschiffes hinauf. Er nahm die salzige Meeresbrise genauso wahr wie die beiden Agenten, die in dem dunklen BMW saßen, an dem er vorbeigefahren war. Doch er scherte sich nicht darum. Er hatte gute Anwälte, mehrere Regierungsmitglieder sämtlicher Staaten waren seine Verbündeten. Er hatte nichts zu befürchten. Niemand konnte ihm etwas beweisen oder ihn in Verbindung zu dem illegalen Holzhandel und den Palmölplantagen bringen. Was ihm mehr Sorgen bereitete, war, dass nur ein Teil der Fracht aus Sierra Leone eingetroffen war. Nngo hatte seinen Mittelsmännern am Telefon gesagt, dass er nur drei von zwölf LKWs nach Frankreich schaffen könnte. Es hätte Probleme mit den Männern gegeben. Deshalb war er nun hier. Er wollte sich ein Bild davon machen, was mit der restlichen Lieferung war. Er hatte sich bis jetzt auf Nngo verlassen können. Dieser hatte ihm genau die Anzahl an Elfenbeinstoßzähnen geliefert, die vereinbart war. Aus diesem Grund hatte er ihn gewählt. Weil er seinen Auftrag perfekt ausführte, ohne Rücksicht auf Verluste. Max Ulmhoff war jetzt an Deck des Containerschiffes.

105. Kapitel

Frankreich/Nantes – Juni 2025

Uta traute ihren Augen nicht. Das war doch Swen. Swen Mikal, der Bruder von Anna. Meine Güte, was machte der hier mit Max Ulmhoff? In der Zwischenzeit war es schon ziemlich dunkel geworden. Ulmhoff war wieder vom Schiff heruntergestiegen und setzte sich wieder in den Audi. Hoffentlich hatte Swen sie nicht gesehen. Arme Anna. Ihre Familie war tiefer in den Fall verwickelt als gedacht. Sie hatte Swen immer gemocht. Als Kinder hatten sie ihn beobachtet, wenn er mit seinen älteren Freunden Fußball spielte. Swen hatte immer ältere Freunde, obwohl er jünger war als Uta und Anna. Er war immer höflich zu ihnen und sehr introvertiert. Doch bei Uta fiel es ihm leicht, aus sich herauszugehen. Es tat Uta innerlich weh, ihn hier mit diesem Max Ulmhoff zu sehen. Swen war immer so etwas wie ihr eigener Bruder und jetzt? Swen ein Verbrecher?

106. Kapitel

Frankreich/Nantes – Juni 2025

Mittlerweile war es stockdunkel. Alle Container waren mittels Kränen vom Containerschiff gehoben worden.

Max Ulmhoff war zu einem riesigen Container gegangen, der in einiger Entfernung abgestellt worden war. Dieser war mit einem speziellen Logo gekennzeichnet. Orbi stand in Druckbuchstaben darauf.

<Die haben alles gut eingefädelt.> sagte Uta. <Früher konnten Holztransporte auf normalem Weg transportiert werden. Doch nun, da es nur mehr sehr wenig Urwald gibt, haben sich die Kontrollen verschärft.>

<Oui, Du hast Recht. Und deshalb haben sie einen Container gemietet und diesen mit den LKWs beladen.> folgerte Philippe. Max Ulmhoff stand neben dem Container, aus dem die LKWs gerade herausfuhren und wartete.

Nngo startete den LKW, als die Ladeluke aufging. Alles war gut eingefädelt worden. In einem großen Container fanden alle drei LKWs Platz. Keiner vermutete, dass LKWs auf diese Weise transportiert wurden. Es war ein perfekter Plan, das musste er seinen Auftraggebern lassen, dachte Nngo.

Als Nngo seinen LKW startete und aus dem Container fahren wollte, sah er plötzlich einen großen blonden Mann im Dunkeln vor dem Container stehen, der die Hand hob. Nngo bremste. <Sind Sie Nngo?> fragte der Mann mit hochdeutschem Akzent.

107. Kapitel

Frankreich/Nantes – Juni 2025

Swen saß im Audi und beobachtete die Szene. Max Ulmhoff stand neben dem Container. Er wartete, dass die LKWs herausfuhren. Swen hatte die Scheinwerfer auf den Container gerichtet, da es schon ziemlich dunkel war. Der Großmeister hielt die Hand hoch, sodass der LKW-Fahrer bremsen musste. Swen sah, wie Ulmhoff mit einem Schwarzen in der Fahrerkabine des LKWs sprach. Dann fuhr der Laster an ihm vorbei. Die zwei anderen LKWs folgten. Ein paar Meter weiter hielten sie an und er sah, wie der Afrikaner auf Ulmhoff zuging. Nun standen sie wieder im Licht der Scheinwerfer, sodass er sie besser beobachten konnte. Zuerst unterhielten sich die beiden Männer ruhig. Der Afrikaner wirkte irgendwie krank. Das konnte er im Licht der Scheinwerfer erkennen. Hoffentlich war es nichts Ansteckendes! Diese Afrikaner! Er mochte sie nicht sonderlich. Angewidert sah er weiter zu. Dann wurde der Afrikaner plötzlich handgreiflich. Er fing an, auf Ulmhoff einzuschlagen! Swen hüpfte aus dem Audi und rannte auf Ulmhoff zu. Als er zu ihnen kam, lag der Afrikaner bereits auf der Erde. Die zwei anderen schwarzen Fahrer waren ebenfalls aus den LKWs gehüpft und waren zu ihnen gerannt. Sie blickten zuerst zu Ulmhoff und Swen und dann auf den am Boden liegenden Schwarzen. <Was ist mit ihm?> fragte Swen. Ulmhoff hob die Schultern. <Wir haben uns unterhalten und plötzlich streckte er die Arme aus und ist auf mich gefallen. War er am Schiff schon krank?> fragte Ulmhoff die beiden Schwarzen angewidert. <Andre sah zu Nngo, der dieselben Anzeichen aufwies wie Lima, Juma und die anderen. <Ja, er hatte hohes Fieber und ...> Ulmhoff sah auf den Mann am Boden. Dann riss er seine Augen weit auf. <Seht, da rinnt Blut aus seiner Nase und den Ohren und seine Haare! Die haben sich auf einmal weiß verfärbt!> rief er entsetzt und wich einige Schritte zurück.

108. Kapitel

Frankreich/Nantes – Juni 2025

Ulmhoff wich angewidert zurück. Auch Swen blickte angeekelt auf den Mann, der am Boden lag. Andre hüpfte ebenfalls zur Seite. Dann fiel auch er auf den Boden. Blut rann aus seinen Tränensäcken und aus seinen Ohren. Im Licht der Scheinwerfer erschien die Situation noch gespenstischer als bei Tageslicht. In kürzester Zeit loderten die Haare im Scheinwerferlicht. Die gekräuselten Haare der beiden Afrikaner waren schlohweiß! <Was zur Hölle...!> flüsterte Ulmhoff. <Nichts wie weg!> schrie der Großmeister zu Swen. Swen lief zum Audi und ließ den Autopiloten an. Ulmhoff schwang sich in den PKW und der Audi fuhr in die Dunkelheit. Uta und Philippe konnten nur noch die Rücklichter sehen. <Was war das denn?> rief Philippe erstaunt. Er hatte alles mit seinem Feldstecher beobachtet. Uta hatte ebenfalls Fotos mit ihrer Spiegelreflexkamera geschossen. Die beiden Männer, die am Boden lagen, schienen tot zu sein. <Lass uns fahren. Wir haben die Fotos. Schnell Philippe!> rief Uta mit Entsetzen in den Augen. <Was ist los? Weißt Du etwas über diese Toten? Uta, sag etwas!> Uta wirkte wie erstarrt. Das musste dieser Virus sein! Wie schrecklich! Nun hatte das Virus Frankreich erreicht! Die Epidemie konnte nun nicht mehr gestoppt werden. <Ich muss jemanden anrufen.> schrie Uta entsetzt. <Uta, Du machst mir Angst!> sagte Philippe entsetzt.

109. Kapitel

Wien – Juni 2025

Anna hatte schon am Vortag eingecheckt, um so schnell wie möglich abfliegen zu können, damit sie nicht mehr mit Gustav sprechen musste. Ein Taxi hatte sie zum Flughafen gebracht. Gustav war in der Nacht vor ihrem Haus auf und ab gegangen. Sie hatte seine Schritte am Gang vor ihrer Wohnung gehört. Dann rief er sie am Handy an und sagte auf die Mailbox, dass sich ein Gustav Donner so etwas nicht gefallen ließe und dass dies noch Konsequenzen haben würde. Anna hatte solche Angst. Uta war leider nicht mehr hier, um ihr zu helfen. Sie vermisste sie sehr.

Doch heute flog er nach New York und sie nach Bangkok und sie würde alles vergessen und neu starten. Doch Beziehungen, die man nicht richtig beendete, waren nicht abgeschlossen, das wusste sie.

Anna war vor einem halben Jahr schon in Bangkok, aber nur auf Urlaub. Sie kannte Bangkok schon und wusste, für sie war Bangkok die schönste Stadt, die sie je gesehen hatte.

Die Menschen waren arm, aber glücklich. Das Land war ein Paradies. Es wuchs einfach alles auf den Bäumen. Mangos, Avocados, Bananen, Jack Fruits und vieles mehr. Die Früchte schmeckten um vieles besser als in Europa. Es gab keinen Vergleich zu dem Obst, das nach Europa exportiert wurde.

Die Menschen waren liebenswürdig, freundlich, stressfrei und einfach nur glücklich.

Dennoch konnte sich in Europa keiner vorstellen, dass der Sextourismus immer noch im Vormarsch war und deshalb wollte sie den Kindern, die keine Eltern mehr hatten, helfen, damit sie nicht auf der Straße und bei Kinderhändlern landen würden.

Die Menschen hier waren zwar arm, aber sie hatten viel Sonnenlicht, während die Menschen in Europa die meiste Zeit des Jahres in geschlossenen Räumen mit künstlichem Licht und Heizung vor einem Computer verbrachten. Die meisten von ihnen trugen Brillen. Ihre Augen waren so schlecht, dass viele ihre Augen lasern lassen mussten. Gesundheitliche Probleme am Arbeitsplatz ließen die Menschen oft sehr krank werden. Burn-out, früher Tod oder die Folgen von chronischen Krankheiten waren das Ergebnis.

Viele Menschen lebten in der Zukunft. Sie machten Pläne für die Pension, die sie oft gar nicht erlebten.

Der kleine Flughafen war mit Menschen gefüllt. Alle wollten in ein warmes Land verreisen. Früher war Österreich zu dieser Jahreszeit warm, aber nun mit der Kleinen Eiszeit, flogen die Menschen sogar im Sommer in warme Länder. Die generelle Kälte machte ein Leben in Europa sehr beschwerlich.

Der Schalter, an dem Anna eincheckte, war mit Blumen geschmückt. Anna war nervös. Sie blickte immer wieder zum Eingang des Flughafens. Sie hoffte, dass sie abreisen konnte, ohne dass Gustav noch auftauchen würde.

110. Kapitel

Frankreich/Nantes – Juni 2025

Uta bekam Kopfschmerzen. <Hast Du vielleicht eine Tablette gegen Kopfschmerzen?> fragte sie Philippe. <Ja, klar, geht's Dir nicht gut?> Philippe sah Uta besorgt an. <Ich weiß nicht, mein Nacken ist so verspannt und der Kopf tut weh, ich kann gar nicht mehr richtig geradeaus sehen. Alles ist verschwommen!> Sie waren nun schon eine Stunde unterwegs. Uta hatte vom Auto aus mit ihrem Handy eine E-Mail versandt, in der sie dem Präsidenten über das Virus informierte. Die Mail würde natürlich nicht direkt zum Präsidenten geschickt, sondern von seiner Nachrichtenagentur überprüft und auf ihre Richtigkeit kontrolliert werden.

Uta krümmte sich vor Schmerzen. Ihr Magen tat ihr weh, sie atmete schwer. Und sie fühlte sich innerlich so heiß, als würde sie verbrennen. Philippe holte sein Handy hervor und rief den Notarzt. <Uta, es wird gleich jemand kommen! Uta, sag mir, was los ist! Was hatte dieser Schwarze? Weißt Du etwas darüber? Bitte, Uta!> Philippe sah Uta entsetzt an.

Nach wenigen Minuten ertönte ein Blaulicht und der Notarzt hielt neben ihnen. Philippe beschrieb den Rettungsleuten Utas Symptome. Daraufhin hievten sie Uta auf eine Trage und schoben sie in den Rettungswagen. Philippe drückte den Knopf seines Autoschlüssels und stieg hinten im Rettungsfahrzeug ein. Er setzte sich neben Uta und hielt ihre Hand. Man hatte Uta ein Beatmungsgerät angelegt und fühlte ihren Puls. <43 Grad Fieber!>, sagte der Notarzt zu Philippe. Er rief dem Fahrer zu, dass er schneller fahren solle. Ein paar Minuten später erreichten sie das Krankenhaus. Uta wurde auf der Trage ins Innere des Krankenhauses gefahren. <Sind Sie ein Verwandter?> fragte die Dame bei der Aufnahme. <Nein, ich bin ein äh…. Freund.> sagte Philippe. <Gut, wir benötigen alle Informationen über Frau Fedderson. War sie in letzter Zeit im Ausland? Wie lange war sie mit Ihnen zusammen? Welche Symptome zeigte sie und so weiter.> <Gut, ich stehe Ihnen zur Verfügung.> Während Philippe der Dame bei der Aufnahme alles sagte, was er wusste, wurde Uta in die Notaufnahme gefahren. Der Krankenhausgeruch stieg Philippe in die Nase. Überall sah er grüne Kittel und weiße Mäntel. Sterile Räume und Neonlicht. Alle schienen es sehr eilig zu haben. Er mochte die Krankenhausatmosphäre nicht. Er musste so schnell wie möglich hier raus. Aber er wollte noch abwarten, wie es Uta ging und wann er sie abholen konnte. Er hoffte, dass es nichts

Schlimmes war und dass es nichts mit diesem Schwarzen zu tun hatte. Also setzte er sich langsam auf einen Stuhl im Wartezimmer. Mehrere Personen warteten hier mit ihm. Sie blickten ihn an, als könnten sie sein Leiden erraten. Gerade jetzt sollten sie den Audi mit Ulmhoff verfolgen, dachte Philippe verärgert. Sie waren dem Syndikat so nahe!

111. Kapitel

Wien – Juni 2025

Endlich war er weg, abgeflogen nach New York. Sein Büro wirkte leer. Nun hätte sie die Gelegenheit, ein bisschen herumzuschnüffeln. Die Gelegenheit wäre ganz bald am Morgen oder spät am Abend gut. Dann lieber am Morgen, denn Johanna wollte die Alarmanlage nicht alleine bedienen.

Eine Woche vor der Abreise erzählte Gustav Johanna noch, dass er jetzt eine Freundin hatte. Ein junges Ding. So in Deinem Alter. <Oh, danke, ich bin zwar nicht mehr die Jüngste, aber …!> <Also, gegen mich bist Du jung.>

<Und fährt sie nicht mit nach New York und Brasilien?> fragte Johanna und hoffte, dass Anna endlich mit ihm Schluss machen würde. <Nein, ich reise alleine. Sie fliegt zu den „Engeln" nach Bangkok.> <Zu wem?> fragte Johanna verwirrt. <Die Engel sind eine Organisation, die sich um Straßenkinder kümmert.> Hm, das hatte ihr Anna gar nicht erzählt. Sie musste ihr unbedingt ein E-Mail

schreiben! Oder über Skype telefonieren. Seltsam, dass sie nichts gesagt hat!

<Wirklich, das finde ich toll!> sagte Johanna bewundernswert.

<Sie hat Psychologie studiert. Die ist sehr selbstständig. Darum mache ich alleine Urlaub.> sagte Gustav in seinem eigenen Dialekt. Johanna entgegnete <na, man kann ja trotzdem gemeinsam auf Urlaub fliegen, ob man jetzt selbstständig ist oder nicht.> Gustav schwieg. Er lebte in seiner eigenen Traumwelt und bekam das meiste, über das sie sprachen, gar nicht mehr mit! Wahrscheinlich war er schon in New York gedanklich, dachte Johanna.

112. Kapitel

Wien – Juni 2025

Gustav gab dem Taxifahrer zwanzig Euro. Sein Gepäck bestand aus einer Reisetasche mit Rädern, wie man sie oft in Afrika benutzte. Großes Gepäck passte nicht in die kleinen Propellermaschinen. Er hatte sich so eine Tasche gekauft, als er wegen des illegalen Holzschlags nach Sumbawa musste. Außerdem wollte er nur übers Wochenende bleiben. Nachdem er alles erledigt hatte, würde er zurück nach Hause fliegen, seinen Koffer nehmen und zu seinem Freund nach New York jetten.

Beim Einchecken blickte er sich um. Es waren sehr viele Menschen unterwegs. Der Flughafen war immer ein Ort des Geschehens. Angefangen von der Übertragung von Krankheiten, Viren, Bakterien und sämtlichem Getier, das unabsichtlich mittransportiert wurde.

Gustav war das egal. Sein einziger Gedanke galt Bangkok und dann Anna. Niemand widersetzte sich einem Gustav Donner. Niemand! Weder Martina Berent, die zu viel von dem Konzern wusste und plötzlich auspacken wollte, noch die Putzfrau von Feldbach. Dieser musste er Einhalt gebieten, weil sie alle Unterlagen, die Feldbach willkürlich auf seinem Schreibtisch zu Hause liegen gelassen hatte, sorgfältig gelesen hatte, obwohl ihr Feldbach dies streng untersagt hatte. Zum Glück war Gustav in Feldbachs Haus eingebrochen und hatte die Putzfrau beobachtet. Und nun Anna. In Bangkok würde sich die Spur zu ihm verlieren, da war er sich sicher. Es würde kein Risiko geben. Niemand würde auf ihn kommen. Er hatte alles gut eingefädelt. Nach diesem Deal blieb noch Johanna, die ihnen auch auf die Spur gekommen war.

113. Kapitel

Frankreich/Nantes – Juni 2025

Uta ließ ihren Tränen freien Lauf. Sie wurde auf alle erdenklichen Arten untersucht. Erst wurde Blut abgenommen, dann Fieber gemessen. Die Testergebnisse würde sie erst morgen, spätestens übermorgen erfahren. Firungo! Sie konnte niemandem sagen, dass sie dieses Virus hatte. Sie konnte es selbst kaum glauben. Wie war das möglich? War der Peilsender womöglich irgendwie mit dem Virus in Verbindung gekommen? Trever hätte nie zugelassen, dass sie sich ansteckte. Wie also konnte das möglich sein? Man hatte sie zur Vorsicht in die Quarantänestation gesteckt, weil sie noch vor kurzem in Brasilien und anderen Orten war. Zum Glück dachte Uta. Sie musste einfach abwarten.

Die Stunden waren die schlimmsten ihres Lebens. Sie fieberte unruhig auf das Testergebnis hin. Hoffentlich hatte sich Philippe nicht angesteckt! Sie musste ihm zumindest Bescheid sagen! Uta wollte gerade aus dem Bett steigen, da kam eine Krankenschwester in voller Montur in das Zimmer. Mundschutz, Ganzkörperkittel, Handschuhe und Plastik über ihren Pantoffeln. Zum Fürchten dachte Uta. Uta ging an der Schwester vorbei und wollte gerade den Türgriff herunterdrücken, da sprang die Schwester auf Uta zu und hielt sie fest. <Halt! Sie dürfen das Zimmer nicht verlassen!> schrie die Schwester hysterisch. Sie zerrte Uta wieder ins Bett zurück.

Uta war so schwach und ihr Kopf tat so weh, dass sie es sich gefallen ließ. Die Schwester hatte ja Recht. Sie durfte nicht aus dem Zimmer. Schließlich würde sie andere Menschen anstecken. Die Quarantäne war schließlich eine sehr aufwendige, aber auch sehr wirksame seuchenhygienische Maßnahme, die insbesondere bei hochansteckenden Krankheiten mit hoher Sterblichkeit angewendet werden musste. Daran hatte sie gar nicht gedacht. Aber diese Kopfschmerzen ließen keinen klaren Gedanken zu. Uta lag im Bett und Tränen kullerten über ihre Wangen. Plötzlich musste sie

so bitterlich weinen, dass die Schwester sie liebevoll am Kopf streichelte und beruhigend auf sie
einredete. <Das wird schon wieder!> sagte sie
sanft. Dann richtete sie das Abendessen für Uta.
Als die Schwester gegangen war, kämpfte Uta mit
dem Essen. Sie hatte das Gefühl, dass sie keinen
Bissen hinunterbrachte. Ihr war so schlecht. Sie
löffelte ein wenig von der Kartoffelsuppe. Die Suppe würde ihr sehr schmecken, wenn ihr nicht so
übel wäre, dachte Uta traurig.

114. Kapitel

Frankreich/Nantes – Juni 2025

Ulmhoff wies Swen an, so schnell wie möglich
nach Paris zu fahren. Swen stellte dazu den Bordcomputer auf Paris ein. Mit hundertsiebzig Sachen
rasten sie die Autobahn entlang Richtung Paris.
Ulmhoff holte sein Handy aus der Tasche. <Ja, ich
bin's! Mach die Quarantänestation frei. Ich glaube,
wir haben uns mit einem sehr gefährlichen Virus
angesteckt. Ja, bereite alles vor. Wir sind in zwei
Stunden bei Dir!> Ulmhoff beendete das Telefonat.
Er war sonst sehr gelassen und kühl. Nichts und
niemand konnten den mächtigsten Mann der Welt
aus der Fassung bringen. Er hatte zu viel gesehen,
zu viel erlebt. Hatte gemordet und morden lassen.
Er machte die neuen Illuminaten zu seinen Marionetten, indem er sie während der Rituale im Tempel peinigte und quälte. Sie taten alles, was er
wollte.

Die Mitglieder, nur die einflussreichsten Bankiers, und Wirtschaftsfamilien wie eben Ulmhoff selbst, sowie eine Elite von den mächtigsten Politikern und Wissenschaftlern, aber auch Medien-Mogule und die jüdische Hochfinanz hatten Teil an diesen Ritualen. Es waren immer zwanzig Personen, die mit Teufelsmasken und Pferdeschweif im Kreis tanzten und dem Neuling mit dem Teufelsschwanz ins Gesicht schlugen. Dann krakeelten sie sexistische und obszöne Sprüche, während sie den Neophyten in eine Wanne mit Matsch steckten. Dem jungen Mann oder der jungen Frau wurde dann, sobald er oder sie wieder aufgetaucht war, ein Messer an die Kehle gedrückt. So fest, dass die jungen Leute immer vor Schreck schrien. Dazu sangen die Mitglieder des Ordens das Deutschlandlied untermalt mit einem englischen Text. Totenschädel und Menschenknochen von früheren Ritualen wurden herumhantiert. Schlammverkrustet mussten die Neulinge sich nackt vor die Mitglieder in einen Sarg legen und ein umfangreiches Geständnis über ihr Sexualleben ablegen.

Auf diese Weise wurde der Neuling erniedrigt und in seiner Persönlichkeit zerrüttet. Ulmhoff hatte so ein Erpressungsmittel, falls der Kandidat nicht den Anweisungen entsprach. Auch in seinen Konzernen wurden Menschen degradiert. Die Mitarbeiter bekamen weniger Geld, als beim Bewerbungsgespräch vereinbart wurde und trotz ihrer guten Ausbildung wurden sie im ersten Jahr zu niedrigen Diensten, die unter ihrer Würde lagen, gezwungen. Ließen sie es sich gefallen, waren sie die Richtigen für seine Konzerne.

Er bekam nie ein schlechtes Gewissen. Er tat, was er tun musste. Macht kostete nun Mal seinen Preis! Es gab sowieso zu viele dumme Menschen auf der Welt! Aber ein Virus, das war etwas, das ihn aus der Fassung brachte. Er hasste es, krank zu sein! In seinem ganzen Leben war er nur drei Mal wirklich krank gewesen. Einmal hatte er sich eine richtige Influenza eingefangen, ein anderes Mal hatte er Malaria und das dritte Mal wurde er von einem Hai attackiert, als er an seinem Privatstrand in Kapstadt dreißig Meter hinabgetaucht war. Es war ein weißer Hai. Aber er hatte ihm mit der Faust auf die Nase geschlagen, sodass der Hai taumelnd weggeschwommen war. Wissen war Macht! Er wusste, dass Haie ihre empfindlichste Stelle auf der Nase hatten. Ihre so genannten lorenzinischen Ampullen liefen alle auf der Nase zusammen. Das waren Öffnungen, gefüllt mit einer gallertartigen Masse, mit denen Haie die elektromagnetischen Felder ihrer Beute aus großer Entfernung aufspüren konnten. Er hatte es mit Verlust eines Stücks der Pobacke überlebt. Zum Glück konnte ihm Fett von seinem Bauch entfernt und in den Po implantiert werden. Er war wieder ganz hergestellt.

Und nun dieses Virus! Es ekelte ihn, wenn er nur daran dachte! Wahrscheinlich war unter den Holzfällern eine Seuche ausgebrochen. Deshalb konnte Nngo nur diese drei LKWs herübertransportieren. Um die LKWs würde er sich später kümmern. Was war mit dem dritten Schwarzen! Der war nicht ausgestiegen oder? überlegte Ulmhoff fieberhaft.

115. Kapitel

Wien – Juni 2025

Es dämmerte bereits, als Johanna am nächsten Tag um 06.30 Uhr in der Firma ankam. Sie hatte einen früheren Zug genommen, um als eine der Ersten in der Firma zu sein, damit sie in Gustavs Akten nachsehen konnte. Uta hatte ihr zwar ausdrücklich gesagt, dass sie die Sache auf sich beruhen lassen sollte, aber es ließ ihr einfach keine Ruhe. Sie musste nur aufpassen, dass Manuel sie nicht sah, denn dieser saß schon in seinem Büro. Vorsichtig schlüpfte sie durch ihre Türe, spähte nach rechts zu Manuels Büro. Doch dieser war nicht zu sehen. Dann ging sie schnurstracks in Gustavs Büro und schloss die Türe. Johanna bückte sich hinter seinen Schreibtischsessel und versuchte, die Schubladen zu öffnen. Abgesperrt. War ja klar! Vorsichtig zog sie eine Büroklammer in die Länge. Damit müsste es doch gehen! Johanna drückte die Büroklammer vorsichtig in das Schloss des Aktenschranks und versuchte durch Drehen und Drücken den Kasten aufzusperren. Mist, sie hatte sich das einfacher vorgestellt. Schließlich lernte man im Fernsehen, Schränke zu öffnen. Doch so einfach wie in den Filmen war es nun doch nicht. Johanna ruckte und drückte mit Kraft so lange, bis die Schublade tatsächlich aufsprang. Na endlich! dachte sie schwitzend. Sie war so aufgeregt, dass sie einen ganz trockenen Mund bekam. Da, sie sah einen Schatten vor der Türe. Hoffentlich wollte niemand herein. Johanna hielt den Atem an. Bloß kein Geräusch machen! Irene war sicher noch nicht im Büro. Angespannt kniete sie vor der Lade und horchte. Der Schatten schlich wieder davon. Erleichtert atmete Johanna aus. Das war nichts für ihre Nerven. Leise öffnete sie die Schublade. Vorsichtig durchsuchte sie die Akten. Das Projekt Sido hatte sicher etwas mit dem Holzhandel zu tun. Vielleicht fand sie die Unterlagen dazu. Da, wieder ein Geräusch. Johanna duckte sich noch tiefer hinter den Schreibtisch. Hoffentlich sah sie niemand. Mit Schwung öffnete sich die Türe. Johanna lauschte. Dann schloss sich die Türe wieder. Johanna atmete erleichtert aus. Sie durchsuchte weiter die Dokumente. Das war es. Projekt Sido stand auf dem Einsteckschild des Hängeregisters. Johanna schnappte sich die Mappe und steckte sie unter ihren Pullover. Dann ging sie vorsichtig zur Türe, spähte hinaus und schlich schnell in ihr Zimmer. Jetzt musste sie nur noch die Dokumente kopieren. Zum Glück war Ilse heute nicht im Büro und Helga Traugott war in eine andere Abteilung übersiedelt. Johanna konnte in Ruhe die Mappe durchsehen. Sie filterte einige Papiere heraus, die ihr wichtig erschienen. Dann nahm sie ihre Dokumente und legte sie oben auf den Stapel. So würde niemand etwas merken, wenn sie die Papiere kopierte. Schnell ging sie zum Kopierer. Manuel kam aus seinem Zimmer und grüßte sie. Doch er ging an ihr vorbei zur Toilette. Johanna atmete erleichtert aus. Als sie mit dem Kopieren fertig war, nahm sie den Stapel und ging schnellen Schrittes zurück in ihr Büro. Dann ordnete sie die Papiere wieder genauso ein, wie sie waren, und heftete die kopierten Papiere zusammen und steckte sie in ihre Tasche. Gut, dass sie alleine im Büro war. Die Hängemappe würde sie am Montag wieder zurückbringen. Heute waren schon zu viele Kollegen im Büro. Sie versteckte die Mappe sorgfältig in ihrem Kasten und schloss ab. Zu Hause würde sie sich alle Unterlagen sorgfältig durchlesen.

116. Kapitel

Bangkok –Juni 2025

Anna war unruhig. Ansonsten konnte sie nichts und niemand aus der Fassung bringen. Aber nun schluchzte sie vor Angst. Die Frau beschwichtigte Anna bei der Landung in Bangkok. Sie saß neben ihr und hatte mitbekommen, dass es Anna nicht gut ging und dass sie vor irgendetwas Angst hatte. Aber Anna erzählte ihr nichts. Sie war wie erstarrt. Die Frau redete ruhig auf sie ein. Doch Anna war sich sicher, dass sie Gustav am Flughafen gesehen hatte. Er warf ihr einen grausamen, eiskalten Blick zu, dass Anna ganz anders wurde. Sie rannte über den Flughafen zu ihrem Terminal. Zum Glück hatte sie die Passkontrolle schon passiert und nun saß sie in der Maschine und bibberte vor Angst. Wäre sie doch schon bei den „Engeln" in Thailand! Dort wäre sie sicher! Gustav würde ihr doch nicht nachfliegen? Sie konnte ihn nicht wirklich einschätzen! Das musste sie nun zu ihrem Entsetzen feststellen. Eigentlich hatte sie eine gute Menschenkenntnis. Dass sie bei ihm so daneben lag! Anna schüttelte den Kopf.

Er war so unberechenbar! Vorsichtig blickte sie sich um. Sie sah einige der Passagiere, die entweder schliefen oder in den kleinen Board-Fernseher blickten. Anna drehte sich wieder um. Nein, sie musste sich beruhigen!

117. Kapitel

Wien – Juni 2025

Heute war Feiertag. Stefan überraschte sie immer wieder. Dieses Mal sagte er ihr, nachdem sie von den Eltern nach Hause gekommen waren, dass er sich noch um neunzehn Uhr beim Gemeindeamt mit jemandem treffen werde. Ein Planer, dem er noch etwas bezüglich einer Baustelle sagen müsse. Dieser lebe nämlich jetzt in Graz und komme nur selten nach Wien. Johanna fragte, warum er denn noch Projekte in Wien habe, wenn er doch in Graz leben würde. <Hin und wieder macht er noch Sachen für uns.> antwortete Stefan knapp. <Also, Du triffst Dich nicht mit einer anderen Frau, aber möglicherweise bist Du ein Geheimagent.> scherzte Johanna herum. Sie mussten lachen, aber seltsam kam ihr die Sache schon vor. Um achtzehn Uhr dreißig läutete sein Handy. <Hallo Michael!> sagte Stefan ins Telefon. <Ja, ich komme gleich vor die Haustüre.> hörte sie ihn sagen. Doch sie dachte sich nichts weiter. Sie vertraute ihm. Sie waren nun schon mehrere Tage verlobt und es war sehr schön. Stefan kochte für sie und war immer lieb zu ihr. Sie hatte das große Los gezogen. Mit dem Interesse für sie ging es auch schon ein bisschen besser. Johanna setzte sich an ihren Schreibtisch. Sie sortierte die Unterlagen, die sie aus Gustavs Büro mitgenommen hatte, sorgfältig. Dann begann sie, alles in Ruhe durchzulesen. Stefan kam nach zehn Minuten wieder. Er sah interessiert zu Johanna und den Unterlagen. <Hm, was liest Du denn da?> fragte er ruhig. Johanna hatte ihm nichts von dem Projekt Sido erzählt. Doch nun erzählte sie ihm alles. <Sieh mal, das sind Unterlagen aus Gustavs Büro. Ich hab mir eine Kopie gemacht. Ich möchte herausfinden, was an dem Holzhandel dran ist. Du glaubst mir nicht, aber ich denke, ich habe nun Beweise gefunden. Ich werde mich heute am Abend damit beschäftigen!> schloss Johanna kurz und sah sich wieder die Unterlagen an. <In Ordnung!> sagte Stefan. Dann setzte er sich auf die Couch und schaltete den Fernseher ein. Es liefen gerade Nachrichten. Zum Glück war heute Feiertag. Morgen hatte sie sich Zeitausgleich genommen und mit dem Wochenende waren es vier Tage Freizeit. Johanna war froh. Nun konnte sie in Ruhe alles überprüfen.

118. Kapitel

Bangkok – Juni 2025

Tausende Kilometer entfernt und einige Stunden später stieg Anna aus ihrem Flugzeug aus und atmete erleichtert die warme stickige Luft ein. Es war neun Uhr in der Früh. Was für eine Wohltat! Nun würde alles gut werden. Sie stieg die Treppen der Gangway hinunter und ging hinter den anderen Passagieren in die Ankunftshalle. Die Luft war alles andere als angenehm. Sie begann zu schwitzen, aber es machte ihr nichts aus. Endlich war sie im Warmen. Alle Sorgen würden hier im Dunst der schmutzigen Straßen in Luft aufgehen. Langsam bewegte sich die Schlange vorwärts in Richtung Gepäckausgabe. Als Anna endlich dort ankam, sah sie bereits ihren Koffer auf dem Laufband. Mit Schwung packte sie den schweren bunten Samsonite und hievte ihn auf den Gepäckwagen, den sie vorhin geholt hatte. Nun noch die Tasche. Dann ging sie mit Leichtigkeit und schnellen Schrittes Richtung Ausgang. Vor der Türe empfing sie eine riesige Ansammlung von Menschen. Es mussten an die hundert sein.

Manche der Menschen umarmten die Heimgekommenen, andere hielten Namensschilder in die Höhe, wieder andere boten ihre Taxi- und sonstigen Dienste an. Einige Händler waren gekommen, um ihre bunten Obstkörben an den Mann beziehungsweise an die Frau zu bringen. Anna kämpfte sich durch den Menschendschungel. Sie hielt Ausschau nach einem Taxi, das für sie in Ordnung aussah und hüpfte in das Innere des Autos, nachdem der Fahrer ihren Koffer eingeladen hatte. Die roten langen Haare hatte sie zu einem Knödel zusammengebunden, damit ihr Nacken etwas Luft bekam. Als sie im Auto saß, bemerkte sie aus den Augenwinkeln eine Gestalt, die ihr sehr groß vorkam, im Vergleich zu den ansonsten sehr kleinen Thais. Sie drehte den Kopf schnell nach rechts und blickte aus dem offenen Fenster des Taxis. Nein! Schrie sie innerlich auf. Ihre Augen weiteten sich, ihr Herz hämmerte wild. Sie hatte das Gefühl, als würde ihr etwas die Kehle zuschnüren. Das konnte doch nicht Gustav sein! Er hatte eine Sonnenbrille auf und eine Umhängetasche, die er hinter sich herzog. Nein, nein, ... Anna stockte der Atem. Was wollte der hier? War er etwa mit derselben Maschine wie sie geflogen? Anna saß wie versteinert im Auto und schrie dem Fahrer auf Englisch zu <Los, fahren Sie, schnell, drive fast!>

119. Kapitel

Wien – Juni 2025

Am nächsten Tag setzte Johanna sich wieder zu den Dokumenten, die sie auf ihrem Schreibtisch ausgebreitet hatte. Sie hatte am Vorabend alles durchgesehen und geordnet. Nun überprüfte sie die Rechnungen und Lieferscheine. Stefan und sie wollten später in den Zoo gehen. Johanna aktivierte ihr Handy und rief das Programm Word auf, um sich eine Übersichtsliste über den Holzhandel anzulegen, da entdeckte sie plötzlich einige seltsame Dateien. Sie öffnete die Erste. Abgespeichert war sie unter „rr _nl_sw.doc".

你 呢 ||| How about you ||| -1

你 在 吗 ||| Are you there ||| -1

恩 对 的 ||| Yes, that is right ||| -1

不 疼 了 ||| It does not hurt anymore ||| -1

爛 人 ||| Black people ||| 1

爛 ||| Black ||| 1

惠 普 家 用 产 品 支 持 ||| Nokia Support ||| 1

发 自 我 的 iPhone ||| Sent from my iPhone ||| -1

法 印 寺 ||| Dharma Seal Temple ||| -1

CFDs ||| CFDs ||| -1

Woher kam das denn? wunderte sich Johanna. Dies war nicht die einzige Datei, die sie entdeckte. Es waren an die zwanzig. In den seltsamsten Sprachen. Möglicherweise war es russisch, vielleicht auch singhalesisch oder wie man zu der Sprache sagte. Möglicherweise hatte sie diese Zeichen in Sri Lanka, als sie dort ihren Urlaub vor einigen Jahren verbrachte, schon gesehen. Aber sie war sich nicht sicher.

rr_nl_sw.doc

straatnaam ||| street name ||| -1

Amsterdam ||| London ||| 1

noord - brabant ||| mumbai ||| 1

rr _it _en .doc

euro ||| euro ||| -1

euro ||| Euros ||| -1

euro ||| € ||| -1

euro ||| EUR ||| -1

English ||| Inglese ||| -1

non ho ||| I ||| 1

non ho ||| I have ||| 1

non ho ||| I've ||| 1

Alchymist Residence Nosticova ||| Aria Hotel ||| 1

Johanna rief Stefan und zeigte ihm die Dateien und er sagte nur <Ach Johanna, mach dir nicht immer Sorgen! Das werden irgendwelche unbedeutende Dateien sein! Wer weiß, woher das kommt. Das ist sicher nichts Wichtiges!> Johanna ärgerte sich. Er war so desinteressiert. Was war, wenn irgendjemand ihr Handy abhörte oder ihr solche Nachrichten anfügte und der amerikanische oder andere Geheimdienste ihr Handy kontrollierten. Doch Stefan ließ das alles kalt.

Also ging Johanna in die Küche, öffnete das Programm Skype und wählte Annas Nummer. Doch Anna meldete sich nicht. Diese Nummer ist nicht vergeben, sagte die Stimme am anderen Ende der Leitung. Was, das ist ja seltsam. Hatte Anna ein neues Handy? Naja, in Bangkok funktionierte ihres vielleicht nicht? Oder sie hatte eine neue Karte eingelegt, um den Thailand-Tarif zu bekommen? dachte Johanna. Ich wollte ihr doch alles erzählen und fragen, wie es ihr in Bangkok geht. Und ob sie noch etwas von Gustav gehört hatte. So ein Mist! Ich muss Uta anrufen. Vielleicht hat die eine andere Nummer!

120. Kapitel

Bangkok – Juni 2025

Anna zitterte am ganzen Leib. Gustav, er war ihr bis hierher gefolgt. Aber warum? Was wollte er? Sie hatte panische Angst vor ihm. Immer wieder drehte sie sich um und sah aus dem dreckigen Fenster des Taxis. Der Fahrer schlüpfte gekonnt durch den emsigen Straßenverkehr und hielt zehn Minuten später vor einem Haus. <Das ist es!> sagte er in undeutlichem Englisch. Five!> forderte er von Anna. Anna gab ihm einen fünf Dollar Schein. Er grinste frech und kaum war Anna ausgestiegen und hatte den Koffer von hinten geholt, da brauste er davon und hinterließ eine Rauchwolke, dass Anna husten musste. Was für ein Smog. Dann blickte sie sich wieder ängstlich um.

Sie hatte kein Fahrzeug gesehen, dass sie verfolgte. Einigermaßen sicher ging sie auf die Häuserfront zu. Nirgendwo ein Schild. Seltsam, wo war ihre Organisation? Waren die „Engel" etwa übersiedelt, ohne ihr Bescheid zu geben? Anna wurde nervös. Sie ging näher an die Häuser heran und las die Namensschilder an der Häuserfront. Da entdeckte sie ganz winzig den Namen der „Engel". Zum Glück! seufzte sie erleichtert und drückte den Klingelknopf. <Hallo, ja, ich bin Anna Mikal, ich soll heute zu ihnen kommen.> sagte Anna schnell, kurz darauf wurde die Türe aufgesperrt und heraus trat ein Mädchen, eine Thailänderin, die in einen bunten Sarong gewickelt war und sie angrinste. <Hallo, Mrs. Mikal, ich bin Sui Nam. Kommen Sie, bitte.> Anna folgte der etwa dreißigjährigen Thailänderin ins Haus. Sie mussten in eines der oberen Stockwerke hinaufgehen. Das Mädchen packte Annas Koffer und schleppte ihn mit Leichtigkeit nach oben, während sie mit Anna geschäftig schwatzte. Anna musste das erste Mal lächeln und entspannte sich etwas. So eine zierliche junge Frau und so eine Kraft. Das passte ja gar nicht zusammen! Ihr Koffer hatte mindestens dreißig Kilo! Oben angekommen sah Anna an die zehn Kinder und vier weitere erwachsene Frauen. Diese begrüßten sie sofort sehr herzlich und stellten sich vor. Anna atmete erleichtert aus. Sie war endlich angekommen. Gustav hatte sie hoffentlich abgehängt. Oder wusste er die Adresse von den „Engeln"? Sie musste auf jeden Fall die Polizei verständigen.

<Haben Sie die Nummer von der Polizei?> fragte Anna, nachdem sie sich bei allen vorgestellt hatte. <Polizei? Warum Du wollen Polizei?> fragte eine der älteren Frauen. <Nix gut, Polizei!> sagte diese weiter. <Du hier o.k.!> versuchte sie Anna zu erklären. <Nein, verstehen Sie mich, mir ist jemand nach Bangkok gefolgt! Ein Mann, er will …> Anna stockte. Es war zu kompliziert, den Frauen ihre Geschichte zu erzählen. Anna schluckte. Die Frauen wollten ihr die Nummer der Polizei nicht geben. Dann fiel ihr ein, dass sie den Euronotruf im Handy eingespeichert hatte. <Äh, kann ich bitte mein Zimmer sehen. Ich möchte mich etwas frisch machen.> Sui Nam nahm ihren Koffer und lächelte. <Hier entlang bitte.> und verbeugte sich. Die Wohnung hatte mehrere Gänge und an die zehn Zimmer. <Sie mit mir schlafen.> sagte die Frau keck und stellte Annas Koffer auf den Boden. Anna blickte sich um. Ein Stockbett stand an der Wand.

Dann gab es noch einen Kleiderkasten und einen Schreibtisch. Anna wählte den Euronotruf, nachdem Sui Nam gegangen war. <Ja, hallo, ich bin in Bangkok und brauche Hilfe. Ein Mann ist mir gefolgt. Er will mich töten, glaube ich ...> stotterte Anna in das Handy. Stille. <Hallo!> rief Anna verzweifelt. Dann sah sie auf ihr Handy. Das Display des Handys war schwarz.

121. Kapitel

Bangkok – Juni 2025

Gustav nahm ein Taxi. Er wusste, wohin Anna wollte. Er hatte die Adresse von den „Engeln" vor seiner Abreise am Flughafen gegoogelt. Er gab dem Taxifahrer den Zettel mit der Adresse. Dieser fuhr rasant durch die schmalen Gassen Bangkoks. Gustav stiegen ebenso die Gerüche der Garküchen wie der Smog und Gestank des Mülls in die Nase. Er war schon so oft in Thailand und schon viele Male in Bangkok, dass er sich schon sehr gut auskannte. Die Straße musste laut seiner Berechnung nicht mehr weit entfernt sein. Nach hundert Metern bremste der Taxifahrer. <So, here we are.> sagte er und verlangte vier Dollar für die Fahrt. Gustav hängte sich die Reisetasche um und lief die Straße entlang. Hier sollten die „Engel" ihr Büro haben! Seltsam. Er konnte kein Firmenschild ausfindig machen. Dann ging er suchend die Straße entlang und hielt Ausschau nach dem Schild der Engel. Nichts. Vielleicht hatte er eine falsche Adresse? Das Internet war auch nicht mehr das wahre. Die Aktualisierungen der Telefonbucheinträge waren schwach. Er würde erst ein Hotel aufsuchen und sich dann um die Angelegenheit kümmern. Zum Glück hatte er sich drei Tage für die „Sache" Zeit genommen. Einige Blocks entfernt, fand Gustav eine Pension. Das Schild vor dem Haus vermittelte einen guten Eindruck und Gustav ging hinein. <Yes, we have room and breakfast.>. Er checkte ein und brachte seine Sachen in das Zimmer. Dann ging er nach draußen und rief sich ein Taxi. <Zum Dharma Seal Temple, schnell!>

122. Kapitel

Frankreich/Nantes – Juni 2025

Uta erwachte aus einem Alptraum. Sie träumte von dem Virus Firungo und war kurz davor zu sterben, als sie schweißgebadet aufwachte. Eine Türe öffnete sich leise und der Chefarzt kam mit einem Lächeln ins Zimmer. <Bon jour, Mademoiselle Fedderson! Wie fühlen Sie sich?> fragte der Arzt noch immer lächelnd. Uta wunderte sich, dass der Mann so fröhlich war. Sie hatte doch das schlimmste Virus aller Zeiten. Und wo war seine Schutzkleidung. <Dr. ..., warum tragen Sie keine Schutzkleidung?> fragte Uta und blickte ängstlich zu dem Arzt. <Frau Fedderson, Sie sind nicht krank!> sagte der Arzt belustigt. Sie sind schwanger! Gratulation!> Uta wäre auf der Stelle umgefallen, wäre sie nicht in einem Krankenbett gelegen. <Was?> rief sie entgeistert.

123. Kapitel

Wien – Juni 2025

Johanna wählte Utas Nummer. <Uta Fedderson, hallo, ...> meldete sich Uta mit ruhiger sanfter Stimme. Johanna war immer wieder erstaunt, wie ruhig Uta war. Wahrscheinlich konnte sie nichts aus der Fassung bringen, dachte Johanna neidisch. Sie selbst war leicht aus der Fassung zu bringen. <Ja, hallo Uta, hier ist Johanna, die Freundin von Anna Mikal.> sagte Johanna ins Handy. <Hallo Johanna! Hi, wie geht's Dir? Das ist aber nett, dass Du Dich bei mir meldest!> Uta grinste immer noch über die wunderbare Neuigkeit. Sollte sie es Johanna sagen? Nein, sie musste es zuerst selbst glauben, sie war so überrascht und glücklich!

<Ja, ich bin ein bisschen, wie soll ich sagen, naja, es haben sich so viele Dinge ereignet. Eigentlich wollte ich Dich schon viel früher anrufen, aber es hat sich bis jetzt noch nicht ergeben.> Uta lachte am anderen Ende der Leitung. <Nun mal langsam, was ist denn passiert? Erzähl mir alles der Reihenfolge nach.> <Gut, also Anna hat sich in einen wahnsinnigen Mann verliebt.> <Gustav Donner!> <Ja richtig, kennst Du ihn?> fragte Johanna irritiert. <Nein, aber Anna hat mir alles erzählt.> <Ich habe Anna schon des Öfteren angerufen, sie müsste jetzt schon in Bangkok angekommen sein, doch sie hat sich bis heute noch nicht gemeldet. Ich hoffe, es geht ihr gut! Hast Du vielleicht etwas von ihr gehört?> fragte Johanna verzweifelt.

<Also Anna geht es so weit ich weiß gut. Ich war eine Woche vor ihrem Abflug nach Bangkok noch in Wien und hab sie besucht. Da hat sie mir von diesem wahnsinnigen Gustav erzählt. Er ist dann auch ums Haus geschlichen, als er sich vor seinem Urlaub noch mit ihr in einem Lokal treffen wollte, doch sie hat nicht aufgemacht und in die Stille der Nacht gelauscht. Irgendwann ist er dann von dannen gezogen. Das hat mir Anna noch per Mail geschrieben.

Anna ist dann nach Bangkok geflogen, um mit einer Hilfsorganisation, den „Engel" Straßenkindern zu helfen. Ich bin ein paar Tage vorher nach Frankreich geflogen. Ihr Gepäck hatte sie schon am Vortag vor ihrem Flug eingecheckt, das hatte sie mir auch geschrieben. Ich denke, sie ist glücklich in Bangkok angekommen! Aber ich habe bisher auch noch nichts von ihr gehört!>

<Oh, na dann wird es ihr hoffentlich gut gehen! Wir hatten in der letzten Zeit schon länger keinen Kontakt mehr. Uta kann ich noch etwas mit Dir besprechen?> fragte Johanna zögernd. <Ja, klar, alles, was Du willst.> <Also, ich habe in Gustavs Akten herumgeschnüffelt und habe ein Projekt kopiert. Ich möchte Dir gerne alles schicken!

Ich hoffe, nicht, dass mir jemand auf die Schliche kommt! Außerdem bekomme ich so seltsame Dateien, wenn ich mein Programm Word am Handy aufrufe. Irgendetwas vom Dharma Seal Tempel und so weiter!> <Ehrlich, Johanna, pass bitte auf! Deine Firma betreibt illegalen Holzhandel! Und zwar werden edle Hölzer von Afrika über Frankreich transportiert und besonders ein Möbelgeschäft verarbeitet diese Hölzer und beliefert damit

Eure Firma. Ich bin ihnen auf den Fersen. Dieser Gustav ist gefährlich, Johanna!> <Sag nicht, dass das Möbelgeschäft Möbel Mikal ist, die da mitmachen!> <Leider muss ich Dir genau das sagen. Meine Nachforschungen haben ergeben, dass sie ganz tief mit drinstecken! Anna hatte sich mit ihren Eltern genau aus diesem Grund gestritten. Es ging um Tropenhölzer, die ihre Eltern über Deinen Möbelkonzern importieren ließen, aber sie wusste nicht, dass gerade ihre Eltern diese edlen Hölzer verarbeiten und Deinen Konzern damit beliefern!> <Das ist ja furchtbar! Zum Glück weiß es Anna nicht, oder? Und dieser verrückte Gustav? Hast Du etwas über ihn in Erfahrung bringen können?> <Ja, er hat höchst wahrscheinlich zwei Menschen auf dem Gewissen, aber es kann ihm keiner etwas nachweisen. Bitte Johanna sei vorsichtig! Anna hat herausgefunden, dass Gustav eine bipolare Störung hat und dass er auch eine Waffe besitzt und ziemlich aggressiv und sehr gefährlich werden kann. Johanna, er ist ein zweifacher Mörder! Und der fackelt nicht lange!> <Der ist wahnsinnig! Ein Mörder! Ist eines der Mordopfer unsere Buchhalterin Martina Berent?> fragte Johanna entsetzt. <Hm, eigentlich dürfte ich mit niemandem darüber sprechen. Bitte behalte alles für Dich, Johanna, o.k.?> <Ja mach ich! Aber die Unterlagen? Ich schicke sie Dir per Post, o.k.?> <Ich bin zurzeit nicht in Genf. Kannst Du sie vielleicht einscannen und mir per Mail schicken?> <Ich glaube, das ist keine gute Idee, Uta. Wegen diesen seltsamen Dateien auf meinem Handy. Das ist so eigenartig. Da steht etwas über einen Dharma Seal Temple und etwas, was sich singalesisch anhört. Da sind viele seltsame Dateien!> sagte Johanna seufzend.

<Stefan glaubt nicht, dass das etwas zu bedeuten hat, aber ich weiß nicht recht!> <Oh, Johanna, schick mir diese Dateien unbedingt! Die anderen Unterlagen schick mir lieber per Post nach Genf. Du hast recht, über das Internet ist es zu gefährlich!> <Oh, Uta, ich wollte Dich noch um Deine Hilfe bitten, ob Du etwas über Anna herausbekommen kannst? Ich mache mir wirklich Sorgen um sie!> <Ja, ich werde mich darum kümmern! Ich muss jetzt leider aufhören, ich bekomme gerade Besuch. Also, mach es gut und lass Dich nicht unterkriegen. Und vor allem, sprich mit niemandem ein Wort über den Holztransport! Es ist höchst gefährlich!>

124. Kapitel

Frankreich/Nantes – Juni 2025

Es hatte geklopft. Im Türrahmen kam ein Kopf zum Vorschein. <Philippe!> rief Uta erfreut. <Alors, meine Liebe, zum Glück war es nichts Schlimmes! Nur ein petit homme!> sagte Philippe erfreut und streckte Uta einen Blumenstrauß entgegen. Uta grinste über das ganze Gesicht. <Oh, sind die schön! Danke Philippe! Ja, ein kleiner Mensch! Du hast Recht! Ich bin so glücklich, Philippe und so erleichtert. Ich dachte schon, ich hätte ...> <Uta, willst Du mir nicht sagen, was Du befürchtet hast?> <Nein, Philippe, irgendwann kann ich es Dir erzählen, aber nicht heute. Nun hilf mir, ich will so schnell wie möglich raus aus diesem Krankenhaus!> <Ich auch!> sagte Philippe erleichtert. <Ich muss sofort nach Bangkok fliegen, ich habe dort

eine CITES-Konferenz, die ich vorbereiten muss!> schloss Uta und grinste breit. <Soll ich mitkommen?> fragte Philippe grinsend. <Nein, ich mache das schon!> gab Uta zurück.

125. Kapitel

Bangkok – Juni 2025

Dharma Seal Temple, auch besser bekannt als Wat Benchamabophit Marble Temple, was so viel wie „Tempel des fünften Königs" bedeutete, war ein buddhistischer Tempel und lag im Bezirk Dusit der thailändischen Hauptstadt Bangkok. Er war auch unter dem Namen „Marmor-Tempel" bekannt. Wat Benchamabophit wurde auf dem Gelände eines uralten Tempels erbaut. Die Umgebung zierten Gärten und Reisfelder. Dieser Tempel wurde im Geheimen als Hauptsitz der Illuminati unter dem Namen Tempel der Erleuchtung für ihre Sitzungen genutzt.

Gustav gab dem Taxifahrer zwölf Dollar und ging schnellen Schrittes zum Eingang des Tempels. Der Eintritt kostete ihn fünf Dollar. Als er in die Hallen des Tempels kam, sah er sich um. Wenige Mönche standen im großen Raum verteilt und zündeten ihre Räucherstäbchen an, um Buddha zu ehren. Nur wenige Touristen sahen sich die eindrucksvollen Figuren aus Marmor, den Boden und den Tempel aus Marmor an, der bei Sonnenschein weiß blendete. Rund um den Tempel war eine Galerie mit Buddha Figuren zu sehen. Die Luft war erfüllt mit dem benebelnden Duft der Räucherstäbchen.

Gustav empfand den Marmortempel als sehr ruhig im Gegensatz zu den anderen überlaufenen Tempeln. Umhoff hatte ihn vor drei Tagen angerufen. Es sei ihm etwas dazwischen gekommen. Er könne erst in zwei Tagen am Abend hier sein. Gustav solle die Sitzung für ihn vorbereiten. Es war das erste Mal, dass Gustav so etwas machen musste. Er wusste den Ablauf der geheimen Sitzungen, die Vorbereitungen waren schwierig. Es gehörten viele Dinge dazu, um die Stimmung so geheimnisvoll wie möglich zu gestalten.

Zuerst sah er sich um. Keiner der Anwesenden nahm ihn richtig wahr. Auf leisen Sohlen schlich er hinter den riesigen Buddha. Hinter der immensen blattgoldenen Statue führte eine Treppe in das Untergeschoss des Tempels zu einem Raum, der riesig erschien. Dieser Saal erstreckte sich über die ganze Länge des Tempels und war nur den obersten Mitgliedern des Illuminati Ordens bekannt. Er wurde schon seit Jahrhunderten von ihnen für ihre geheimen Sitzungen genutzt.

Gustav öffnete leise die geheime Türe und schlich flink wie eine Katze nach unten. Es war sehr dunkel. Doch er war vorbereitet. Er schaltete seine Taschenlampe ein. Ein Geruch der Verwesung stieg ihm in die Nase. Sein Schatten spiegelte sich an der unebenen Wand. Die Gruft wirkte unheimlich. Auf dem Boden lagen verstreut die Knochen der ehemaligen Opfer. Es hatte schon viele von ihnen gegeben.

Der Saal war riesig. Gustav lauschte in die Dunkelheit. Er fühlte sich nicht wohl in seiner Haut. Er war schon das dreizehnte Mal bei diesen Sitzungen dabei gewesen. Letztes Mal wurde er zum Ritter geschlagen. Die Zeremonie war unheimlich. Aber er fühlte einen gewissen Stolz, Mitglied des mächtigsten Ordens der Welt zu sein. Er war durch seine Taten schnell im Ansehen des Großmeisters gestiegen. Deshalb hatte Ulmhoff ihn mit der Aufgabe betraut, die Sitzung vorzubereiten. Gustav schlich unbehaglich durch den Raum. Die schwüle Luft und die Last der Bürde drückten auf sein Gemüt. Es war eine große Ehre, die ihm zuteilgeworden war. Doch wenn er versagte und die Sitzung nicht nach den Vorstellungen des Großmeisters vorbereitete, würde dies seinen Tod bedeuten. Andererseits wollte ihn Ulmhoff in zwei Tagen zu seinem Nachfolger küren. Ulmhoff war der Perfektionist schlechthin und er verlangte es auch von seinen Mitgliedern.

Auf diesem Perfektionismus gründete sich der Orden. Ziel des Ordens in alter Zeit war die Verbesserung und Vervollkommnung der Welt und die Verbesserung und Vervollkommnung seiner Mitglieder - daher auch der alte Name Perfectibilisten. Doch Ulmhoff und die Illuminaten wollten die Freiheit dadurch erreichen, dass sie eine neue Weltordnung erschufen. Die NWO, wie sie es nannten.

Diese Ideen entstammten nicht seinem Vorfahren Weishaupt, welche als erster Schritt in der Politisierung der Aufklärung galten. Die Illuminaten waren „der erste bekannte politische Geheimbund der Neuzeit. Weishaupt schrieb 1782 in seiner Rede an die neu aufzunehmenden Illuminatos dirigentes:

Wer also allgemeine Freyheit einführen will, der verbreite allgemeine Aufklärung: aber Aufklärung heißt nicht Wort- sondern Sachkenntniß, ist nicht Kenntniß von abstracten, speculativen, theoretischen Kenntnissen, die den Geist aufblasen, aber das Herz um nichts bessern.

Dieser Spruch hing auf einer weißen Flagge oberhalb der Eule der Minerva. Gustav betrachtete das alte Pergament an der Wand und die Eule. Diese Gegenstände hingen immer an der Wand und wurden nicht abgenommen.

Doch die NWO hatte es sich zum Ziel gemacht, die Weltherrschaft an sich zu reißen! Ulmhoff hatte schon so viel Macht und Geld angehäuft und das würde er heute an ihn weitergeben.

Gustav ging in den hinteren Teil des Raumes. Er war nun an dem Ende der Gruft angekommen. Dann blickte er sich um. Der Altar stand in der Mitte des Raumes. Hierauf würden sie ihr Opfer legen. Die Nacht der Einweihung, seiner Initiation war gekommen. Die Eule der Minerva leuchtete wissend von der kahlen Wand.

Ulmhoffs Vorfahre, der Philosoph Adam Weishaupt gründete im Jahre 1776 in Ingolstadt den mächtigsten Geheimbund „Die Illuminati". Dieser hatte Bangkok, den Dharma Seal Temple, zu seinem Hauptsitz gemacht. Und nun war Ulmhoff der Vorsitzende dieses mächtigsten Geheimbundes der Welt und würde ihn, Gustav in zwei Tagen zu seinem Nachfolger küren. Er verspürte mächtigen Stolz, dass ihn Ulmhoff wie einen Sohn behandelte. Ulmhoff hatte selbst keine Kinder, sowie Gustav keinen Vater hatte!

Heute um 21.00 Uhr würde seine Einweihung zum Nachfolger Ulmhoffs stattfinden. Dann war er der mächtigste Mann der Welt. Dazu benötigte er ein Opfer für Luzifer, den Teufel, dem der Orden seine Erleuchtung zu verdanken hatte. Er hatte noch viel zu erledigen. Mit schnellen, großen Schritten stieg er die Treppe hinauf und schloss die Türe so leise wie möglich. Vor der Türe des Tempels rief er sich ein Taxi.

126. Kapitel

Bangkok – Juni 2025

Die Unterlagen von Johanna steckten schon in ihrem Postfach, als Uta ihrer Wohnung einen schnellen Besuch abstattete. Sie nahm die Post heraus, lüftete rasch die Wohnung und goss die Blumen. Die Unterlagen packte sie sorgfältig in ihre Reisetasche.

Als sie nach einer halben Stunde Taxifahrt und zwei weiteren langen Stunden am Flughafen endlich im Flieger nach Bangkok saß, las sie sich die Kopien und die Handy-Dateien von Johanna in Ruhe durch. Der Dharma Seal Tempel fiel ihr besonders ins Auge, da er in Bangkok stand. Seltsam. Waren dies alles nur Zufälle oder wie kamen solche Nachrichten auf das Handy von Johanna. Nach weiteren zehn Stunden Flug atmete Uta die warme Luft Bangkoks ein. Nachdem sie ihre Reisetasche endlich hatte, ging sie auf den Ausgang des Flughafens zu. Die Hitze war enorm. Vor dem Flughafengebäude leuchtete die Sonne strahlend vom blauen Himmel herab.

Nun musste sie die Konferenz vorbereiten, die heute am Abend stattfand. Diese CITES-Konferenz war extrem wichtig.

Außerdem hatte sie Anna nicht erreicht. Sie musste sich selbst ein Bild machen, ob es ihrer Freundin gut ging. Nun war sie hier. Hier in Bangkok. Außerdem hatte sie erfahren, dass in zwei Tagen eine geheime Sitzung mit Ulmhoff hier in Bangkok stattfinden würde. Sie hatten Ulmhoff die letzten Wochen abgehört. Vielleicht konnten sie ihn nun festnehmen. Sie war ihm ganz dicht auf den Fersen. Alle Fäden führten zu ihm. Außerdem hatte er sich möglicherweise mit Firungo infiziert! Sie musste extrem aufpassen, falls sie ihm begegnete. Liebevoll streichelte Uta über ihren Bauch. Die ganze Aufregung war sicher schlecht für ihn oder sie!

127. Kapitel

Bangkok – fünf Stunden später

<Das Abschlachten bedrohter Tierarten und die Vernichtung von Tropenwäldern haben bereits beängstigende Ausmaße angenommen.> Mit dieser Botschaft begann Uta ihre Rede bei der CITES-Artenschutzkonferenz in Bangkok. <Das Ausmaß hat Krisenproportionen angenommen und ist mit dem globalen Rauschgift- und Waffenhandel vergleichbar>, sagte Uta weiter. Dann berichtete sie von den bedrohten Wäldern und von den schon ausgestorbenen Tierarten und den Tieren, deren Bestand nur noch geringfügig vorhanden war.

<Werden etwa die letzten 400 Elefanten auch noch aussterben? Können wir ihre Gebeine nur noch im Museum bewundern, wie etwa Dinosaurier und Mammuts?> fragte Uta die Mitglieder, die sie traurig anstarrten. <Das ist eine triste Vorschau auf unser Handeln, wenn wir nichts dagegen tun!> damit beendete sie ihren Vortrag. Das Publikum applaudierte und viele schüttelten den Kopf.

Auch der Direktor des UN-Umweltprogramms sprach sich gegen den illegalen Handel von Pflanzen und Tieren aus und bat die 178 Mitgliedsstaaten, dagegen vorzugehen. <Dies ist eine Sache globaler Dringlichkeit>, betonte Henry Nugaro, Chef des Sekretariats des Washingtoner Artenschutzabkommens.

<Betroffen sind unter anderem das Breitmaulnashorn, dessen Horn in Vietnam und China als Wundermittel noch immer reißenden Absatz findet und Elefanten. Weltweit ist der Bestand bei den Breitmaulnashörnern auf drei Tiere zurückgegangen.>, sagte Nugaro mit einem Bedauern in der Stimme, dass es Uta kalt über den Rücken lief.

<Oft sind Rebellenarmeen mit Waffen am Werk oder internationale Syndikate mit raffinierten Hightech-Methoden, etwa zum Hacken von Computern um Lizenzen zu fälschen. Das kann die Stabilität und Wirtschaft der Länder bedrohen>, sagte Nugaro. <Bis zu 90 Prozent der Abholzung von Tropenwäldern waren bis jetzt in den Händen organisierter Banden. Nun gibt es nur mehr wenige Tropenbäume auf der ganzen Welt. Wir müssen etwas gegen diese Syndikate unternehmen, bevor auch noch der letzte Urwald verschwindet. Gefragt sind

die Staaten Brasilien, Sierra Leone und Borneo. Hier gibt es noch geringfügig Wald.

Die 178 Unterzeichnerstaaten des 40 Jahre alten CITES-Abkommens werden bis zum 20. November darüber beraten, bei welchen Tier- und Pflanzenarten der Handel künftig verboten, eingeschränkt oder gelockert werden soll! Auf den CITES-Schutzlisten stehen rund 35.000 Arten. Bei fünfzig Prozent davon ist der Handel gänzlich verboten. Dazu gehören etwa die letzten verbliebenen Tropenbäume und –pflanzen, Tiger, Nashörner, Elefanten, Giraffen, Leoparden, Geparden, Löwen, Nilpferde und neben vielen Orchideenarten auch 10.000 verschiedene Pflanzenarten. Die 2.000 Delegierten müssen über 70 Anträge entscheiden!> beendete Nugaro seinen Vortrag.

Dann betrat der deutsche Delegationsleiter Havel Nadler die Bühne. <Deutschland setzt sich dafür ein, den Handel mit fünf Hai- und Mantarochen-Arten unter Aufsicht zu stellen. Die Anträge werden unter anderem von Brasilien, den USA und Ägypten unterstützt. Dieses Treffen könnte endlich die längst überfällige Wende bringen.> sagte Nadler.

Doch viele Länder wehrten sich gegen Schutzmaßnahmen, denn der Handel mit Holz und Wild war lukrativ, dachte Uta bei sich. Sie war es so leid, dass sie über Jahrzehnte zusammensaßen und sich bis jetzt nichts geändert hatte. Die meisten Tiere waren ausgestorben. Die Wälder bis auf wenige abgeholzt. Was war noch übrig?

<Haie sind nicht nur wegen der in Asien als Delikatesse geltenden Flossen gefährdet,> sagte Hai-Spezialistin Martina Bowler <Wir haben die Haie in

der nördlichen Hemisphäre schlicht aufgegessen. Im Mittelmeer lebt nur noch ein Prozent der Heringshai-Bestände der 50er und 60er Jahre, im Nordostatlantik sind es nur noch sechs Prozent. In der EU stehen Heringshaie schon seit 2014 unter Schutz.>

Dann betrat der amerikanische Regierungschef das Podest und berichtete, dass die USA die letzten Robben auf die Handelsverbotsliste setzen wollen. Sie werden als Trophäen oder wegen ihrer Felle gejagt, nachdem Eisbären schon ausgestorben waren.

Für Verwirrung sorgte zum Auftakt der Konferenz Thailand. <Das Land steht als Drehscheibe für Elfenbeinschmuggel am Pranger. International ist der Handel mit Elfenbein verboten, in Thailand darf aber mit den Stoßzähnen der nur noch vierzig heimischen Zuchtelefanten gehandelt werden. Schmuggler deklarieren dort deshalb Elfenbein afrikanischer Elefanten als thailändische Stoßzähne.> sagte Uta. <Thailand arbeitet daran, dem Elfenbeinhandel ein Ende zu setzen>, fiel ihr Regierungschefin Yingluck Shinawatra ins Wort. Der WWF jubelte. Rohstoff- und Umweltminister Preecha Rengsom-Boonsuk widersprach aber später. Er verneinte, dass ein generelles Handelsverbot geplant sei.

Uta hörte dem Ganzen skeptisch zu. Die wenigen Elefanten, die es auf der Welt noch gab, würden bald als Skelette in den Museen zu sehen sein. Sie bekam in ein paar Monaten ein Baby. Dieses Kind hatte genau wie alle anderen Kinder das Recht, Elefanten und alle anderen wunderbaren Geschöpfe in freier Wildbahn sehen zu können!

Und dann das Versprechen der USA. Sie hielt die Prämisse der Amerikaner nur für ein Feigenblatt. Ein Handelsverbot würde den Robben wenig nutzen, es wurden nur wenige gejagt. Die Hauptbedrohung für die Robben war der Klimawandel - und das Problem gingen die Amerikaner seit Jahren nicht an. Das war wieder typisch. Länder, die für viele Umweltprobleme verantwortlich waren, machten nette Zusagen, die aber nur von den eigentlichen Problemen ablenken sollten.

Dass die Spezies Mensch durch Gier und Respektlosigkeit Millionen anderer Lebewesen die Lebensgrundlage entzog, war unbestritten, dachte Uta. Leider würden die Menschen erst dann zur Besinnung kommen, wenn alles andere vernichtet war und der Mensch sich verwundert fragte, was für ihn denn nun noch zum Überleben übrig blieb.

Eine Tatsache war für Uta unbestreitbar, nämlich dass zu viele Menschen auf diesem Planeten lebten. Erst recht der Lebenswandel, den alle führen wollten.

Der Mensch würde auch irgendwann aussterben, dann würde das Leben auf der Erde weitergehen, dachte Uta bei sich!

Uta war nicht pessimistisch genug, um zu glauben, dass sich der Mensch so schnell selbst ausrottete, sondern es stattdessen schaffte, auf andere Planeten, wie dem Mars zu siedeln und dann diesen Planeten ausbeuten würde. Früher dachte sie nicht so wie jetzt. Aber die Menschen wurden nicht gescheiter. In was für eine Welt würde sie ihr Kind setzen? Sie kämpfte mit den Tränen. Diese Gefühlswallungen! Ihr war schlecht. Dann fiel ihr ein

süßer Witz ein, den ihr Trever bei ihrem Kennenlernen erzählt hatte:

Sagt ein Planet zum anderen: Was hast du, du
siehst ziemlich fertig aus? Antwort: Ich hab den
Homo sapiens ... Darauf der erste Planet: Oje,
lästig, aber tröste dich, auch das geht vorbei ...

Uta seufzte. Sie vermisste Trever und seinen Humor so sehr! Eine Träne kullerte über ihre Wange.
Uta holte ein Taschentuch und wischte vorsichtig
die Träne beiseite.

Wozu noch Umweltschutz? Es schien ihr alles so
sinnlos! Uta hörte nur noch mit einem Ohr hin, als
sich Regierungschefin Yingluck Shinawatra und
der Rohstoff- und Umweltminister Preecha
Rengsom-Boonsuk in den Haaren lagen: <Ihnen
mag der Selbsterhaltungstrieb abhandengekom-
men sein, anderen jedoch nicht.> sagte Shinawatra laut. <Ich fände es durchaus schlimm, wenn es
mich bzw. übergeordnet die Menschheit irgendwann nicht mehr geben sollte, weil wir uns selbst
die Lebensgrundlagen, nämlich Tiere und Pflanzen
entziehen, um Profit zu erwirtschaften!

Man kann nur hoffen, dass insbesondere im Bereich der Biochemie et cetera kein vermeintliches
Superhirn eine ähnlich psychopathische Einstellung an den Tag legt, à la "der Mensch ist der Pa-
rasit dieses Planeten und gehört ausgerottet".

Man kann sich durchaus ausmalen, wohin solch
ein Gaia-Komplex im Extremfall führen könnte.>
sprach Shinawatra erzürnt. Sie blickte Rengsom-
Boonsuk zornig an. <Wollen Sie damit sagen, dass
Sie für die Vernichtung der Menschheit sind?>
<Das hab ich nicht gesagt, aber es stimmt schon,

es sind zu viele Menschen und es wird sich nicht mehr ausgehen mit Nahrung und Wasser, geschweige denn mit den wenigen Rohstoffen, die noch verblieben sind.>

Uta hörte nur mehr Fetzen von dem Zwist der Abgeordneten. Sie war ganz in ihre Gedanken versunken.

128. Kapitel

Bangkok – Juni 2025

Der Dunst der Abgase hing wie ein Damoklesschwert in der Luft. Der Mann nahm die verstopften Straßen und den Lärm genauso wahr, wie die Gerüche, die in Bangkok so einmalig waren. Einerseits duftete es nach würzigem scharfem Essen. Garküchen schienen die ganze Stadt mit ihrem intensiven Geruch zu umgarnen. Andererseits war die Luft von Schweiß und Abgasen getränkt.

Die Menschen, die in der Stadt wohnten, sahen sich alle sehr ähnlich, dachte der Mann bei sich, als er mit dem Taxi quer durch Bangkok fuhr. Die meisten der Männer waren in dunkelblauen oder grauen Hosen mit Flip Flops und mit kurzärmeligen Hemden unterwegs und die Frauen liefen meist mit gemusterten Blusen und weiten Hosen herum. Es hatte sich in all den Jahren nichts verändert. Er blickte weiter aus dem Fenster.

Unendlich viele Hochhäuser und Wohnblöcke reihten sich in und um die Stadt. Gleichzeitig standen die ruhenden Tempel, die sehr viele Bürger und

Touristen anlockten, in ihrer Mitte. Ein Kontrast, den es nur in Asien gab.

Die Thais fanden immer wieder ein paar Minuten Zeit, um ihrem emsigen, fleißigen Leben zu entfliehen und ihren Gottheiten Opfer darzubringen und ruhige Minuten, um zu beten, bevor ihr stressiges Leben in rasantem Rhythmus weiterging.

Eine Myriade Auto- und Mopedfahrer bremsten und hupten abwechselnd, ihre modernen und auch alten Karren wie ferngesteuert herumlenkend, konzentrierten sie sich auf den belebten Straßenverkehr. Es gab immer noch wenige Ampeln, die den Verkehr regelten.

Aus den Autos konnte man das emsige Treiben neben der Straße sehen und riechen. Meist standen heruntergekommene Rucksacktouristen vor den Garküchen, die kein so schönes Bild, weder für die Einheimischen noch für normale Touristen boten. Wenn man weiter Richtung Osten fuhr, kam man zu dem Business Distrikt. Hier sah man die High Society von Bangkok. Frauen in eleganten Blazern und knielangen Röcken und Männer in ihren schönen Anzügen von Bulgari und Dior.

Das heiße und feuchte Wetter schien den Menschen im Business Distrikt nichts auszumachen. Elegant und geschmeidig schlüpften sie rasch aus ihren Limousinen heraus und hinein in ihre Büros, die von den Hochhäusern verschluckt wurden. Mit Klimaanlage und hochwertigen Komfortmöbeln ausgestattete, riesige Büros boten den perfekt gekleideten Männern und Frauen einen hohen Komfort.

Der Mann ließ sich in einen Vorort des Business Distrikts fahren. Er gab dem Taxifahrer etwas Geld und schloss die Türe des Taxis. Elegant gekleidet ging er Richtung Business Distrikt und zog seinen Koffer hinter sich her. Er wirkte sehr elegant und geschmeidig, wie eine Raubkatze.

Der Mann ging ein paar Schritte in Richtung Internetcafé. Er spähte hinein. Mit einem Satz war er in dem Café verschwunden. Doch er wusste nicht, dass er beobachtet wurde.

129. Kapitel

Bangkok – Juni 2025

Die von feuchtem Dunst geschwängerte Luft schimmerte wie ein durchsichtiger Nebel über Bangkok. Uta war in einen Bezirk unterwegs, an dem sie Anna vermutete. Der Taxifahrer raste die enge Straße entlang und hupte immer wieder. Uta hielt sich an dem Griff oberhalb des Fensters fest. Sie merkte ihre innere Anspannung. Falls sie diese Fahrt gut überleben würde, würde sie versuchen, Annas Spur zu finden. Irgendjemand musste sie gesehen haben, irgendjemand musste mit ihr gesprochen haben.

Langsam fuhr das Taxi nun in eine Seitenstraße. Uta entspannte sich wieder ein wenig. <Hier ist es,> sagte der Taxifahrer in gutem Englisch. <Drei Dollar.> Uta zückte ihre Brieftasche und gab dem Fahrer das Geld. Sie stieg aus und sah sich um. Nirgendwo gab es ein Anzeichen von einem Namensschild der Firma Engel. Sie wollte gerade den

Fahrer fragen, da war er auch schon weggefahren. Mist dachte Uta bei sich. Hatte sie vielleicht eine falsche Adresse angegeben? Sie holte den Zettel aus ihrer Tasche. Nein, sie hatte dem Taxifahrer die richtige Adresse genannt. Als Uta so dastand, kam plötzlich ein Thai auf sie zu gerannt und schrie sie in seiner Sprache an. Uta war wie perplex. Sie verstand kein Wort. <Was?> stammelte sie verwirrt. Der Mann deutete um die Ecke. Uta spürte, dass etwas geschehen sein musste. Sie rannte hinter dem Mann her, der flink wie ein Wiesel war. Als sie um die Ecke bog und die lange Straße sah, blieb sie abrupt stehen. Eine weiße Frau lag am Ende der Straße auf dem Asphalt. Uta wurde bleich. Sie lief, so schnell sie konnte auf die Frau zu. Sie sah wie Anna aus. Rote lange Haare … <Anna!>, schrie Uta schrill. Doch als sie die Frau erreichte, sah sie, dass es nicht Anna war. Die Frau lag verdreht und mit Blut besudelt auf der Straße. Uta atmete erleichtert aus. Sie machte ein Kreuz. Die Ähnlichkeit mit Anna war verblüffend. Uta fühlte den Puls der Frau. Tot. Sie machte noch einen Gegencheck an der Halsschlagader. Nein, nichts. Sie war tot. Mittlerweile hatte sich eine Menschenmenge gebildet, die so groß war, dass sie die ganze Straße füllte. Uta packte ihre Tasche und ging so schnell sie konnte durch die aufgeregte Menge. Die Thais sahen verwundert zu ihr auf. Doch Uta nahm keine Notiz von ihnen. Als sie durch das Chaos aus Menschen hindurch war, begann sie zu laufen. Als sie die Straße entlanglief, fuhr ein Taxi neben ihr her. Uta hielt das Taxi an. <Zum Dharma Seal Tempel, bitte. Und fahren Sie so schnell Sie können!> rief sie außer Atem.

130. Kapitel

Bangkok – Juni 2025

Der Tempel lag in der Mitte von Bangkok, was zur Folge hatte, dass die Touristen den Tempel nur am Wochenende besuchten, um das Verkehrschaos unter der Woche zu meiden. Da der Tempel in der Nähe des Regierungsviertels lag, war von einem Besuch abzuraten, wenn gerade mal wieder die Rot- oder Gelbhemden demonstrierten. Gustav war das nur recht! Wenige, bis gar keine Besucher bedeuteten, dass sie ungestört waren. Am Abend wirkte der Tempel mit seinen vielen Verschnörkelungen gespenstisch, aber auch wunderschön.

Gustav blickte angestrengt zu dem Marmortempel. Einige Meter entfernt ging er die Gärten des Tempels nervös auf und ab. Er hatte alles für die Zusammenkunft mit dem Meister vorbereitet und wartete nervös auf Ulmhoff. Dieser hatte ihn angerufen, dass er spätestens um 19.00 Uhr beim Tempel eintreffen würde. Die anderen Mitglieder waren für 21.00 Uhr eingeladen. Während Gustav so unruhig hin und her wanderte, sah er plötzlich einen Audi vorfahren. Das musste Ulmhoff sein. Gustav eilte auf den Audi zu und sah, wie sich die Türen öffneten. Ulmhoff stieg aus. Er war selbst mit dem Audi gefahren. Seltsam, dachte Gustav. Normalerweise hatte er doch immer einen Chauffeur! Ulmhoff wirkte unsicher auf den Beinen. Er wankte.

Gustav lief auf ihn zu. Sogleich stützte er ihn. Jetzt, wo er direkt neben seinem Meister stand, erschien ihm der ansonsten vor Energie strotzende große Deutsche eigenartig. Ulmhoff erblickte ihn erst im letzten Augenblick. <Hallo Gustav, ist alles vorbereitet?> fragte der Großmeister schwach.

War er krank? dachte Gustav. Seine Haut schien sehr bleich, irgendwie ungesund, auch seine blonden Haare wirkten struppig. Gustav schockierte die fahle Erscheinung des Mannes. Wie der Tod persönlich erschien ihm sein großes Vorbild. Bei der Begegnung in seiner Wohnung noch vor nicht allzu langer Zeit mochte er ihn nicht. Er ekelte sich geradezu vor diesem Mann und hatte sogar Angst vor ihm. Die Demütigungen des Rituals, als er zum Ritter geschlagen worden war, wanderten immer wieder in sein Bewusstsein. Er musste sein ganzes Sexleben offenbaren und das nackt vor allen Mitgliedern. Entsetzt schüttelte er den Kopf. Aber nun war er ein Ritter.

Ulmhoff strahlte große Autorität aus, auch jetzt noch in diesem Zustand. Doch nun hatte sich viel geändert. Der Großmeister war für ihn zu einem Vorbild geworden, zu einer Vaterfigur. Die Wandlung hatte sich vor kurzem vollzogen, als Gustav für seine Taten von Ulmhoff mit immer mehr Geld und Anerkennung gelobt worden war. Dann hatte Ulmhoff ihn zum Ritter geschlagen. Er war im Rang aufgestiegen. Endlich sah jemand sein Talent und würdigte ihn. Das, was sein Vater nie konnte. Ulmhoff nahm die Vaterfigur ein, die sein Vater nie einnahm. Sein Vater verabscheute ihn. Als er seine böse Art bei Gustav immer verletzender einsetzte und geradezu Freude daran hatte, ihn zu demütigen, da stieß ihm Gustav ein Messer in die Brust. Er war gerade erst zehn Jahre. Seine Mutter schrie auf, als sie die Bluttat sah, doch sie half ihm, die Leiche zu zerstückeln und zu vergraben. Sein Vater wurde nie gefunden.

131. Kapitel

Wien – Juni 2025

Gustav stützte Ulmhoff beim Betreten des Tempels. Die Besucher und Mönche waren nicht mehr hier. Der Tempel war verlassen. Es war schon dämmrig. Gustav hatte einen Schlüssel zum Tempel. Er öffnete vorsichtig die marmorne Türe, ohne Ulmhoff loszulassen. Mit festem Griff stütze er Ulmhoff, während sie das untere Gemäuer bestiegen. Vorsichtig blickte er ihn von der Seite an. Ulmhoff sah gar nicht gut aus! Es ekelte ihn ein wenig, aber Ulmhoff war der Großmeister und sein großes Vorbild. Er würde lieber sterben, als Ulmhoff untreu zu werden.

Als sie das untere Gemäuer betraten, blieb Ulmhoff stehen und atmete schwer. Er war aus der Quarantänestation der Universitätsklinik Raymond Poincaré in Garches bei Paris bei einer heimlichen Nacht und Nebel Aktion geflohen. Der Flug nach Bangkok war eine Qual. Nun fühlte er sich todkrank. Man hatte ihm Infusionen und Antibiotika eingeflösst. Er wusste, dass er nicht mehr lange zu leben hatte. Diese Seuche oder Virus, was immer es war, die Ärzte waren ratlos in Paris, obwohl sie auf Tropenkrankheiten spezialisiert waren. Niemand konnte mehr etwas für ihn tun. Der Schwarze, Nngo, hatte ihn mit einer furchtbaren, tödlichen Seuche infiziert. Swen war noch im Krankenhaus verstorben. Er hatte dieselben Symptome wie Nngo.

Nun wollte er noch seinen Nachfolger ernennen. Das würde seine letzte Tat in diesem irdischen Leben sein. Eine letzte Sitzung mit Luzifer. Dann würde er Luzifer in die Hölle folgen. Und mit seinem Nachfolger würde eine neue Weltordnung entstehen. Ulmhoff hielt inne. Er verspürte die Schmerzen und Fieberanfälle. Mit all seinem Willen hob er den Kopf und musterte den großen Raum verschwommen. Gustav hatte alles gut in Szene gesetzt. Er war ein Perfektionist. Er war eine Marionette in einem undurchsichtigen Spiel. Ulmhoff ließ ihn in dem Glauben, dass er der neue Nachfolger werden würde. Der Großmeister seufzte. Er hatte als seinen Nachfolger einen würdigen Mann gewählt, einen Meister, wie er einer war. Luzifer würde ihn anerkennen!

132. Kapitel

Bangkok – Juni 2025

Uta lief so schnell, als wäre der Teufel hinter ihr her. Wo war nur Anna? Zwanzig Meter vom Dharma Seal Tempel war sie aus dem Taxi ausgestiegen. Falls Ulmhoff mit Anna dort war, wollte sie nicht gesehen werden. Zum Glück war es schon dämmrig. Uta konnte den Tempel nun schon von weitem sehen. Trotz der Dunkelheit leuchtete der weiße Marmor hell. Sie würde sich hinter den Tempel schleichen und dann einen Nebeneingang suchen. Ein dunkler Audi stand vor dem Tempel.

Uta schlich um den Tempel. Gab es hier keine Türen außer der Haupttüre? Ein Geräusch ließ Uta plötzlich zusammenzucken. Sie hörte Stimmen. Diese mussten vom Hauptportal kommen. Sie hatte sich also nicht getäuscht. Der Audi und dann die Stimmen, das war sicher Ulmhoff. Auf Zehenspitzen schlich Uta zurück, bis sie um die Ecke sehen konnte. Ein Mann ging, sich leise unterhaltend zu dem Audi. Er hatte ein Headset auf. Das war doch Gustav! Uta presste die Lippen zusammen. Was tat der denn hier? Mit dem hätte sie nicht gerechnet. Gustav öffnete vorsichtig den Kofferraum und holte etwas heraus. Etwas Schweres. Er schien Mühe zu haben, den Sack herauszuschleppen. Was hatte er denn da drinnen? Es war schon sehr dunkel. Uta konnte nur wenig sehen. War das ein Schrei? Uta spitzte ihre Ohren. Konnte das da in dem Sack Anna sein?

133. Kapitel

Bangkok – Juni 2025

Anna öffnete die Augen. Ihr Kopf schmerzte und langsam fiel ihr alles wieder ein. Sie war die schmale Straße entlanggegangen, um sich etwas zum Essen zu kaufen, da hatte sie plötzlich ein komisches Gefühl. Sie drehte sich um. Da sah sie Gustav, der hinter ihr herging. Ein Schrei entwich ihrer Kehle. Sie rannte, so schnell sie konnte. Sie hörte noch die Schritte, die näher kamen. Dann wurde es dunkel. Sie musste einen Schlag auf den Kopf bekommen haben. Anna glitt mit der Hand über ihre Haare. Am Hinterkopf spürte sie eine dicke Erhebung. Sie würde eine richtig schöne Beule bekommen. Wieso war es so eng hier. Sie versuchte, mit ihren Armen etwas zu fühlen. Es fühlte sich an, als wäre sie in einem Sack oder etwas Ähnlichem. Jedenfalls lag sie auf dem Rücken. Es war dunkel. Stockdunkel. Wo war sie nur? Hatte man sie eingesperrt? Anna bibberte vor Angst. Die Anspannungen der letzten Tage waren so enorm, dass sie in eine Schockstarre fiel. Sie schloss ihre Augen wieder. Ihr war so schlecht. Sie hatte das Gefühl, als müsste sie sich übergeben. Er würde sie genauso umbringen wie Colli, da war sie sich sicher. Ein Geräusch! Anna lauschte in die Dunkelheit. Der Kofferraum wurde geöffnet. Scheiße! schrie sie innerlich. Sie musste sich tot stellen.

134. Kapitel

Bangkok – Juni 2025

Gustav schleppte Anna zu dem Tempel. Sie war ziemlich schwer. Zum Glück war sie immer noch bewusstlos. Kaum hatte er sie die Treppen hinuntergetragen, bewegte sie sich in dem Jutesack, der fest verschnürt war. Wo war der Großmeister? Gustav legte Anna auf den Altar. Er sah sich um. Im Dämmerschein der Kerzen konnte er Ulmhoff nirgendwo sehen. Anna bewegte sich wild. Wenn sie so weiterzappelte, würde sie noch vom Altar fallen. Ulmhoff! Der Großmeister lag bewusstlos am Boden. Gustav sprang zu ihm. Er kniete sich neben ihn auf den harten Steinfußboden. Ulmhoff sah zum Fürchten aus. Seine blonden Haare waren plötzlich seltsam gekräuselt! Gustav versuchte, ihm aufzuhelfen. Er setzte ihn auf einen Felsen, der mitten im Raum stand. Ulmhoff erwachte wieder aus der Ohnmacht. <Was ist?> fragte er leise. <Sie waren ohnmächtig, Meister! Geht es wieder?> fragte Gustav. <Ja, es geht. Bereite alles vor, kümmere Dich nicht um mich!> befahl Ulmhoff schwach.

135. Kapitel

Bangkok – Juni 2025

Langsam schlich Uta unruhig in das Innere des Tempels. Trotz der Dunkelheit leuchtete der vergoldete Buddha in der von Räucherstäbchen erfüllten Luft des Tempels. Sie sah gerade noch Gustav, wie er hinter dem riesigen Buddha verschwand. Uta wartete kurz, dann schlich sie nach hinten. Von Gustav war keine Spur zu sehen. Uta berührte die Wände. Irgendwo musste eine Türe sein, ein geheimes Versteck. Sie tastete sich bis zur Mitte der unebenen Wand vor. Ein paar Meter weiter spürte sie eine Vertiefung. Das musste die Türe sein. Uta drückte sanft den Öffner. Der Griff ging nach unten, eine Türe öffnete sich. Um kein Geräusch zu verursachen, schlich sie leise durch den Türspalt und schloss die Türe schnell hinter sich. Was sie sah, überraschte Uta sehr. Sie stand in einem riesigen Saal, im hinteren Bereich musste Gustav sein, denn dieser Teil war mit Kerzen erhellt. Sie selbst stand im Dunkeln.

136. Kapitel

Bangkok – Juni 2025

Anna wollte schreien. Gustav hatte sie irgendwohin geschleppt und nun lag sie auf etwas hartem Metallischem. Es fühlte sich kalt an, trotz der angenehmen Außentemperaturen. Sie musste in irgendeinem Keller sein. Nachdem Gustav sie die Treppe hinuntergeschleppt hatte und da es so kalt war …, konnte es sich nur um einen Bereich handeln, der unter der Erde lag. Was wollte er nur? Wieso erschoss er sie nicht einfach? Wieso diese Umstände? Dann hatte Gustav etwas geschrien. Etwas, das sich anhörte wie Ulmhoff. Was oder wer war das? Was war hier los und was hatte das mit ihr zu tun?

137. Kapitel

Bangkok – Juni 2025

In der Zwischenzeit war Uta weiter in den Raum vorgedrungen. Sie schlich leise an der unebenen rauen Steinmauer des Tempels entlang. Als sie näher kam, blieb sie abrupt stehen. Sie sah den Sack, der auf einer Eisenbahre mitten im Raum lag. Anna! Und wo war Gustav? Was sollte das alles? Uta fühlte sich in die Zeit ihres Studiums zurückversetzt. Überall am Boden lagen menschliche Schädel und Knochen! Die Bonesmen! Wie schrecklich! Sie wollten Anna opfern! Sie war froh, dass sie sich früh von ihnen abgewandt hatte.

Wollte Gustav Anna wirklich opfern? Dass Gustav zu den Bonesmen gehörte, hätte sie nicht für möglich gehalten. Aber es sah ganz danach aus! Wie schrecklich! Plötzlich sah Anna das Zeichen der Illuminati an der Wand und dann eine Gestalt, die am Boden lag. Ein Mann, schlohweißes Haar, groß, alt, Ulmhoff! Das war doch Ulmhoff!

138. Kapitel

Bangkok – Juni 2025

Gustav sah auf die Uhr. Es war 19.30 Uhr. Die Gäste würden um 21.00 Uhr kommen. Er war gerade dabei, die letzten Vorbereitungen zu treffen, da hörte er hinter sich ein dumpfes Geräusch. Ulmhoff! Er drehte sich um und sah Ulmhoff am Boden liegen. Dieser hatte schlohweiße Haare! Gustav schrie auf. Dann kniete er sich neben Ulmhoff. <Meine Güte! Was ist mit Ihnen, Meister?> fragte Gustav entsetzt und hob Ulmhoff leicht an, sodass sein Kopf auf Gustavs Arm lag. Er sah ihm in die Augen. Ulmhoffs Augen waren glasig. Plötzlich bildete sich etwas Dunkles in seinen Augenwinkeln. Was war das denn? ekelte sich Gustav. Dann spritzte das Dunkle so schnell aus den Augenwinkeln, als hätte jemand hineingestochen. Es spritze Gustav direkt in die Augen, sodass er Ulmhoffs Kopf los ließ. Dieser plumpste wie ein Stein auf den harten Boden.

Blut! <Blut!> schrie Gustav auf und hüpfte von Ulmhoff weg. Er rannte an Uta vorbei, als hätte ihn eine Hornisse gestochen. Eine Minute später hörte

Uta, wie die Türe des Tempels auf und zu schwang. Schnell lief sie zu Anna und befreite sie aus dem Sack. Ulmhoff lag, aus den Augen blutend, etwas entfernt von ihnen. <Anna, ich bin's Uta, komm schnell!> Anna war wie benommen. Sie hatte starke Kopfschmerzen. War das Utas Stimme? Sie musste wohl träumen! <Anna, los mach schon!> schrie Uta aufgeregt. Anna versuchte sich, so gut es ging, aus dem Sack zu befreien. Es war ziemlich dunkel. Wo war sie nur und warum war Uta auf einmal hier? War das eine Gruft? Dann hörte sie eine Gestalt am Boden stöhnen. Anna blickte in die Richtung, aus der das Geräusch gekommen war. <Iiiii!> schrie sie entsetzt auf. Uta hielt ihr den Mund zu. <Sei leise!> ermahnte sie Uta. <Du bist in Gefahr, lass uns schnell verschwinden!> Anna rappelte sich mühselig auf und mit Utas Hilfe hüpfte sie zaghaft von dem Steinbett herunter. Gemeinsam gingen sie, so schnell sie konnten die Treppe nach oben. <Fass nichts an, Anna!> sagte Uta flüsternd. Das Virus könnte sich durch Tröpfchen- und Schmierinfektion übertragen!> <O.k.> stammelte Anna benommen. Sie war in einem Alptraum erwacht. Als sie die Türe erreichten, stieß Uta diese mit dem Fuß auf. Sie hoffte, dass Gustav schon weg war. Vorsichtig blickte sie sich um. Der Tempel schien leer zu sein. Leise gingen sie Richtung Ausgang.

139. Kapitel

Bangkok – Juni 2025

Gustav lief blutbesudelt aus dem Tempel. Er hatte versucht, das Blut aus seinen Augen zu wischen. Noch nie in seinem ganzen Leben hatte er sich so sehr vor jemandem oder etwas geekelt. Aber das hier! Er musste ins nächstgelegene Krankenhaus und denen auf Englisch erklären, was geschehen war. Mist, er hatte die anderen Mitglieder ganz vergessen, die um 21.00 Uhr kommen würden. Jetzt war es 19.45 Uhr. Was sollte er nur machen? Er musste sich auf jeden Fall sofort behandeln lassen, aber dann würden sie ihn nicht mehr gehen lassen. Sie würden ihn auf eine Quarantänestation einweisen und heute konnte er dann nicht mehr in den Tempel zurück! Er hatte keine Telefonnummern von den Mitgliedern, um sie zu kontaktieren! Er wusste auch nicht, in welchem Hotel sie abgestiegen waren. Nur Ulmhoff hatte die Kontakte. Doch wenn die Mitglieder zum Tempel kamen und Ulmhoff sahen, würden sie sich sicher auch anstecken. Dieses Ebola war doch vor ein paar Jahren ausgerottet worden! Man hatte einen Impfstoff entwickelt und die befallenen Tiere getötet. Außerdem war die Krankheit nur in Afrika und nicht in Thailand ausgebrochen. Natürlich konnte diese Krankheit immer wieder auftreten, aber im Krankenhaus würden sie sicher ein Mittel haben. Andererseits war das eine Krankheit, auf die man nur in Afrika vorbereitet war und ob man in Bangkok auch Impfstoffe zur Verfügung hatte? Vielleicht war es auch nicht Ebola, aber was sonst? Gustav startete den Audi von Ulmhoff. Er suchte im Internet nach dem nächstgelegenen Krankenhaus und verband den Computer mit dem Navigationssystem. Sofort schaltete sich der Bordcomputer ein und der Audi fuhr los.

140. Kapitel

Bangkok – Juni 2025

Uta und Anna standen an der Türe des Tempels. Sie sahen Gustav, der in dem Audi saß. <Was macht er? Warum fährt er nicht weg?> flüsterte Uta aufgeregt. Anna war ganz hysterisch. <Was, wenn er zurückkommt? Oh, Uta, ich habe solche Angst!> <Nur ruhig, wir müssen jetzt überlegen, was wir tun? Am besten ist, glaub ich, die Polizei zu informieren. Sie müssen mit Schutzanzügen kommen und den Tempel sperren, damit sich das Virus nicht ausbreitet.> <Und was ist mit uns? Was hatte denn dieser Mann, der blutend am Boden lag?> fragte Anna entsetzt. <Das war ein sehr todbringendes Virus! Wir müssen in ein Krankenhaus, aber wahrscheinlich ist Gustav auch in eines gefahren! Er darf uns nicht sehen! Ich muss den Präsidenten informieren!> sagte Uta mehr zu sich selbst. Sie holte ihr Handy aus der Tasche und wählte die geheime Nummer. Dann wählte sie die Nummer der Polizei, die sie vorher im Internet recherchiert hatte, und erklärte ihnen, was soeben geschehen war. Der Polizist am anderen Ende der Leitung schrie. <Was, ein todbringendes Virus in unserem Land?> <Ja, hören Sie, Sie müssen den toten Mann in dem Tempel evakuieren, aber nur

mit Schutzanzügen! Verstehen Sie! Sonst könnte sich das Virus ausbreiten!>

141. Kapitel

Bangkok – Juni 2025

Einige Kilometer entfernt, trafen sich die Mitglieder an der Hotelbar des InterContinental. Sie wohnten alle, bis auf die Thailänderin, im selben Hotel.

Das InterContinental lag in perfekter Lage direkt im Herzen von Bangkoks Ratchaprasong Geschäfts- und Einkaufsbezirk. In der Nähe befanden sich Niederlassungen vieler internationaler Firmen, zahlreiche Botschaften sowie erstklassige Krankenhäuser. Auch der faszinierende Erawan-Schrein und Einkaufszentren wie das Central World, Gaysorn Plaza und Siam Paragon lagen in bequemer Gehweite vom Hotel.

Die zwanzig Männer und Frauen setzten sich auf die bequemen Ledersofas, die in der Bar standen. Die Atmosphäre war ausgelassen. Die Bar war riesig. Holzvertäfelungen wechselten sich mit Reihen von Schwarzweiß-Bildern ab. Alles wirkte sehr geschmackvoll. Neben den Ledersitzgarnituren war der Raum mit silbernen Pokalen und edlen Lustern geschmückt, die dem Ganzen ein perfektes, elegantes Flair verliehen. Man fühlte sich sofort wohl.

<Sollen wir so um zwanzig Uhr losfahren? Um diese Uhrzeit wird wohl nicht mehr so ein Verkehrschaos herrschen, wie zu den Stoßzeiten!>

sagte der amerikanische Abgeordnete im schwarzen Smoking. <Ich kann mir vorstellen, dass es um diese Uhrzeit besser ist, aber fahren wir lieber ein bisschen früher weg!> gab der smarte Indonesier mit den dichten, dunkeln Wimpern und dunklen Haaren zu bedenken.

Zur gleichen Uhrzeit fuhr Gustav im Audi des Großmeisters an dem InterContinental vorbei, direkt auf einen angrenzenden Bezirk zu, der mehrere Krankenhäuser umfasste. Das Chulalongkorn Memorial Hospital war sein Ziel. Es war das Department of Medicine II – Infectious Diseases, also zuständig für infektiöse Krankheiten. Genau das, was er brauchte.

142. Kapitel

Bangkok – Juni 2025

Die zwanzig Mitglieder machten sich auf den Weg. Sie riefen mehrere Taxis heran, die sie zu dem Tempel bringen sollten. Mit ihren eleganten Smokings und Paillettenkleidern wirkten sie wie eine Delegation von Abgeordneten. Die Taxifahrer waren es gewohnt, solche Herrschaften herumzukutschieren. Aber die Destination wunderte einige von ihnen. <What? Zum Dharma Seal Temple, the Marmor Temple? Was machen Sie dort?> fragte einer der Lenker und musterte die vier Männer und Frauen, die sich in seine Fahrerkabine gesetzt hatten. <Das geht Sie nichts an! Fahren Sie einfach!> sagte der Indonesier in perfektem Englisch. Der Taxifahrer gab Gas und als sie den Tempel aus der Ferne sehen konnten, sagte der Fahrer <das ist der Tempel! Soll ich Sie an den Eingang bringen?> <Ja, natürlich, bitte.> erwiderte der Indonesier nun freundlicher. Der Thai grinste. <Vierzig Dollar!> <Was, Sie scherzen!> <Nein, ich machen keine Scherze! Vierzig Dollar!> <So ein Wucher!> beschwerte sich der Indonesier und streckte dem Taxilenker das Geld hin.

Die anderen Taxis versammelten sich ebenfalls vor dem Eingang des Tempels. Seltsam, außer ihnen war noch niemand hier. Jedenfalls war es vereinbart, dass Gustav sie beim Eingang erwarten sollte. <Vielleicht sind sie schon in der Gruft. Wir kennen ja den Weg!> rief der Indonesier den anderen zu. Alle folgten ihm in den Tempel, der nicht verschlossen war. Die Thailänderin war schon mit ihrem eigenen Auto angereist und begrüßte sie beim Hineingehen. In der Gruft wirkte es muffig. Die Kerzen flackerten schwach von der Wand. <Wo sind sie denn?> fragte der Indonesier mehr zu sich selbst. Er ging, gefolgt von den anderen, in die Gruft hinein und sah sich um. Auf dem Altar lag ein leerer Sack. Er hob ihn auf. Der Sack roch nach einem sehr weiblichen Parfüm. Es sah aus, als hätte sich ihr Opfer in Luft aufgelöst. <Schnell seht überall nach, das Opfer muss geflohen sein! Vielleicht ist sie noch nicht weit gekommen!> Die Mitglieder blickten sich gegenseitig an, dann verstreuten sie sich in alle Richtungen. Der Indonesier ging die Gruft weiter ab. Da sah er etwas am Boden liegen. Ein Mann! <Ulmhoff!> schrie er den anderen Mitgliedern zu. <Seht mal, da liegt der Großmeister!> Alle stürmten zu dem am Boden liegenden Großmeister. Schreie hallten durch die Gruft. Manche der Mitglieder erschreckten sich derart bei dem Anblick des Mannes, der einst ihr Großmeister war, dass sie sich an die Wand lehnen mussten. <Was ist mit ihm geschehen? Er sieht gespenstisch aus!> Jeder erhaschte einen genauen Blick auf Ulmhoff, dann wichen alle zugleich von Ulmhoff weg. <Er ist tot!> Blut war über sein Gesicht verteilt, die Haare waren schlohweiß! <Ich muss hier raus!> rief der Indonesier entsetzt. Die Thailänderin rannte hinter ihm her und schrie hysterisch. Vor der Türe hörten sie die Sirenen von Streifenfahrzeugen und gleich darauf sahen sie fünf Streifen- und zwei Krankenwagen. Die Thailänderin rannte auf sie zu. Sie sprach sehr schnell auf die Polizisten ein. Die Polizisten hüpften aus ihren PKWs und hielten ihre Schusswaffen auf die zwanzig Personen gerichtet. <Stehenbleiben!> riefen sie aufgeregt durcheinander. Sie umzingelten die Mitglieder regelrecht, aber sie hielten einen Sicherheitsabstand. Alle standen wie versteinert da und wirkten verstört. Aus den Rettungsfahrzeugen hüpften mehrere Männer, die in Ganzkörperanzügen steckten und liefen auf die Menschenmenge zu. Sie packten die Mitglieder der Illuminati und zerrten sie rasch in die Rettungswägen. Dann ging einer der vermummten Männer in das Innere des Tempels und suchte alles nach weiteren Personen ab. Niemand mehr hier, gut so, dachte er bei sich. Der Mann verschloss den Tempel mit einem Klebeband, auf dem in mehreren Sprachen „Vorsicht Biogefährdung! Betreten verboten!" stand. Dann fuhren die Rettungswägen und die Polizeifahrzeuge in Richtung Chulalongkorn Memorial Hospital, wo Gustav bereits auf der Quarantänestation lag.

Eine halbe Stunde später fuhr ein Taxi vor den Dharma Seal Tempel vor, und als sich die Türe des Taxis öffnete, stieg ein elegant gekleideter Mann aus und reichte dem Fahrer zehn Dollar. <Hier, zwei Dollar Trinkgeld für Sie!> <Oh, vielen Dank!> grinste der Thai und fuhr weg. Heute war der Abend seiner Einweihung zum Nachfolger Ulmhoffs, zum reichsten und mächtigsten Mann der Welt. Er hatte es immer gewusst, dass er für etwas Höheres bestimmt war. Nun war es so weit. Er schritt die gepflasterte kleine Allee, die von Buchsbäumen gesäumt war, entlang. Etwas Leuchtendes irritierte ihn an dem Tempel. Als er näher kam, erkannte er ein Absperrband. Er ging noch näher heran, um sich die Aufschrift anzusehen. „Vorsicht Biogefährdung! Betreten verboten!" las er bedächtig. Das war ja wohl ein Scherz! Heute war seine Initiation! Er blickte sich um. Sollte er es wagen? Einfach unter der Absperrung hindurch schlüpfen und in den Tempel hineingehen? Vielleicht war das Absperrband von den Illuminati angebracht worden, damit sonst niemand den Tempel betrat. Aber warum hatte ihn niemand informiert? Nun, er würde einfach hindurchschlüpfen. Was für eine Biogefährdung konnte das denn sein? Das war sicher von den Illuminati angebracht worden. Das Absperrband machte ein hässliches Geräusch, als er darunter hindurch hechtete. Bei seiner Größe war das gar nicht so einfach. Die Türe war nicht versperrt. Sie quietschte etwas, als er sie öffnete. Er ging geradewegs in das Innere des Tempels bis zu dem vergoldeten riesigen Buddha. Hier war niemand. Der Großmeister hatte ihm den Weg in die Gruft beschrieben. Hinter dem Buddha musste die Türe sein. Vorsichtig tastete er sich an der Wand entlang. Es war dunkel, nur der weiße Marmor des Bodens und die Figuren leuchteten hell. Plötzlich hatte er einen Griff in der Hand. Er drückte ihn vorsichtig nach unten. Tatsächlich führte eine Treppe in das untere Gemäuer. Er stieg die Steinstiegen hinab. <Hallo!> flüsterte er leise. <Ist jemand hier?> Doch es kam keine Antwort. Seltsam! Normalerweise hatte er mit einem Empfang gerechnet. Düster verkleidete Menschen. Ein Opfer auf dem Altar. Gesänge. Doch es war niemand hier.

Der Mann sah auf seinen IWC-Chronographen. Die Uhrzeit, für die er bestellt war, stimmte. Der Tag war auch der Richtige. Möglicherweise wollten sie ihn überraschen. Bedächtig schritt er die Gruft entlang. Diese war zum Glück mit Fackeln, die aber nur mehr schwach leuchteten, versehen. Als er im hinteren Teil der Gruft ankam, sah er Ulmhoff am Boden liegen! <Was, …! Meister!> rief er entsetzt. Er bückte sich, um Ulmhoff näher zu betrachten. Dann schrak er zurück. So einen entstellten Menschen hatte er noch nie zuvor gesehen! War der Tempel womöglich wegen ihm, wegen Ulmhoff, mit diesem Sicherheitsband versiegelt worden? Hatte Ulmhoff ein gefährliches Virus? Er musste schnell hier raus. Hoffentlich hatte er sich nicht angesteckt. Ulmhoff sah so schrecklich aus, dass ihm ganz schlecht wurde. Er erbrach sich auf den Boden des Tempels. Dann rannte er, so schnell ihn seine Füße tragen konnten, aus dem Tempel hinaus.

143. Kapitel

Bangkok – Juni 2025

Als Anna und Uta im Chulalongkorn Memorial Hospital ankamen, war es bereits 20.30 Uhr. Es herrschte reger Betrieb. Die Dame bei der Aufnahme fragte nach dem Grund ihres Besuches. <Also, wir sind nicht sicher, aber bringen Sie uns bitte auf die Quarantänestation zur Untersuchung! Möglicherweise haben wir uns mit einem sehr gefährlichen Virus angesteckt. Es ist auch jemand im Marmortempel gestorben, der seltsame Symptome wie Nasenbluten und Bluten aus den Augen und sonstigen Öffnungen aufwies.> Die Dame am Empfang wich mit ihrem Drehstuhl nach hinten. Sie griff zum Telefonhörer und rief die Quarantänestation an und erklärte ihnen die Situation. Ein paar Minuten später kamen in Schutzanzüge eingepackte Männer, die Uta und Anna an den Armen packten und mit sich zogen. <Hey, nicht so grob!> beschwerte sich Anna, die wieder ganz sie selbst war. Uta versuchte sich, aus dem festen Griff des Mannes zu befreien. Kurz darauf erreichten sie die Quarantänestation. Uta und Anna nahm man Blut ab. Dann wurden noch weitere Tests durchgeführt. Uta kannte die Prozedur schon von Frankreich. Schon wieder!, dachte sie bei sich. Oh, Trever, warum hatte er dieses Virus nur freigesetzt? Sie hatten ihn nicht mehr unter Kontrolle! Er war sogar schon in Frankreich und nun in Bangkok! Wie schrecklich! Wie viele Menschen würden sterben? Uta schüttelte es trotz der Hitze.

144. Kapitel

Bangkok – Juni 2025

Das Chulalongkorn Memorial Hospital war mit sechs Quarantänezimmern bestückt. In einem lag Gustav Donner, in dem anderen Anna und Uta und in den anderen vier waren die zwanzig Frauen und Männer untergebracht. Dr. Akradej zog sich gerade seinen Schutzanzug an, als Dr. Sriwongklang ins Umkleidezimmer kam. <Seltsam oder?> fragte er und blickte sein Gegenüber mit einer Mischung aus tiefer Besorgnis und einem Anflug von Angst an. <So viele Ausländer, die an einem seltsamen, gefährlichen Virus leiden! So etwas haben wir noch nie gehabt!> <Aber, es gibt doch noch keinen Hinweis auf ein Virus! Wie sind die nur auf ein Virus gekommen? Und wo sollten sie sich angesteckt haben? Wir müssen genauestens nachfragen!> sagte Dr. Sriwongklang und schlüpfte ebenfalls in seinen Anzug.

Bis jetzt hatten sie noch keine Infektionskrankheit, die sie nicht kannten. Einmal kam jemand mit einer Darminfektion, die ein bisschen ansteckend, aber nicht tödlich war. Der Patient konnte nach einer Woche auf der Quarantänestation wieder nach Hause gehen. Dann hatten mehrere Menschen Salmonelleninfektionen, aber die wurden nicht auf der Quarantäne behandelt.

Aber es gab durchaus gefährliche Infektionskrankheiten, die nicht zu unterschätzen waren. Immer wieder kamen Patienten mit Dengue-Fieber, ein durch Mücken am stärksten verbreitetes Virus. Die meisten überlebten es, doch bei einer Patientin war der Krankheitsverlauf schlimmer, als bei den anderen Patienten, denn sie bekam das hämorrhagische Denguefieber. In dessen Verlauf traten unkontrollierte Blutungen auf, die Durchlässigkeit der Blutgefäßwände wurde größer.

Ihr Zustand verschlechterte sich nach zwei bis sechs Tagen dramatisch. Der Blutkreislauf brach zusammen und dann kam es zur Rötung des Gesichtes, zu inneren Blutungen, Flüssigkeitsverlust, zerebralen Krampfanfällen, Zahnfleischbluten, Bluterbrechen, Teerstuhl und einem Anschwellen der Leber. Zusätzlich bekam sie disseminierte Petechien, also mikrozirkuläre Blutungen der Haut, die als rote Punkte auffielen. Das akute Schocksyndrom mit Hämorrhagien folgte hierauf und sie verstarb. Sie konnten ihr nicht mehr helfen.

Der Umgang mit sämtlichem Untersuchungsmaterial der Patienten, insbesondere Blut, unterlag in ihrem Krankenhaus strengsten Sicherheitsvorschriften und die Untersuchungen durften nur in Laboren der Schutzstufe 3 durchgeführt werden.

Doch bei den jetzigen Patienten gab es keine Anzeichen einer Erkrankung. <Gehen wir hinein und fragen die Ausländer alles, was es mit dem vermeintlichen Virus auf sich hat.> sagte Dr. Akradej. Daraufhin setzten sie ihre Kopfbedeckung auf und marschierten jeder in ein anderes Zimmer.

145. Kapitel

Bangkok – Juni 2025

Es war schon spät. Uta setzte sich auf. <Wir müssen hier raus.> Anna drehte sich zu ihr um. <Was? Wir können doch nicht abhauen! Was ist mit den Untersuchungen?> fragte sie etwas verdutzt. <Mach Dir keine Sorgen, ich glaube, dass man sich nur durch Tröpfchenübertragung anstecken kann. Und weder Du noch ich sind Ulmhoff oder Gustav so nahe gekommen, dass eine Ansteckung möglich wäre.> <Und warum willst Du so plötzlich abhauen?> fragte Anna nochmals. Ich habe vorhin Stimmen aus dem angrenzenden Zimmer vernommen. Sie sprachen Englisch. Ich vermute mal, dass das die anderen Illuminati Mitglieder sind!> <Was, was für Illuminati?> Anna war baff. Dann fügten sich plötzlich alle Puzzle-Teile zu einem Ganzen. Man wollte sie opfern, in diesem steinigen Kellergemäuer, in dieser Gruft! Und auf dem Boden hatte sie Menschenschädel und Knochen im Hinauslaufen gesehen! <Du meinst doch nicht etwa „Die Illuminati"?> <Doch genau die meine ich, und ich nehme mal an, dass sie in den anderen Zimmern untergebracht sind und Gustav wahrscheinlich auch!> <Was? Nein, lass uns schnell verschwinden!> <Ja, komm!> Anna schlüpfte aus ihrem Bett und zog sich leise einen weißen Kittel an. Ihre Sachen hatten sie ihr weggenommen genau wie Utas. Auch Uta bekleidete sich rasch. Dann entriegelten sie das Fenster, das zu einem Garten führte. Bloß keinen Lärm machen, dachte Uta bei sich. Sie duckten sich, als sie bei den

Fenstern der Nebenzimmer vorbeischlichen. Als sie das Ende des Gebäudes erreicht hatten, rannten sie so schnell sie konnten zu einem der Nebengebäude. Sie versteckten sich in der Dunkelheit der Häuserfronten. <Wir brauchen etwas zum Anziehen!> sagte Uta besorgt. <So fallen wir nur auf!> <Sieh mal, dort vorne ist ein Waschsalon!> Vielleicht finden wir dort etwas?> <Gut, ein Versuch ist es wert.> Im Waschsalon war es ruhig. Ziemlich ungewöhnlich für diese Uhrzeit, fand Uta. Aber gut so. Sie fanden einen Wäschekorb, der alleine im Raum stand. <Schnell ziehen wir etwas über, egal was, Anna!> flüsterte Uta und deutete zu einer längeren Bluse und einem Rock. Anna roch an der Wäsche. <Hm, riecht ja nicht so gut!> Sie rümpfte die Nase und fischte einen Umhang, eine Art Sari, aus dem Korb. Dann zogen sie sich um und warfen die weißen Krankenhaus Mäntel in die Müllcontainer, die vor der Türe standen. <Schick siehst Du aus!> grinste Uta. <Na, danke und Du erst!> grinste Anna zurück. <Los, lass uns verschwinden!>

146. Kapitel

Bangkok – Juni 2025

Der Mann war ein Stück weit sehr schnell gerannt, dann wechselte er in leichten Laufschritt. Er musste in ein Krankenhaus! So schnell wie möglich! Wieso kam denn kein Taxi? Die Straße war unbefahren und das in Bangkok! Als langjähriger Bangkok Urlauber war er die vielbefahrenen oder verstopften Straßen gewohnt.

Seltsam, dass hier nun niemand mehr unterwegs war. Womöglich hatten die Behörden die Straße, die zum Tempel führte, sperren lassen. In Hamburg, in seiner Heimat, wäre sofort eine Sperre für mehrere Bezirke errichtet worden. Man hätte die höchsten Sicherheitsmaßnahmen ergriffen. Aber hier in Bangkok. Vielleicht waren die anderen Mitglieder schon in einem Krankenhaus? Was mochte Ulmhoff nur zugestoßen sein? Hatte er sich in seiner Wahlheimat Südafrika angesteckt? Oder war Ebola neu ausgebrochen? Der Mann schüttelte sich, dann rannte er weiter, so schnell es seine Kondition zuließ.

147. Kapitel

Bangkok – Juni 2025

Der Mann rannte und rannte, bis er in der Dunkelheit ein Geräusch vernahm. Es hörte sich wie die Rotorblätter eines Helikopters an. Tatsächlich, als das Geräusch über ihm immer lauter wurde, sah er nach oben. Scheinwerfer blendeten ihn und er musste sich wieder abwenden. Im nächsten Moment wurde er zu Boden geworfen. Was war das? Er lag mit dem Gesicht nach unten. Plötzlich war es hell. Er hörte, wie Männer sich in Englisch unterhielten. Er wurde unsanft auf den Boden gedrückt. Hände, die ihn fesselten. Es fühlte sich an, als ob sie Schutzanzüge anhätten. Aber wieso sprachen sie englisch? Er konnte sich keinen Reim darauf machen. Dann ging alles sehr schnell. Jemand packte ihn am Kragen seines teuren Armani

Anzugs und schob ihn in den Helikopter, der in der Zwischenzeit neben ihnen gelandet war. Die Augen wurden ihm verbunden. Im nächsten Moment wackelte der Boden unter ihm. Der Helikopter war wieder losgeflogen. Was waren das nur für Männer! <Hey, lasst mich los, nehmt mir die Augenbinde ab!> schrie der Mann entsetzt. Doch bei dem Lärm der Rotoren Blätter konnte er seine eigene Stimme beinahe nicht wahrnehmen. Sie war nur mehr ein Flüstern in seinem Kopf.

148. Kapitel

Wien – zwei Tage später

Uta und Anna lagen nebeneinander auf der Quarantänestation der Medizinischen Universität Wien. <Das waren vielleicht aufregende Tage in Bangkok. Nun erklär mir mal alles!> sagte Anna lächelnd. <Was ist nun mit diesem Virus? Und was hat das alles mit den Illuminati zu tun? Ich begreife die Zusammenhänge nicht. Und Gustav? Wie passt der in das ganze Spiel?> <Nun, Anna, mein Freund, Trever, hatte früher für den Präsidenten der Vereinigten Staaten gearbeitet. Er war der Erfinder dieses schrecklichen Virus, eine biologische Waffe, als letzte Möglichkeit, diese Verbrechersyndikate einzuschränken oder auszurotten. Diese Palmölsyndikate waren in der Zwischenzeit so mächtig geworden, dass der Präsident keine andere Möglichkeit mehr sah, als die Verbrecher mit diesem Virus zu bekämpfen. Also schickte er Trever nach Afrika und dort hat er das Virus Firungo freigesetzt. Das Virus war so konzipiert, dass es

Menschen innerhalb von zwei Tagen töten sollte. Doch ein Afrikaner, der sich noch in Sierra Leone angesteckt hatte, war mit einem Schiff mit drei LKWs, auf denen sie die illegal gefällten Tropenbäume transportierten, nach Frankreich gekommen und dort ist er gestorben. Ulmhoff, der Großmeister der Illuminati war nach Nantes gekommen, um zu sehen, was mit seiner Ware, sprich den restlichen LKWs mit Tropenbäumen war. Denn dieser Afrikaner hatte ihn vorher noch informiert, dass es Probleme mit der restlichen Lieferung geben würde und er nur drei LKW Ladungen nach Nantes bringen könnte. Wir haben Ulmhoff schon längere Zeit abgehört und hatten ihn schon im Verdacht. Aber man konnte ihm nichts nachweisen. Dieser Gustav hatte sich um alles gekümmert. Um die Holzlieferungen, um unliebsame Zeugen im Konzern, die er um die Ecke brachte und um Dich!> <Was, um mich? Ich verstehe nicht!> <Naja, Anna, Deine Eltern sind in diesen Holzhandel verwickelt. Deine Eltern bekamen die Tropenhölzer geliefert und verarbeiteten diese zu Schränken, Tische, Sesseln und so weiter. So ein Möbelkonzern muss schließlich auch leben. Und Max Ulmhoff hatte alles perfekt eingefädelt. Die Kunden liebten diese edlen Hölzer, die unter anderen Holznamen deklariert waren wie Eiche oder Lärche. Johanna war ihnen auf die Spur gekommen und sie hat uns große Dienste mit ihren Recherchen erwiesen. Und Gustav, er wollte wissen, ob Deine Eltern weiterhin zu dem Syndikat stehen, oder ob sie sie verraten würden, denn sie wollten immer mehr Geld und bekamen noch dazu ein schlechtes Gewissen. Die wenigen Regenwälder waren ihnen nicht mehr egal. Ich glaube, Sie ha-

ben sich in ihrer Einstellung geändert.> Anna blickte Uta erstaunt an. <Meine Eltern?> <Und Dein Bruder, Anna. Ich habe Swen in Nantes gesehen. Er war mit Ulmhoff dort. Er ist dem Afrikaner mit dem Virus sehr nahe gekommen. Meinen Informationen zufolge ist er an dem Virus gestorben. Es tut mir leid, Anna! Der Präsident hat die Ausbreitung des Virus in letzter Minute verhindert. Er hat alle, die damit zu tun hatten, nach Amerika bringen lassen und dort wurde ein Gegenmittel gefunden. Die Mitglieder der Illuminati wurden nach ihrer Genesung verhaftet. Der Mann, der Nachfolger von Ulmhoff, für den Du geopfert werden solltest, den haben sie auch aufgelesen. Doch der ist gestorben. Genau wie Gustav. Er wollte über Dich an Informationen kommen. Er dachte, Du hättest einen guten Kontakt zu Deinen Eltern und würdest ihm alles über sie erzählen.> Anna blickte mehr als entsetzt. Ihr war plötzlich so schlecht, es fühlte sich an, als würde sich die Welt um sie herum drehen. Swen war tot! Anna liefen Tränen über die Wangen. Sie heulte so elend, dass Uta ganz anders wurde. <Anna, es tut mir alles so Leid für Dich! Der einzige Trost ist, dass das Verbrechersyndikat und sämtliche Illuminati Mitglieder weltweit verhaftet wurden. Es war ein riesiger Ring von Mitgliedern. Und Deine Eltern haben sich letztlich doch noch gegen sie entschieden. Für Swen kam jede Hilfe zu spät.

Als Anna sich wieder beruhigt hatte, klopfte es plötzlich an der Türe. Johanna spähte durch den Türspalt. <Hallo, Ihr zwei! Na, wie geht's?> fragte Johanna, die mit einem Ganzkörperschutzanzug bekleidet war. <Ich musste das hier zur Vorsicht anziehen. Ihr seid anscheinend ganz gesund, aber

sie wollen Euch zur Vorsicht noch da haben. Nur für zwei oder drei Tage.> Johanna stellte einen bunten Blumenstrauß in eine Vase auf dem Tisch neben Annas Bett. <Danke Dir, die sind aber schön!> sagte Anna mit Tränen in den Augen. <Anna! Du hattest eine schwere Zeit! Aber jetzt wird wieder alles gut! Du wirst schon sehen!> sagte Johanna und blickte Anna liebevoll an. <Dann richtete sie ihren Blick auf Uta. <Sag mal, ich habe nun schon ganz wilde Geschichten im Radio und im Fernsehen über die Zerschlagung der Illuminati und das Palmölsyndikat gesehen und gehört, aber einige Details sind mir noch nicht klar. Warum haben wir plötzlich keine Eiszeit mehr und warum ist es nun so warm in Europa? Nicht, dass ich mich nicht freue! Aber das ist doch verrückt?> <Ja, Johanna, Ulmhoff war nicht nur ein geisteskranker Spinner, der die Weltmacht erlangen wollte, sondern er war auch ein Genie. Er hatte mittels A-HIFREP und den Chemtrails eine künstliche Eiszeit in Europa erschaffen. TATEP war auch sein Produkt. Er war genial in seinem Irrsinn. Dadurch, dass er in Europa eine kleine Eiszeit erschaffen hatte, konnte er sein Projekt TATEP einsetzten und somit Europa nicht nur energietechnisch, sondern auch wirtschaftlich beherrschen. Mit seinen Palmölplantagen war er mächtiger als jeder Präsident oder König! Er kaufte in weiser Voraussicht alle Plantagen auf und wollte nun die letzten Urwälder abholzen lassen. Doch mit dem Orbit Dichtescanner ist ihm der Präsident auf die Schliche gekommen und hat Trever, meinen Freund, losgeschickt, um das Virus Firungo freizusetzen.> Uta schluckte. Sie streichelte liebevoll über ihren Bauch. <Und wer war nun der geheimnisvolle

Nachfolger Ulmhoffs?> fragte Johanna. <Das war einer, der mit Eurem Konzern viel zu tun hatte.> <Was? Du meinst doch nicht etwa John Hebenstreit?> fragte Johanna irritiert und sah Uta aufgeregt an. <Wer ist denn John Hebenstreit? Etwa ein Verehrer?> fragte Uta zwinkernd. Johanna sah zur Seite. <Nein, Johanna, es war einer Eurer Aufsichtsräte, Dr. Dr. John Ringer, besser bekannt als Jonathan Goldstein. Ursprünglich stammte er aus Hamburg wie auch Ulmhoff. Sie kannten sich sehr gut. Sein Vater war der berühmte Samuel Goldstein, der Gründer des Geldhauses Goldstein & Kuhn. Ulmhoff liebte ihn wie seinen eigenen Sohn, doch er war ein perverser Spinner, der es liebte, Kinder zu schänden und sie zu verkaufen, obwohl er selbst noch ziemlich jung war. Meistens handelte es sich um Kinder aus Bangkok oder Afrika.> <Und der ist tot?> fragte Johanna ängstlich. <Ja, er hat sich mit dem Virus angesteckt! Ohne dieses Virus wäre es schwieriger gewesen, die Drahtzieher dingfest zu machen, aber nun ist alles überstanden. Die Menschheit ist klüger geworden. Überall auf der Welt werden Bäume gepflanzt. Die Urwälder werden wieder aufgeforstet und die Ölpalmen vernichtet. Die Bevölkerung auf der ganzen Welt hilft mit. Auch in Europa wird umgedacht und statt immer mehr Energie zu verbrauchen, wird an Alternativen gedacht und statt alles zuzubetonieren, wird wieder mehr Wald und Grünflächen geschaffen. Der Mensch wird wieder im Einklang mit der Natur leben.> Uta strich sich wieder über ihren Bauch. Eine Träne rollte über ihre Wange.

ENDE